权威·前沿·原创

皮书系列为
“十二五”“十三五”国家重点图书出版规划项目

煤炭蓝皮书

BLUE BOOK OF COAL INDUSTRY

中国煤炭工业发展报告（2018）

ANNUAL REPORT ON COAL INDUSTRY IN CHINA (2018)

煤炭产业供给侧结构性改革降成本研究

Study on the cost reduction of supply-side structural reform of coal industry

主　编／岳福斌

社会科学文献出版社
SOCIAL SCIENCES ACADEMIC PRESS (CHINA)

图书在版编目（CIP）数据

中国煤炭工业发展报告. 2018：煤炭产业供给侧结构性改革降成本研究 / 岳福斌主编. -- 北京：社会科学文献出版社，2018.12
（煤炭蓝皮书）
ISBN 978-7-5201-3973-1

Ⅰ.①中… Ⅱ.①岳… Ⅲ.①煤炭工业-经济发展-研究报告-中国-2018 Ⅳ.①F426.21

中国版本图书馆 CIP 数据核字（2018）第 273797 号

煤炭蓝皮书
中国煤炭工业发展报告（2018）
——煤炭产业供给侧结构性改革降成本研究

主　　编 / 岳福斌

出 版 人 / 谢寿光
项目统筹 / 周　丽　王玉山
责任编辑 / 王玉山

出　　版 / 社会科学文献出版社 · 经济与管理分社（010）59367226
地址：北京市北三环中路甲 29 号院华龙大厦　邮编：100029
网址：www.ssap.com.cn
发　　行 / 市场营销中心（010）59367081　59367083
印　　装 / 三河市龙林印务有限公司

规　　格 / 开　本：787mm × 1092mm　1/16
印　张：24.25　字　数：364 千字
版　　次 / 2018 年 12 月第 1 版　2018 年 12 月第 1 次印刷
书　　号 / ISBN 978-7-5201-3973-1
定　　价 / 98.00 元

皮书序列号 / PSN B-2008-123-1/1

本书如有印装质量问题，请与读者服务中心（010-59367028）联系

谨以此书纪念中国煤炭产业改革开放40年

本书由北京绿能煤炭经济研究基金会资助

煤炭蓝皮书
编纂指导委员会

顾　　问　濮洪九　中国煤炭工业协会名誉会长，原煤炭工业部副部长

贺天才　山西省副省长，晋煤集团原党委书记、董事长

凌　文　中共十九大代表，中国工程院院士，国家能源集团党组副书记、总经理

主　　任　吴　吟　国务院参事室特约研究员，中国能源研究会副理事长，国家能源局原副局长

徐孝民　中国矿业大学（北京）党委书记

委　　员　（按姓氏笔画排序）

卜昌森　第十二届全国人大代表，山西煤矿安全监察局党组书记、局长

马富国　中共十九大代表，河南能源化工集团党委书记、董事长

王　源　淮南矿业集团原党委书记、董事长

华　炜　第十一、十二届全国人大代表，北京绿能煤炭经济研究基金会理事长，陕西煤业化工集团原党委书记、董事长

向二牛	中共十九大代表，山西省煤炭工业厅党组书记、厅长
乔乃琛	山东省煤炭工业局分党组书记、局长
乔保平	中共十八大代表，国家能源集团党组书记、董事长
刘万波	四川省煤炭产业集团党委副书记、总经理
宋老虎	陕西能源集团党委副书记、总经理
张双旺	内蒙古伊泰集团原党委书记、董事长
张有喜	第十二届全国人大代表，同煤集团党委书记、董事长
李　伟	兖矿集团党委副书记、总经理
李晋平	第十二、十三届全国人大代表，潞安集团党委书记、董事长
李鸿双	晋煤集团党委书记、董事长
杨照乾	中共十九大代表，陕西煤业化工集团党委书记、董事长
武华太	山西焦煤集团党委书记、董事长
姜耀东	第十二、十三届全国政协委员，中国矿业大学（北京）副校长
贺佑国	国家安监总局信息院院长
崔　涛	中国煤炭报社、中国安全生产报社党委书记
翟　红	中共十九大代表，阳煤集团党委书记、董事长

煤炭蓝皮书编纂委员会

陈秀兰　中国煤炭经济研究院院长助理，中国矿业大学（北京）管理学院讲师

周剑波　兖矿集团决策咨询中心副主任

岳鸿飞　联合国工业发展组织亚太局项目官，北京大学经济学院博士后

胡万升　山西省煤炭工业厅副厅长

赵永峰　国家能源集团煤炭产业运营管理中心主任、副书记

赵福堂　陕西煤业化工集团副总经理、总会计师

徐　颖　北京信息科技大学教授

栗兴仁　山西焦煤集团总会计师

郭成刚　潞安集团政策和战略研究中心主任

郭金刚　同煤集团党委副书记、副董事长、总经理

高彦清　阳煤集团总会计师

游　浩　潞安集团党委副书记、副董事长、总经理

蒋文化　国家能源技术经济研究院院长、党委副书记

参编人员　（按姓氏笔画排序）

于秀忠	马富国	仇宏龙	王小亮	王日杰
王长利	王玉明	王庆红	王　欢	王　怀
王　奕	王春迎	王祥飞	王　强	王　蕾
车建宏	冯敏捷	史青山	田文香	田德凤
白平彦	乔乃琛	乔保平	刘万波	刘向华
刘春林	刘　莹	刘银志	刘尊婕	刘道龙
吕贵良	孙高亮	孙喜民	孙福群	朱毅鑫

池亚楠　闫长宽　闫　石　闫建新　何　江
吴　吟　宋录生　张双旺　张文才　张东海
张占国　张有喜　张海军　张新闻　李一飞
李卫东　李永平　李　伟　李秀平　李　俊
李秋实　李重阳　李晋平　李新富　杨世红
杨照乾　沈　洪　陆　涛　陈凤丽　陈秀兰
周剑波　岳鸿飞　庞云峰　林火灿　武华太
范宏庆　段日雄　胡万升　胡可征　荣　君
贺永杰　赵永峰　赵福堂　郝忠美　凌　文
原蓉军　席北明　栗兴仁　袁景民　郭成刚
郭金刚　郭　强　高彦清　曹振江　阎永亮
棘　军　游　浩　蒋文化　韩宝安　韩　悦
翟　红

秘　　书（按姓氏笔画排序）

王　蕾　王　奕　王志文　池亚楠　闫　石
张新闻　李秋实　李重阳　胡可征

主编简介

岳福斌 男，辽宁省葫芦岛市人，中国社会科学院研究生院教授、中国矿业大学（北京）客座教授，博士生导师，中国煤炭经济研究院院长，北京绿能煤炭经济研究基金会副理事长兼秘书长，中国能源研究会中国煤炭经济30人论坛（CCEF－30）组委会副主任委员兼秘书长、中经煤炭产业景气指数特约撰稿人。长期致力于中国经济问题研究，出版著作20余部，发表学术论文300余篇。近十六年来致力于中国煤炭经济研究，先后主持了铁路建设基金对煤炭产业的影响、煤炭价格形成机制、煤炭成本构成、煤炭交易制度、煤炭财产保险、煤炭管理体制、北煤南运铁路专线建设、煤炭产业基金、煤矿企业兼并重组、煤炭企业精细化管理、煤炭税费制度综合改革、加强商品煤质量管理、混合所有制及其在煤炭产业的构建、中国能源革命与煤炭产业策略、科学推进我国煤制油产业发展、煤炭工业发展“十三五”产能规划研究、煤炭产能新常态与落后产能退出新机制、煤炭产业脱困发展与供给侧结构性改革、积极稳妥降低煤炭企业杠杆率、煤炭产业供给侧结构性改革降成本研究，以及“煤炭工业发展‘十二五’规划”、河南省等多项地方政府和煤炭企业发展战略课题研究，提出的多项政策建议被政府采纳。《经济日报》“领军人物”栏目做专版报道。已载入《中国当代著名经济学家辞典》《中国当代著名青年学者辞典》《世界华人著名教育家辞典》《当代华人名人传略》等。

摘　要

本书由中国矿业大学（北京）中国煤炭经济研究院牵头组建的中国煤炭蓝皮书编纂委员会组织编写，系已经公开出版发行的“煤炭蓝皮书”第十卷。

全书由总报告、实证报告和相关研究报告以及附录构成。序言由吴吟同志撰写，主要介绍了本卷蓝皮书的编撰背景和意义、编写过程、主要内容和特点及适用范围。总报告由中国煤炭经济研究院课题组撰写，从有关成本的基础知识入手，探讨了降成本的内在机理与客观必然性，阐述了供给侧结构性改革降成本政策的含义与任务目标，基于“2018 中国煤炭实体经济企业成本问题专项问卷调查”获取的数据，以吨煤成本为研究对象，做了统计分析，指出了我国煤炭实体经济企业成本高的问题所在，并在理论与实证研究基础上，提出了努力完成供给侧结构性改革降成本任务的思路与建议。各实证报告由煤炭主产省主管厅（局）和重点煤炭实体经济企业课题组撰写。山西省、山东省煤炭主管厅（局）通过综合分析总结省属企业成本和供给侧结构性改革开展以来降成本情况，针对企业反映的问题和困难提出了建议。各企业课题组分别介绍了各自的成本情况、采取的降成本措施、取得的成效和存在的问题与困难，对进一步积极稳妥降低成本提出了思路、条件要求和政策建议。为了方便读者了解有关降低实体经济企业成本的政策，本书还收录了国发〔2016〕48 号文件及有关部委的配套文件。

本书秉承了历卷“煤炭蓝皮书”集知识性、理论性、实践性、政策性于一体，以产业发展中亟待解决的现实问题为导向的宗旨，突出马克思主义理论作为指导思想的理论基础，突出以习近平同志为核心的党中央提出的新发展理念作为指导思想，突出中国煤炭产业高质量发展的根本要求。全书数据翔实，论证严谨，内容丰富，观点鲜明，可作为深入推进供给侧结构性改革，特别是降低实体经济企业制度性、政策性成本政策的完善，煤炭实体经济企业高质量发展，以及高等院校、科研院所、企事业单位教学、科研等的参考用书。

关键词： 中国煤炭　供给侧结构性改革　降成本

序

煤炭作为我国主体能源和重要化工原料，是重要的战略性物资。煤炭产业作为重要的基础产业，关乎国计民生。2016 年下半年以来，我国煤炭产业经济结束了为期四年的深度调整，转势上升，煤炭价格出现报复性上涨。与此同时，出现了一个奇怪的现象：除少数企业外，大多数煤炭企业效益并没有同步提升，一些企业经营依然困难。对于这一现象，能做出的唯一解释是成本过高。成本构成和影响因素十分复杂，是哪一部分成本过高有待深入分析研究。

2016 年 8 月 8 日，国家出台了《国务院关于印发降低实体经济企业成本工作方案的通知》（国发〔2016〕48 号）（以下简称“48 号文件”），对煤炭产业形势好转后成本居高不下问题做出了很好的注解：税费负担、融资成本、制度性交易成本、人工成本、用能用地成本和物流成本等制度性、政策性成本偏高，有待降低。48 号文件为煤炭企业降成本工作提供了非常及时和重要的引导。

2018 年 3 月，中国煤炭经济研究院理事长工作会议暨煤炭产业供给侧结构性改革降成本问题研讨会召开。与会专家、学者和企业家一致认为，有必要深入研究煤炭产业降成本问题。降成本作为供给侧结构性改革五大任务的汇集点，对煤炭产业高质量发展意义重大，是供给侧结构性改革深入推进的客观要求，也是推动煤炭产业高质量发展的基础性工作，更是促进煤炭产业经济学科发展的客观需要。会议决定：以 48 号文件为引导，将煤炭企业降成本问题作为 2018 年的重点课题和“煤炭蓝皮书”选题；集中力量，深入研究，理论和实践相结合，提高对煤炭企业降成本问题的认识，认真总结经验教训，探索切实可行的路径、方式和方法。

为落实院理事长工作会议的决定，中国煤炭经济研究院成立了以岳福斌教授为组长、院内外专家学者和在读研究生为成员的“煤炭产业供给侧结构性改革降成本研究报告”课题组。课题组通过举办专题研修班、座谈会、论坛、研讨会等方式研修文件，形成思想，整合思路；通过大调查的方式，深入煤炭企业，以期扎根实际。大调查得到了煤炭主产省产业主管厅（局）、重点煤炭企业的积极参与、配合和支持。山东省煤炭工业局于5月8日发出《关于召开供给侧结构性改革背景下煤炭企业成本状况调研座谈会的通知》，协助课题组开展调研座谈，深入了解煤炭企业成本状况。山西省煤炭工业厅于6月4日下发《关于对国有重点煤炭企业开展降成本工作相关事项调研的通知》，通知称根据中国煤炭经济研究院理事长工作会议精神，为了全面了解山西省煤炭企业降成本工作情况，有针对性地提出政策建议和对策，对省属国有重点煤炭集团公司有关降成本工作相关事项开展问卷调研。在有关各方的支持下，所有参编成员面对“降成本”这一难题，认真学习、刻苦钻研，脚踏实地、深入调研，反复思考与论证。经过半年多努力，以“煤炭产业供给侧结构性改革降成本研究”为主题的《煤炭蓝皮书：中国煤炭工业发展报告（2018）》如期完成。

全书由总报告、实证报告和相关研究报告以及附录构成。由中国煤炭经济研究院课题组担纲撰写的《煤炭产业供给侧结构性改革降成本研究》总报告，基于马克思主义相关理论，从有关成本的基础知识入手，探讨了降成本的内在机理与客观必然性；依据48号文件精神，阐述了供给侧结构性改革降成本的政策含义与任务目标；基于“2018中国煤炭实体经济企业成本问题专项问卷调查”获取的数据，以吨煤成本为研究对象，做了统计分析，指出了我国煤炭实体经济企业成本高的问题所在；在理论与实证研究的基础上，提出了努力完成供给侧结构性改革降成本任务的思路与建议。各实证报告由煤炭主产省厅（局）和重点煤炭企业课题组撰写。山西省、山东省煤炭主管厅（局）通过综合分析总结省属企业成本和供给侧结构性改革开展以来降成本情况，针对企业反映的问题和困难提出了建议。各企业课题组分别介绍了各自的成本情况、采取的降成本措施、取得的成就以及存在的问题和困难，为进一步积极稳妥降低成本提出了思路、条件要求和政策建议。为帮助读者了解有关降成本的政策体系，本书还收录了48号文件及有关部委的配套文件。

本书秉承历卷“煤炭蓝皮书”集知识性、理论性、实践性、政策性于一体，以产业发展中亟待解决的现实问题为导向的特点，特别突出了以马克思主义理论作为指导思想的理论基础，特别突出了“通天接地”，即以贯彻落实党中央、国务院关于供给侧结构性改革战略决策为基本要求，以煤炭产业脱困发展为宗旨目标。本书在马克思成本理论指导下做出了大量创新：提出了新成本构成理论；对供给侧结构性改革降成本6个重点任务的内在机理进行了系统分析；对降成本的客观规律进行了系统阐述；把马克思建立廉价政府作为降成本重要前提条件的思想令人耳目一新。本书集调研和数理统计分析方法于一体，所用数据大都为一手资料，内容翔实，观点鲜明，可读性强，可作为深入推进供给侧结构性改革，特别是降成本政策制定、执行、评估、完善，煤炭企业生产经营管理，以及高等院校、科研院所、企事业单位教学、科研等的参考用书。

“煤炭蓝皮书”问世以来已经出版九卷，社会反响良好，发行量呈上升趋势，被列为“十二五”、“十三五”国家重点图书出版规划项目之一，列入国家哲学社会科学创新工程项目，并已成为国家能源决策的重要参考用书，读者群体日益壮大，上至高层决策部门，下至企事业单位，通过各种渠道“找书”、“要书”的人逐渐增多。

借第十卷“煤炭蓝皮书”出版之际，向为本书贡献思想智慧、付出辛勤劳动的所有编写人员表示由衷的感谢！向为我国煤炭产业供给侧结构性改革做出不懈努力、为煤炭产业发展做出贡献的专家、学者、企业家以及战斗在一线的同志们致以崇高的敬意！“路漫漫其修远兮，吾将上下而求索”，“众人拾柴火焰高”。煤炭产业供给侧结构性改革任重道远，衷心希望所有关心和支持我国煤炭产业发展的仁人志士为煤炭企业供给侧结构性改革降成本再献新智慧，为煤炭产业健康、稳定、可持续、高质量发展再注新活力，为实现中华民族伟大复兴再做新贡献！

2018 年 9 月

目　录

Ⅰ　总报告

Ⅱ　实证报告

Ⅲ 相关研究报告

皮书数据库阅读**使用指南**

总 报 告

General Report

B.1

煤炭产业供给侧结构性改革降成本研究

中国煤炭经济研究院课题组*

摘 要： 本报告以煤炭企业供给侧结构性改革降成本为研究对象，从有关成本的基础知识入手，论述了降低实体经济企业成本是

* 课题组组长：岳福斌。课题组副组长：陈秀兰，中国煤炭经济研究院院长助理，中国矿业大学（北京）讲师，产业经济学博士后，研究方向为产业经济。课题组成员（按姓氏笔画排序）：王奕，中国煤炭经济研究院硕士研究生，研究方向为煤炭经济。王蕾，中国煤炭经济研究院助理研究员，经济学硕士，研究方向为煤炭经济。王小亮，中国煤炭经济研究院博士研究生，研究方向为煤炭经济。池亚楠，中国煤炭经济研究院博士研究生，研究方向为煤炭经济。闫石，中国煤炭经济研究院实习研究员，公共事业管理本科毕业，研究方向为煤炭经济。张新闻，中国工商银行产品研发中心产品经理，经济学硕士，研究方向为绿色发展。李秋实，中国工商银行产品研发中心产品经理，金融学硕士，研究方向为金融工程、投资理财及私人银行。李重阳，国家金融与发展实验室研究员，经济学硕士，研究方向为利率与货币政策、汇率与跨境资本流动、金融科技。岳鸿飞，联合国工业发展组织亚太局项目官，北京大学经济学院博士后，主要研究方向为经济学、绿色工业发展。林火灿，《经济日报》宏观经济部主任记者，新闻学硕士，长期从事宏观经济和煤炭经济采编报道。胡可征，中国社会科学院研究生院博士研究生，中国农业银行产品研发中心测试质量管理师，研究方向为能源经济与金融市场。徐颖，北京信息科技大学教授，经济学博士，长期从事财务会计学、金融学、保险学等应用经济学教学科研。

理论与现实的选择，系统阐述了供给侧结构性改革降成本的政策含义、目标任务，基于对煤炭实体经济企业成本问题所做的调查问卷，分析了存在的问题，总结了国发〔2016〕48号文件下发后贯彻落实情况，并就更好完成煤炭企业供给侧结构性改革降成本任务做了系统思考，提出了思路与具体建议。

关键词： 中国煤炭企业　供给侧结构性改革　降成本

一　有关成本的基础知识

（一）成本定义

一般而言，成本是指人类社会生产、生活中所耗费掉的物化劳动和活劳动，表现为社会再生产各环节所发生的费用，是经济学最基本的范畴。

人类的生产生活过程，不外乎人类消耗体力或脑力，对生产资料进行加工，从而生产出满足自身需要的物质和精神产品。这个过程耗费的体力或脑力，就是所谓的活劳动；那些因被加工而改变了形态的生产资料，也是过去的人类劳动成果，只不过这些“曾经的”活劳动已经凝结在具体的生产资料中了，是存在于有用物上的凝固状态的劳动，这就是所谓的“物化劳动”。由于物化劳动是过去的劳动，因此又可以称为“过去劳动”，它是劳动的凝结状态。在人类的生产生活过程中，一般既要消耗生产资料，即耗费物化劳动，又要耗费体力或者脑力，即耗费活劳动，因此二者的总耗费就是成本，这是成本的一般定义。

作为经济学基本范畴的成本，在人类社会再生产过程中意义重大。成本的功能意义在于：（1）成本是价值的基础，是价格的最低界限。企业可以一时以低于其成本的价格销售其商品，但从长期来看，其价格必须高于其成本，否则，无法维持再生产。（2）成本的高低改变着商品价值中成本与利润两者之间的比例。对于企业而言，成本是按其个别资本消耗计量确认的，而其生产的商品的价值量，则由社会必要劳动时间决定。一定时期商品价值会保持相对稳定（不考虑价格的波动），成本的高低决定了企业可能的盈利空间。成本的这一特征，决定了作为商品生产者的企业要以多种形式降低成本，以获取“相对剩余价值”和“超额剩余价值”。（3）成本被用作竞争的武器。“……竞争的基本规律，即调节一般利润率和由它决定的所谓成本价格的规律，也是建立在商品价值和商品成本价格之间的这种差别之上的，建立在由此引起的商品低于价值出售也能获得利润这样一种可能性之上的①。”在市场竞争中，控制成本成为制胜的重要的武器和手段。

（二）成本构成

马克思曾对成本的经济学含义及其构成进行过科学的阐述，他提出每一个商品的价值，用公式来表示是 W = C + V + M。在这个公式里，W 是商品的价值，C 是物化劳动即消耗的生产资料的价值，V 是活劳动的价值，M 是剩余价值，在现实经济中转化为利润。显然，在这个公式中，C + V 就是我们所说的成本。马克思指出：“商品价值的这个部分（C + V），只是补偿所消耗的生产资料价格和所使用的劳动力价格的部分，只是补偿商品使资本家自身耗费的东西，所以对资本家来说，这就是商品的成本价格。”② 可见，成本的构成正如其定义一般，是物化劳动和活劳动耗费的总和，也是商品价值减去剩余价值的部分，即 C + V。

马克思在《政治经济学批判序言与导言》中也指出，完整的社会再生产过程分为四个环节：生产、交换、分配、消费。在这四个环节中都会发生物化劳动和活劳动的耗费，从社会再生产的全过程来看，成本的构成应该包括社会再生产的各个环节所发生的全部费用。随着生产力的发展、生产关系的复杂化和生产方式的转变，成本的构成内容有所增加，贯穿在生产、交

① 日本大藏省企业会计审议会 1962 年颁布：《成本核算准则》，第一章第三节“成本的本质”，第 45 页。

② 《马克思恩格斯全集》第 25 卷，人民出版社，1974，第 30 页。

换、分配和消费四个环节的耗费已经不完全限定于一般的 C + V，而是有了更为丰富的内容。据此，我们创新性地提出成本构成的新公式：

$$成本 = C + V + N$$

这里的 C、V 的含义保持不变，仍分别代表物化劳动和活劳动，而 N 则表示源自 M，但未被计入 C + V 中的制度性政策性成本，如税费成本、融资成本、制度性交易成本、人工成本、用能用地成本和物流成本中未体现在 C + V 中的部分。我们定义的成本内涵，即 C + V + N，与马克思经典理论和实践是一致的。首先，马克思研究成本构成的目的是揭露资本主义生产方式下的生产关系，着重探讨剩余价值 M 的来源问题；而如今我们研究成本构成是为了更好地反映当前社会再生产的实际问题。两者并不矛盾，其研究对象相同，只是目的不同：一个是为了砸碎旧世界，一个是为了更好地建设新社会。其次，我们的定义遵循了马克思研究成本的实质内核，即补偿。在实践中，补偿不仅仅有生产过程消耗掉的 C + V 的补偿，还有制度性政策性活动的消耗，也同样需要在社会再生产过程中给予间接的补偿。这些成本通过一个生产过程的终结得到补偿，以利于下一个过程的进行，这符合补偿理论，也符合当今社会实际。最后，随着生产力的发展、生产方式的转变、生产关系的改革和完善，作为社会再生产成本构成的要素在不断增加，成本的内容在不断变化，理论认识要与时俱进是马克思主义的精神实质。

（三）成本特性

按照马克思经典理论及当代客观实践，成本具有以下特性。

一是补偿性。补偿性是成本的一个重要特征，在社会再生产过程中，成本是在买回上一个生产过程中在生产要素上消耗的资本价值 C + V 的等价物或补偿价值。从社会再生产可持续性的角度考虑，上一个生产过程创造出的财富必须能够用来给下一个生产过程提供它所需要的原材料与生产要素。这里的补偿既有量的要求，也有质的要求。在社会再生产的过程中，本阶段的生产过程既要在价值量上为下一个生产过程提供足额的补偿，又要在具体品种上与下一个生产过程的需求品种相对应。

二是计量性。在商品经济条件下，成本有质的规定也有量的规定。物化劳动作为生产资料，也是使用价值和价值的统一，是可以计量的；活劳动作为劳动力价值或价格的货币表现，也是可以计量的。因此，成本作为二者的加总，具有可计量性。成本的计量是按一定的成本对象，对生产、经营过程中的耗费情况进行归集，以确定各对象的总成本和单位成本的一种专门方法。

三是差异性。成本的差异性，是指一定时期生产一定数量的产品所发生的实际成本与相关的标准成本之间的差额。差异性的思想在马克思的级差地租理论中阐述得非常清楚。在农业中，土地存在好坏差别。在不同等级的土地上投入同量资本，会有不同的生产率。经营生产条件较差的土地，劳动生产率低，产量少，农产品的个别成本也高；经营生产条件较好的土地，劳动生产率高，产量多，农产品的个别成本则相对低。类似地，生产要素配置的状况、距离市场的远近、资源的条件、劳动力的熟练程度、地域的差异、管理和文化的差异、时间的差异都会表现出成本的差异性特征。

四是可变性。成本中的部分或者全部因素可以在一定时期内进行调整变化，即具有可变性。虽然按照特定时期内是否可以调整变动，成本通常被分为固定成本和可变成本，但实践表明，只要调整期限足够长，即在所谓的长期里，成本的所有构成项目都是可以变动的，哪怕是工厂车间、机械设备，所以长期内，所有成本都被视为可变成本。

五是可控性。即可以通过对某些因素的控制来调控成本达到预期的目标。正是由于成本具有可变性与可控性，才使得我们可以控制它、改变它，使其达到有利于社会经济和行业发展的区间，供给侧结构性改革中的“降成本”才可以有的放矢、行而有效。

六是社会性。成本总是一定社会制度和一定社会条件下的成本，具有社会性。研究成本必须要考虑社会因素，尤其是政策因素，政策不仅对产业和企业产生影响，也会对生产、交换、分配、消费等环节产生深远的影响，这无一不体现在成本上，而政策作为理论的具体化，就要求我们必须要着力研究成本相关理论，以保障供给侧结构性改革有序推进。

（四）成本类别

根据划分的依据不同，成本可以被分为多种类别。

按人类社会生产的两大部类，可以将成本划分为生产成本和生活成本。生产成本是生产单位为生产产品或提供劳务而发生的耗费；生活成本是人们为购买产品与服务以达到特定生活水平所花费的金钱。

按人类社会再生产环节，可以将成本划分为生产成本、流通成本、消费成本和分配成本。这里的生产成本是生产产品或提供劳务的各项生产费用，包括直接支出、制造费用等；流通成本是商品流通过程中的各种费用，包括销售费用等；消费成本是指消费者为得到消费品或服务的效用而付出的代价；分配成本是指社会及企事业单位管理和分配所消耗的费用。

按使用的目的性，可以将成本划分为会计成本与经济成本。会计成本是企业会计账户上记录的、计量企业在过去一段时期内生产和经营过程中实际发生的支出，主要包括生产成本、销售费用、管理费用、财务费用等，它主要被用于对企业过往经济行为的审核与评价。而经济成本的含义比会计成本更广泛、更丰富，它不仅包括会计成本所计入的显性成本，更包括并未计入会计成本的隐性成本，它是企业从事某项经营活动或使用某种资源而放弃的潜在收益，属于机会成本的概念。

按成本的自身属性，可以将成本划分为固定成本和可变成本、隐性成本和显性成本、直接成本和间接成本等。固定成本是指花费在固定生产要素上的费用，在短期内，固定生产要素不能随意调整，这部分成本也不随产量变化而变化，因而冠以“固定”二字；可变成本是指花费在可变生产要素上的费用，比如购买的易耗原材料和临时工人工资等，产量提高，这部分成本就增加，产量缩减，这部分成本就下降，它能够随产量变化而调整，所以称为可变成本。显性成本是厂商在生产要素市场上购买或租用所需要的生产要素的实际支出，即企业为使用外部经济资源而支付的货币额；隐性成本是企业使用自己本身所拥有的且被用于生产过程的生产要素所应支付的货币额。直接成本是指与某一特定产品有直接联系的成本，比如为制造某种商品而消耗完毕的生产资料，其价格就需计入该商品的直接成本；间接成本是指与某一特定产品之间没有直接联系，或者虽然有直接联系但是不能用经济合理的方式计入成本对象的那部分成本，比如一家大型工厂车间管理部门的管理人员工资，这部分费用与某件产品没有直接的联系，但是它确实是制造该产品不可或缺的支出，故而属于间接成本的范畴。

按成本的形成条件，可以将成本分为企业生产经营性成本和制度性政策性成本。企业生产经营性成本是指企业生产和经营过程中实际发生的支出，主要包括生产成本、销售费用、管理费用、财务费用等；而制度性政策性成本则是指企业因遵循政府制定的各种制度、规章、政策而需要付出的成本，这也是本报告重点研究的对象和有待解决的问题。

（五）成本态势

评价企业的成本可以将其大致分为三种态势：成本高、成本低和成本适中。我们知道，利润是积累的来源，而积累是再生产的唯一源泉，因此一个企业的利润水平标志着企业经营的优劣并决定着企业能否顺利扩大再生产。成本高，则在收入一定的情况下，利润相对较低；反之，成本低，则利润相对较高，可供积累的价值量就大，企业就可以扩大再生产。而适中的成本，则是能够满足企业完成简单再生产的成本。总之，成本的态势既关系到企业的生存和成长，也关系到整个行业能否转型升级、能否健康可持续发展。

在成本三大主要态势的基础上，我们还可以进一步将成本的态势加以细化，譬如在成本高的范围里，可以再定义偏高、高、过高；类似地，在成本低的范畴中，我们也可以定义偏低、低和过低。值得注意的是，成本的态势是相对的，是经由与一个“标准成本”相比较获知，这一标准尺度，最终要借助于社会平均利润率。社会平均利润率是剩余价值总额同预付社会总资本的比率。之所以会形成社会平均利润率，是因为在生产要素可以自由流动的条件下，资本的逐利性必然导致资本从利润率低的企业转移到利润率高的企业，又从利润率低的部门转移到利润率高的部门。这种由竞争导致的资本转移，使得供求、价格、利润率不断变化，最终的结果是各个生产部门的利润趋于平均化。平均利润率一旦形成，各个部门资本的利润，将不再是其本部门所生产的剩余价值，而是每个资本按照它在社会总资本中所占的比例而取得的份额，这时候的利润率就是社会平均利润率。

市场发育不成熟，会出现竞争不充分的状态，甚至一些产业存在垄断。这种状况会导致社会平均利润率难以形成，产业之间仍然是“苦乐不均”的状态。在社会平均利润率这把尺度缺失的情况下，可以用产业平均利润率或成本中位数构成资本回报率等方法测算出类平均利润率，用以评价产业的成本态势。

（六）影响成本的因素

影响成本的因素是多方面的，其大体可以归结为生产要素、生产方式、发展环境三大类。

（1）生产要素

生产要素包括生产资料、劳动力和资源，无论是其质量、数量还是配置状况，都会对成本态势产生影响。

生产要素的质量会影响成本态势的高低。当企业生产要素质量较高时，企业的成本态势通常较低。例如在其他条件相同时，煤层厚的煤矿便于开采，其成本就会低于煤层薄的煤矿成本。

生产要素的数量也会对成本产生影响。在质量基本一致的情况下，生产要素数量的多少与成本态势息息相关。一般而言，规模经济成本相对较低。

生产要素的配置状况亦称为生产要素结构，对成本态势也能产生重大影响。为组织好生产，企业投入的生产资料和劳动力的数量和质量必须比例适当，否则会出现冗员或设备开工不足，由此推高成本。

（2）生产方式

人类为了维持生存而通过生产劳动向自然界谋取必要的物质资料的方式称为生产方式。生产方式总是发生在一定的社会条件下，所以又称为社会生产方式。生产方式中，生产的组织形式、技术装备条件、经营管理水平和内生动力都会影响成本态势的高低。

生产的组织形式直接影响其成本态势。例如股份制是当代社会最先进的生产组织形式，它对调集社会资金具有灵活性和广泛性。股份制企业的资本所有权和经营权处于分离状态，具有较强的自我约束力和社会约束力，能够促进社会资源优化配置，有利于企业家队伍的成长壮大。一般而言，股份制企业要比非股份制企业效益好，相对成本低。

理论上讲，技术装备水平越高，生产的产出率越高，成本态势就越低。在社会再生产实践中，随着技术装备水平的提高，在购买和建造技术装备方面的投资增加导致成本上升，因此，客观上要求转变生产方式以适应新技术的应用，并致力于降低成本，否则可能会南辕北辙，反而导致成本态势上升，这是必须强调的。

作为一个企业，要想降低成本，需要好的经营管理者。通常而言，企业的经营管理水平越高，成本越低；反之，其经营管理水平越低，成本越高。

（3）发展环境

①自然环境

自然环境是影响成本的重要环境因素。首先是资源赋存条件，这一点在煤炭产业表现得最为明显。资源禀赋对企业成本乃至发展都至关重要。譬如，相比于普通煤，焦煤价格较高，同样的投入，其成本就相对低。其次是地域条件，企业所处的地域和区域，在一定程度上会影响企业的成本态势。以煤炭企业为例，若煤矿紧靠铁路沿线，交通发达，则会明显节约运输成本。最后是环境承载力，在同样的时空条件下，有的地方环境承载力较弱，那么企业在该处运营的环境成本就相对较高，因为必须加大环保投入。

②社会环境

企业的生产经营总是在一定的社会环境中进行的，社会环境的好坏与企业成本的高低息息相关。如果社会不稳定，花大量人力物力去维稳，企业成本会大大提高；社会负担越小，企业的成本越低；公共设施越好，企业的成本越低。

③经济环境

在商品经济和市场经济条件下，当宏观经济处于不断复苏的扩张阶段时，各产业均较快发展，此时企业成本态势会降低。在开放经济条件下，当国际形势较好，整体处于复苏或较快发展阶段时，世界贸易相对活跃，可以拉动国内经济，企业成本降低。

④政策环境

为了使社会实践活动有章可循、有据可依，社会的管理者总会事前制定一些行动纲领、原则、规范和准则，这就是我们通常所说的政策。由一系列政策功能发挥所形成的相互制约的条件，就是政策环境。企业运行总是处在一定的政策环境之中。实践表明，好的政策环境，有利于实体经济企业形成偏低的成本态势。例如低赋税的财政政策、适度宽松的货币政策、便捷的股票发行与上市政策、公平的价格政策、灵活的就业政策、完善的社保政策，都有利于实体经济企业成本降低。

二　降成本：理性与现实的选择

（一）降成本的政策含义

2015 年 11 月 10 日，习近平同志在中央财经领导小组第十一次会议上提出“推进供给侧结构性改革”。根据习近平同志在不同场合多次发表的有关供给侧结构性改革的系列讲话和党中央、国务院出台的系列文件的精神，供给侧结构性改革的政策含义就是要按新的发展理念要求，从提高供给侧体系质量和效率，增加经济持续增长动力出发，用改革的方法推动供给侧结构调整，矫正要素配置扭曲，提高全要素生产率，扩大有效供给，提高供给对需求变化的适应性和灵活性，以适应和引领经济发展新常态，更好满足广大人民群众的需要，促进经济社会持续健康发展。

2016 年 1 月 18 日，习近平同志在省部级主要领导干部学习贯彻党的十八届五中全会精神专题研讨班上指出：“推进供给侧结构性改革，要从生产端入手，重点是促进产能过剩有效化解，促进产业优化重组，降低企业成本，发展战略性新兴产业和现代服务业，增加公共产品和服务供给，提高供给结构对需求变化的适应性和灵活性。简言之，就是去产能、去库存、去杠杆、降成本、补短板。”

作为供给侧结构性改革的“三去一降一补”五大任务之一，降成本是以降低实体经济企业成本为目标的改革任务，是党中央国务院在国际经济形势更趋复杂，我国经济下行压力仍然较大，实体经济企业产品综合成本过高及由此引起的价格优势丧失、效益下滑、综合竞争力下降的背景下，为缓解实体经济企业困难，助推企业转型升级做出的重要战略部署，旨在使实体经济企业综合成本合理下降，经济效益有所提高，可持续发展能力增强。

（二）降成本的目标任务

2016 年 8 月 8 日，国务院《关于降低实体经济企业成本工作方案的通知》（国发〔2016〕48 号）（以下简称“48 号文件”）下发。该文件明确了降成本的目标和任务：经过 1 ~ 2 年的努力，降低实体经济企业成本工作取得初步成效，3 年左右使实体经济企业综合成本合理下降，盈利能力明显增强。一是税费负担合理降低；二是融资成本有效降低；三是制度性交易成本明显降低；四是人工成本上涨得到合理控制；五是能源成本进一步降低；六是物流成本较大幅度降低。

1. 合理降低税费成本

（1）税费成本的概念

税费指税收和政府收费。税收指国家为满足社会公共需要，依据其社会职能，按照法律规定，强制、无偿地参与国民收入分配再分配，是国家政权的实现形式。政府收费是指国家机关向有关当事人提供某种特定劳务或服务，按规定收取的费用，是国家事权借以实现的经济形式。

企业税费成本包括税收和政府收费产生的成本。税收成本有狭义和广义之分。狭义上的税收成本是指企业按照税法规定需要向税务机关上缴的各种税款，这部分称为企业纳税的直接成本。依据现行税法体系，企业在生产经营过程中涉及缴纳的税种包括：增值税、消费税、企业所得税、土地增值税、关税、资源税、城镇土地使用费、耕地占用税、房产税、车船税、城市维护建设税、印花税、契税、车辆购置税、烟叶税及教育费附加等。广义的税收成本不仅仅包括纳税的直接成本（又称为税收显性成本），还包括税收隐性成本，即税收风险成本、税收财务成本和税收服务成本。具体而言，税收风险成本是指企业有意或者无意违反税法等法律法规的有关规定受到税务部门处罚所需承担的成本，包括税收滞纳金、罚款或罚金；税收财务成本是指企业因缴纳各种税款而使资金流出企业所导致的价值耗费，包括因缴纳税款所发生的利息损失、银行转账手续费以及税款的机会成本等；税收服务成本是指企业为完成法律法规所要求的各项纳税事宜除所需缴纳税款之外的价值耗费，主要包括办理费用和代理费用。

政府收费成本指企业在接受国家其他税务机关和事业单位提供的某种特定的劳务和服务后，按照预先规定的标准支付的费用。政府收费主要是使用费，按世界银行有关文件的说法，使用费是指“为交换公共部门所提供的特殊商品和服务而进行的支付”。此外，政府收费还有少量的其他收费，如罚没收入和捐赠收入等。使用费实际上是政府模拟私人物品的定价方式收取的公共物品的价款，以便回收提供特殊商品和服务的全部或部分成本。

“政府收费”和“税收”是一组易混淆概念，其差别主要表现在以下四个方面：一是税收与政府提供的商品和服务没有直接联系，税收收入一般不规定特定用途，由政府统筹安排使用，而收费与政府提供的特定商品和服务有直接联系，专项收入，专项使用；二是税收通常作为政府一般的筹集经费手段，而收费往往作为部门和地方特定用途的筹集经费手段；三是税收收入是政府的主要收入，必须纳入预算内统筹使用，而收费则有所不同，全国性收费要纳入预算内，部门性收费或地方性收费可以作为预算外收入，按预算程序管理，形成政府性基金或由部门和地方自收自支；四是税收的法治性和规范性强，有利于立法监督和行政管理，而收费的法治性和规范性相对较差，容易诱发滥收费现象，因而法治性不强的发展中国家应避免收费项目过多，并力求加强管理。

（2）税费成本的生成条件

①税费产生的客观基础

政治权力是税费产生的客观基础。税费又称国家税费，其产生是为了使国家能够履行其职能。税费分配的主体是国家，征收税费是国家独享的专属权，只能通过国家授权的专责机关，例如税务机构、海关等来行使权力。马克思曾高度概括权力的范畴，他认为我们面前有两种权力：一种是财产权力，即财产所有者所具备的权力，是以所有权为基础而控制、支配他人的权力；另一种是政治权力，即一个国家所具备的权力。纵观人类社会的发展历史，国家征收税费凭借的都是政治权力，而不是财产权力。这种政治权力表现为国家作为政治主体对人民这一政治客体的制约，通过强制的约束力量达到征收税费的目的，通过对税费收入的分配实现管理国家职能。

②税费成本的形成

企业税费成本是在一定的社会条件和经济条件下产生的。

国家收取的税费是伴随着剩余产品的出现和国家的产生而产生的。可以说国家的产生决定了税费的产生。一方面，国家的产生和国家公共权力的建立需要税收提供物质基础。国家为了实现其职能，必须建立军队、警察、法庭、监狱等专政机构，动用社会力量，兴办公共建筑和公共事业，建立管理公共事务的行政管理机构，所有公共需求都需要通过向社会成员征税来得到满足。另一方面，税费参与社会产品分配要依据国家的政治权力。只有产生了国家和国家权力，才有各社会成员认可的征收主体和依据，税费才能产生。因此，国家的出现是企业税费产生的主要社会条件。

③税费成本量的确定

影响企业税费成本的因素有两个：一是企业所处的外部制度与经济环境，这部分因素对企业来说是刚性因素，企业无法或很难进行有效控制；二是企业内部自身因素，这部分因素可以通过优化内部管理、加强内部控制来规避。

外部因素主要涉及经济发展状况、税费法律法规及税费征管水平。其中，经济发展状况与国家的宏观调控政策及国家经济发展阶段密切相关，税费政策作为影响国家收入分配的主要手段普遍应用于宏观经济调控与管理。税费法律法规的影响主要表现为旧法废止、新法颁布、现行法规的变更调整等因素对企业税费成本的影响。例如2008年1月1日起实行的内外资企业所得税法合并，税率由33%调整为25%，这一税收法规的调整将会直接降低企业税费成本。较高的税收征管水平有利于简化税收流程，提高纳税效率，调动企业的纳税积极性。

影响企业税费成本的内部因素包括企业的经营战略、员工素质、工作效率、管理水平等，这些因素主要影响隐性税费成本。战略定位清晰、管理水平先进、内控制度完善的企业，一般不会为了短期利益违背相关规定，因过失而承担税收滞纳金、罚款、罚金等税收风险成本的可能性也较小。企业员工素质和能力水平也会影响税收财务成本和税收服务成本。业务能力强，综合素质高的员工会在合法范围内主动进行税务筹划以降低企业成本，进而实现企业价值最大化；另外，专业能力出众的员工能帮助企业减少中介服务费、培训费、咨询费等支出，从而达到降低企业税费成本的目的。

（3）降低税费成本的重要意义

第一，降低税费成本有助于促进实体经济高质量发展。减税降费直接影响企业综合成本，在企业营收不变的情况下，节省的税费形成企业留利。企业可以用这部分利润进行扩大再生产，有利于激发市场活力、推动经济发展。2018年3月，国务院常务会议明确将制造业等行业和交通运输、建筑、基础电信服务等行业的增值税税率分别从17%和11%降至16%和10%，该政策使企业全年减税不少于2400亿元，降低的该部分成本有助于企业积蓄转型升级的潜能，对我国高端制造业发展和产业结构转型具有重大推动作用。

第二，降低税费成本有利于提升我国综合国力。实体经济税费的高低不但影响企业成本，还影响吸引资金、技术、人才等要素的能力。事实证明，减税正成为许多国家激发企业活力和重塑国家竞争力的重要手段。从实施效果来看，积极推进各类减税降费措施，将进一步优化我国营商环境，有利于提升我国企业的综合竞争力，继而提升综合国力。

一方面，减税降费有利于减轻国内企业税负，增强我国企业活力和创新动力。近年来，我国出台的一系列鼓励科技创新的税收优惠政策，如高新技术企业亏损弥补期限、职工教育经费税前扣除、委托境外研发费用加计扣除等，都有利于鼓励企业增加研发投入、优化产业结构、提高产品和服务质量。另一方面，减税降费也有利于增强国内市场对于外资的吸引力。例如，调整境外税收抵免政策、允许企业使用“不分国不分项”的综合抵免法，并将抵免层级由三层扩大至五层等政策有利于缓解“走出去”企业海外经营的双重征税问题，促进“走出去”企业国际竞争力的提高。再如，国家对于境外投资者分得的境内居民企业的利润，再投资于鼓励类投资项目的，实行递延纳税，暂不征收预提所得税，该政策有效激励了“引进来”，促进了中国境内跨国企业的再投资热情，缓解了资本回流。

第三，降低税费成本有利于缓解美国减税、加息等政策对我国经济发展造成的压力。美国特朗普政府上台以来，极力推动各项减税措施，希望大力恢复本国制造业发展。2017 年 12 月美国参议院批准减税议案，预计未来 10 年将减免税收 1.4 万亿美元，此举将对美国经济产生刺激作用。迫于通货膨胀压力，美国于 2018 年 6 月宣布上调联邦基金利率目标区间 25 个基点，至 1.75% ~2.00%，美联储预计 2018 年还将加息 2 次。美国减税、加息政策会加速美元回流，对外方在我国的投资形成挤出效应，不利于我国经济增长。在这一历史条件下，我们有必要通过减税降费措施降低企业综合成本，通过刺激内需，改变市场预期，稳定制造业和民间投资，以此来化解美联储加息以及美中贸易摩擦可能对我国流动性和实体经济的冲击。

2. 有效降低融资成本

（1）融资成本的内涵

融资通常是指货币资金的持有者与需求者之间，直接或间接地进行资金融通的活动。融资成本是公司资本结构的各种资金来源的成本的总和。作为资金所有权与使用权分离的产物，其实质是公司取得资本使用权的代价。根据是否纳入财务审计监督范围，企业融资成本可细分为显性融资成本和隐性融资成本。

显性融资成本是指在统筹管理融资活动获取资金的过程中所需要付出的

代价，包括筹集费用和占用费用。资金筹集费用即企业在筹集资金过程中所需要支付的注册费、中介服务费、手续费等各种相关费用；资金占用费用即资金使用者在使用资金过程中向资金提供者支付的股利、租息、利息等。以债券发行为例，金融机构在为企业提供债券融资服务时，需要收取诸如中介机构服务费、渠道费等各项服务费用，这部分资金即企业的融资费用。债券发行成功后，投资者要求企业为其提供资金报酬，报酬率由无风险利率和风险溢价组成：市场无风险利率包括货币时间价值和通货膨胀贴水，由定期存款利率或者国债利率确定；风险溢价根据企业发行的债券所对应标的风险等级来确定。

隐性融资成本是指游离于企业财务审计监督之外的必要开支。有些金融机构在向企业提供融资服务时，要求企业同意附加条款。例如，企业在取得长期借款时，银行通常将一些有助于保证贷款按时足额偿还的条件纳入贷款合同中，形成合同的保护性条款，如：规定借款企业流动资金保持量；限制其他长期债务；借款企业定期向银行提交财务报表；贷款专款专用；不准以任何资产作为其他承诺的担保或抵押等。这些保护性条款的存在使得企业合理配置资源的能力受到限制，经营成本上升，该部分由于签订借款合同额外增加的成本即为企业的隐性融资成本。

（2）融资成本的外延——基于现代财务管理视角的分析

现代企业财务管理理论认为，仅仅通过资金成本来分析和评价企业的融资成本是不全面的，需要从更深层次来认识融资成本，特别是要综合考虑与其相关的其他成本，例如企业融资的机会成本、财务困境成本和代理成本。

机会成本是企业为从事某项经营活动而放弃另一项经营活动的机会，或利用一定资源获得某种收入时所放弃的另一种收入。企业融资的机会成本主要用以阐释企业内源融资所需要付出的代价，对企业而言，内源融资一般“无偿”使用，无须实际对外支付融资成本（主要指财务成本）。但是，如果从社会各种投资或资本所取得的平均收益的角度看，内源融资也应该于使用后取得相应的报酬，与其他融资方式并无实质区别，所不同的只是内源融资无须对外支付融资成本，而其他融资方式必须对外支付。以留存收益为代表的企业内源融资的融资成本是普通股的盈利率，只不过没有筹集费用。

未来现金流不稳定以及对经济冲击高度敏感的企业若债务规模过大，会陷入财务困境，出现财务危机甚至破产，由此引发的成本即为财务困境成本，具体可分为直接成本和间接成本。财务困境的直接成本指企业因破产、清算或重组所发生的法律费用和管理费用；间接成本指因财务困境所引发的企业资信状况恶化以及由持续经营能力下降导致的企业价值损失，具体表现为企业客户、供应商、员工的流失，投资者警觉与谨慎导致的融资成本增加，被迫接受保全他人利益的交易条款等。[①]

当企业的所有权与控制权分离时，信息不对称以及经理、股东与债权人三者之间的利益冲突导致了代理成本的产生。企业发生融资行为时，委托人（股东和债权人）为约束代理人（管理者）的行为而进行监督和激励，由此产生的监督成本和约束成本就属于代理成本的一部分。此外，代理人还可能进行偏离委托人利益最大化的投资行为，最明显的是投资过度和投资不足问题：投资过度是指因企业采用不盈利项目或高风险项目而产生的损害股东以及债权人的利益并降低企业价值的现象，例如，当企业经理与股东之间存在利益冲突时，经理的自利行为产生的过度投资行为；投资不足是指因企业放弃净现值为正的投资项目而使债权人利益受损并进而降低企业价值的现象，通常发生于企业陷入财务困境且有较高比例债务时。这两种现象最终都造成整体效率的损失，需纳入企业代理成本考虑。

（3）融资成本计量

作为市场上资金使用者所需要付出的代价，企业融资成本受市场上资金总供给和总需求的影响。资金总需求是指市场上经济主体对资金需求的总规模，表现为经济主体通过借贷或发行有价证券等方式来获取资金以维持消费、投资和生产等经济活动；资金总供给指资金持有者愿意而且能够提供的资金总量。只有当资金总供给等于资金总需求时，市场上才能存在均衡稳定的融资成本。

① 2018 年注册会计师全国统一考试辅导教材《财务成本管理》。

然而，对于单个企业来说，企业融资成本与融资渠道紧密相关。企业融资成本主要涵盖债务性融资成本和权益性融资成本两类。债务融资对企业来说是一种负债，需融资企业按照融资约定支付资金使用费，在到期日偿还本金，包括银行贷款、债券融资、融资租赁等。权益性融资成本是指企业通过发行股票募集资金所需支付的成本或由股东自有资金直接投资的机会成本，这类资金没有固定的偿还期限，无到期偿还本金的限制，但企业需要向股东支付股利。在不考虑货币时间价值情况下，融资成本等于融资占用费除以筹资额扣除筹资费用后的融资净额，计算公式如下：

$$\text{债务性／权益性融资成本} = \frac{\text{资金使用费}}{\text{筹资总额} - \text{筹资费用}} \times 100\%$$

假设企业债务性融资所占比重为 W_i，权益性融资所占比重为 U_i，则企业的综合融资成本为债务性融资成本与权益性融资成本加权平均之和，即：

$$\text{综合融资成本} = \text{债务性融资成本} \times W_i + \text{权益性融资成本} \times U_i (0 \leqslant W_i + U_i \leqslant 1)$$

（4）降低融资成本的必要性

第一，降低融资成本有利于实体经济企业脱困，为企业“输氧供血”。企业是市场的主体，是国民经济的微观基础。目前我国实体经济面临“融资难、融资贵”的难题。有效降低企业融资成本，将充分激发企业生产和投资热情，提升企业经营效益，有效化解困局，振兴实体经济。

第二，降低融资成本是应对全球经济曲折复苏、国内经济下行压力的必要举措。自 2008 年全球金融危机以来，世界经济在深度调整中曲折复苏，金融危机的深层次影响也将在相当长时期内存在，经济下行压力不断加大。扭转经济被动局面关键还是要靠企业。降低实体经济企业融资成本，提高经济效益，是增强我国经济综合竞争力的重要举措。

3. 明显降低制度性交易成本

（1）制度性交易成本概念

“交易成本”是西方主流经济学中广泛使用的概念，指发生交易所产生的费用。交易成本起因于所有权的转移。一笔交易的参与者必须寻找相互的交易伙伴，交易伙伴间必须传递和交换商品的信息，商品的相关信息必须被描述、检查、称重和度量，商品交换的条件必须经过谈判的过程，双方达成的商品交换条件要以契约的形式记录下来，契约的执行需要一系列的保障条件等，交易过程的每个环节都存在外生于商品生产过程的成本。因此，交易成本是与商品的生产成本相对应的概念。

对企业来说，企业的生产、经营与管理活动要发生交易与谈判活动，其耗费是企业内部的成本；企业外部的交易与谈判活动的耗费，即外部交易成本。外部交易成本的来源主要有两个领域：一是来自市场的，即企业在市场中与其他企业进行交易的耗费，是市场交易成本，由于其源自企业活动本身，与企业的交易技术有关，可称为技术性交易成本；二是来自政府的，即企业遵从政府各种制度与第三方交易过程中所发生的交易成本，这种交易成本与政府规制密切相关，可称为制度性交易成本。企业制度性交易成本是企业遵从政府规制的耗费，它不仅表现为企业遵从政府规制过程中的资金耗费，也包括人力、时间方面的耗费，因政府规制导致的企业生产经营过程中的不公平待遇也是制度性交易成本的重要表现形式。

企业从市场准入到开展各项经营活动均处在政府监管之下，监管产生一定的监管和行政审批成本，企业因遵循政府制定的各种制度、规章、政策等与第三方进行交易需要付出的成本即为狭义的制度性交易成本。需要强调的是，这里的制度性交易成本不包括因遵循合理的制度而形成的成本，主要是指为了应对不合理的制度所引发的成本，制度的不合理主要表现为“不到位、不透明、不配套、不及时”。这部分成本是企业所面临的最难攻克的隐性成本，唯有政府自身深化改革方能减轻企业承受的制度性交易成本压力。

广义的制度性交易成本在我国经济实践中主要表现为因政府与市场关系没有理顺而造成的生产关系与生产力发展不匹配引发的成本。既包含企业遵循政府制度所需承担的成本（例如审计费用等），又包含企业遵循不合理的制度所耗费的成本（如审批冗余等），同时考虑到，作为自然人的“红顶商人”或作为机构的“二政府”凭借自身的社会影响力和权力，能对企业的生产经营活动施加影响，企业为确保生产经营活动顺利开展所需要打通这些政商关系所需耗费的成本也应计入制度性交易成本范畴。其中，遵循制度所承担的制度成本可体现为融资体制不完善所造成的企业融资成本过高，因劳动用工制度问题所带来的劳动力成本过高等情况；遵循不合理制度所耗费的成本即是前文所述关于制度性交易成本的狭义部分，主要由行政审批制度、商事管理制度不完善而产生；如“红顶商人”或作为机构的“二政府”寻租行为所产生的成本。

深刻理解制度性交易成本的概念，要严格区分“制度性成本”和“制度性交易成本”。“制度性交易成本”是“制度性成本”的子项，其产生需经由除企业和政府之外的第三方插手，如企业遵守法规聘请注册会计师对其报表进行审计所产生的审计费即属于制度性交易成本；因遵循税收法规直接缴纳的税款便不属于制度性交易成本的范畴。48 号文件把制度性交易成本与税费负担、融资成本、人工成本、能源成本、物流成本列为降低企业成本的六大任务。可见，实践中是把制度性交易成本与政府的税费收入及其他一些成本分开的。

（2）制度性交易成本的产生机理

深入探究制度性交易成本的产生，可将制度性交易成本分成基础成本和不合理的成本两部分来考虑。

基础制度性交易成本起源于交易的匹配和转移。前文指出，交易成本起因于所有权的转移，是分散的所有权、私人财产意愿达成交易的产物，交易的各个环节均会产生交易成本。制度是为了降低交易成本而设立。人类最初的交易是没有规则可寻的，偶然、非稳定的原始交易往往使交易双方支出巨大成本，而随着交易活动的频繁进行，理性的经济人发现降低交易各环节成本最有效的方法就是创设制度，用约定规则的形式来规范买卖双方的交易行为，从而使交易及成本支出可预期，基于此，交易制度得以产生和发展。制度的出现虽然降低乃至消除了人们交易行为的不确定性和影响的负外部性，但并不等于交易成本的消失，因为创设制度、维持制度、实施制度、选择制度和使用制度，都会带来相应的成本，也即制度成本。由此，当交易活动被制度化后，有关信息获取、交易谈判、合约制定、产权安排、监督执行和制度变迁等交易成本就演化成一系列制度成本，这部分交易成本即是基础制度性交易成本。

制度性交易成本主要产生于制度执行环节，是因政府审批、检查、评比、监管等事项而产生。政府在企业经营过程中扮演着非常重要的角色，审批、检查、评比、监管等行为由政府执行，审批环节过多、检查评比环节过滥、监管环节未依法合规贯彻等行为导致企业遵循相关制度时往往需要付出不合理的制度性成本；此外，我国行政体制改革进程中，政府选择将一部分权力交出，而接收这部分权力的“红顶商人”、“二政府”，如一些协会组织、官办商会、咨询公司等依托行政权力和行政资源进行强制性交易，形成制度性交易成本，这部分成本是推高企业综合成本的重要因素。

（3）降低制度性交易成本的必要性

第一，较高的制度性交易成本影响企业正常生产经营。经营初期不合理的税费制度、繁杂的审批管理流程严重制约企业发展。行政审批制度直接体现政府和企业的监管与被监管的关系，主要涉及审批内容与审批形式两个方面。从审批内容来看，我国尚未充分厘清政府与市场的关系，对于哪些领域和环节需要设置行政审批，哪些领域和环节应该放权于市场和社会没有清晰认识，导致行政审批的领域和环节多，企业疲于应付，需耗费大量的人力和物力与政府周旋，影响企业的转型升级和创新驱动发展。从审批形式上来看，我国现阶段涉企的行政审批受审批人员人为影响严重、审批流程复杂、审批效率低下，这些影响企业经营时间成本、机会成本等切身利益，企业面对稍纵即逝的商机，可能会因为长期、复杂的审批过程而贻误先机。

第二，制度性交易成本来源于企业外部，企业无法通过自身努力来降低，唯有通过深化体制机制变革方能实现。我国现行的行政审批制度是从计划经济时期延续下来的，虽然市场经济已经在我国推行多年，但传统的行政主导型管理模式下“重审批轻监管、以审代管”现象依然普遍存在，“谁审批，谁监管”的管理模式未能实现审批权与监管权的分离，政府部门既是裁判员又是运动员，政府审批权力直接影响市场资源配置，为权力寻租埋下隐患。在这一模式下，制度性交易成本与政府行为直接相关，企业没有自主选择权，要降低这部分成本，必须有赖于政府转变职能，通过公共制度的改革和创新，为企业生产和经营创造便利条件。

第三，降低制度性交易成本有利于推动社会发展。其重点在于通过体制机制变革和制度创新优化政府与市场的关系，使社会生产制度安排能够促进生产力的发展。我国经济发展进入新常态，传统增长动力减弱，面临经济增长不断减速的严峻挑战，要适应和引领新常态，应探寻新的增长动力，并以此提高全要素生产率及其对经济增长的贡献份额。随着供给侧结构性改革日益深入，全面深化改革步入攻坚期和深水区，降低制度性交易成本的重要性更为凸显。切实有效地降低制度性交易成本，对于消除经济发展壁垒、全面建成小康社会，具有不可或缺的作用。

第四，降低制度性交易成本有利于推进反腐工作。基础的制度性交易成本不可避免，这部分成本的产生是为了市场交易撮合。但在制度执行过程中所产生的不合理成本，尤其是在审批、检查、评比等环节滋生的寻租行为，则是降低制度性交易成本的主要突破口。通过体制机制改革，将权力交给市场，受各类市场主体监督约束，将大大降低找关系、贿赂以及由不完全监管和实施所造成的损失。十八大以来，中央大力推进反腐败建设，践行将权力关进笼子，降低制度性交易成本的各项体制机制变革则是从制度层面来规范政府权力主体行为，这一系列举措对加强反腐败建设意义重大。

4. 合理控制人工成本

（1）人工成本的概念

人工成本一般是指企业在一定时期内，在生产、经营和提供劳务等活动中因使用劳动力而支付的所有直接费用和间接费用的总和。

按我国劳动和社会保障部颁发的〔2004〕30 号文件规定，人工成本包括职工工资总额、社会保险费用、职工福利费用、职工教育经费、劳动保护费用、职工住房费用和其他人工成本支出共计七项，这是狭义的人工成本概念。广义的人工成本，应将人力视为企业的一项重要资源，根据人力资源进入企业到最终退出企业的时间顺序以及企业使用人力资源的不同目的，在更广阔的时间和空间范畴上定义人工成本。如是，可以将人工成本分为五个类别，包括人力资源的取得成本、人力资源的培训成本、人力资源的使用成本、人力资源的保障成本以及人力资源的离职成本。其中，人力资源的使用成本与狭义的人工成本概念一致，它是最显而易见的也通常是人工成本最主要的构成部分。人力资源的取得和培训成本是企业为聘任员工并使其达到某个职位的预期业绩水平或技能而付出的代价，包括招聘、考试、签约、培训等一系列相关环节。而人力资源的保障成本也非常重要，比如休假、疗养、改善工作环境、工会文体活动、社团活动等都为员工工作提供保障。离职成本则是员工离职程序中发生的直接费用以及因该项离职而派生的重新搜寻、雇用、培训替代员工产生的间接费用。

（2）人工成本的特殊性

人工成本虽然是成本构成的一个部分，但是由于牵扯到“人”，因而具有特殊性。

首先，人工成本是社会性与经济性的统一。在经济学中，通常把人的因素和物的因素统一到分析范式中，把人也当作资本的一种，称之为“人力资本”。这种资本视角，导致企业更重视物化劳动的消耗，而往往忽视人工成本对企业的影响，导致人工成本与企业利益之间失衡，给企业发展带来了一定程度的危害。事实上，在处理人工成本问题的时候应当考虑其社会性。社会是由人构成的，人是社会的主体，要降低企业的人工成本要兼顾人的全面发展，坚持以人为本。

其次，人工成本问题中收入性与支出性并存。对于企业来讲，人工成本是支出；而对于每一个劳动者来讲，人工成本反过来又是其收入。企业和劳动者都是利益主体，在企业的生产经营活动这同一个利益载体中，人工成本是收与支的并存。

最后，人工成本与企业收入具有统一性。虽然人工成本包含形式上收与支的对立性，但是它也具备本质上的一致性。从形式上看，收与支诚然是矛盾的、对立的，劳动者收入高就意味着企业成本提高、利润减少；但其实质上是统一的，劳动者的收入是企业总收入的构成因素，企业的收入增加，劳动者的收入才能增加；劳动者的收入增加，才能更好地调动劳动积极性和主动性，激发创造性，这又能对企业的经营成果起到推动作用。可见人工成本是收与支形式上的对立与本质上的一致。

（3）人工成本的形成机制

人工成本的形成是市场机制与政府规制合力作用的结果。市场经济条件下，劳动力作为商品，也存在供给与需求的矛盾，因此，劳动力的价格也即企业的人工成本是劳动力市场上供给方与需求方博弈的结果。作为劳动力供给方的劳动者与作为需求方的企业通过市场谈判、协商议定劳动力的价格即工资水平，继而又形成人工成本。市场机制在这一过程中发挥作用，其核心是通过供需竞争议定工资。

但是劳动力市场的显著特点之一是劳动者具有分散性，单一劳动者要和一个个企业法人进行谈判，无疑会处于相对弱势地位，双方势力不对等，不容易达成公平的工资报酬。在这种潜在的市场失灵情况下，政府要对劳动者工资进行规制。一是政府将劳动者组织起来，成立工会，由工会代表劳方与资方进行谈判；二是政府通过法律和制度性的规定来维护劳动者的权益，比如《劳动法》和最低工资制度等，以增强劳动者与企业的谈判能力，并制约企业使用解雇筹码的能力。

（4）降低人工成本的意义

首先，降低人工成本能够减轻企业负担。人工成本在企业成本总量上占据较大比例，其管控的好坏直接影响企业经济效益的高低。规范化、科学化的人工成本管理可以提高企业人力资源的投入产出比，如果这部分成本能够显著降低，将减轻企业压力，激发经营活力，增强企业竞争力，促进企业可持续发展。

其次，降低人工成本有利于规范收入分配。企业人工成本存在被扭曲和异化问题。比如残保金、救济金、住房公积金等，这些并不应该列入企业人工成本，而应由社会专项基金或个人收入来负担。

再次，降低人工成本有助于规范政府行为。一些不合理的制度安排不仅会导致人工成本的提高，更可能会滋生贪污腐败行为，如发生在上海的社保案，案件涉及的数额之大，人数之众，堪称改革开放以来的“上海第一案”。降低政策性和制度性人工成本，其实质是权责一致，企业负责与经营效益挂钩的成本，政府负担具有社会责任属性的成本，明确权力和职责的边界，有助于从源头上解决政府行为不规范的问题。

最后，降低人工成本还有助于促进就业制度、国民收入分配和再分配制度、社会保障制度的改革。劳动就业是一项重要的资源配置，人力资本制度的改革往往有着牵一发而动全身的效应。我们可以把它作为改革的重要抓手，稳增长、调结构，推动改革向深入发展。

5. 进一步降低用能用地成本

（1）用能用地成本概念

用能用地成本是指企业在生产经营和提供劳务过程中使用水、电、天然气等能源以及使用土地的直接和间接费用的总和。

企业用能成本是指企业在生产活动中实际消费的各种能源费用的总和。能源是可以直接或经转换提供人类所需的光、热、动力等任一形式能量的资源，包括固体燃料、液体燃料、气体燃料、水能、电能、太阳能、生物质能、风能、核能、海洋能和地热能等类型。工业生产必须使用动力，动力必然消耗能源，因此，能源成本也称为动力成本。

企业用地成本指企业为开展正常经济活动得到可利用土地过程中的所有物质成本，包括土地取得成本和土地开发成本，可细分为土地出让金、土地占用和使用相关税金、相关行政事业性收费以及自行开发的投入等。其中，土地出让金是依据有关法律法规和政策规定，土地使用者为获得若干年限土地使用权的让渡，向土地所有者的代表，即市县人民政府所支付的费用；与土地占用和使用相关的税金主要包括土地使用税、耕地占用税、契税和房地产税等；相关行政事业性收费是土地管理部门、财政部门等政府部门依据国家法律、法规和省级以上财政部门的规定行使其管理职能，向用地企业收取的费用，主要包括资源补偿类收费和行政管理类收费；企业对土地再开发的投入是企业为满足生产经营活动需要对土地进行二次再开发增加的相关配套设施建设投入。

（2）用能用地成本的特殊性

能源和土地在社会再生产实践中是一般性的生产要素。之所以在供给侧结构性改革降成本中作为政策性、制度性成本，是因为存在着经营权和所有权的国家垄断。在企业成本形成过程中，其使用价值的获得，需要烦琐的审批，产生机会成本；其价值和作为其表现形式的价格不能充分反映市场供求变化；其中特别是用地成本，含在煤炭资源价款中，随着煤炭开采逐年收回，而且随着资源枯竭，其作为煤炭资源承载体的使用价值完结，而后又还原为地表土地的使用价值。

48号文件要求，在降低企业用能用地成本时要紧扣改革，完善制度。这也是由于能源和土地具有政策性、制度性的特殊性，需要通过国家制度引导、体制改革来实现企业用地用能成本的降低。比如地价、地租内生于经济系统，与经济系统的其他结构性变量保持一定的比例关系。地价、地租过高，将增加经济系统运行成本，甚至影响经济系统健康运行；反之，将会限制市场配置资源的能力，导致资源的闲置和浪费。降低企业用能成本的做法并不是一般意义上的“降”，而要体现追求短期效果与注重中长期制度建设相结合，坚持市场手段与行政手段并举，并兼顾能源体制改革的多元目标属性。

（3）用能用地成本的形成机制

①用能成本

与一般竞争性产业不同，能源产业中存在的垄断（尤其是电力工业中的输配电环节以及天然气管线等具有垄断的特点）及其外部性（对能源的不可恢复性破坏、造成的环境污染等）是政府干预能源价格的依据。无论是垄断还是外部性，都意味着参与能源市场的各主体之间竞争地位上的不平等，如供给垄断会导致需求方处于弱势地位而容易被收取能源高价；在能源生产和使用过程中，对环境的破坏这种负外部性要由居住在资源地的居民来承担。如果不考虑能源行业的这些特性而单纯由市场机制自发形成能源价格，则该价格不能完整反映供给——消费成本，市场调节实际上处于低效状态。能源产业的这一特点决定了能源价格不能完全由市场这只看不见的手自发调节，必须要有政府参与。政府要为价格的形成培育竞争的市场环境，通过各种行政手段和税收政策将外部性尽可能地内部化，在政府和市场的共同作用下，相对公平和真实地反映供给——消费成本的能源价格。

企业经营过程中的一些成本，比如电费，并不是靠市场机制形成，而是由政府部门确定，企业不能通过市场机制对这些成本进行讨价还价。企业用电价格的高低直接影响大部分工业企业尤其是能耗较高的用电企业成本费用的变化。电价对实现资源优化配置，引导社会生产和能源消费发挥重要作用。目前，我国电价总体上沿袭计划经济时代的政府定价，从 2016 年 1 月 1 日起国家下调燃煤发电上网电价，全国平均每千瓦时（度）降低约 3 分钱。按照 2017 年全国工业用电量 4. 3624 万亿度计算，销售电价下降 3 分钱将为我国工业企业节约成本约 1300 亿元。

②用地成本

我国国有土地使用权出让方式有四种：招标、拍卖、挂牌和协议转让。《土地法》及国土资源部相关部门规章规定，对于经营性用地必须通过招标、拍卖或挂牌等方式向社会公开出让国有土地，统称为“招拍挂”制度。经营性土地使用权招标拍卖作为经营城市土地、规范土地市场秩序的重中之重，理论上可以从源头上防止土地批租领域腐败，也是提高经营城市土地水平，改善投资环境的根本性措施，与协议转让相比优势明显，让土地以更公平、合理的价格出让，减少人为干扰因素，遏制腐败产生。客观上讲，以“招拍挂”方式出让国有建设用地使用权确实比之前协议转让的价格更高。政府凭借所有权的国家垄断，利用“招拍挂”的形式，通过分散的买方竞价，会推高土地价格，如不断出现的“地王”现象，由此实现政府权益最大化。煤炭产业土地使用价值分期转移，而价款却是一次性支付，由此增加了企业财务成本。

（4）降低用能用地成本的意义

从一般意义上而言，降低用能用地成本，有利于降低实体经济企业综合成本，会相对增加企业利润。更重要的是，通过这一政策的实施，体现了政策的公平性，更好地发挥了市场机制的作用。如前所述，之所以把用能用地成本作为降低制度性、政策性成本对象，源于其存在经营权和所有权的国家垄断；垄断条件下形成的交易价格难以体现公平性，而公平性是影响市场参与主体积极性、主动性、创造性的十分重要的因素。在缺少公平的条件下，市场竞争不能充分有效展开，价值或生产价格规律失灵，市场机制无法发挥其功能作用，其代价必然是效率的降低和效益的丧失。相信通过用能用地成本在实体经济企业的降低，生产经营主体切身体会到政策环境的公平性，体会到政府的关爱和主动作为，其内生动力将得到有效的焕发和释放。与此同时，还有利于净化社会环境，使那些凭借垄断特权轻而易举获得垄断利润的垄断型企业转变生产经营方式，公平参与市场竞争，获得社会平均利润；使那些凭借垄断特权“寻租”，获取不合理收入的部门转变理念，廉政为民。

6. 较大幅度降低物流成本

（1）物流成本的概念

狭义的物流成本是指商品在流通领域产生的成本，如包装、装卸、运输、储存、分装加工等各个活动中所付出的人力、财力和物力成本的总和。

而对于广义的物流成本，2006 年颁布实施的国家标准《企业物流成本计算与构成》（GB 厅 20523－2006）中指出：“物流成本是企业物流活动中所消耗的物化劳动和活劳动的货币表现，包括货物在运输、储存、包装、装卸搬运、流通加工、物流信息、物流管理等过程中所耗费的人力、物力和财力的总和以及与存货有关的流动资金占用成本、存货风险成本和存货保险成本。”该定义的物流成本包含两方面的内容：一方面是直接在物流环节产生的支付给劳动力的成本、耗费在机器设备上的成本以及支付给外部第三方的成本；另一方面包括在物流环节中因持有存货等所潜在的成本，如占有资金成本、保险费等。

现代物流成本的范围更广，贯穿于企业经营活动的全过程，包括从原材料供应开始一直到将商品送达到消费者手中所发生的全部物流费用。物流成本按不同的标准有不同的分类，按产生物流成本主体的不同，可以分为企业自身物流成本和委托第三方从事物流业务所发生的费用即委托物流费。如果按物流的功能，可分为运输成本，主要包括运输人员工资、福利，营运车辆燃料费、折旧、公路运输管理费等；仓储成本，主要包括建造、购买或租赁等仓库设施设备的成本和各类仓储作业带来的成本；流通加工成本，主要有流通加工设备费用、流通加工材料费用、流通加工劳务费用等；包装成本，主要包括包装材料费用、包装机械费用、包装技术费用、包装人工费用等；装卸与搬运成本，主要包括人工费用、资产折旧费、维修费、能源消耗费以及其他相关费用；物流管理成本，包括企业为物流管理所发生的差旅费、会议费、交际费、管理信息系统费以及其他杂费。

（2）物流成本的产生

马克思曾在分析了商业资本的流通过程及商业利润的来源等一系列基本理论问题后，创立了科学完整的商业资本理论。商业资本是从产业资本中独立出来的，在产业资本流通过程中起中介作用，并通过其独立的运动实现商品资本到货币资本的转化，是一种全新的资本形式。产业资本运动包括购买、生产、销售三个连续的阶段，并相应有货币资本、生产资本、商品资本三种资本形态。商品经济发展初期，由于生产规模不大、市场狭小，产业资本的一部分作为商品资本存在于流通领域。随着社会化大生产的发展，商品流通量的增加，需要部分产业资本专门从事商品流通业务，使商品资本从产业资本中独立出来，形成商业资本。商业资本的循环过程由货币资本转化为商品资本（G－W）和商品资本转化为货币资本（W－G’）两个阶段构成。物流成本伴随着商业资本的产生而产生，是商业资本的一部分，商业资本家为经营商品买卖，除了要预付资本购买商品之外，还要追加流通费用。

在实践中，随着商品交换的发展，商品在流通环节从原始的物物交换发展为以货币为媒介的交换，商品的供给、需求在时间和空间上逐步分离。第三次社会大分工出现了不从事生产只从事交换的商人阶级，商品从生产者手中交换到商人手中，再从商人手中交换到最终消费者手中，在此过程中，商品的保管、运输费用形成了最初的物流成本，由最终消费者承担。随着社会生产的发展，商品流通的产业链不断延伸，专业化水平不断提高，大批量的商品从生产出来到最终销售出去需要经过挑选、整理、仓储、包装、运输等物流工序，物流资源的产业化形成了聚合型的物流产业，企业在提供物流服务时所耗费的各种资源的货币表现构成了现代意义上的物流成本。为了降低综合物流成本、提高资本周转率从而提高利润率，企业越发重视物流效率和物流服务质量的提高，物流成本管控发展为科学的理论。研究者们试图利用数学方法解决管控物流成本的难题，如：供应商选择的物流成本管控中的混合型整数规划模型、单目标线性规划模型；物流网络布局及选址的物流成本管控中的成本最小化设施选址战略和模型；仓储库存的物流成本管控中的经济订货批量模型；运输配送物流成本管控中的基于第三方物流和信息技术的现代供应链企业运输管理优化模型；逆向物流成本管控中的逆向物流成本等。

（3）物流成本对社会再生产的影响

根据马克思商业资本理论中的商业流通费用论，商业资本追加的流通费用主要包括生产性流通费用与纯粹流通费用两种形式，而无论哪种流通费用都需要商业资本所有者投入追加资本从而形成商业资本的一部分。因此，它不但要参与一般利润率的形成，取得相应的平均利润，而且还要作为追加要素加入商品价格并从商品出售价格中得到补偿。

马克思指出，生产性流通费用，即生产性物流成本，和生产资本一样，能增加商品的价值与剩余价值，因而对它的补偿不成问题。因此，马克思把生产性流通费用即生产过程在流通领域中的继续——如运输、包装、保存等工序导致的费用撇开，专门来研究商业纯粹流通费用。

所谓纯粹流通费用，又称纯粹性物流成本，由商品的买卖行为引起，即“为实现商品的价值，使之由商品转化成货币或由货币转化成商品，对商品交换起中介作用所必需的费用”。这部分费用包括广告费、交际费、商店设备购置费、市场调研费以及商店工人的工资等，是对生产利润的扣除，实际上是生产过程外增加的成本，作为额外的成本直接由消费者补偿。

物流成本的态势与社会生产、生活成本息息相关。在现实资本运作过程中，产业资本与商业资本之间存在明显竞争，资本在不同的部门或领域亦可以自由流动。但是，商业资本整体周转速度必然会影响到平均利润率进而影响到商品价格。在商业资本内部，生产性物流成本是生产商品所必需的成本，生产性物流成本的上升会增加商品的价值与剩余价值，从而有利于资本积累和扩大再生产；而纯粹性物流成本的商业利润只是产业资本生产的剩余价值的一部分，是凭借其预付资本而参与利润平均化的必然结果，在产业资本生产的剩余价值不变的条件下，为避免过高的纯粹性物流成本降低平均剩余价值，商品的价格会偏离其价值，从而造成供给引起的通货膨胀，提高了生产和生活成本，不利于扩大社会再生产。

（4）降低物流成本的意义

首先，降低物流成本是降本增效的重要源泉。当前，我国经济已经进入以转型升级为主线的发展阶段，经济发展正在由规模速度型向质量效益型转变，企业必须通过提高效率来形成新的利润空间，特别是生产成本难以降低呈刚性上涨的背景下，降低物流成本则成为降低实体经济成本的重要举措。

其次，以降低物流成本为契机，创新现代物流模式是企业和社会经济实现转型升级的有效途径。物流涉及企业生产经营的各个环节，涉及各个产业和社会经济各个领域。在经济新常态下，物流成本的降低不可能通过粗放式规模扩张均摊消化掉，必须通过创新来实现。降低物流成本，必将推动物流技术、管理方法、组织方式、运营模式等一系列创新，在整合资源、优化流程的基础上，使企业生产经营的各个环节更加协调，产业和产业之间发展更加协同，各地区之间发展更加平衡，国民经济发展质量更加提高。

（三）降成本的客观性

1. 降成本符合经济发展的客观规律

人类社会从小生产到社会化大生产，成本构成是不断发生变化的，耗费的物化劳动和活劳动的数量在增加，质量在提升，市场价格在提高，从而导致成本不断被推高；成本不断提高也成了社会经济发展的必然规律。而人类社会生产的目的是要用最少的投入获得最大的产出，以满足不断增长的物质和文化需要；同时为了生产的持续扩大，又需要持续地积累社会财富和剩余劳动。因此，人类在社会再生产实践中，遇到了永远待解的难题：成本的不断提高与用最少的投入获得最大产出的矛盾。为了能够化解这个矛盾，在生产组织和管理中，就会千方百计地降低成本，以克服成本不断上升所带来的利润率的递减。降成本，成为人类经济生活中永恒的主题，这样做符合经济发展的客观规律。

2. 降成本是供给侧结构性改革的落脚点和集中体现

降成本与供给侧结构性改革的其他四项任务存在有机联系。过剩产能从长期来看，若无法被化解，将会变成沉没成本，造成企业成本居高不下。因此，“去产能”意味着固定资产折旧等沉没成本的减少，是“降成本”的一种体现。企业高库存则意味着大量商品积压，无法实现价值，导致企业周转资金困难，影响企业扩大再生产，促使企业不得不通过其他方式获得资金，增加企业财务成本；此外，大量的库存会导致企业仓库保管费的增加，从而增加成本；“去库存”能有效帮助企业减轻库存负担，实现资金回流，降低企业成本。高杠杆率的企业意味着资产负债率较高，一旦发生风险事件，极易造成资金链断裂。“降杠杆”有助于降低企业融资成本，促进“降成本”的落地。企业的短板通常表现为管理方法不善、创新能力不足以及产品质量低；改善管理方法有利于减少人力资本，增强创新能力意味着企业核心竞争力的提升，有助于企业减少单位产品的生产支出，提高产品质量则意味着盈利增加，从而降低单位产品成本；此外，“补短板”不单单需要企业去推进，政府方面也需要在“补短板”方面发力，解决基础设施和公共服务方面的短板，建立一个机制完善的市场，为企业营造良好的生产环境和交易环境，从而降低企业生产成本和交易成本。

降成本是“三去”和“一补”政策效果的体现，是供给侧结构性改革的核心措施，只有当供给的成本降下来，供给体系的质量和效率才能提高，“去产能、去库存、去杠杆、补短板”也是通过“降成本”对供给体系产生影响的。因此，降成本是供给侧结构性改革的落脚点和集中体现，但同时也要认识到，没有“三去”和“一补”，成本也是降不下来的，实践中要统筹规划，结合好“三去”和“一补”，推进“降成本”的顺利落地。

3. 降成本对我国经济转型升级具有重要意义

经济转型是指一个国家或地区的经济结构和经济制度在一定时期内发生的根本变化。具体来讲，经济转型是经济体制的更新，是经济增长方式的转变，是经济结构的提升，是支柱产业的替换，是国民经济体制和结构发生的一个由量变到质变的过程。我国经济经过飞速发展，在取得巨大成就的同时也积累了诸多矛盾，目前正处于由高速度向高质量转变、由粗放型向集约型转变、由旧动能向新动能转变的转型升级时期。实体经济是国民经济的基石、经济发展的根基。目前，我国实体经济盈利水平整体偏低，且参差不齐，近年来更是面临动力不足、创新能力不强等一系列复杂问题。实行更加有利于实体经济发展的政策措施，是供给侧结构性改革的重要任务，其中降成本是核心举措。实体经济转型面临的主要问题就是成本太高，高成本使得企业负担过重，活力降低，影响企业创新和可持续发展，阻碍经济转型升级。所以降低实体经济企业成本正是在经济增速放缓的新常态下，发展实体经济、推动实体经济由大变强，实现我国经济转型发展的必要举措，具有十分重要的意义。

4. 降成本是增强我国实体经济国际竞争力的必要手段

加入 WTO 以来，我国经济已与世界经济深度融合，目前也在世界经济中占据重要地位。但随着国际竞争的日趋激烈，特别是“一带一路”倡议提出后，国际社会对中国的崛起更加重视，总体上积极呼应，但也存在遏制中国发展之势力。美国于 2018 年 3 月挑起的对华贸易争端至今仍在不断发酵，持续破坏着国际经贸规则。这给中国带来了警示，国际环境变幻莫测，竞争格局不断演变，只有增强实体经济的国际竞争力才是应对国际变局的关键，才能使中国在世界经济中立于不败之地。而目前我国实体企业整体看还不强，外贸企业过于依赖规模经济、价格战等低端“武器”，导致出口商品附加值低、技术标准低；国内市场产品又普遍存在质次价高现象，与人民日益增长的美好生活需要不匹配。前几年的奶粉事件、马桶盖事件，以及 2018 年的中兴通讯禁运事件，都不同程度地反映了上述问题。事实证明，提高实体经济国际竞争力，克服质次价高，实现高质量发展，已经到了只能依靠自主创新的阶段。因此，一切都应从有利于提升企业竞争力的角度进行深化改革，而降成本是其中的重要手段，如减税降费、降低制度性交易成本等，让企业置身于公平的竞争环境，提供创新等企业成长急需的“公共品”，深化“放管服”改革，借此再次实现企业强健、产业涅槃，这也是我国国际贸易的根本性、长久性出路。

三　2018年煤炭实体经济企业“降成本”调研问卷分析

自供给侧结构性改革开展以来，我们围绕这次改革的主要任务，相继进行了煤炭实体经济企业“去产能”“去杠杆”的调研，并完成了《煤炭产业新常态与落后产能退出新机制》《煤炭产业脱困发展与供给侧结构性改革》《积极稳妥降低煤炭企业杠杆率》等研究报告。作为这次改革重头戏的“降成本”问题，自48号文件下发后，已开始着手落实解决，当然也成为我们重点关注研究的课题。

研究问题首先需要深入了解问题。为客观全面了解煤炭实体经济企业的成本状况，中国煤炭经济研究院课题组于2018年上半年先后赴河南、山西、四川、山东等煤炭主产区和重点煤炭企业进行实地调研，并在此基础上设计了调研问卷。

调研问卷以48号文件为导向，依据企业财务报表，以客观数据调查为主，同时兼顾了企业对某些情况的主观感受。内容包括两部分：第一部分为客观性问题，由企业基本情况、主要财务指标、吨煤综合成本费用构成情况、人工成本、物流成本、融资成本、税费负担、制度性交易成本八张数据表格构成。第二部分为十五道主观性问题。为反映企业成本变动历史趋势，问卷选取了2000年、2005年、2010年三个历史时点数据；为考察供给侧结构性改革开展以来，尤其是48号文件下发后企业成本的变动情况，问卷还选取了2015年至2017年、2018年第一季度的连续数据。为了使问卷内容更加符合企业实际，在初稿设计完成后还专门召开论证会，集思广益，综合大多数人的意见做了修改完善后，发给样本企业。

此次调研得到了煤炭主产省产业主管厅（局）和企业的支持。山东省煤炭工业局和山西省煤炭工业厅为此次调研专门发文。因调研内容时间跨度大，涉及部门多，许多企业还专门成立了跨部门的专项办公室，抽调专人开展此项工作。

经过近三个月的努力，调研问卷如期完成。问卷回收率达 100%，为课题研究奠定了基础。以下基于本次调研问卷获取的数据、反映的问题、提出的建议，进行综合分析处理。

（一）吨煤综合成本分析

对煤炭产业经济做分析，一般都用吨煤作为基本数量单位。通过吨煤综合成本及其构成要素基础数据分析，可以揭示成本变动趋势、各构成要素的影响程度，乃至于产业政策效应情况。

1. 吨煤综合成本基础数据（见表1）

表 1　样本企业吨煤综合成本

单位：元

类别	2000年	2005 年	2010 年	2015 年	2016 年	2017 年	2018 年第一季度
加权平均值①	184	270	406	315	341	422	408
最大值	420	480	543	474	508	611	589
最小值	100	150	221	196	199	208	229

资料来源：课题组调研整理所得。

吨煤综合成本包括原煤生产成本、洗选煤加工费、运输费用、销售费用、管理费用、财务费用、营业税金及附加、增值税、所得税以及其他成本；其中原煤生产成本包括工资及福利费、材料费、用能成本、土地使用摊销费、折旧、修理费、提取费用以及其他费用。

① 以原煤产量占比为权重。

依据加权平均值（见表1），样本企业吨煤综合成本2000年为184元、2005年为270元、2010年为406元，2015年为315元、2016年为341元、2017年为422元。具体到单个企业吨煤综合成本差距较大。为了客观反映这一实际，表1还分别列出了最大值和最小值。以2018年第一季度数据为例，吨煤综合成本平均为408元，样本企业中最高为589元，最低为229元。

表2　样本企业吨煤坑口成本价

单位：元

类别	2000年	2005年	2010年	2015年	2016年	2017年	2018年第一季度
加权平均值①	158	243	377	278	307	390	379
最大值	420	480	543	474	508	611	589
最小值	46	82	201	141	139	204	186

资料来源：课题组调研整理所得。

考虑各样本企业物流成本差异较大，表2中统计了扣除物流成本的吨煤坑口成本价，同上口径，2000年为158元、2005年为243元、2010年为377元，2015年为278元、2016年为307元、2017年为390元、2018年第一季度为379元。2018年第一季度，样本企业中最高为589元，最低为186元。

2. 吨煤综合成本变动曲线

从历史变动情况看（见图1），2000年以来的10年黄金期，吨煤综合成本和吨煤坑口成本价整体均呈上升趋势，而后出现深度调整，成本曲线急速下滑，近三年来再次急速上升。

48号文下发后，吨煤综合成本和吨煤坑口成本价总体均呈先上升后下降的趋势。尽管如此，目前吨煤综合成本和吨煤坑口成本价仍明显高于48号文件下发前。

① 以原煤产量占比为权重。

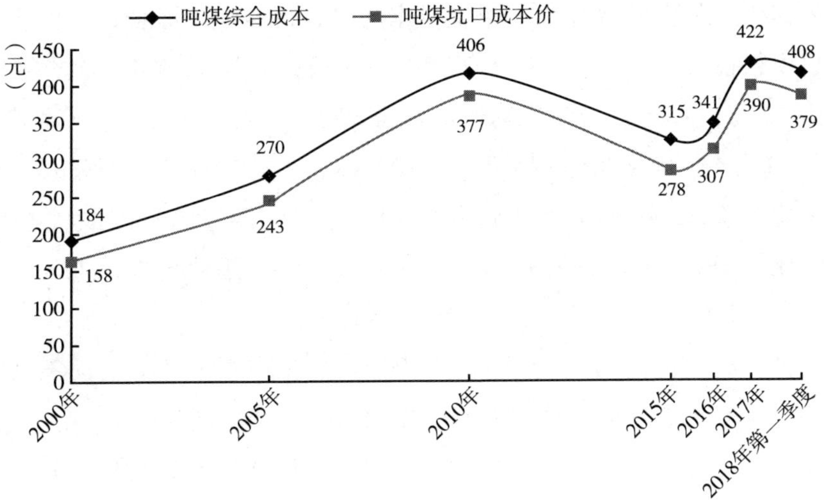

图 1　样本企业吨煤综合成本和吨煤坑口成本价变动曲线

资料来源：课题组调研整理所得。

3. 吨煤综合成本主要构成项目分析

样本企业吨煤综合成本中主要构成项目及其占比情况见表 3。

表 3　样本企业吨煤综合成本中主要构成项目及其占比情况

单位：元；%

项目＼年度	2000		2005		2010		2015		2016		2017		2018 年第一季度	
	数量	占比	数量	占比	数量	占比	数量	占比	数量	占比	数量	占比	数量	占比
人工成本	36	19.4	56	20.6	71	17.6	61	19.3	64	18.8	73	17.3	70	17.2
原材料成本	16	8.7	26	9.5	36	8.8	17	5.4	19	5.5	26	6.1	28	6.8
用能成本	9	4.9	10	3.6	11	2.7	10	3.2	10	3.1	12	2.8	13	3.3
用地成本	2	1.0	4	1.6	12	2.9	6	1.8	7	2.0	11	2.5	6	1.5
物流成本	30	16.5	43	15.9	52	12.8	65	20.7	64	18.8	63	15.0	62	15.1
财务费用	9	4.9	10	3.6	14	3.5	27	8.6	28	8.2	35	8.4	36	8.9
管理费用	38	20.4	48	17.9	64	15.7	47	15.0	47	13.7	51	12.0	46	11.2
销售费用	8	4.4	9	3.2	10	2.4	9	2.9	8	2.4	9	2.2	11	2.7
税收支出	22	12.1	43	15.9	104	25.6	52	16.4	73	21.5	119	28.1	117	28.7
制度性交易成本	14	7.8	23	8.3	32	8.0	21	6.8	21	6.1	24	5.6	19	4.7
综合成本	184	100	270	100	406	100	315	100	341	100	422	100	408	100

资料来源：课题组调研整理所得。

依据表3，以2018年第一季度数据为例，目前吨煤综合成本的主要构成项目中，税收支出最多，达117元，占比最高，为28.7%；其次是人工成本为70元，占比17.2%；物流成本为62元，占比15.1%；管理费用为46元，占比11.2%；财务费用为36元，占比8.9%；原材料成本为28元，占比6.8%；制度性交易成本为19元，占比4.7%；用能成本为13元，占比3.3%；销售费用为11元，占比2.7%；用地成本为6元，占比1.5%。

从各构成项目的历史变动看，2000年以来，销售费用变动不大，管理费用、制度性交易成本先升后降，人工成本、原材料成本、用能成本、用地成本、物流成本、财务费用和税收支出整体均呈上升趋势，其中上升数额最大的是税收支出，由2000年的22元/吨增加到2018年第一季度的117元/吨，其次是财务费用支出，由2000年的9元/吨增加到2018年第一季度的36元/吨。

48号文件下发以来，物流成本呈逐年下降趋势，人工成本、用地成本、管理费用、税收支出和制度性交易成本呈先上升后下降的趋势，但原材料成本、用能成本、财务费用和销售费用仍然呈逐年上升趋势。

4. 分析结论

（1）2000年至2010年初，吨煤综合成本和吨煤坑口成本价整体均呈上升趋势，而后出现急速下滑，至2016年中期再次急速上升；48号文件下发后，呈先上升后下降的趋势，但仍明显高于48号文件下发前。

（2）制度性、政策性成本因素是近年来推高煤炭成本的主要因素。融资成本和税收支出占比上升，是推高吨煤综合成本的主要因素，其中税收支出占比的增幅最大（从2000年的12.1%上升到2018年第一季度的28.7%，涨幅翻了一倍多），税收支出占吨煤综合成本比重的走势与吨煤综合成本的走势高度吻合。

（3）48号文件及其配套文件正态功能见效，但仍存在某些局限性。48号文件下发以来，人工成本、用能成本、物流成本、销售费用、管理费用和制度性交易成本占比整体均呈下降趋势，财务费用和税收支出占比呈上升趋势。

（二）吨煤综合成本构成要素分析

1. 税费负担分析

（1）税收基础数据

表4　煤炭企业缴纳的税收项目

一般类	增值税	企业所得税	房产税	车辆购置税	车船使用税
	契税	印花税	城市维护建设税	关税	
矿产资源类	资源税				
土地占用类	城镇土地使用税	耕地占用税	不合理土地使用税	土地增值税	
环保类	环保税	水资源税			

资料来源：课题组调研整理所得。

目前煤炭企业缴纳的税收有16项（见表4），其中增值税、资源税和企业所得税占绝大部分。从数量上看（见表5），以2018年第一季度数据为例，目前吨煤综合成本的构成要素中，税收支出最多，达117元，占比最高，为28.7%；其中增值税78元，占比19.1%，所得税18元，占比4.4%，资源税21元，占比5.1%。

表5　吨煤综合成本中的税收情况

单位：元，%

项目＼年度		2000	2005	2010	2015	2016	2017	2018年第一季度
税收支出	数量	22	43	104	52	73	119	117
	占比	12.1	15.9	25.6	16.4	21.5	28.1	28.7
其中：资源税	数量	2	3	5	11	13	22	21
	占比	1.1	1.1	1.2	3.5	3.8	5.2	5.1
所得税	数量	4	11	27	4	7	20	18
	占比	2.2	4.1	6.7	1.3	2.1	4.7	4.4
增值税	数量	16	29	72	37	53	77	78
	占比	8.7	10.7	17.7	11.7	15.5	18.2	19.1

资料来源：课题组调研整理所得。

从历史变动情况看，2000 年以来，税收支出占吨煤综合成本的比重整体呈上升趋势，其中，2000～2010 年从 12.1% 上升到 25.6%，年均增幅 11%，2015～2017 年从 16.4% 上升到 28.7%，年均增幅则达到了 25%；近年来的年均增幅是过去十年的 2 倍多。

（2）收费基本情况

表 6　煤炭企业缴纳的规费项目

资源环境类	探矿权价款	采矿权价款	采矿权使用费	探矿权使用费	矿区使用费	矿山地质环境治理工程费
	水土流失防治费	水土保持补偿费	河道工程维护费	绿化费	森林植被恢复费	植树费
	土地复垦费	土地塌陷补偿费	垃圾清理费	生态补偿基金		
经济建设类	铁路建设基金	港口建设费（基金）	水利建设基金	林业建设基金		
行业管理类	上交煤管局管理费	小煤矿管理费	煤炭出境费	安全事故保证金		
市场行为类	居民搬迁补偿费	征地拆迁补偿费	青苗补偿费	农作物减产补偿费	绝产土地征购费	
企业发展类	生产安全费用					
社会功能类	总工会收取的煤矿工会经费	煤炭协会会费	矿山营救费	民用煤补助资费	县乡公路维改费	
	教育费附加	地方教育附加费	职工社保和公积金	残疾人就业保障金		
交通运输类	公路	公路运费	公路集资费	临时占地费	污染治理费	修路费
		计量费	专项维修费	服务费		
	铁路	铁路运费	点装费	倒车费	化验费	专用线维修费
		车站调车作业费	取送车费	铁路土地租金	车皮维修费	劳务费
	海运	平车费	保全费	治安费	调运服务费	
		海运运费	港口卸车费	搬道费	道路使用费	进出仓费
		洒水费	堆存费	平仓费		

资料来源：课题组调研整理所得。

调查显示，目前煤炭企业缴纳的规费项目达69项，其中资源环境类16项，经济建设类4项，行业管理类4项，市场行为类5项，企业发展类1项，社会功能类9项，交通运输类30项。

（3）存在问题

①税收负担重，综合税率高，资源税、增值税、消费税影响较大。

国际比较、国内行业间比较和煤炭产业自身历史比较三个维度均从不同层面表明煤炭产业税负水平较高。林木西等研究指出，中国制造业的综合税率比美国高出35%，某些产品即使在美国成本比中国高4倍多，但由于税负的影响，总利润依然会多10%。加之目前美国计划将企业所得税从35%降至15%或20%，英国计划2020年前降至17%，法国计划从目前的33%降至25%，届时都将低于或等于中国目前25%的企业所得税税率。

依据中国财政科学研究院（以下简称“财科院”）2017年的调查报告，得出了全国不同行业在2014～2016年三年间的平均税收负担（见表7）。数据表明，2014～2016年三年间，采矿业在全部行业中的税收负担高于平均水平，且在全部行业中排名前列：“企业纳税总额占营业收入比重”为8.48%，仅次于房地产业，排名第二；“企业纳税总额占税前利润比重”为216.34%，排名第一；“企业纳税总额占综合成本费用比重”为8.12%，仅

表7　各行业税收情况在2014～2016年三年间的平均值

单位：%

类别	企业纳税总额占营业收入比重	企业纳税总额占税前利润比重	企业纳税总额占综合成本费用比重	企业增值税占营业收入比重	企业所得税占税前利润比重
全部行业平均	5.30	77.43	5.42	2.34	17.94
农、林、牧、渔业	1.73	20.04	1.89	1.11	4.42
采矿业	8.48	216.34	8.12	4.04	27.25
煤炭2017年	9.0	391.5	9.7	4.6	49.4
煤炭2018年第一季度	13.3	352.2	12.8	8.9	41.7
制造业	5.67	99.59	5.72	2.31	16.54

续表

类别	企业纳税总额占营业收入比重	企业纳税总额占税前利润比重	企业纳税总额占综合成本费用比重	企业增值税占营业收入比重	企业所得税占税前利润比重
电力、热力、燃气及水生产和供应业	3.44	85.34	3.44	2.08	22.72
建筑业	3.68	157.29	3.84	2.61	20.86
批发零售业	2.31	77.59	2.33	0.94	16.76
交通运输、仓储和邮政业	5.79	43.22	5.71	2.33	16.55
住宿和餐饮业	7.49	107.06	7.44	4.61	18.93
信息传输、软件和信息技术服务业	4.52	52.95	4.71	2.16	10.26
房地产业	12.68	88.23	15.38	4.69	25.90
其他	5.55	38.71	6.27	2.45	17.80

资料来源：中国财政科学研究院“降成本”课题组报告《降成本：2017 年的调查与分析》；煤炭 2017 年和煤炭 2018 年第一季度数据由课题组调研所得。

次于房地产业，排名第二；“企业增值税占营业收入比重”4.04%，仅次于住宿和餐饮业与房地产业，排名第三；“企业所得税占税前利润比重”27.25%，排名第一。其中，本课题组调研的煤炭产业这五项指标在 2017 年和 2018 年第一季度的数据均显著高于采矿业的平均水平。

煤炭产业自身历史比较进一步说明了目前税负较重（见表 5）。2000 年以来，税收支出占吨煤综合成本的比重整体呈显著上升趋势，2017 年企业吨煤综合成本中税收支出占比达 2000 年以来的最大值，为 28.1%，2018 年第一季度也达到了 28.7%，有的企业甚至高达 41.5%。其中，资源税占比呈刚性上涨且增幅最为显著，自 2000 年以来资源税占吨煤综合成本的比重就保持着逐年增加的趋势，尤其是在 2014 年底资源税由从量计征改为从价计征后，这一比重平均增长了近 6 倍。“营改增”后，煤炭生产中可抵扣项目较少，导致实际增值税税负在 14% 左右，高出钢铁行业约 10 个百分点，高出电力行业近 7 个百分点，高出一般加工及机械制造业 6 ~ 9 个百分点，“营改增”并未有效降低煤炭企业的增值税税负。另外，按照现行财税规定，企业无偿划转资产视同销售，因此，企业在进行“三供一业”资产移交时需要缴纳企业所得税、增值税、印花税、土地增值税；企业以土地作价出资方式处置划拨土地，需要按照4%的税率缴纳契税，这些都在特定时期加重了企业税负。

此外，重点煤制油企业普遍反映，消费税事实上已成为影响煤制油项目顺利建成运营的关键因素。目前煤制油品要和普通炼油产品一样缴纳消费税，与按照从量计征消费税的石油炼化项目相比，煤制油项目投资大、固定成本高，产品售价随原油价格波动，而现行消费税政策出台较早，未考虑对煤制油项目区别对待。据业内专家测算，煤制油单位完全成本约5200元/吨，其中制造成本占比约46%，营业税金及附加占比约34%，财务费用等其他经营费用占比约20%，其中仅消费税一项就占成本的近30%，大幅降低了煤制油项目的盈利能力。探寻煤炭资源的清洁高效利用新途径迫在眉睫，而煤制油等现代煤化工就是一条出路；通过消费税调整甚至在一定时期内的免除，大力支持煤制油“正规军”做强做大，对于现代煤化工的升级示范意义重大。

②政策性收费种类多、收费乱。

据统计，煤炭产业缴纳税费名目最多时达109项，“比梁山好汉还要多”。目前各类税费项目也达85项，其中税收部分16项、费用部分69项，税费一般占到了企业营业收入的25%～35%。

诸多的收费项目，有的是中央政府依据法律程序合规设置的，有些是地方政府按照中央政府或有关部门的精神结合地方实际设置的，还有一些是特权部门、垄断行业甚至社会组织巧立名目设置的。

③税费重复缴纳。

企业普遍反映资源性税费明显存在重复缴纳的情况。国家在煤炭产业征收的资源税、探矿权和采矿权使用费、探矿权和采矿权价款、土地塌陷补偿费、耕地占用税等，存在设置相近、不同部门重复征收的现象；对同一主体既征收煤炭资源税又征收矿产资源补偿费、探矿权和采矿权价款，既征收土地塌陷补偿费又征收耕地占用税；资源性税费多头管理，煤炭企业要多头申报缴纳，接受多方检查，协调难度较大。

2. 融资成本分析

（1）融资成本基础数据

表 8　样本企业融资成本情况

单位：%

项目＼年度	2000	2005	2010	2015	2016	2017	2018 年第一季度
综合融资成本平均值	5. 9	5. 7	5. 6	5. 7	5. 5	5. 5	5. 6
最大值	6. 0	6. 0	6. 0	6. 3	6. 3	6. 6	6. 7
最小值	5. 1	5. 1	5. 0	5. 0	5. 0	4. 9	4. 8
银行短期贷款	5. 7	5. 6	5. 4	5. 3	4. 8	4. 7	4. 7
银行长期贷款	5. 9	5. 9	5. 8	5. 7	5. 4	5. 4	5. 4
债券融资	—	—	4. 4	6. 2	6. 1	6. 2	6. 3
股权融资	—	—	—	—	1. 2	1. 2	1. 2
租赁融资	—	6. 2	6. 0	6. 0	6. 1	6. 8	6. 8
其他融资	—	—	—	—	7. 3	7. 5	6. 9

资料来源：课题组调研整理所得。

从表 8 可以看出，综合融资成本平均值略有波动，但波动不大。2000 年为 5. 9%，2005 年为 5. 7%，2010 年为 5. 6%，2015 年为 5. 7%，2016 年为 5. 5. %，2017 年为 5. 5%，2018 年第一季度为 5. 6%。

不同融资方式成本差距较大。以 2018 年第一季度数据为例，目前企业综合融资成本平均为 5. 6%，其中银行短期贷款成本平均为 4. 7%，银行长期贷款成本平均为 5. 4%，债券融资成本平均为 6. 3%，股权融资成本平均为 1. 2%，租赁融资成本平均为 6. 8%，其他融资成本平均为 6. 9%。

（2）吨煤综合成本中融资成本占比

表 9　样本企业吨煤综合成本中的融资成本

单位：元；%

项目＼年度	2000	2005	2010	2015	2016	2017	2018 年第一季度
综合成本	184	270	406	315	341	422	408
融资成本	9	10	14	27	28	35	36
融资成本占比	4. 9	3. 6	3. 5	8. 6	8. 2	8. 4	8. 9

资料来源：课题组调研整理所得。

吨煤综合成本中融资成本及其占比整体均呈上升趋势。融资成本由2000年的9元/吨增加到2018年第一季度的36元/吨，年均增幅16.7%左右；占比从2000年的4.9%增加到2018年第一季度的8.9%，年均增幅为4.5%左右。

48号文件下发后，吨煤综合成本中的融资成本不降反升。由2016年的28元/吨、占比8.2%，增加到2018年第一季度的36元/吨、占比8.9%。

（3）存在问题

①资产负债率过高，导致融资成本占比攀升。

按道理来讲，相对稳定的综合融资成本不至于导致吨煤综合成本不断攀升，问题出在煤炭企业资产负债率过高，负债基数大，导致企业融资成本总数过大，均摊到吨煤成本上，则出现了吨煤综合成本中融资成本占比攀升。

②间接融资为主，股权融资过低，融资结构非优化。

如表10所示，以2018年为例，目前煤炭企业融资结构呈现以下特点：（1）以银行信贷间接融资为主，占比达68.1%，债券融资占比为26.5%，股权融资仅为0.4%，租赁融资占比为3.2%，其他融资占比为1.9%；直接融资尤其是股权融资占比过低。（2）银行信贷融资以长期借款为主，占比为41.2%，短期借款占比为26.9%，但近年来企业长期借款呈下降趋势，短期借款不断增加，存量到期的长期限也转为短期，造成还款集中，还款压力较大。（3）融资结构并未得到持续优化。近年来我国煤炭企业的间接融资在增加，直接融资反而在下降，与全国的趋势相背离，说明煤炭企业利用资本市场融资的能力近年来有所下降。

表10　煤炭企业融资结构变动情况

单位：%

	银行借款	其中		债券融资	股权融资	租赁融资	其他融资
		银行短期借款	银行长期借款				
2015年	66.7	20.8	45.9	28.4	0.4	3.8	1.0
2018年	68.1	26.9	41.2	26.5	0.4	3.2	1.9

资料来源：课题组调研整理所得。

③供给侧结构性改革措施不配套，推高企业融资成本。

供给侧结构性改革开展以来，尤其是行政化去产能后，矿井关闭了，但债务依然存在，资产也无法进行市场化处置，同时还面临大量的人员安置费用缺口，导致企业净资产减少、资产负债率反而提高，进一步加剧了企业财务状况和融资条件的恶化。

市场化债转股是目前企业去杠杆的主要方式。由于银行资金需要通过基金、信托等渠道参与债转股，环节过多，流转过程中产生的增值税、所得税、印花税等各类税收成本较高，大多债转股项目的银行资金真正进入债转股环节，成本已经超过6%，远高于一年期贷款利率，推高了参与债转股资金的财务成本；同时环节过多，过程过于复杂，其中的运作成本、人工成本、时间成本也很高；此外，多数债转股方案都附加了按照约定条件通过回购方式实现退出的条款，债权金融机构往往在退出环节设置一个增信机制，通常由股权主体远期回购或者承担预期收益差额补足的义务，实际上已异化为“名股实债”，这些都反而推高了企业财务成本。

“去产能”、“去杠杆”背景下，煤炭行业被银行等金融机构列为融资限制性行业，各国有大型银行不断压缩贷款规模；企业部分贷款到期还款后无法及时续贷，个别项目存有被抽贷的可能；加之资管新规出台，刚性兑付从制度上被打破，信用债利差扩大，银信合作等传统非标融资渠道被禁止，实体经济融资渠道变得更加单一；同时“债转股”落地难、“名股实债”，都使得煤炭企业的融资难度加大、融资成本被推高。

3. 制度性交易成本分析

（1）制度性交易成本的基础数据

为在一定程度上量化企业的制度性交易成本，课题组调查了公关费、资质审核费（上岗五证等）、评估费、专家评审费、检测费、审计费、社团组织收费、法律诉讼费等制度性交易成本项目，还重点调查了“三供一业”的有关情况。

表 11 样本企业制度性交易成本状况

单位：万元

项目 \ 年度		2010	2015	2016	2017
制度性交易成本合计		2261008	2772082	2692260	3056448
其中："三供一业"支出	数量	2215100	2704380	2623301	2984073
	占比(%)	97.97	97.56	97.44	97.63
公关费用	数量	12879	14867	13554	12510
	占比(%)	0.57	0.54	0.50	0.41
资质审核费(上岗五证等)	数量	627	997	967	1108
	占比(%)	0.03	0.04	0.04	0.04
评估费	数量	2092	1418	1173	2011
	占比(%)	0.09	0.05	0.04	0.07
专家评审费	数量	4858	4565	4790	6344
	占比(%)	0.21	0.16	0.18	0.21
检测费	数量	14825	18985	19327	20073
	占比(%)	0.66	0.68	0.72	0.66
审计费	数量	7635	15262	18134	17853
	占比(%)	0.34	0.55	0.67	0.58
社团组织收费	数量	152	963	1205	1094
	占比(%)	0.01	0.03	0.04	0.04
法律诉讼费	数量	2252	5044	5460	6585
	占比(%)	0.10	0.18	0.20	0.22
其他收费	数量	587	5601	4348	4796
	占比(%)	0.03	0.20	0.16	0.16

资料来源：课题组调研整理所得。

由表 11 可以看出，自 2010 年以来，样本企业制度性交易成本总额整体呈上升趋势，2010 年为 226.1 亿元、2015 年为 277.2 亿元、2016 年为 269.2 亿元、2017 年为 305.6 亿元；其构成项目费用也整体上处于上升趋势。

48 号文件下发以来，样本企业制度性交易成本总额依然处于增加趋势，主要原因是"三供一业"支出的推动；其他制度性交易成本项目中，除公关费用有所下降外，其他项目费用几乎都没有下降，有些仍然继续上升。

以 2017 年为例，样本企业制度性交易成本中，"三供一业"支出占比超过97%，其他项目占比从高到低依次是检测费0.66%、审计费0.58%、公关费0.41%、法律诉讼费0.22%、专家评审费0.21%、评估费0.07%、资质审核费（上岗五证等）0.04%、社团组织收费0.04%。

（2）制度性交易成本占吨煤综合成本的比重情况

表12 制度性交易成本占吨煤综合成本的比重

单位：%

项目	2010年	2015年	2016年	2017年	2018年第一季度
吨煤综合成本中的“三费”支出占比	21.6	26.4	24.2	22.6	22.8
“三费”支出中的制度性交易成本占比	37.0	25.7	25.4	24.7	20.8
制度性交易成本占吨煤综合成本的比重	8.0	6.8	6.1	5.6	4.7

资料来源：课题组调研整理所得。

通过计算样本企业吨煤综合成本中的“三费”支出占比和“三费”支出中的制度性交易成本占比，得出了制度性交易成本占吨煤综合成本的比重。

2010年以来，制度性交易成本占样本企业“三费”支出的比重呈逐年下降的趋势，由2010年的37.0%降到2018年第一季度的20.8%。制度性交易成本占吨煤综合成本的比重也呈逐年下降趋势，由2010年的8.0%降到2018年第一季度的4.7%。

（3）分析小结

①表12中数据显示，2010年至2016年，样本企业制度性交易成本占“三费”支出的比重和占吨煤综合成本的比重均呈下降趋势。48号文件下发以来，以上占比也继续保持下降趋势，一定程度上说明降低制度性交易成本的政策效果已经显现。

②48号文件下发后，制度性交易成本的构成项目从数额上看，除少数项目如公关费用有所下降外，大多数项目没降反升。

③“三供一业”支出占制度性交易成本的比重最大，无论是从绝对数额还是从相对数额来看，近两年均呈上升趋势，是推高制度性交易成本的最主要原因。48号文件下发后，样本企业“三供一业”支出从2016年的262.3亿元增加

到2017年的298.4亿元，占制度性交易成本的比重从2016年的97.44%增加到2017年的97.63%。虽然目前绝大部分企业都在进行“三供一业”的分离移交工作，但由于资金和人员接收问题，目前这项工作进展并不顺利，企业的这部分制度性交易成本依然较重，一是受企业融资难、融资贵问题影响，“三供一业”分离移交项目改造资金需求较大，如果一次性改造到位，将进一步增加企业融资压力和经营负担；二是从业人员如果不能全员接收，企业就业安置难度较大。

4. 人工成本分析

（1）人工成本的基础数据

表13　样本企业年人均薪酬

单位：万元

类别	2000年	2005年	2010年	2015年	2016年	2017年
算术平均值	2.4	3.8	6.7	7.4	7.4	8.8
最大值	8	10	13.4	14	13.3	18.2
最小值	0.7	1.5	3.8	4.7	4.7	5.4

资料来源：课题组调研整理所得。

从表13可以看出，2000年以来，样本企业年人均薪酬的平均值分别为2000年2.4万元、2005年3.8万元、2010年6.7万元、2015年7.4万元、2016年7.4万元、2017年8.8万元。

表14　样本企业人工成本总额

单位：亿元；%

类别		2010年	2015年	2016年	2017年	年均增幅
人工成本总额		356	426	403	444	3.5
其中：	工资总额	262	260	249	292	1.7
	“五险一金”总额	94	166	154	152	8.7

资料来源：课题组调研整理所得。

从表14可以看出，2010年以来，样本企业人工成本总额由356亿元增加到444亿元，年均增幅3.5%；其中工资总额从262亿元增加到292亿元，年均增幅 1.7%，“五险一金”总额从 94 亿元增加到 152 亿元，年均增幅 8.7%。

（2）人工成本各构成项目占比情况

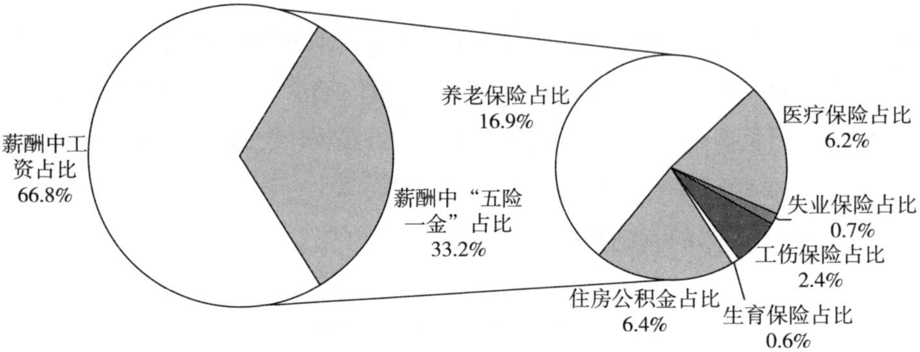

图 2　样本企业 2017 年人工成本构成项目占比情况

资料来源：课题组调研整理所得。

如图 2 所示，从占比情况看，以 2017 年数据为例，目前样本企业人工成本中工资部分占比为66.8%，“五险一金”部分占比为33.2%，其中养老保险占比为 16.9%、医疗保险占比为 6.2%、失业保险占比为 0.7%、工伤保险占比为2.4%、生育保险占比为 0.6%、住房公积金占比 6.4%。

表 15　样本企业人工成本构成项目及其变动情况

单位：%

项目	2010 年	2015 年	2016 年	2017 年	年均增幅
人工成本中工资占比	74.2	61.5	61.0	66.8	-1.4
人工成本中“五险一金”占比	25.8	38.5	39.0	33.2	4.1
“五险一金”中：住房公积金占比	17.9	19.3	18.6	19.4	1.2
养老保险占比	53.9	51.5	51.2	50.9	-0.8
医疗保险占比	17.7	17.9	18.6	18.8	0.9
失业保险占比	4.2	3.2	3.1	2.0	-7.5
工伤保险占比	4.9	6.6	7.0	7.1	6.4
生育保险占比	1.4	1.5	1.5	1.8	4.1

资料来源：课题组调研整理所得。

如表 15 所示，再从各构成项目占比的历史变动情况看，2010 年以来，人工成本中工资占比呈下降趋势，从 2010 年的 74.2% 下降到 2017 年的 66.8%，“五险一金”占比呈上升趋势，从 2010 年的 25.8% 上升到 2017 年的 33.2%。“五险一金”中的住房公积金、医疗保险、工伤保险、生育保险占比呈上升趋势，养老保险和失业保险占比呈下降趋势。

（3）人工成本占吨煤综合成本的比重

表 16　吨煤综合成本中的人工成本情况

项目	2010 年	2015 年	2016 年	2017 年
吨煤人工成本(元)	71	61	64	73
吨煤人工成本占比(%)	17.6	19.3	18.8	17.3
人工成本中工资占比(%)	74.2	61.5	61.0	66.8
人工成本中“五险一金”占比(%)	25.8	38.5	39.0	33.2

资料来源：课题组调研整理所得。

由表 16 可以看出，48 号文件下发以来，吨煤综合成本中人工成本占比呈下降趋势，但人工成本数额却呈上升趋势。从人工成本中工资部分和“五险一金”部分的占比变动情况看，2017 年相较于 2016 年吨煤人工成本增加的主要原因是工资部分增加的推动。

（4）分析结论

目前煤炭企业人工成本表现出人均薪酬逐年增加、结构性问题突出、制度性人工成本呈刚性、出现异化等特点。

①人均薪酬逐年增加。

国家经济发展与社会平均工资水平之间存在着显著的正相关性。随着经济社会发展水平不断提高，各产业总体人工成本不断上升，煤炭产业同样如此。近年来煤炭企业年人均薪酬呈逐年增加的趋势，从 2000 年的 2.4 万元增加到 2017 年的 8.8 万元，年均增幅 15.7%。48 号文件下发后，随着煤炭经济形势的好转，煤炭企业年人均薪酬有较大幅度的增长。由表 17 可进一步看出，近三年煤炭产业的平均工资低于电力、热力、燃气及水的生产和供应业，但高于全国平均水平，也高于采矿业和制造业的平均水平。

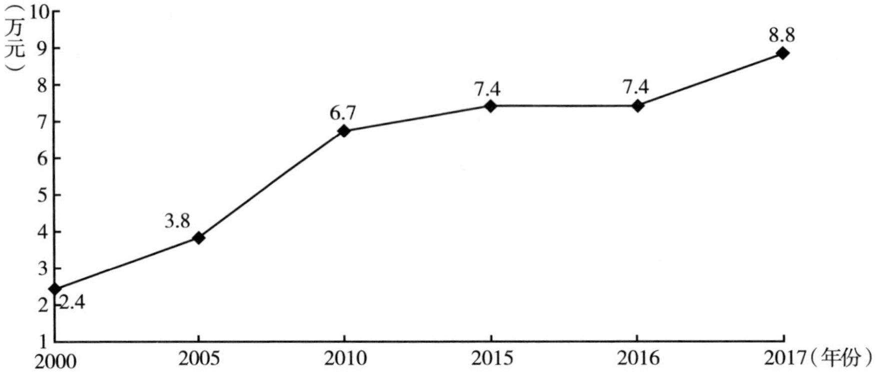

图 3　样本企业年人均薪酬的历史变动

资料来源：课题组调研整理所得。

表 17　规模以上单位就业人员年平均工资

单位：万元

类别	2015 年	2016 年	2017 年
全国	5. 4	5. 7	6. 2
采矿业	5. 6	5. 7	6. 5
煤炭产业	7. 4	7. 4	8. 8
电力、热力、燃气及水的生产和供应业	7. 9	8. 4	9. 0
制造业	5. 1	5. 4	5. 8

资料来源：煤炭产业数据由课题组调研整理所得；其他数据来源于 wind 资讯。

②结构性问题突出。

一是企业结构性冗员和缺员并存。目前绝大部分煤炭企业存在整体超员、用人成本高，生产一线却严重缺员的人力资源配置失衡现象；后备接续力量储备不足，管理人才、经营人才、新兴产业高端人才、煤矿传统管理人才青黄不接，年龄结构、知识结构亟待优化。但煤炭井下作业的特点，使得招工难、招工贵问题异常突出，特别是年轻工人和具有一定文化素质的高技能工人招聘更加困难，高技术人才紧缺、采煤机械化程度相对较低形成的恶性循环，导致煤炭企业短期内难以实现精减人员的目标。

二是企业间和企业内部员工间薪酬结构不平衡。近年来煤炭企业年人均薪酬呈逐年增加的趋势，目前平均水平为8.8万元，但企业间差异较大，样本企业中最高达18.2万元，最低仅为5.4万元。此外，企业内部部分关键、核心岗位人员工资水平低于市场化水平；部分后勤、服务性岗位工资水平又高于市场化水平。

三是人工成本中制度性成本占比较高。如表15所示，人工成本中工资部分占比整体呈下降趋势，2017年占比为66.8%；“五险一金”占比呈上升趋势，2017年占比为33.2%。此外，如表14所示，2010年以来，人工成本中“五险一金”增幅显著快于工资水平，样本企业人工成本总额年均增幅3.5%，其中工资部分年均增幅1.7%、“五险一金”部分年均增幅达8.7%。“五险一金”中住房公积金、医疗保险、工伤保险、生育保险占比呈增加趋势，其中工伤保险占比的年均增幅最大，为6.5%，生育保险占比年均增幅4.4%，住房公积金占比年均增幅1.1%，养老保险和失业保险占比呈下降趋势。企业普遍认为“五险一金”占薪酬的比例偏高，加重了企业人工成本投入。

企业普遍认为，目前的工伤保险水平是基于煤炭产业前些年安全投入不足、安全设施不完善的背景下制定的，当时百万吨死亡率高，但随着企业和社会安全意识的不断增强、企业安全投入的不断增加，目前百万吨死亡率已大幅降低（百万吨死亡率2001年约为5，2017年约为0.18），因此，企业普遍认为在企业自身安全投入已较高的情况下，工伤保险水平可适度调低，这样在一定程度上可以降低企业人工成本。

③出现异化现象

煤炭企业的人工成本出现异化现象，典型特点就是与政府需要承担的社会负担相挂钩，比如残保金。社会对残疾人的支出，通常应当是政府通过税收收入形成的财政转接支付或公益慈善事业费来解决，但政府却将这一社会责任转移给了企业，增加了企业的人工成本。

此外，有的地方的员工工资水平通常被当成考核当地政府供给侧结构性改革成效和政绩的指标，由此产生不断推高人工成本的动能。但当政府财力有限时，也存在要求当地企业提高员工薪酬进而抬高整个地区工资水平的情况，这也使得企业人工成本被动提高。

5. 用能用地成本分析

（1）用能成本分析

①用能成本的基础数据

表 18　样本企业吨煤综合成本中的用能成本

单位：元

项目	2000 年	2005 年	2010 年	2015 年	2016 年	2017 年	2018 年第一季度
算术平均值	9	10	11	10	10	12	13
最大值	19	19	21	18	19	19	20
最小值	1	0.6	3	3	3	3	4

资料来源：课题组调研整理所得。

由表 18 可知，2000 年以来，样本企业吨煤综合成本中的用能成本平均值整体变动不大，基本维持在 9～13 元。48 号文件下发以来，用能成本小幅增加。

样本企业间吨煤综合成本中的用能成本差异较大，最大值在 18～21 元，最小值在 0.6～4 元。

②用能成本占吨煤综合成本的比重

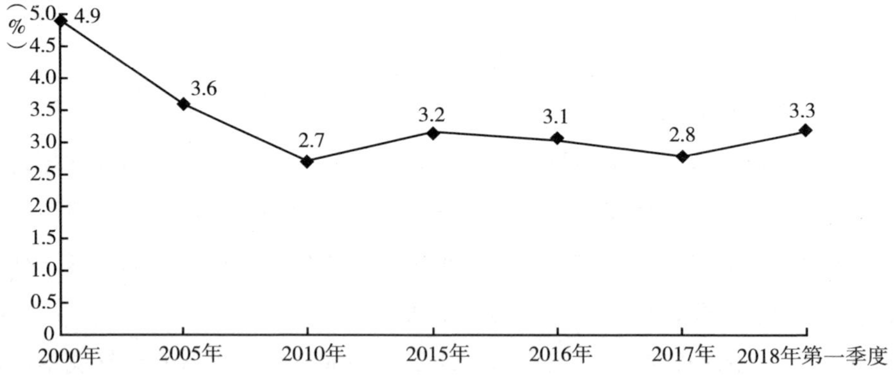

图 4　样本企业用能成本变动情况

资料来源：课题组调研整理所得。

由图 4 可知，2000 年以来，企业吨煤综合成本中的用能成本占比整体呈下降趋势，从 2000 年的 4.9% 下降到 2018 年第一季度的 3.3%。48 号文件下发后，用能成本占比有所下降，但 2018 年第一季度又开始回升。

③分析结论

对于用能成本部分，问卷主要针对当前企业普遍反映的较为突出的用电成本进行了数据收集。目前我国煤炭企业用能成本呈现以下特点：

一是数量小幅增加但占比明显下降。2000 年以来，我国煤炭企业吨煤综合成本中的用能成本数量整体小幅增加，基本维持在 9～13 元，但用能成本占吨煤综合成本的比重显著下降，从 2000 年的 4.9% 降为 2018 年第一季度的 3.3%。48 号文件下发后，吨煤用能成本有所增加，从 2016 年的 10 元增加到 2018 年第一季度的 13 元，占比在 2017 年有所下降，2018 年第一季度开始回升，一定程度上说明降低用能成本的政策措施还需继续推进。

二是总量问题与结构性问题并存。目前，样本企业吨煤用能成本总量平均为 13 元，但企业间差距较大，样本企业中最大值为 20 元，最小值为 4 元。如图 5 所示，从不同区域的企业吨煤综合成本中用能成本占比情况看，东部地区最高，中部次之，西部地区最低。供给侧结构性改革开展以来，三个区域企业的用能成本占比均有所下降，其中中部地区降幅最大。

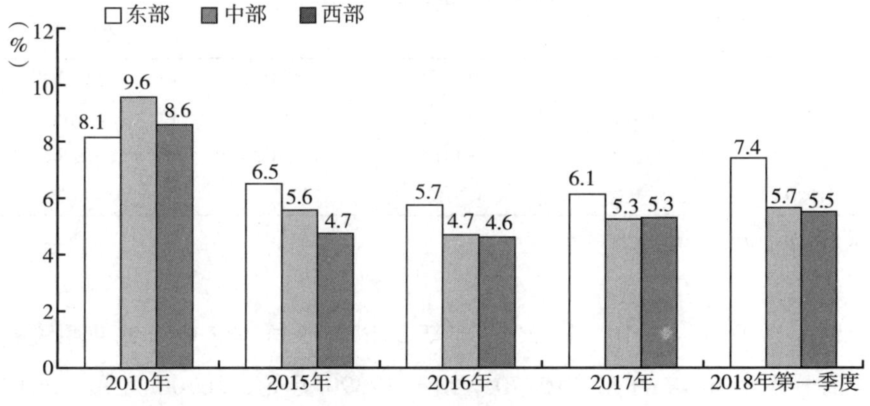

图 5　不同区域企业用能成本占吨煤综合成本的比重情况

资料来源：课题组调研整理所得。

三是呈刚性。企业吨煤用能成本基本维持在 9 ~ 13 元，变动幅度有限，用能成本并未随着煤炭产业景气度有明显调整。调查发现，目前企业用能成本中主要是电力成本，而电力市场垄断程度较高，数量庞大且分散的煤炭企业与市场集中度较高的电力集团的博弈能力较弱，用电成本的市场化交易形成机制不完善。企业普遍认为，除直接降低一般工商业电价外，加快完善电力市场化交易机制也是降低企业用电成本的有效途径。2018 年 7 月 18 日，国家发改委、国家能源局联合出台了《关于积极推进电力市场化交易 进一步完善交易机制的通知》，要求各地要进一步提高市场化交易电量规模，加快放开发用电计划，其中明确指出，2018 年将全面放开煤炭、钢铁、有色、建材四大行业用户发用电计划，逐步放开发电企业和电力用户参与跨省跨区电力市场化交易的限制。这意味着，煤炭等四大行业的电力用户可选择与各类型发电企业开展市场化交易，双方可自主协商确定市场化的定价机制，而不需要遵循此前的发用电计划和目录定价，用电成本有可能进一步下降。

（2）用地成本分析

①用地成本的基础数据

表 19 样本企业土地使用税

单位：万元

项目	2010 年	2015 年	2016 年	2017 年
算术平均值	6614	15870	17390	16900
最大值	15880	64319	86563	54338
最小值	103	183	39	77

资料来源：课题组调研整理所得。

如表 19 所示，2010 年、2015 年至 2017 年，样本企业土地使用税算术平均值分别为 6614 万元、15870 万元、17390 万元、16900 万元。2010 ~ 2016 年呈逐年上升的趋势，48 号文件下发后有所回落，2017 年较 2016 年土地使用税有所降低。

表 20　样本企业地面塌陷补偿费

单位：万元

项目	2010 年	2015 年	2016 年	2017 年
算术平均值	39827	14512	25524	46443
最大值	163718	64234	67514	167895
最小值	46	378	141	379

资料来源：课题组调研整理所得。

如表 20 所示，2010 年以来，样本企业地面塌陷补偿费算术平均值分别为 2010 年 39827 万元、2015 年 14512 万元、2016 年 25524 万元、2017 年 46443 万元。2015 年较 2010 年下降明显，但 2015 年以来地面塌陷补偿费逐年大幅提升，2016 年较 2015 年上涨 76%，2017 年较 2016 年上涨 82%。

表 21　样本企业吨煤综合成本中的用地成本

单位：元

项目	2010 年	2015 年	2016 年	2017 年
算术平均值	12	6	7	11
最大值	33	11	16	32
最小值	0. 2	0. 3	0. 3	0. 3

资料来源：课题组调研整理所得。

如表 21 所示，2010 年以来，样本企业吨煤综合成本中的用地成本整体呈下降趋势，但 48 号文件下发后有所回升。2010 年为 12 元/吨、2015 年为 6 元/吨、2016 年为 7 元/吨、2017 年为 11 元/吨。

②用地成本占吨煤综合成本的比重

2010 年以来，吨煤综合成本中的用地成本占比整体呈下降趋势，但从 2015 年开始占比有所回升，48 号文件下发后占比也继续呈上升趋势。2010 年为 2. 9%、2015 年为 1. 8%、2016 年为 2. 0%、2017 年为 2. 5%（见图 6）。

③分析结论

煤炭企业用地成本呈现以下特点：

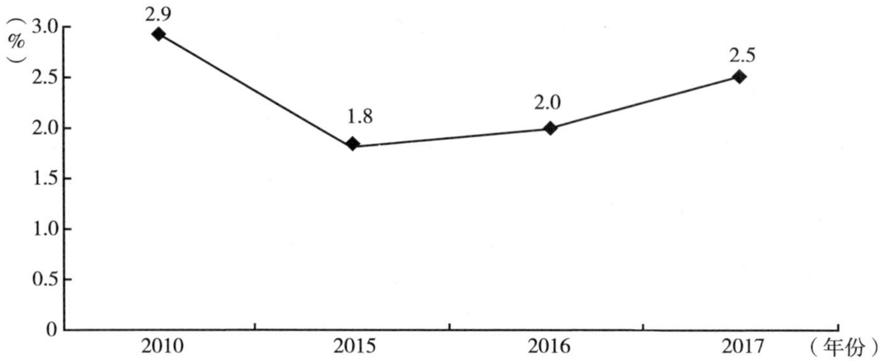

图6　吨煤综合成本中的用地成本占比

资料来源：课题组调研整理所得。

一是地面塌陷补偿费不断提高是近几年用地成本增加的主要原因。数据分析得出，吨煤综合成本中用地成本在2015～2017年逐年上升，其中的土地使用税在2017年开始下降，但地面塌陷补偿费在2015～2017年逐年大幅提升，2016年较2015年上涨76%，2017年较2016年上涨82%，是2015年以来用地成本提高的主要原因。

二是用地成本与资源价款捆绑。目前企业普遍反映资源价款水平较高，原因是资源价款里通常包括了资源和土地两部分的价格，而当某一区域的煤矿资源开采完毕后，该片土地对于企业而言价值并不大。因此，企业认为可以采用资源价款仅购买资源，土地则采用租用的方式，这样可适当降低目前的资源价款，节约企业财务成本。

三是企业新上项目新征用地隐性成本较高。企业普遍反映，目前企业自有用地多为建企以来逐年划拨土地，实行企业内部土地租赁，用地成本比较合理；但新上项目新征用地，虽然形式上多采用招拍挂取得，向当地政府交纳土地出让金，但是企业仍然要承担与涉地村集体、村民谈判补偿的任务，存在村集体、村民谈判补偿标准以外随意要价的情况，导致用地成本较高。

四是现行税收政策在处理以土地作价出资方式处置划拨土地时增加了企业用地成本。在政府将划拨土地作为资本金注入企业时，依照现行税收政策，以土地作价出资方式处置划拨土地，需要按照4%的税率向土地所在地契税征收机关缴纳契税，在企业经营现金流比较困难的时期，这部分用地成本将对企业的生产经营造成较大影响。

6. 物流成本状况

煤炭产业存在“西煤东送、北煤南运”以及“长距离、多周转”的煤炭物流格局，基本运费和市场距离决定了物流成本的高低。

（1）不同运输方式的基本运费

表 22　铁路基本运费

单位：元/吨公里

省份	2000 年	2005 年	2010 年	2015 年	2016 年	2017 年	2018 年第一季度
山东	0. 60	0. 60	0. 60	0. 57	0. 57	0. 57	0. 57
河南	—	—	0. 13	0. 15	0. 14	0. 15	0. 15
陕西	—	0. 10	0. 12	0. 12	0. 12	0. 14	0. 13
四川	0. 173	0. 173	0. 173	0. 188	0. 185	0. 181	0. 181
内蒙古	0. 075	0. 094	0. 115	0. 129	0. 119	0. 124	0. 124
山西	0. 12	0. 12	0. 13	0. 14	0. 14	0. 16	0. 16

资料来源：课题组调研整理所得。

调查获得山东、河南、陕西、四川、内蒙古、山西六省份样本企业承担的铁路基本运费情况。如表 22 所示，2000 年以来，除山东外，其他省份样本企业的铁路基本运费都有不同程度的提升；48 号文件下发后，四川有小幅下调，山东保持不变，其他省份均有所上调。

表 23　公路基本运费

单位：元/吨公里

省份	2000 年	2005 年	2010 年	2015 年	2016 年	2017 年	2018 年第一季度
陕西	—	—	—	0. 29	0. 34	0. 39	0. 39
四川	0. 525	0. 575	0. 595	0. 708	0. 708	0. 708	0. 675
内蒙古	0. 65	0. 71	0. 81	0. 64	0. 75	0. 74	0. 66
山西	—	—	1. 54	0. 56	0. 89	0. 86	0. 91

资料来源：课题组调研整理所得。

调查获得陕西、四川、内蒙古和山西四省份样本企业承担的公路基本运费情况，48 号文件下发以来，陕西和山西均有所提升，陕西从 2016 年的 0.34 元/吨公里提高到 2018 年第一季度的 0.39 元/吨公里，山西从 2016 年的 0.89 元/吨公里提高到 2018 年第一季度的 0.91 元/吨公里；四川和内蒙古有所下降，四川从 2016 年的 0.708 元/吨公里降为 2018 年第一季度的 0.675 元/吨公里，内蒙古从 2016 年的 0.75 元/吨公里降为 2018 年第一季度的 0.66 元/吨公里。

表 24　港杂费情况

单位：元/吨

省份	2000 年	2005 年	2010 年	2015 年	2016 年	2017 年	2018 年第一季度
山东	33.70	33.70	32.20	32.20	32.20	31.70	31.70
河南	—	—	24.00	24.00	26.00	26.00	26.00
陕西	—	—	—	24.50	24.50	24.50	24.50
内蒙古	14.99	14.94	17.26	19.60	19.80	20.33	20.20
山西	—	—	—	29.59	30.07	30.07	30.07

资料来源：课题组调研整理所得。

调查获得山东、河南、陕西、内蒙古和山西五省份样本企业面临的港杂费情况，48 号文件下发以来，山东有所下调，从 2016 年的 32.20 元/吨降为 2018 年第一季度的 31.70 元/吨，内蒙古有所提高，从 2016 年的 19.80 元/吨增加到 2018 年第一季度的 20.20 元/吨，河南、陕西和山西保持不变。

（2）物流成本案例分析

不同企业的物流成本差异较大，主要原因是运输方式的差异和距离市场的远近。报告以同煤和伊泰的物流成本数据为样本进行案例分析。

同煤集团煤炭产地主要集中在晋北地区，运输方式以铁路为主，通过大秦线，运至秦皇岛港，平均运距约 700 公里，基本运费每年支出约 100 亿元。数据显示，2012 ~2015 年铁路运费逐年上调，共计上调了 5 分/吨公里，虽然 2016 年、2017 年分别下调了 1 分/吨公里，但总体运费上涨 3 分/吨公里，直接导致煤炭运费增加 21 元/吨，每年增加运费约 21 亿元。其中，铁路建设基金也占一定的比重。铁路建设基金是 20 世纪 90 年代初，为保证铁路建设所需资金，经国务院批准征收的专门用于铁路建设的政府性基金。铁路建设基金征收标准经多次调整，由吨公里 0.2 分增加到目前的 3.3 分；同煤集团按照平均运距 700 公里计算，每吨需支付铁路建设基金 23.1 元，2017 年全年支付约 25 亿元。

伊泰集团的物流成本在吨煤综合成本中占绝大部分，2000 年以来吨煤物流成本整体呈上升趋势，从 2000 年的 137.6 元增加到 2018 年第一季度的 209.9 元，但由于吨煤综合成本涨幅更快，物流成本占吨煤综合成本的比重自 2000 年以来整体呈下降趋势，由 2000 年的 75% 降为 2018 年第一季度的 53%（见表 25）。调查进一步得出，以秦皇岛下水煤为例，伊泰集团平均运距约为 1200 公里，在目前约 210 元/吨的物流成本中，铁路运输费约为 130 元，占比最大，为 62%（其中铁路建设基金约为 40 元，约占铁路运输费用的三分之一），公路运输费约 55 元（占比 26%），港口杂费约 20 元（占比 9.5%），公路、铁路运输中转费用 5 元（占比 2.4%）

表 25　伊泰集团吨煤物流成本情况

单位：元；%

类别	2000 年	2005 年	2010 年	2015 年	2016 年	2017 年	2018 年第一季度
吨煤综合成本	184	237	390	351	349	414	396
物流成本	137.6	155.0	189.0	210.1	209.3	210.3	209.9
物流成本占吨煤综合成本比重	75.0	65.5	48.4	59.8	60.0	50.8	53.0

资料来源：课题组调研整理所得。

（3）存在问题

财科院 2017 年调查指出，目前采矿业的物流成本是全部行业[①]中最高的；也有资料表明，中国 1000 公里的煤炭物流成本，为美国的 10～15 倍，日本的 15～20 倍。调研发现，垄断运价和存在“冰山现象”的不合理收费是煤炭产业物流成本高企的主要原因。

① 财科院调查时，去掉了交通运输、仓储和邮政业的数据。

①垄断运价

基本运费是物流成本的重要决定因素之一，而基本运费随着行业景气度调整也是健康市场经济的内涵和体现，但由于煤炭运输业普遍存在经营权的垄断，多年来，无论是铁路基本运费、公路基本运费还是港杂费，都保持不变，企业面临的基本运费并未随着经济周期和行业景气度有显著调整。依据调研数据，48 号文件下发后，不少地区还出现基本运费上调的趋势，如表 22 ~24 所示，河南、陕西、内蒙古和山西地区企业承担的铁路基本运费，陕西和山西地区企业承担的公路基本运费，内蒙古地区企业承担的港杂费，均有不同程度的上调。

②不合理收费存在“冰山现象”

物流成本中除了看得见的基本运费外，看不见的各种收费项目尤其是不合理的收费项目更多，存在典型的“冰山现象”。调查发现，无论是铁路、公路还是海运，煤炭物流各环节税率不统一、不合理收费多、税费重复征收等现象依然存在。中国煤炭运销协会有关专家测算指出，在煤矿运到秦皇岛等主要煤炭集散港口的中间环节成本中，短途汽运占比为 8%、铁路运输占比为 20%、港口费用为 5%、各种收费为 20%。

铁路运输成本除铁路建设基金外，还包括煤炭集装站（园区）服务费、铁路计划费、铁路运费等，其中运输费用、税金、各环节加价等非煤费用的总和，已经占到终端用户支付价格的 55% ~60%。调查发现，以点装费、代理费等名义收取非常规铁路运费的现象依然存在。

公路运输成本通常包括燃油费、过路过桥费、日常维修费、司机工资、装卸费、亏吨扣款、信息费、运输税费、车辆保险及年检费等。其中，收费、罚款是公路物流成本中两项重要的内容。央视曾披露，全国每年公路收费达 2700 亿元，罚款则高达 4000 亿元，两者合计近 7000 亿元，这无疑推高了国内物流企业的公路运输成本。全球物流学会主席齐瑞安·瑞恩曾表示：“中国高速公路 95% 是收费的，而美国收费高速公路只占 8.8%，中国收费道路正在不断地吃掉物流效率。”

海运成本除港口建设费外，港务局还会根据用户要求、装船情况、堆放情况等收取名目繁多的其他杂费，如过磅费、化验费、仓储费、返空费、困难作业费、移泊费、除杂费、解缆费等，一些港务局还增收了港口污染费，这都推动煤炭物流成本提高。

③铁路建设基金不合理收取

在物流成本的构成项目中，企业反映最为强烈的是铁路建设基金的不合理收取问题。铁路建设基金属于政府性基金，1991 年 2 月 25 日，铁道部第 484 号电称，经国务院批准，自 1991 年 3 月 1 日起收取铁路建设基金，上缴铁道部。1998 年 3 月 26 日，国家计委、铁道部联合发出通知〔计电（98）31 号〕，将铁路建设基金由每吨公里 2.8 分提高到 3.3 分，此标准一直维持到现在。铁路建设基金是旧体制向新体制转轨阶段的产物，是“七五”时期国民经济出现严重问题时的应急措施，后演变成铁路部门的经常性收费。铁路建设基金曾发挥过它应有的历史作用，随着多元化铁路建设投资机制的逐步形成，铁路建设基金已完成历史使命。尤其是中国铁路总公司成立后，征收主体已由国务院组成机构变为企业法人，铁路建设基金作为政府性基金，由企业继续征收“名不正言不顺”。企业每年支出上亿元的铁路建设基金，却得不到任何产权收益，实质上是将煤炭产业的收益无偿向铁路企业转移，形成了产业间的不平等竞争。此外，铁路建设基金是含在“运价”中计提的，地理位置偏远的中西部企业被提取的数额反而更大，可以说现行的铁路建设基金政策同西部大开发政策已相悖。因此，企业普遍认为应该取消铁路建设基金。

（三）调查问卷分析结论

通过对吨煤综合成本和其中的税费负担、融资成本、制度性交易成本、人工成本、用能用地成本和物流成本等构成要素进行分析，得出以下主要结论：

1. 48号文件及其配套文件正态功能见效，但仍存在某些局限性，制度性、政策性成本是近年来推高煤炭成本的主要因素

48 号文件下发以来，人工成本、用能成本、用地成本、物流成本、销

售费用、管理费用和制度性交易成本占比均呈下降趋势。原材料成本、财务费用和税收支出占比呈上升趋势，其中税收支出占比的增幅最大，税收支出占吨煤综合成本比重的走势与吨煤综合成本的走势高度吻合。分析表明48号文件及其配套文件正态功能见效，但仍存在某些局限性；制度性、政策性成本是近年来推高煤炭成本的主要因素。

2. 税费负担重，资源税、增值税、消费税影响较大，政策性收费种类多且收费乱

目前煤炭产业面临的综合税率高出美国35%，美英法等国家又开始陆续将所得税调至25%及其以下的水平，也将等于或低于目前我国煤炭产业面临的所得税率。国内不同产业间的比较也表明，采矿业在全部行业中的税收负担高于平均水平，且在全部行业中排名前列，而煤炭产业又显著高于采矿行业的平均水平，其中资源税、增值税和消费税的影响较大。近年来资源税呈刚性上涨，目前资源税占吨煤综合成本的比重为税改前的6倍左右；增值税由于可抵扣项目较少，高出钢铁行业约10个百分点，高出电力行业近7个百分点，高出一般加工及机械制造业6~9个百分点；煤制油消费税占单位完全成本的近30%，事实上已成为影响煤制油项目顺利建成运营的关键因素。

煤炭产业缴纳税费名目最多时曾达109项，“比梁山好汉还要多”。目前各类税费名目也达85项，其中税收部分16项、费用部分69项，名目繁多、不合理征收等问题依然突出。特权部门、垄断行业甚至社会组织巧立名目的收费项目依然存在；该取消，也曾明令取消的政府基金如铁路建设基金依然存在；资源性税费存在明显重复缴纳的情况。

3. 资产负债率偏高，间接融资为主、股权融资过低，供给侧结构性改革措施不配套等推高融资成本

煤炭企业资产负债率较高，负债基数大，导致企业融资成本总数过大，也造成了吨煤综合成本中融资成本占比攀升。煤炭企业融资结构长期以银行信贷融资的间接方式为主，股权融资过低，“去产能”、“去杠杆”背景下，煤炭被银行等金融机构列为融资限制性行业，各国有大型银行不断压缩贷款

规模；企业部分贷款到期还款后无法及时续贷，个别项目存有被抽贷的可能；加之资管新规出台，刚性兑付从制度上被打破，信用债利差扩大，银信合作等传统非标融资渠道被禁止，实体经济融资渠道变得更加单一，融资难度加大、融资成本被推高。此外，行政化去产能过程中存在的债务和资产处置难、人员安置难等问题，市场化去杠杆中的债转股落地难、名股实债问题，也推高了企业融资成本。

4. 降低制度性交易成本的政策效果显现，但还需持续发力，解决好“三供一业”问题是降低制度性交易成本的着力点

煤炭企业面临的制度性交易成本表现出种类多、分布广、依附性强、隐蔽性强、具有行政垄断性且与寻租行为相结合等特点。从种类上看，主要包括“三公一业”支出、公关费用、资质审核费（上岗五证等）、评估费、专家评审费、检测费、审计费、社团组织收费、法律诉讼费等。48 号文件下发以来，制度性交易成本占企业“三费”支出的比重和占吨煤综合成本的比重均呈下降趋势，2017 年这两项占比分别为 20.8% 和 4.7%，说明降低制度性交易成本的政策效果已经显现。

从制度性交易成本构成项目的数额上看，48 号文件下发以来，公关费用、审计费、社团组织收费处于下降趋势，但“三供一业”支出、资质审核费（上岗五证等）、评估费、专家评审费、检测费、法律诉讼费等继续在增加，降低制度性交易成本的政策措施还需持续发力。

“三供一业”支出占制度性交易成本的比重最大，无论是从绝对数额还是从占比看，近两年均呈上升趋势，是推高制度性交易成本的最主要原因。虽然目前绝大部分企业都在进行“三供一业”的分离移交工作，但由于资金和人员接收问题，目前这项工作进展也并不顺利，企业的这部分制度性成本依然较重。

5. 人均薪酬逐年增加尤其是“五险一金”制度性人工成本占比提高且呈刚性上涨，是人工成本总额呈上升趋势的主因，人工成本结构性问题突出且具有异化现象

48 号文件下发以来，吨煤人工成本占比呈下降趋势但数量增加，在员

工总数呈下降趋势的背景下，企业人工成本总额依然呈上涨趋势，主要原因是年人均薪酬的逐年增加，尤其是“五险一金”等制度性人工成本部分占比提高且呈刚性上涨。

人工成本结构性问题依然突出。一是企业结构性冗员和缺员并存，目前绝大部分煤炭企业存在整体超员而生产一线严重缺员，管理人才、经营人才、新兴产业高端人才甚至煤矿传统管理人才出现青黄不接的人力资源配置失衡现象。二是企业间和企业内部员工间薪酬结构不平衡，目前企业年人均薪酬平均水平为8.8万元，但企业间差异较大，样本企业中最高为18.2万元，最低仅为5.4万元；此外，企业内部部分关键、核心岗位人员工资水平低于市场化水平；部分后勤、服务性岗位工资水平又高于市场化水平。

此外，人工成本还具有异化现象。特征之一就是与政府需要承担的社会负担相挂钩，比如残保金，社会对残疾人的支出，通常应当是政府通过税收收入形成的财政转移支付或公益慈善事业来解决，但政府将本应由财政支付的社会责任转移给了企业，增加了企业的人工成本。此外，一个地区的员工工资水平通常被当成考核当地政府供给侧结构性改革成效和政绩的指标，各地方政府有不断推高人工成本的动力，但当政府财力有限时，也存在要求当地企业提高员工薪酬进而抬高整个地区工资水平的情况，也使得企业人工成本被动提高。

6. 吨煤用能成本占比有所下降，但市场垄断使得用能成本数额保持刚性，变动幅度有限且并未随着煤炭产业景气度调整

48号文件下发以来，吨煤用能成本有所增加，从2016年的10元增加到2018年第一季度的13元，用能成本占吨煤综合成本的比重在2017年有所下降、2018年第一季度开始回升，一定程度上说明降低用能成本的政策措施还需继续推进。企业普遍认为用能成本呈刚性，基本维持在9～13元/吨，变动幅度有限，并未随着煤炭产业景气度有明显的调整，主要原因是目前企业用能以电力为主，而电力市场垄断程度较高，数量庞大且分散的煤炭企业与市场集中度较高的电力集团的博弈能力较弱，用电成本的市场化交易形成机制不完善，研究指出，除直接降低一般工商业电价外，加快完善电力市场

化交易机制也是降低企业用电成本的有效途径。

7. 地面坍陷补偿费大幅提高是近两年推高用地成本的主要原因，用地成本与资源价款捆绑、新征用地的隐性成本和现行税收政策都在一定程度上增加了企业用地成本

48号文件下发以来，吨煤用地成本也有所增加，从2016年的7元增加到2017年的11元，占比也从2016年的2.0%增加到2017年的2.5%，其中地面坍陷补偿费大幅提高是近几年用地成本增加的主要原因，地面塌陷补偿费2016年较2015年上涨76%，2017年较2016年上涨82%。

企业普遍认为用地成本与资源价款捆绑，资源价款里通常包括了资源和土地两部分的价格，而当某一区域的煤矿资源开采完毕后，该片土地对于企业而言使用价值并不大，因此建议可以采用资源价款仅购买资源，土地则采用租用的方式，这样可适当降低目前的资源价款，节约企业财务成本。

此外，部分企业反映新上项目新征用地隐性成本较高，虽然形式上多采用招拍挂取得，向当地政府交纳土地出让金，但是企业仍然要承担与涉地村集体、村民谈判补偿的任务，存在村集体、村民谈判补偿标准以外随意要价的情况，导致用地成本较高。现行税收政策在处理以土地作价出资方式处置划拨土地时也增加了企业用地成本。

8. 垄断运价和存在的不合理“冰山现象”是物流成本高企的主要原因，取消铁路建设基金是企业普遍诉求

交通运输经营权的垄断使得煤炭企业面临的基本运费多年来并未随着经济周期和行业景气度有显著的调整，48号文件下发后，不少地区还出现基本运费上调的情况。除了看得见的基本运费外，看不见的各种收费项目尤其是不合理的收费项目更多，存在典型的“冰山现象”。在物流成本的构成项目中，企业反映最大的是铁路建设基金的不合理收取问题。普遍认为已完成历史使命的铁路建设基金在中国铁路总公司成立后，应该予以取消。

四　降低煤炭实体经济企业成本实践与面对的困难

自国务院印发48号文件以来，政府和煤炭企业已经行动起来，煤炭实体经济企业降成本攻坚战已经打响。

（一）政府在行动

1. 中央政府在行动

2017年3月5日，在第十二届全国人民代表大会第五次会议上国务院总理李克强所作《政府工作报告》指出，要多措并举降成本。为落实《政府工作报告》中降成本的工作安排，国家发展改革委于2017年3月16日主持召开去产能、去杠杆、降成本工作部际联席会全体会议，研究部署降成本重点工作。2017年4月19日，国务院总理李克强主持召开国务院常务会议，决定推出进一步减税措施，持续推动实体经济降成本增后劲。2017年6月16日，国家发展改革委、工业和信息化部、财政部、人民银行正式发布《关于做好2017年降成本重点工作的通知》（发改运行〔2017〕1139号），明确了2017年降成本的各项重点工作。2017年12月，中央经济工作会议提出，大力降低实体经济成本，降低制度性交易成本，继续清理涉企收费，加大对乱收费的查处和整治力度，深化电力、石油天然气、铁路等行业改革，降低用能、物流成本。之后全国财政工作会议、全国税务工作会议要求继续实施减税降费政策，把各项减税政策落到实处。2018年4月28日，国家发展改革委、工业和信息化部、财政部、人民银行发布《关于做好2018年降成本重点工作的通知》（发改运行〔2018〕634号），明确了2018年降成本的各项重点工作。

（1）减轻企业税费负担

减税方面，财政部、国家税务总局多次发文，明确税收相关问题，调整税收结构，加大税收优惠力度，尤其是自2018年5月1日起开始执行的

《关于调整增值税税率的通知》（财税〔2018〕32 号），将原适用 17% 和 11% 的增值税税率，分别调整为 16%、10%，这一新政策的实施，将使煤炭产业税收明显下降。

降费方面，2017 年 3 月 5 日，《政府工作报告》将大幅降低企业非税负担确定为国务院的重点工作。2017 年 6 月 7 日，李克强在国务院常务会议上，要求国务院主管部门上网公布中央和地方政府性基金及行政事业性收费目录清单，从源头上防范乱收费，决不让已“瘦身”的制度性交易成本反弹。2017 年 6 月 29 日，财政部网站公布了全国政府性基金和行政事业性收费目录清单“一张网”。各部委也相继出台相关政策，取消、调整、降低部分政府性基金，清理、规范部分行政事业性收费。

减税降费相关文件目录见表 26。

表 26　减税降费相关文件目录

序号	日期	部门	文件名称
1	2016 年 10 月 8 日	财政部、国家税务总局	关于银行金融机构存款保险保费企业所得税税前扣除有关政策问题的通知（财税〔2016〕106 号）
2	2016 年 11 月 10 日	国家税务总局	关于营改增后土地增值税若干征管规定的公告（国家税务总局公告 2016 年第 70 号）
3	2016 年 11 月 22 日	财政部、国家税务总局	关于落实降低企业杠杆率税收支持政策的通知（财税〔2016〕125 号）
4	2016 年 12 月 21 日	国家税务总局	关于进一步做好企业研究开发费用税前加计扣除政策贯彻落实工作的通知（税总函〔2016〕685 号）
5	2017 年 1 月 24 日	国家税务总局、国土资源部	关于落实资源税改革优惠政策若干事项的公告（国家税务总局　国土资源部公告 2017 年第 2 号）
6	2017 年 3 月 15 日	财政部	关于取消、调整部分政府性基金有关政策的通知（财税〔2017〕18 号）
7	2017 年 3 月 15 日	财政部、国家发展改革委	关于清理规范一批行政事业性收费有关政策的通知（财税〔2017〕20 号）
8	2017 年 4 月 20 日	国家税务总局	关于进一步明确营改增有关征管问题的公告（国家税务总局公告 2017 第 11 号）

续表

序号	日期	部门	文件名称
9	2017年4月26日	财政部、国家税务总局	关于继续实施物流企业大宗商品仓储设施用地城镇土地使用税优惠政策的通知(财税〔2017〕33号)
10	2017年4月28日	财政部、国家税务总局	关于简并增值税税率有关政策的通知(财税〔2017〕37号)
11	2017年5月12日	国家税务总局	关于落实进一步减税措施优化纳税服务工作的通知(税总函〔2017〕160号)
12	2017年5月16日	工业和信息化部、国务院国有资产监督管理委员会	关于实施深入推进提速降费、促进实体经济发展2017专项行动的意见(工信部联通信〔2017〕82号)
13	2017年6月15日	财政部	关于取消工业企业结构调整专项资金的通知(财税〔2017〕50号)
14	2017年6月22日	国家发展改革委、财政部	关于降低电信网码号资源占用费等部分行政事业性收费标准的通知(发改价格〔2017〕1186号)
15	2017年6月28日	国家发展改革委	关于降低中国人民银行征信中心服务收费标准的通知(发改价格规〔2017〕1232号)
16	2017年7月2日	国家发展改革委	关于降低增值税税控系统产品及维护服务价格等有关问题的通知(发改价格〔2017〕1243号)
17	2018年4月13日	财政部	关于降低部分政府性基金征收标准的通知(财税〔2018〕39号)
18	2018年4月4日	财政部、国家税务总局	关于调整增值税税率的通知(财税〔2018〕32号)

资料来源：根据有关部委公开文件整理。

（2）有效降低融资成本

2017年3月，中国人民银行、工业和信息化部、银监会、证监会、保监会五部门联合发布《关于金融支持制造强国建设的指导意见》（银发

〔2017〕58号)，提出建立健全多元化金融服务体系，大力推动金融产品和服务创新，加强和改进对制造强国建设的金融支持和服务。之后财政部、国家发展改革委下发通知暂免征银行业监督费和保险业监管费[①]；国家发展改革委、中国银监会发文取消和暂停商业银行部分基础金融服务收费[②]。2018年5月11日，国家发展改革委、财政部发布《关于完善市场约束机制严格防范外债风险和地方债务风险的通知》(发改外资〔2018〕706号)，加强对企业的融资管理，使得煤炭企业融资更为困难。

2018年中国人民银行3次降准，1月，向普惠金融的定向降准，释放长期流动性约4500亿元；4月，定向降准1个百分点，使用降准释放的资金偿还中期借贷便利(MLF)约9000亿元，同时释放增量资金约4000亿元；7月，定向降准0.5个百分点，释放资金约7000亿元，以支持市场化法治化“债转股”和小微企业融资。

(3) 合理降低制度性交易成本

中央政府以降低企业制度性交易成本为目标，围绕简政放权、放管结合、优化服务大刀阔斧进行改革。国务院先后发文，清理、规范、取消一批行政审批事项，如对煤矿建设项目安全预评价报告，审批部门(安全监管总局)不得以任何形式要求申请人必须委托特定中介机构提供服务，取消生产建设项目水土保持设施验收审批等；财政部、国务院国资委对中央企业职工家属区“三供一业”分离移交予以财政补助；工商总局深化商事制度改革，推进企业登记注册电子化，提高审批效率和服务水平(见表27)。2016年，国土部积极申请财政预算，用于支付发证及采矿权的开发利用方案审查费用，全年共支出经费126万元，降低了矿山企业办事成本；矿业权转让鉴证和公示一项，2016年已为906个转让矿业权的相对人节省了一定数量的交易服务费。

---

① 2017年6月19日，财政部、国家发展改革委《关于暂免征银行业监督费和保险业监管费的通知》(财税〔2017〕52号)。

② 2017年6月30日，国家发展改革委、中国银监会《关于取消和暂停商业银行部分基础金融服务收费的通知》(发改价格规〔2017〕1250号)。

表 27　降低制度性交易成本相关文件

序号	日期	部门	文件名称
1	2016 年 8 月 25 日	财政部、国务院国资委	关于印发中央企业职工家属区“三供一业”分离移交中央财政补助资金管理办法的通知(财资〔2016〕38 号)
2	2017 年 1 月 12 日	国务院	关于第三批清理规范国务院部门行政审批中介服务事项的决定(国发〔2017〕8 号)
3	2017 年 4 月 10 日	工商总局	关于推行企业登记全程电子化工作的意见(工商企注字〔2017〕43 号)
4	2017 年 4 月 11 日	工商总局	关于全面推进企业电子营业执照工作的意见(工商企注字〔2017〕47 号)
5	2017 年 5 月 5 日	国务院办公厅	关于加快推进“多证合一”改革的指导意见(国办发〔2017〕41 号)
6	2017 年 5 月 7 日	国务院	关于进一步削减工商登记前置审批事项的决定(国发〔2017〕32 号)
7	2017 年 9 月 22 日	国务院	关于取消一批行政许可事项的决定(国发〔2017〕46 号)

资料来源：根据有关部委公开文件整理。

（4）合理控制人工成本

人力资源和社会保障部、财政部逐步下调社会保险费率，2016 年 4 月 14 日印发《关于阶段性降低社会保险费率的通知》（人社部发〔2016〕36 号），降低养老、失业、工伤、生育保险费率；2017 年 2 月 16 日印发《关于阶段性降低失业保险费率有关问题的通知》（人社部发〔2017〕14 号），阶段性降低失业保险费率；2018 年 4 月 20 日，印发《关于继续阶段性降低社会保险费率的通知》（人社部发〔2018〕25 号），继续阶段性降低养老、失业、工商保险费率。

（5）持续降低用能用地成本

对于用能成本，国家发改委、国家能源局先后于 2017 年 3 月、2018 年 7 月出台《关于有序放开发用电计划的通知》（发改运行〔2017〕294 号）、《关于积极推进电力市场化交易　进一步完善交易机制的通知》（发改运行〔2018〕1027 号），要求各地要进一步提高市场化交易电量规模，逐步放开电企发电、用电计划，其中明确指出，2018 年将全面放开煤炭、钢铁、有色、建材四大行业用户发用电计划。

2016 年 10 月 28 日，国土资源部办公厅下发《关于印发〈产业用地政策实施工作指引〉的通知》（国土资厅发〔2016〕38 号），依据国家和部委已经制定并出台的各项支持新经济、新产业、新业态、新模式发展用地政策，进一步深化土地管理供给侧改革。

（6）切实降低物流成本

为解决物流领域长期存在的成本高、效率低等突出问题，大力推动物流业降本增效，经国务院办公厅同意，国家发展改革委制定《物流业降本增效专项行动方案（2016～2018 年）》（国办发〔2016〕69 号），并发布《关于进一步推进物流降本增效促进实体经济发展的意见》（国办发〔2017〕73 号），对物流业降本增效进行了全面部署。交通运输部等部门为提升物流运行效率，先后发文鼓励支持运输企业创新发展，推动两种及以上运输方式的多式联运，发挥水运优势，以降低实体经济企业物流成本。中国铁路总公司也对部分铁路货运杂费进行了取消、合并（见表 28）。2016 年 9 月 21 日起实施的公路货运限载新政，导致煤炭公路运费上涨 30～50 元/吨。

表 28　降低物流成本相关文件

序号	日期	部门	文件名称
1	2016 年 8 月 11 日	交通运输部	关于推进供给侧结构性改革促进物流业"降本增效"的若干意见（交规划发〔2016〕147 号）
2	2016 年 8 月 19 日	交通运输部	《超限运输车辆行驶公路管理规定》（交通运输部令 2016 年第 62 号）
3	2016 年 9 月 13 日	国务院办公厅	国务院办公厅关于转发国家发展改革委物流业降本增效专项行动方案（2016～2018 年）的通知（国办发〔2016〕69 号）
4	2016 年 12 月 21 日	交通运输部、财政部、国家铁路局、中国民用航空局、国家邮政局、中国铁路总公司	关于鼓励支持运输企业创新发展的指导意见（交动发〔2016〕227 号）

续表

序号	日期	部门	文件名称
5	2016 年 12 月 28 日	交通运输部等十八个部门	关于进一步鼓励开展多式联运工作的通知（交运发〔2017〕232 号）
6	2017 年 5 月 19 日	交通运输部办公厅	关于印发深入推进水运供给侧结构性改革行动方案（2017～2020 年）的通知（交办水〔2017〕75 号）
7	2017 年 7 月 28 日	中国铁路总公司	《关于调整货运杂费有关事项的通知》（铁总运〔2017〕196 号）
8	2017 年 8 月 7 日	国务院办公厅	关于进一步推进物流降本增效促进实体经济发展的意见（国办发〔2017〕73 号）

资料来源：根据有关部委公开文件整理。

2. 地方政府在行动

为贯彻落实 48 号文件及各部委相关文件精神，山西、内蒙古、陕西、山东、河南、贵州、新疆等煤炭主产省（区）相继出台了降低实体经济企业成本的具体落实文件并采取了相关措施。

山西省人民政府成立了以省委、省政府主要领导为成员的山西省降低实体经济企业成本领导小组，并结合省内实际情况，组织编制并出台了《关于印发山西省降低实体经济企业成本实施方案的通知》（晋政发〔2016〕64 号），以缓解实体经济企业困难，助推企业转型升级，增强经济可持续发展能力。之后，省减轻企业负担联席会议制定并发布《山西省 2018 年减轻企业负担工作安排意见》（晋经信政法字〔2018〕117 号），明确了清理规范涉企收费的重点任务。省煤炭工业厅为了全面了解省内煤炭企业降成本工作情况，结合中国矿业大学（北京）中国煤炭经济研究院理事长工作会议精神，发文对省属国有重点煤炭企业开展降成本工作相关事项调研。

通过出台政策措施并扎实推进，2016 年山西省规模以上工业企业主营业务成本下降 6.6%，降幅高于主营业务收入 2.9 个百分点，财务费用下降 0.3%。2017 年 9 月，国务院办公厅对山西省实施高速公路差异化收费降低企业物流成本的做法，进行了通报表扬。通过实施这项政策，山西省一年为运输企业减负 11.15 亿元，货车平均每次可享受到约 23 元的优惠，降低汽运物流成本约 3%。

内蒙古自治区为深入推进供给侧结构性改革，着力降低实体经济企业成本，自治区政府印发《内蒙古自治区深入推进供给侧结构性改革着力做好降成本工作实施方案》（内政发〔2016〕107 号），提出了降低实体企业成本的具体措施。

2017 年内蒙古自治区实现减税降费超 800 亿元，规模以上工业企业每百元主营业务收入成本 79.3 元，较 2016 年下降 4.23 元。为降低用能成本，内蒙古积极探索创新电力交易机制，2017 年“内蒙古自治区创新电力交易机制减少企业用能成本”为企业降低电费成本 71 亿元，被国务院办公厅列为典型做法受到通报表扬。

陕西省围绕行政审批、税费、用工、融资、生产要素、物流等重要领域和关键环节，制定《陕西省供给侧结构性改革降成本行动计划》（陕政发〔2016〕38 号），运用系统化思维，精准施策、多措并举，着力降低实体经济企业成本。之后省政府批准，建立由省发展改革委牵头的陕西省降低实体经济企业成本工作联席会议制度，统筹推进实体经济企业降成本工作。2018 年 5 月，省工业和信息化厅围绕省委、省政府优化提升营商环境十大行动具体要求，研究并制定了《2018 年陕西省减轻企业负担工作要点》，对涉企收费事项提出了要求。2017 年陕西省降低企业税费、用能、物流等成本 300 多亿元。

山东省人民政府为进一步降低企业融资、税费、人工、用能用地和物流等成本，发布《关于进一步降低实体经济企业成本的实施意见》（鲁政发〔2017〕6 号），提出具体实施意见。2018 年 5 月，省煤炭工业局下发对省内重点煤炭企业成本状况调研的通知，并联合中国煤炭经济研究院召开供给侧结构性改革背景下煤炭企业成本状况调研座谈会，深入推进煤炭企业降成本工作。2017 年山东省落实各项减税降费政策为企业减负 860 亿元，规模以上工业企业每百元主营业务收入成本为 87.5 元，比上年降低 0.4 元。

河南省坚持统筹协调与重点突破相结合、立足当前与着眼长远相结合、帮助企业降本增效与激发内生活力相结合，省政府印发《河南省推进供给侧结构性改革降成本专项行动方案》（豫政办〔2016〕96号），重点降低税负、用电、融资、社会保险、资源使用、行政费用、物流费用、企业通关、中介费用、检验检测等十大领域成本。在继续落实好前两年一系列降成本政策措施的基础上，省发改委、工信委、财政厅、人民银行联合印发《关于做好2018年河南省降成本重点工作的通知》（豫发改运行〔2018〕568号），推出58项降成本政策措施。2016～2017年，河南省针对实体经济企业生产经营成本不断攀升的现状，有针对性地出台了一揽子政策措施，累计给企业减少成本约1310亿元。

为抓好国务院关于降低实体经济企业成本工作任务的落实，贵州省政府印发《贵州省降低实体经济企业成本工作实施方案》（黔府发〔2017〕25号），采取针对性、系统性措施，有效降低实体经济企业成本。

贵州省2017年为实体经济企业降成本逾600亿元，其中，降低用电成本20亿元、降低融资成本71亿元、降低物流成本71亿元、降低税费成本约446亿元，取消行政许可项目25项，下放行政许可8项。

新疆维吾尔自治区党委办公厅、自治区人民政府办公厅以供给侧结构性改革为主线，出台《关于做好当前经济工作推进经济持续健康发展的意见》（新党办发〔2016〕7号），之后自治区经信委为落实《意见》，编制了《贯彻落实自治区〈关于做好当前经济工作推进经济持续健康发展的意见〉的实施意见》（新政办发〔2016〕55号），明确责任分工，切实采取措施降低实体经济企业成本。2017年5月18日，自治区发展和改革委员会申请建立自治区降低实体经济企业成本工作部门联席会议制度，在自治区人民政府领导下，统筹推动降低实体经济企业成本工作的贯彻落实。

新疆维吾尔自治区打出支持实体经济发展、降低企业负担的“组合拳”，2017年为企业减负778.6亿元。其中新疆发改部门通过“放”“清”“废”“降”“查”“改”“建”七项措施，打好了清费组合拳。比如免征省定涉企行政事业性收费、取消降低经营服务性收费、放开竞争充分的收费定价权、常态化公示政府定价经营服务性收费清单、加强价格监督检查、清理涉企收费，全面建立了区、地、县收费目录清单制度，2017 年减轻企业负担 12 亿元。

（二）煤炭企业在行动

1. 深化企业内部改革，创新体制机制

自党的十八届三中全会通过了《中共中央关于全面深化改革若干重大问题的决定》以来，全面深化改革的意义日益深入人心，成为企业发展的必由之路。尤其是在当前煤炭产业成本居高不下的大背景下，更加凸显出深化改革，创新体制机制的必要性。

自供给侧结构性改革降成本工作开展以来，煤炭实体经济企业积极配合，主动精简、科学整合职能相近、职能重叠的部门和单位，优化组织结构，降低管控成本。如潞安集团推行大部制改革，构建以集团总部为投资中心，子公司为利润中心，各矿（厂）、分公司为成本中心的组织体制，推进投资决策集中、采购集中、市场营销集中、财务集中、技术集中“五个集中”。潞安集团还推动人事制度改革，加强对干部考核，推动形成能者上、庸者下、劣者汰的用人取向和干事创业环境；全力实施减人提效，通过加强劳动纪律整顿、及时办理退休等方式，超额完成上级部门下达的减人提效目标。山西焦煤集团将“去产能”过程中形成的富余劳动力组织起来，进行劳务输出，人数最多的一批达到上千人，有效降低了人力资源成本。伊泰集团提升组织效率，构建人员少而精的队伍，进一步简政放权，减少中间环节，降低管理成本，以最优的组合构成发挥最完美的组织效能，深入挖掘内部生产要素的潜力，激发团队活力。神华国能内蒙古大雁公司推进瘦身健体结构优化，分流安置超过 1700 名富余人员，降低了人工成本，亏损势头得到有效遏制。

2. 利用现代技术手段，降本提效

邓小平同志在总结第二次世界大战以来，特别是 20 世纪 70 年代世界经济发展的趋势和经验时指出：“科学技术不仅仅是生产力，而且还是第一生产力。”科学技术，特别是现代科学技术，如添加剂一招，渗透到生产力系统的各个要素中去，转化为物质生产力，大大提高劳动生产率，降低成本，提高效率。

在降成本实践中，煤炭企业坚持科技创新，有效降低了综合成本。例如，同煤集团通过建设千万吨矿井智能化工作面，在改善员工作业环境、降低劳动强度的同时，实现了减人提效增质，降低了生产成本。智能化工作面较普通工作面每班定员减少一半，每年可节省128万元成本费用。此外，推行小煤柱回采技术，不仅提高了资源回采率，减少了对环境的破坏，还可以为企业节约勘测新煤矿以及购置新设备等成本费用。塔山矿成功应用小煤柱回采技术，仅“8101”工作面煤柱优化后就可多回采煤量约122万吨，回收率提高13%，增效1.5亿元。河南能源集团坚持机械化换人、自动化减人的思路和“招聘人不如培训人”的用人理念，持续进行智能化现代技术改造，实现减人提效。2017年，集团用工总量减少1.6万人，使人工成本大大降低。内蒙古伊泰集团对科技创新给予高度重视，建立了科技创新评价体系，不断完善科技攻关、合理化建议、小改小革等创新评审程序及奖励办法，鼓励职工自主创新。公司还联合产业技术领先企业及科研院所，共同组建煤基新材料与合成新材料研究院，开展煤化工下游高端应用相关研究。成立煤矿开采与综合利用、无煤柱沿空留巷技术研究与推广院士专家工作站，开展煤炭生产方面的难点技术及新技术的研究应用。完成了知识产权体系贯标，进一步完善了创新体系，全年申报发明专利9项，实用新型专利16项，软件著作权9项。公司控股的内蒙古伊泰煤炭股份有限公司和内蒙古伊泰信息技术公司被国家认定为高新技术企业。通过科技创新，提高了劳动效率，降低了生产成本。

3. 坚持转型升级，不断提高盈利水平

转型升级是企业发展的两种态势。转型即形态的变化，如生产型转为流通型，劳动密集型转为技术密集型等；升级即级次的上升，如由低端产品生产升级为高端产品生产，低投入产出率向高投入产出率升级。转型升级虽然态势不同，其动因和结果是一致的，都致力于降低成本，提高盈利水平。

在这次降成本实践中，煤炭企业客观分析所处环境，充分发挥主观能动作用，着力转型升级，取得了明显的效果。例如，川煤集团引入战略投资设立了国新联程集团公司，发展现代物流板块，引入宜宾路桥公司，实现了资质提升＋市政基础设施建设项目资源的优势互补；医疗康养板块正积极开展引入战略投资者。2017 年营业收入比 2016 年增长了 7.35%，利润由上一年度的亏损转为盈利。陕煤化集团依托企业自有的煤化工技术，大力进军新能源、新材料领域。通过重点发展现代煤化工，实现与石油化工的错位发展，在延伸产业链的同时实现资源优势向产业优势转变，企业盈利大幅提升，夯实了向高质量发展的基础。神华、潞安、伊泰集团加大投入向高端精细化学品方向延伸，实现从基础原料到清洁燃料，再到精细化学品，再到功能材料不断转化和跨越，提升了公司竞争力，为我国煤炭清洁利用和绿色转型做出新贡献的同时提升了企业盈利水平。伊泰、潞安集团分别结合企业实践，经过多方调整，科学论证，大力发展碳汇林业和油用牡丹产业，实现“一石三鸟”，转型强企，精准扶贫，生态环保，实现了经济效益、社会效益和生态效益的倍增。

4. 实施精细化管理，优化成本结构

精细化管理是一种起源于发达国家的新的管理理念和管理手段，它通过规则的系统化和细化，坚持规范化、标准化、数据化和信息化的原则，使组织各单元精确、高效、协同和持续运行。实施精细化管理，充分利用新一代信息技术等手段，有助于实现内部成本管理升级，合理管控企业成本及结构，提高效益水平。

在降成本实践中，有些煤炭企业采用精细化管理模式，取得了显著效果。陕煤化集团在项目投资方面，强化企业内部价值链分析，系统梳理拟建、在建项目，严格进行新建项目投资可行性论证，按照“去杂归核”战略调整优化投资项目；在生产运营方面，最大限度削减设备采购，设立调剂中心，对生产经营必需的设备，优先通过本单位修理复用、集团内部调剂补充解决。国家能源集团所属煤炭生产单位通过多重手段实现精细化管理，有效应对复杂的市场形势，煤炭生产成本始终维持在较低水平。2017 年，国家能源集团所属煤矿全员工效是全国煤矿平均水平的 3.6 倍，吨煤成本同比降低 3.7 元。其中：神东煤炭集团将工资总额的 45% 与完全成本挂钩，发挥绩效考核的激励作用，进一步提升了全员成本管控意识与成本管控参与度，2017 年吨煤完全成本同比下降约 5 元；神宁煤业集团严格生产接续管理，有效降低了各项生产成本；神新能源公司持续开展以降本增效为主线的生产经营活动，2017 年全年共增收节支 7000 万元。

5. 坚信党和政府，客观反映诉求

成本居高不下并不是煤炭产业中个别企业面临的问题，“4 年隆冬季”煤炭企业内部挖潜、降本提效可谓达到极致，但问题并未得到彻底解决，政策性、制度性成本靠企业自身努力无法降低，只能靠政府通过政策完善和制度创新安排得以解决。在这方面我国的政体和国体具有优势。各煤炭企业坚信在党中央、国务院的正确领导下，定能攻克“高成本”这道难关。

出于对党和政府的信赖，煤炭主产省产业管理部门和煤炭企业，客观反映诉求，纷纷建言献策。希望能全面梳理涉煤税费，建立涉煤收费项目清单制度，降低税率，扩大增值税抵扣范围。希望降低融资成本，拓宽融资渠道，积极推动市场化债转股落地。希望协调“三供一业”移交工作，建议将国有企业“三供一业”分离移交纳入各级地方政府绩效考核，推动工作落地见效，帮助企业甩掉社会包袱、精减富余人员，改变体制原因所致的低效率和高成本。希望政府能加大财政支持力度，并对移交办社会资产造成的国有资本减少给予资本金补充；提供相应税收优惠政策，如减免“三供一业”资产移交税费等。希望政府能协调解决剩余人员安置问题。希望降低“五险一金”费率，可充分考虑煤炭产业去产能特殊背景，建立与企业员工队伍稳定情况挂钩的失业保险费率调整机制，降低企业社保成本。希望降低土地费用成本。强烈呼吁取消铁路建设基金和正常缴纳的铁路运费外的其他各类物流关联费用。希望对优势企业开展的兼并重组给予政策上的支持。

（3）面对的困难与存在的问题

自党中央、国务院为有效缓解实体经济企业困难，助推企业转型升级，做出开展降低成本的重要决策部署以来，煤炭产业管理有关部门、煤炭主产区地方政府，各煤炭企业积极响应，狠抓落实，取得了阶段性成绩。同时，我们也应承认一个现实：离降成本政策目标还有明显差距。我们在调研座谈讨论中发现，几乎所有的煤炭企业都给出了“总体上有变化，但感觉降成本不明显”的政策执行结果的评价。

这一评价是客观的。煤炭实体企业成本下降难，事出有因。原因在于政策实施面对着“四难一弱”的问题。

1. 政府运行成本高、负担重，大幅降低税费难

此次供给侧结构性改革降成本的首策是降低实体经济企业税费。税费作为国家政权和事权借以实现的两种经济形式，是政府财政收入的主要来源，在我国仅税收就占 80% 以上。近年来，财政支出不断扩大，而且各主要支出科目又很难降下来，如城乡社区支出、社保就业支出、教育科研支出、国防军事支出，减哪一块都不好下手。特别是煤炭主产区，大都在老、少、边、贫地区，财政收入本来就不高，政府运行成本又相对较高，导致政府债务普遍偏高，而且呈不断上升趋势。在这种情况下，如果政府运行成本降不下来，大幅减税确实难以下手。在政府收取的相关费用中，有的已经成为政府预算的刚性支出，在没有拓展出新的收入来源之前，也不好下手。例如，煤炭产业呼吁多年、一直要求取消的铁路建设基金就是如此。每年通过国铁货物运输提价方式收取的铁路建设基金，已成为铁路建设重要的项目资金来源，目前已占中央财政预算投入资金的 60% 以上，考虑铁路建设正处于快速发展期、债务矛盾集中凸显期、转型发展艰难攻坚期，尽管政府曾三番五次地承诺取消，但至今一直没有提上决策议程。

2. 问题复杂、制约因素多，着手解决难

综合分析煤炭实体经济企业成本高的原因，十分复杂，有历史原因，也有现实原因，有主观原因，也有客观原因，而且，有些因素已经异化，更增加了解决的难度。究其历史原因，早在 20 世纪末的税制改革时期，煤炭企业成本就被推高。就在减负呼声四起之时，煤炭产业进入 10 年黄金期，不断攀升的煤炭价格给企业带来了红利，高税负的矛盾被掩盖了。从现实原因上看，正在着力推进的供给侧结构性改革，“去产能”、“去杠杆”两大战役在煤炭工业率先打响，而且已经取得明显的成效。与此同时，客观上由于政策组合存在不足，又推高了企业成本，过剩产能去掉了，与其相关的债务留

给了企业，富余劳动力要由企业消化。在“去杠杆”背景下，国有商业银行紧缩银根，导致习惯于贷新还旧的煤炭企业资金流受阻，无奈转向债券市场和民间资本，大都推高了资金使用成本；政府和企业都寄予厚望的“债转股”投入了大量的人力、物力、财力后，大都落地难。从主观原因上看，煤炭企业多年存在的“小、散、乱、差”问题一直没有从根本上得到解决，转方式、调结构，喊了多年，但对政府政策扶持和市场高煤价的依赖性依然较高，内生动力转换慢，通过增加盈利相对降低成本的能力有限。从客观因素上看，近两年国内外经济形势越来越复杂，投资、外贸、消费老三驾马车给力不足，新动能又迟迟到不了位，此种情况下，有些降成本措施难以推进。如降低融资成本最好莫过于发行股票，而股市连创新低，发行难；降低“五险一金”比例也是良策，但社保基金增量过缓，而且需求过快增加的情况，约束了下调空间；制度性可交易成本中的“三供一业”移交对成本的推高，更是由于涉及部门多，利益关系复杂，普遍推行不畅。诸如此类，多重复杂的因素交织在一起，无法简单地用“一刀切”的办法在短期内把高成本降下来。

3. 业态变化快，做出理性预期判断难

供给侧结构性改革降成本攻坚战是以48号文件的下发为动员令，但其政策准备要早于此。2012年以来，我国煤炭产业结束了“黄金十年”期，开始进入了为期四年的“隆冬季”。日益恶化的煤炭产业经济形势，引起了业内外乃至整个社会的广泛关注。2015年12月20日，在中央经济工作会议期间，国务院机关报《经济日报》在头版头条登载了由中国煤炭经济研究院与经济日报社、中央人民广播电台组成的“煤炭隆冬季”联合采访组，顶风冒雪行万里路，深入晋陕蒙鲁等煤炭主产地展开调研后写出的长篇文章，对产业陷入困境及应加强应对的紧迫性做了深度报道。2016年1月初，李克强总理亲临一线调研并深入矿井考察，在太原主持召开会议，提出要以“壮士断腕”的勇气化解产能过剩。2月初，国务院印发〔2016〕7号文件，对煤炭产业脱困发展做出战略部署，给出了“政策底”，但由于经济发展惯性和政策效应滞后性的影响，产业经济形势进一步恶化，煤炭产业几乎全部亏损，形势十分严峻。此刻的煤炭产业不仅自身难以为继再生产，而且已危及国家能源安全和经济社会稳定。在这一背景下，国务院再出重拳，发出了降低实体经济企业成本工作方案的通知。就在通知发出之际，继“政策底”形成之后，“市场底”也开始形成，煤炭市场价格出现了报复性反弹，由原来的腰斩很快又出现翻番。煤炭市场出现的这一大逆转，使煤炭企业生产经营状况出现了变化，也影响了人们对煤炭产业经济形势的判断和理性预期，对煤炭企业是否需要出重拳给予救助？涉煤税费还有没有必要降低产生怀疑。在这一氛围下，无论是对降成本政策的制定者，还是这一政策的执行者都很难做出理性预期判断，必然会对降成本产生消极影响。

4. 舆论导向杂音多，统一认识难

能源资源是人类社会生存和经济社会发展的基本条件，能源产业是国民经济发展的基础产业。由我国能源资源赋存条件所决定，煤炭是我国的基础能源，煤炭产业作为基础能源产业，健康、稳定和可持续发展早已写进党中央、国务院的文件。然而，目前人们对煤炭产业的认识却出现了分歧，形成误区。社会上有人认为煤炭产业是“暴利行业”，不应该降低政策性、制度性成本；有人认为煤炭产业是大气污染的“罪魁祸首”，应抑制其发展；有人大肆鼓吹“去煤化”，主张用洁净能源取而代之。这些杂音并不仅仅出现在私下交谈和一般性的讨论中，甚至更出现在中央主流媒体和人民代表大会上。舆论导向上的诸多杂音，扭曲了客观事物，涣散了人们的斗志，影响对降低煤炭实体经济企业制度性政策性成本重要性的认识，其结果肯定会影响到降成本政策实践。

5. 产业经济研究不够，软科学支持力度弱

成本作为经济学的基本范畴，其内涵丰富。降成本不仅是一个复杂的学术理论问题，而且也是一个具有挑战性的政策实施问题，涉及的学科及知识范围广，需要深入研究。然而客观事实是前期研究论证并不充分，这一问题在实践中表现得很明显。我们在调研中发现，作为享有政策红利的煤炭实体经济企业，大都把制度性、政策性成本混同为生产经营性成本，尤其在会计实践方面，普遍界定不清这两类成本。这一问题的出现，与目前我国煤炭产

业经济理论和政策落后有关。在世界第一煤炭生产和消费大国，截至目前还没形成具有中国特色的煤炭产业经济学；虽然出台了《煤炭产业政策》，但已经过了十多年，还没进行过重新系统修订。在这样的背景下开展供给侧结构性改革降成本实践，客观需要的软科学支持力度固然不足。

五　努力完成供给侧结构性改革降成本任务的思路与建议

1. 加强学习　提高认识

供给侧结构性改革降成本是一项理论性较强的工作，完成这一任务，加强学习是首要举措。通过学习系统掌握有关成本的基础知识，理解降成本的内在机理，把握成本发展变化的规律性，从理论与实践层面上提高对降成本客观性的认识，增强完成任务的积极性、主动性和创造性。

首先要学习马克思主义理论，其中特别是有关成本的理论。马克思主义由马克思主义哲学、马克思主义政治经济学和科学社会主义三部分组成，是科学世界观和方法论，是关于自然、社会和思维发展的普遍规律的学说。在马克思主义理论宝库中，成本理论博大精深，其中关于成本构成的理论，成本补偿的学说，成本与价值、价格关系的理论，成本与利润、积累与扩大再生产关系的理论，是我们认识和解决成本问题的金钥匙。

还要学习西方经济学中经过实践检验证明是科学的成本理论和方法。经济科学自产生以来，经过历代经济学家的不懈探索，理论不断升华，方法不断创新，其中成本理论和方法是重要篇章。作为马克思经济思想源泉的古典经济学家李嘉图提出的“比较成本说”，至今依然是国际贸易的重要理论之一。新制度经济学的鼻祖罗纳德·哈里·科斯提出“交易费用论”，曾获得1991年诺贝尔经济学奖；科斯之后的肯尼斯·约瑟夫·阿罗和奥利弗·伊顿·威廉姆森的“经济制度的运行费用论”，以及被广为接受的“边际成本理论”“机会成本理论”“战略成本理论”“精细化成本管理理论”，还有瓦里西·列昂剔夫的“投入产出分析”方法、特里夫·哈维默的“经济计量学概率”方法等，对我们认识和解决成本过高问题都具有现实意义。

更要系统学习党中央、国务院关于供给侧结构性改革，特别是有关降成本的一系列文件。这一系列文件，是指导降成本任务完成的纲领和行动指南，它明确了指导思想、主要原则、任务目标、具体安排。通过文件的学习，有利于提高认识、统一思想、统一行动，确保降成本任务的完成。

2. 明确主体责任　加强组织领导

供给侧结构性改革降成本任务的主体是政府，这是由供给侧结构性改革降成本具体任务性质所决定的。48 号文件中所强调的要降低的税费成本、融资成本、制度性交易成本、人工成本、用能用地成本及物流成本的主要方面是政策性和制度性的成本，属于政府责任。因此政府要负起主体的责任，包括方案设计、任务下达、宣传动员、组织实施、检查指导以及评估验收。

供给侧结构性改革降成本工作作为一项复杂、艰巨的系统工程，涉及的主体单位很多，仅中央和国家层面的发文单位包括国务院办公厅、国家发改委、工业和信息化部、财政部、人民银行、国资委等诸多部门，各个地方政府也发布了相关政策，并且从中央到地方参与组织实施的单位众多；从降成本对象上看，不仅种类多，而且直接或间接涉及利益主体也多，利益协调工作量大。因此，必须要加强组织领导，建议成立降成本工作领导小组主要负责这项改革任务，形成从中央到地方统一的协调组织和各部门有效衔接的推进机制，从组织上保障任务的顺利完成。

供给侧结构性改革降成本涉及面广、行为主体级次多、任务细分类别多的特点，客观要求要有系统的行动纲领和指南。48 号文件及相关文件具有这一性质，但还不够具体，尚需进一步细化和量化。各级地方政府要结合地方特殊性编制好各自的降成本方案，方案要具体明确在一定的时间、空间条件下，降成本重点要降哪些？降多少？怎么降？要致力于编制出一份好的任务书。

供给侧结构性改革降成本是政策、策略和智慧的统一。作为政府政策，原则性是不可违背的，但由于影响成本因素多，在不同地区和企业差异性也较大，在编制任务书时，既要坚持原则性，又要有一定的灵活性，要尽可能逐级细化，不能一刀切，要抓主要矛盾，分轻重缓急，先易后难，分步实施。

降低煤炭企业制度性、政策性成本，不是“扶贫”，而是为了企业降本增效、实现产业的高质量发展。煤炭产业高质量发展，首先要把高质量的供给体系建立起来，要通过质量变革，提高煤炭产品的供给质量，满足需要；通过效率变革提高投入产出的质量，降本增效；通过动力变革提升内在动力和综合竞争力。这就要求我们在降低煤炭企业制度性、政策性成本上，要把握好度，利用优胜劣汰，提升高质量发展的正能量。我们认为，应把降成本预期目标设定为降至低于相关产业平均负担水平或与相关产业平均负担水平大体一致，使煤炭产业能获得产业平均利润水平或略高于产业平均利润水平。

为确保降成本政策的全面贯彻落实，要加强监督指导，适时开展对实体经济企业降成本工作的巡视，采取动态常规督查、重点专项督查和不定期随机督查相结合的方式，及时发现问题并解决问题。要进一步落实行政问责制度，对违法违规、违背政策要求等行为以及对改革造成严重负面影响的，要问责到底。当然，有关部门在履行督导职责的同时，也要加强对行政决策失误、违法施政等行为的监管，对此类行为造成的损失，政府应依法予以补偿赔偿。同时还要建立透明公开的监督体系，实施民主监督和舆论监督。

3. 创新驱动　精准发力

创新是人类特有的认识能力和实践能力，是人类主观能动作用的高级表现，是推动民族进步和社会发展的不竭动力。我国经济和社会发展已经着力从主要以要素驱动转变为以创新驱动，这标志着高质量发展已经启动。完成降成本改革任务也需要创新驱动。制度性、政策性成本居高不下，主要是因为制度安排不当，政策措施不完善。降低制度性、政策性成本，就必须要进行制度创新，并做重新安排，完善政策、调整措施。

制度创新，完善政策必须要进行改革，改革要以马克思主义为指导思想的理论基础，把马克思成本理论与我国煤炭产业具体实际相结合，坚持习近平总书记反复提出的以问题为导向的思想，抓主要矛盾，统筹兼顾，精准测算，用改革激发潜力。

（1）筑牢税费只降不升的底线，把正税清费工作进行到底

坚持党中央、国务院明确的“逐步提高直接税比重，稳定税负”的税制改革原则，全面清理涉煤税费，确定合理税费负担水平，明确收费依据、标准、执行主体。改革完善资源税制，由现行的从价阶梯分档计征，改为从量定征加从价阶梯分档计征。这种计征方式在烟草产业已实施多年，效果很好，值得借鉴。进一步完善增值税，将煤炭企业增值税率调降至一般加工制造业水平。扩大抵扣范围，将支付给村镇及农户的塌陷治理费、青苗补偿费、村庄搬迁费、三废治理、生态修复等费用计算抵扣进项税。对列入《“十三五”煤炭深加工发展规划》及其之前已经完成的大型煤制油示范项目免征消费税。取消所有与行政职能挂钩且无法律依据的向企业收费；全面实施涉企收费目录清单管理；明确政府与企业的职责与分工，优化政府向企业收取的基金，无论哪级政府，凡违规设立的各种基金一律取消；设立当初已承诺取消时间的，原则上不再展期；由企业代征的基金，如铁路建设基金、港口建设费等应停止征收。

（2）多措并举，降低融资成本

有效降低企业融资成本的根本出路在于进一步深化供给侧结构性改革，在确保金融资本市场稳定、风险可控的前提下，积极开拓融资新市场，对煤炭企业进行分类管理，对重点企业在融资方面给予政策优惠，设立产业发展基金，公开发行股票并上市，债转股，为产业发展提供长期低成本资金。

降低融资中间环节费用。煤炭企业因负债率过高的问题，短期内难以改变在银行续贷还旧的问题，建议创新“免还续贷”新服务，减少因过桥、倒贷等增加成本。加强银企互联互通，发展政府性担保基金和政策性金融服务组织，切断“金融掮客”黑手。

利用我国国际地位的提升，人民币已开始国际化的有利条件，引导企业利用境外低成本资金，进一步简化程序。在合理把控外资规模、有效防范风险的前提下，鼓励代表先进生产力的优势企业，到国际资本市场发行股票和本外币债券。

(3) 深化“放管服”改革，建设服务型政府，降低制度性交易成本

降低制度性交易成本，主要是去掉不合理的制度安排，导致的发生在交易过程中的成本，其着力点是制度安排，着眼点是交易过程。这部分成本的降低，只能靠政府“放管服”改革才能做到。李克强总理在《政府工作报告》中提出，持续推进简政放权、放管结合、优化服务，不断提高政府效能。李克强总理说：“‘放管服’改革实质是政府自我革命，要削手中的权、去部门的利、割自己的肉。计利当计天下利，要相忍为国、让利于民，用政府减权限权和监管改革，换来市场活力和社会创造力释放。以舍小利成大义、以牺牲‘小我’成就‘大我’。”

首先是通过改革转变政府职能，由原来的行政安排型转变为行政服务型。凡能通过日常政务完成的业务，包括政策咨询、信息反馈、立项审批、证照发放、调研考察等全部纳入公共服务和公共产品目录。为了提高行政服务质量，应尽可能减少不必要的论证、审批、评估、培训、证照等；必须保留但因专业水平、公务人员不足而无法完成的政务，可通过政府购买服务的方式委托社会组织去完成，所需费用由政府统一支付，不再向企业收取。凡能够进入市场的制度性交易，要充分体现“公开、公平、公正”的原则，严格主体质量，放宽准入条件，通过竞争自主确定交易对象和交易价格。通过上述政策，使权力寻租没有了机会，“红顶商人”失去红顶，“二政府”失去了特权，一些“灰色地带”重新洒满阳光，制度性交易成本定会大幅度降低。

“三供一业”移交问题是降低制度性交易成本的难点。建议由地方政府作为接收主体，明确移交标的的质量标准和费用补助办法，减免移交税费，对因移交而产生的资本减值、职工安置问题，国资管理部门要减资或追加资本金，社会保障部门要兜底。

(4) 升降并举，合理控制人工成本过快上涨

基于煤炭实体经济企业职工工资水平并不高，而人工成本较高并上涨过快的客观实际，降人工成本要“加减并用，有升有降”。始于 2011 年底的煤炭产业进入为期 4 年的“隆冬季”，各企业都一而再、再而三地降低了工资；2016 年下半年在政策底和市场底双底形成煤炭经济形势好转后，出于

谨慎，职工工资并没有恢复到“十年黄金期”的水平。由于工作环境艰苦，工资水平又不高，许多企业面临招工难的问题。客观地讲，煤炭实体经济企业工资水平应保持合理增长，而不是降低，特别是一线职工和工资水平低于社会平均水平的企业更应如此。整体上看，煤炭实体经济企业还存在人力资源总体素质偏低问题，有必要增加培训投入，以适应已经起航的高质量发展需要。

然而，人工成本较高并上涨过快又是必须解决的问题。可能降低的只能是“五险一金”。除按现行政策规定应减免、缓缴的部分外，煤炭企业住房公积金缴费应有所区别，因为大多数企业职工住房是企业自建自用，少有再到市场去购房，住房公积金已对这类职工失去意义。现在的煤矿安全问题已极大改观，继续延用矿难多发背景下精算出的人身和财产险率已不合理，建议重新精算保费；也可以创建新的保险模式。我们建议可采取企业间互保、联保模式，由此降低人工成本，控制过快上涨。

（5）建立灵活高效的市场化经营机制，进一步降低煤炭企业用能用地成本

煤炭企业用能用地成本高的根本原因是供给垄断。在存在供给垄断的市场格局下，需求方处于弱势地位，缺少应有的议价权，难以形成公平的市场交易价格。降低煤炭企业用能用地成本，必须要按照 48 号文件提出的“两加快一完善”，即加快推进能源领域改革、加快推进电力体制改革、完善土地供应制度的思路，充分考虑客观实际，致力于创新建立灵活高效的市场化能源和土地经营机制。

能源领域的市场化改革，应着手改变寡头型供给主体局面，大力发展混合所有制；在生产价格规律的作用下，促进资本在煤电产业间转移，努力实现等量资本获得等量利润；在科学布局的基础上，允许煤炭企业发展包括坑口电厂在内的局域自用电网，由此改变垄断式供电模式；剩余电量上网享有平等待遇；加快推进电力体制改革，通过体制机制创新，推动电力回归市场。

完善土地供应制度，要在不改变土地终极产权国有的前提下推进。用地

成本过高的根本原因不是土地产权制度，而是土地的供给方式和管理制度，以及由此而形成的过高的土地价款和名目繁多的税费。建议煤矿用地由现行的有偿转让方式改为租赁方式，并实行租金分期支付；也可采用租期内租金总额入股方式；至于名目繁多的税收和行政性管理收费，可通过深化“清费正税”改革予以解决。

降低用能用地成本，价格改革是关键。回归市场的能源价格要放开，通过公开、公平、公正的充分有序机制形成能够反映供求变化的市场价格。土地租金和有限期流转价款，在现行土地制度下，市场机制功能是有限的，建议基础性或称原始租金或价款，由政府组织相关多方听证议定；二手地即土地使用权的转让，可入市交易。

（6）着力化解垄断局面，建立开放性物流体系，化解煤炭物流成本“冰山”

煤炭企业物流成本高的根源在于交通运输业寡头垄断。降低物流成本的首要之策是放开物流市场准入，发展混合所有制，打破区域、业域和不同所有制的界限，改变寡头垄断局面，引入竞争机制。取消除正常缴纳的运输费用外的其他各类费用，如抑尘费、超偏载罚款等。改变运输价格的形成机制，创新“双基复式计价”模式，即对煤炭类大宗商品，以其使用价值的量（吨）为基础计价，用其价值的转化形式价格为调整因子，旨在形成一个与产业景气度相关联的弹性价格机制。运价水平的确定，由根据法律规定建立的由交通运输部门、煤炭产业、政府部门等组成的听证会议定。为解决“运输难、运价高”问题，要着力建立开放性物流体系，加大运输通道建设，完善基础设施，发挥煤炭交易中心的作用，取消重点合同订货会，采用“互联网＋”物流技术，打造信息高速通道。改变结算方式，由买卖双方直接结算，改由第三方，如商业银行负责结算，缩短回款期，防止价款拖欠。政府不再直接参与物流企业的经营与管理，由直接承运人转变为运输秩序的维持员，市场失灵的规制人。

4. 双轮驱动　成本重塑

降低制度性、政策性成本政策目标是减轻企业负担，提高效益，实现高质量发展。这一政策是必要的，同时也必须客观认识其局限性。马克思主义哲学认为，外因是变化的条件，内因是变化的根据，外因必须通过内因起变化。降成本政策目标的实现除了政府创造条件外，更需要企业做出能动的反应。

从一般意义上讲，降成本有绝对降低和相对降低两种方式。绝对降成本是指在成本构成中做减法；相对降成本是通过提高生产要素的使用效果，提高投入产出率。绝对降成本主要依靠政府降低制度性、政策性成本，相对降成本主要依靠企业提高生产率，获取更高效益，从而降低生产经营成本。所以要完成降成本这一改革任务，需要双轮驱动，政府和企业要共同努力。

我国大多数煤炭企业在降成本的道路上一直不断探索，并已积累了许多经验，其中有很多值得在全产业推广。要始终牢牢把握供给侧结构性改革这条主线，淘汰落后产能，出清“僵尸”企业要坚定不移，同时要注重发展先进产能；去过高杠杆率解决负债率过高问题毫不动摇，但要讲策略，首先要稳杠杆，防止资金链断裂；补短板要立足自身优势，积极主动，通过体制机制创新、科技创新和管理创新，进一步增强企业应对各种挑战的能力和韧性。

要从根本上解决企业降成本问题，政府要努力做好三件事。

一是降低政府运行成本，建设“廉价的人民政府”。马克思在《法兰西内战》中提出了廉价政府的思想，并付诸亲自领导的巴黎公社革命伟大实践。他主张“公社给共和国奠定了真正民主制度的基础”后，不向人民“索取寄生的、靡费的国家机器的费用”，公社的工作人员“领取相当于工人工资”①。制度性、政策性成本过高的根源是政府开支太大，要从根本上降低制度性、政策性成本，就必须建立一个廉价的人民政府，精兵简政，压缩政府开支，反腐倡廉，消除寻租。建立一个廉价的人民政府是降成本改革任务完成的前提条件。

---

① 《马克思恩格斯选集》第2卷，人民出版社，1976，第378、418页。

二是要提高政府的办事效率。政府开支大与办事效率低有直接关系。廉价政府建设在于提高政府办事效率。“放管服”改革是提高政府办事效率的“抓手”。“放”即简政放权，降低准入门槛；“管”即公正监管，促进公平竞争；“服”即高效服务，营造便利环境。提高政府办事效率，高效服务最为重要。做到高效服务，要提高服务意识，简化办事流程和手续，改变服务方式方法，提高服务效率和质量。提高政府的办事效率是降成本改革任务完成的必要条件。

三是创新设计和安排煤炭成本制度。新中国成立以来，我国煤炭企业成本核算制度几经周折，直到 1991 年 1 月 1 日，能源部才颁布了具有煤炭产业特点和改革要求的《煤炭工业企业会计成本管理办法》。2007 年中国煤炭工业协会起草了《煤炭成本核算办法》向社会征求意见后，未见下文。2017 年财政部为了贯彻落实《国务院关于煤炭行业化解过剩产能实现脱困发展的意见》（国发〔2016〕7 号），制定了《企业产品成本核算制度——煤炭行业》。这一特殊背景下安排的制度有其必要性，但难以满足脱困发展新常态下的产业发展需要，建议基于马克思成本理论，结合我国煤炭产业实际，总结经验、吸取教训，重新设计和安排煤炭成本核算制度。建议清晰界定成本、费、利、税，把本不属于成本范畴的内容减掉，把属于成本范畴的增加进去；凡需要通过国民收入分配再分配进入生产、生活领域的新增加的价值，本着宜税则税、宜费则费、宜利则利、多税少费、有税负税、等权实现的原则，通过国民收入分配再分配政策去规范。

5. 优化环境　加强保障

降成本作为一项系统工程，开展的好坏与环境，即影响这一改革措施的外部条件的总和，息息相关。系统理论证明，作为系统的主体与客体，都存在于一定的环境之中，主体、客体和环境三者之间存在着互为条件、相互依存、相互作用的关系；环境具有可塑性，在遵循客观事物发展规律的前提下，发挥主体的主观能动作用，可以按主体的要求，优化塑造新的环境，以满足系统运行的需要。

降低煤炭实体经济企业成本这一系统工程的推进，有待于优化如下环境：

（1）优化政策环境

政策性成本因政策而生成，政策过程总是在一定的环境中进行，政策主体行为受政策环境影响。例如，在偏紧的背景下很难实施扩展性政策，在政策体系不完善的情况下很难取得尽善尽美的效果。例如，供给侧结构性改革中去产能政策的实施，因为配套政策没有跟上，导致企业成本上升；为了去杠杆推出了债转股措施，也由于配套措施没有跟上，出现了“落地难”和“名股实债”问题。前车之鉴，后事之师。这次降成本要充分考虑条件是否具备，环境是否允许，不能顾此失彼，而且对可能导致发生的问题要有应对方案。因此，要不断完善政策体系，综合施策，打好政策组合拳。

政策实践证明，仅靠单一政策很难达到预期目标，必须多策并举，综合施策。相互配合，包括时序配合、空间配合、主次配合、功能配合、结果配合，通过相互配合，客观形成有机的政策体系，使政策环境得到优化。首先要不断完善政策体系，考虑解决降成本问题的实际需要，要从完善财政政策入手。客观地讲，我国的财政政策受凯恩斯主义的影响，一度曾出现以需求管理为主的倾向。为了简单地实现总需求与总供给的平衡，不断扩大政府支出规模，通过扩张政府需求的方式，来弥补有效需求不足；为了即期的财政收入增加，不断提高实体经济税费，甚至不惜大量举债，转移支付。这种“寅吃卯粮”式的财政政策，注定会推高实体经济企业成本。党的十八大以来，随着供给侧结构性改革的不断深入，以需求管理为主的财政政策开始纠正。实践证明是对的，要继续走下去。财政政策要由政府支出扩张型、吃饭型（生活型）、年度平衡型，致力于转变为政府支出紧缩型、生产生活型、功能型。通过预算收支的安排，服务于实体经济企业的高质量发展，同时也为财政自身的开源节流创造条件。

同时还要完善金融政策。金融政策在宏观政策体系中具有十分重要的地位。金融政策的变化，不仅影响经济总量和经济结构、一般价格水平，而且影响经济增长与经济发展，乃至于国际贸易和国际收支平衡。完善金融政策，首先要调整政策目标，脱虚务实，把服务好实体经济作为第一要务，当前重点是降低成本。建议根据形势发展变化，在适当的时候降低银行贷款利息，降低银行存款准备金率，增加流通中的货币供应量；要简化信贷程序，减少中间环节，降低机会成本；要科学把控货币资金的流量、流速和流向，适度放宽信贷政策，保障重要基础产业“降杠杆”对必要稳杠杆资金的需要。

在当前，完善产业政策，特别是煤炭产业政策显然极为迫切。产业政策是政府部门根据国民经济发展要求和一定时期内产业现状及发展趋势，提出的对产业加强管理、规制的建议主张和行为准则。我国现行的《煤炭产业政策》出台于2007年11月23日。早在2012年国家能源局曾启动过一次修改完善，并于2013年2月4日作了公开征求意见，但至今没有下文。客观地讲，目前《煤炭产业政策》已成为煤炭产业政策体系中的短板，煤炭产业目前缺少政策优势与此有直接关系，应抓紧补上，以求完善。

优化政策环境需要政策研究部门和机构努力工作。政府政策研究部门，要发挥好的参谋部作用，要深入实际接地气，客观分析出主意，如实反映不懈怠。民间政策研究机构，要发挥好智库作用，针对煤炭实体经济企业成本高问题，做理论联系实际的深入研究，认真论证，形成高质量的研究报告，为决策部门提供有利依据。

优化政策环境，还需要煤炭实体经济企业通过降成本政策实践，感悟政策效果，对政策适用性、存在问题、如何完善等做出及时反馈，以便政府部门完善相关政策措施，实现政策目标。

（2）优化经济环境

这里的经济环境是指市场体系、市场机体、市场信号和市场秩序的状态。优化经济环境，就是要按照客观经济的要求，使市场体系、机体、信号和秩序不断得到完善。

市场体系是由各类要素市场形成的相互联系、相互制约的有机整体。完成煤炭实体经济企业降成本任务，要求市场体系完整无短板。我们可以设想，如果金融资本市场很完善，企业可通过低成本的股权融资融入资本金，就不会有融资成本高问题。市场机体是指市场供求关系。市场供求的平衡状态标示市场机体的健康状态。市场供求关系是一种不断变化的客观存在，一味追求绝对平衡很不现实，我们所能做到的只能是相对平衡。在市场机体呈现健康的状态下，买卖双方容易成交，不会形成越来越高的制度性、政策性成本。市场信号暨市场价格。煤炭市场价格是影响煤炭产业景气度的决定性因素。科学的价格形成机制综合反映市场供求的灵敏价格，将会有效化解过高的制度性、政策性成本对企业经营成果的侵蚀，相对降低过高的成本。良好的市场秩序，是指市场行为主体都能秉承“公开、公平、公正”原则，做到行为规范、竞争有序、充分竞争。在良好的市场秩序下，就不会产生因寡头垄断产生交易价格过高而推升的高成本问题。

（3）优化社会环境

社会环境是一定社会制度条件下的社会舆论、社会保障、社会救助、社会服务、社会秩序状况。煤炭实体经济企业降成本，需要得到社会各个方面的理解和支持。

首先从社会舆论方面看，目前并不有利。其中尤以“去煤化”的舆论为甚，还有“暴利行业”、环境污染的“罪魁祸首”等。舆论作为传递人民心声、传播政府意图的有效工具，与煤炭企业降成本关系重大。要加强舆论工作，引导媒体做客观的宣传，评价煤炭产业的定位；要用有效数据，告知社会煤炭产业经营状况；要讲清煤炭造成的污染，根本原因是消费方式不科学，通过一系列“绿色舆论”宣传，让社会各界理解降低煤炭实体经济企业成本的道理。只有这样，才能得到社会保障和社会救助、社会服务部门的理解和支持。煤炭企业降成本任务中，降低、缓缴“五险一金”是重要一项，这在客观上需要社保部门科学运筹。社会服务方面要采取有效手段和措施加以保障。如与煤炭相关的行业协会、中介服务机构等，要不断提高新形势下社会服务的水平。社会团体是产业的重要部分，是较活跃的因素。与煤炭产业相关的社会团体要增强服务意识，积极参与降成本工作中，发挥自身优势，助力煤炭企业降本提效。要加强社会管理和安全保障，健全我国法制体系，实现科学立法、严格执法、公正司法、全民守法的目标，营造良好的社会秩序。

6. 与时俱进　动态优化

客观事物是不断发展变化的。降成本也是如此。煤炭实体经济企业成本高，是影响成本诸多因素共同作用的结果，是企业发展过程中长期累积而形成的问题。发展中出现的问题，要在发展中解决。因此要时刻密切关注各影响因素的变化情况，探究其变化规律，理性预期变化趋势，在不违背客观规律的前提下，充分发挥主观能动作用，顺势而为，随着变化了的客观存在而不断完善政策思想、政策措施，精准施策，实现降成本政策目标。

与时俱进首先要识时务，正所谓“识时务者为俊杰”。要清楚地认识到什么时候干什么，也就是要稳中求进。稳中求进，是党中央、国务院面对错综复杂的国内外经济形势、国民经济下行压力大，而提出的新常态下经济工作的总方针。全面完成供给侧结构性改革降成本任务必须稳中求进。近些年来，我国坚持稳政策、稳供给、稳价格、稳杠杆，使陷入困境的煤炭产业摆脱困境、重焕生机的实践证明，这样做是正确的。

稳中求进不意味着坐等时机成熟，而是要在现有条件基础上，开动脑筋，解放思想，升华认识，创新思路，完善政策，努力推进。在降成本推进过程中优化降成本政策，优化政策措施，优化政策环境，优化政策系统，以求建立高质量、常态化的推进机制，全面完成降成本任务。

动态优化，关键是实践。实践是认识、来源和升华的基础，是检验真理的唯一标准。客观地讲，我们对煤炭实体经济企业降成本的规律性的认识还有一定的局限性，否则不会出现成本越降越高的局面。客观上要通过深入实践提高认识，要按照与时俱进的基本要求对降成本工作中暴露出的矛盾、出现的问题，做进一步的分析总结，以利于下一步的深入推进。

分析总结离不开调查研究，“没有调查研究就没有发言权”。作为调研主体，除政府政策研究部门外，还应组织非政府社会组织参与。调研对象主要是煤炭企业，因为它们是降成本政策效应的感悟者，最有发言权。还应利用座谈、研讨、论坛的方法，使调研更充分、更实际，调研结果要形成有理有据，有分析、有实证，客观反映真实情况的研究报告。

实证报告

Empirical Reports

B.2
山西省国有重点煤炭企业供给侧结构性改革降成本调研报告

中国煤炭经济研究院调研组*

摘　要： 通过综合分析省属五大煤炭集团的成本情况，指出目前煤炭企业存在人工成本、财务费用、税费、物流成本、制度性可交易成本较高等问题；介绍了企业降成本采取的相关措施；提出推进煤炭企业供给侧结构性改革降成本需要加强自身建设；与此同时，政府应在资金政策、税费政策、物流费用、“三供一业”移交工作等方面加大降成本的政策支持力度。

关键词： 山西省国有重点煤炭企业　供给侧结构性改革　降成本

---

* 调研组组长：岳福斌。成员：陈秀兰，王蕾，王奕。

山西作为煤炭生产大省，国家重要的能源供应基地，含煤国土面积6.2万平方公里，占全省土地面积的40.4%。煤炭产业持续健康稳定发展，不仅对山西经济发展起着举足轻重的作用，对保障国家能源安全、促进全国经济发展也发挥着重要的保障作用。截至2015年底，全省已累计查明的煤炭资源储量约为2970亿吨，保有查明资源储量为2709亿吨，占全国总量的17.3%，居全国第三位，主要分布于大同、宁武、河东、西山、霍西、沁水六大煤田，另外浑源、五台、垣曲、平陆、繁峙、灵丘、广灵、阳高八个煤产地也有少量分布。截至2017年底全省共有生产煤矿613处，合计产能90980万吨/年，其中，五大集团共有生产煤矿175处，合计产能35040万吨/年。山西焦煤集团42处，合计产能8625万吨/年；大同煤矿集团42处，合计产能8515万吨/年；阳煤集团26处，合计产能5640万吨/年；潞安集团32处，合计产能6530万吨/年；晋煤集团33处，合计产能5730万吨/年。

一　山西煤炭企业成本特点及存在问题

（一）人工成本占比较高

煤炭企业属于劳动密集型企业，大部分作业依靠人工进行，导致企业人工成本高。尽管随着科技进步，五大集团公司新型矿井用人数量明显减少，人工费用有所下降，但由于成立时间长，存在不少老矿井，这些老矿井开采条件差，生产系统复杂，且历史上形成的企业职工及家属数量庞大，导致各集团至今承担着大量的社会职能，生产效率低，生产成本高。比如阳煤集团煤炭成本中，职工薪酬吨煤161元，人工成本占总成本的三分之一；同煤集团的老矿井，人工成本已经占到生产成本的55%以上。

供给侧结构性改革开展以来，五大集团去产能矿井关闭后，原有煤矿人员由于劳动技能单一，且年龄偏大，大都主要是靠集团公司内部分流安置解决。随着去产能的逐步推进，今后需安置人员的数量在逐步增加，靠企业内部挖潜安置富余人员空间有限；但为了保证矿区稳定，集团公司还需继续承担留守人员、周边居民生活起居等经济责任和社会稳定责任，无形中加剧了集团公司人员成本负担。

煤矿企业“三供一业”移交后，尽管对降低集团的成本有一定成效，减少了部分运行费用，但是人工成本没有随着“三供一业”的移交发生明显改变，人员仍然多数留在集团公司内部。以同煤集团为例，“三供一业”移交后，从业人员与同煤集团感情深，不愿意随机构分流，基本在企业内部流动安置，所以集团的人工成本并未实质性减少。据了解，人工成本占运行费用的比重仍然达到55%，其中，“五险一金”在人工成本中占比达到33%。

（二）财务费用居高不下

去产能煤矿的银行债务由集团继续承担，导致财务费用居高不下。2016～2017年山西省化解过剩产能关闭煤矿52座，有41座为股份制煤矿；2018年计划关闭的35座煤矿中，有24座为股份制煤矿。2016～2018年三年内关闭退出煤矿中股份制煤矿占到74.7%。

列入去产能实施方案的股份制煤矿均为省属国有煤炭企业控股、民营企业（或个人）参股的煤矿。股份制煤矿之前的建设投入资金绝大多数由控股的主体企业（省属国有煤炭企业）担保直接或间接向金融机构贷款，再以委贷或垫资方式拨付给各煤矿，大部分金融债务几乎全部由集团公司承担，去产能煤矿自身直接对应的金融机构债务很少。矿井关闭退出后大部分资产无法使用，难以变现或变现产生的现金流有限，民营股东又难以按股权比例承担相应的债务。因此，关闭煤矿债务均转嫁给控股主体企业，集团公司需要继续承担这些企业银行债务的正常付息、接续，造成集团公司债务负担持续增加。因此，集团公司的财务费用负担并未随去产能煤矿的退出而减轻，资产负债率仍然较高，财务费用仍然居高不下，影响了再融资。

客观地讲，目前大部分金融机构对煤炭企业融资、授信审批持审慎态度，包括政府力主的“债转股”也落地难，而且已落地的大多数是“明股实债”，使得煤炭企业的融资难度加大，融资利率持续上行，导致煤炭企业融资成本不断上升。债券融资方面，投资机构对煤炭企业的评级（内部评级）均不高，中长期债券发行困难，永续债发行难度极大。

（三）税费负担较重

一是增值税及其附加税税负一直较重。2009 年 1 月 1 日起我国将煤炭产业增值税率由 13% 调为与一般制造业相同的 17%（2018 年 5 月 1 日起降至 16%）。与制造业相比，煤炭产业原材料的消耗在整体成本的投入中占比相对较低，很多资源费用支出因无法取得增值税专用发票而无法进行抵扣。比如：土地塌陷补偿费、青苗补偿费、征地迁村费、探矿权的价款、采矿权的价款，这些支出未包含在增值税抵扣范围，造成了煤炭企业的实际税负较重。加之近年来国家环保力度不断升级，环保治理费用及环保工程支出相应增加，以及山西省正在开展的煤矸石返井充填等工作，这些都增加了煤炭企业的成本，却无法纳入增值税抵扣范围，导致煤炭企业增值税税负较高。据了解，国内一般制造企业增值税税负率为 5% ~8%，而煤炭产业高达 13%，增值税税收负担远高于其他产业。再加上以增值税作为计税依据计算的城市维护建设税、教育费附加及地方教育附加费等附加税，增值税的税负较高，使得附加税税负较重，进一步降低了企业的盈利能力。

二是企业所得税税负较高。主要原因是：一方面，由于特殊的社会因素和历史原因，五大集团公司的老矿井历史贡献大，但这些老矿井随着开采的延伸，资源接近枯竭，产出效率低、成本升高，大多处于亏损边缘或亏损状态。为了最大限度保持职工就业稳定，近几年，集团在积极寻找接替项目，转型安置这些单位人员，但新项目的建设和产生经济效益，均需要一定的时间。在此期间，亏损煤矿还需要继续生产经营，以实现矿区职工家属的稳定。另一方面，新建矿井则效率高，利润大，但这些新矿井全部是独立的法人单位。新矿井因为利润高需要缴纳大额企业所得税，而老矿井大额亏损无法抵减所得税，煤炭企业集团整体所得税负担重、净收益水平低。以同煤集团为例，在现行税收制度下，集团各子公司均以独立的纳税人缴纳企业所得税，盈利全额纳税，新老矿井经济效益相差甚远，集团内同一区域的企业盈亏不能相抵后合并计算企业所得税额。就集团公司整体而言，盈利能力强的新矿井税费负担重，从而加重了集团的整体所得税税费负担。

（四）物流成本占比较高

煤炭产业主要的物流方式为铁路运输，而受运力、政策等因素影响，物流成本一直居高不下。20 世纪 90 年代初，为保证铁路建设所需资金，经国务院批准，开始征收专门用于铁路建设的政府性基金。铁路建设基金征收标准经多次调整，由 90 年代初的吨公里 0. 2 分增加到目前的 3. 3 分。山西是煤炭调出大省，物流运输距离长，被捆绑上缴的铁路建设基金数额巨大；由于煤炭转运节点多，煤炭物流发展方式粗放，物流效率水平偏低，也增加了物流成本。以晋煤集团为例，国内铁路运费折合吨煤约 126 元，占商品煤平均售价的 23%，远高于其他行业平均水平。

（五）制度性可交易成本高

随着剥离企业办社会职能工作进入攻坚阶段，国有企业职工家属区“三供一业”分离移交工作要求 2018 年年底前基本完成，相关必要的维修改造，达到城市基础设施的平均水平，并交由专业化企业或机构实行社会化管理，2019 年起国有企业不再以任何方式为职工家属区“三供一业”承担相关费用。但移交过程中企地双方存在分歧，部分配套指导政策滞后，企业承担的各项维修改造费用较高，而且按照相关政策规定，“三供一业”移交资产实行无偿划转，债务都留给了煤炭企业，这无疑给企业带来极大的经营发展压力。比如，潞安集团“三供一业”分离移交企业需承担的维修改造等各项费用预计将达到 9. 5 亿元左右；同煤集团首批大同地区“两区”移交资产 135 亿元，将使同煤集团的权益资产减少 17. 8 亿元，资产负债率上升 1. 22 个百分点。

二　降成本的基本情况

（一）省政府积极落实中央政策

为贯彻落实48号文件及各部委相关文件精神，省人民政府成立了以省委、省政府主要领导为成员的山西省降低实体经济企业成本领导小组，并结合省内实际情况，组织编制并出台了《关于印发山西省降低实体经济企业成本实施方案的通知》（晋政发〔2016〕64号），以缓解实体经济企业困难，助推企业转型升级，增强经济可持续发展能力。省煤炭工业厅为了全面了解省内煤炭企业降成本工作情况，结合中国煤炭经济研究院理事长工作会议精神，发文对省属国有重点煤炭企业展开降成本工作相关事项调研。

为减轻企业负担，省减轻企业负担联席会议制定并发布《山西省2018年减轻企业负担工作安排意见》（晋经信政法字〔2018〕117号），明确了清理规范涉企收费的重点任务。为推进科技减人提效工作，制定并出台了《山西省煤矿减人提效工作方案》，坚持地面减员和井下减人"两轮"驱动。根据省煤炭工业厅向二牛厅长在2018年全省煤炭工作会议上的报告，全省11座"千人矿井"单班入井人数已控制在900人以内。

（二）煤炭企业多措并举降本增效

各煤炭企业为认真贯彻执行国家和省委、省政府降成本政策要求及战略部署，加强深化企业内部改革，积极探索煤炭创新技术，大力推进煤矿机械化、自动化、信息化和智能化建设，实施精细化管理，多措并举，以实现企业降本增效。

深化企业内部改革，推动形成结构合理、权责明确、管控科学、运行高效的管理体系，降低管理成本。潞安集团推进公司制和股份制改造，实行"母子公司"管理体系，构建成本中心，合理精简、科学整合职能相近、经营重叠的部门和单位，进一步优化组织结构，降低组织管控成本。阳煤集团实施“机械化换人、自动化减人”，新景煤矿大力实施井下减人和矿井减员“两轮驱动”，打通井下减人和地面减员“两个出口”，2016 年以来单班入井人数从千人以上减至587 人，并通过井下减人 500 人、矿井减员 629 人，将原煤生产人员效率从 3.7 吨/工提高到 5.6 吨/工，实现了既减人又提效。焦煤集团组织富余劳动力成建制地进行劳务输出，最大批量达千人，有效降低了人工成本。

创新煤炭技术，通过加强煤矿智能化综采工作面、快速掘进、充填开采、无煤柱自成巷开采、洗选新技术等研究与应用，探索煤炭清洁高效利用与转化技术突破，降低生产成本。2017 年全省煤炭产业共获得省级及以上科技奖励 88 项，全行业工会“五小”竞赛活动征集优秀成果 1.2 万余项。潞安集团目前实现了钴基费托合成工艺及下游技术突破、以潞安高硫煤为主的百万吨级产业化气化配煤技术突破、甲烷与二氧化碳重整生产有效合成气技术突破等重大技术突破。同煤集团同忻矿上马了智能化工作面，每班定员较普通工作面减少一半，每年可节省 128 万元成本费用；与相同采位条件下工作面相比多采原煤 247 万吨，回收率提高 20.8 个百分点，增效 3 亿元。

实施精细化管理，明确年度成本管理目标并细化分解到各个环节和责任单位，优化成本结构。山西焦煤集团推行作业成本法，对企业煤炭生产销售全过程进行作业价值重估，严格过程成本管控和成本目标考核，与外部先进煤炭企业成本进行全面对标，找准差距、不足和问题，制定针对性措施全面整改。潞安集团将战略逐层分解到子单元、部门、岗位的重点工作措施，通过以计划考核为主的考核方式，实现战略自上而下的拆分、岗位自下而上的支撑，突出部门和岗位的重点工作，并规范绩效考核的关键环节，保证战略落地落实。

三　推进煤炭企业降成本的相关建议

综合产业管理部门和五大集团提出的相关建议，主要有以下几个方面：

（一）企业自身建设方面

（1）各集团公司应通过“腾笼换鸟”，引进战略投资者；通过“筑巢引凤”，实施项目开发，进行招商引资；以承担的社会职能（例如医院、物业）为载体，通过与社会资本合作，推动企业办社会职能分离，从而降低企业负担，进而降低企业资产负债率。

（2）走专业化之路，利用科技手段提升煤炭效益。从源头上降本增效。在优化生产设计、提高自有人员/设备效率、加强修旧利废等方面下功夫，以效率的提高带动整体效益的提升。依托品种齐全的煤炭产品、稀缺优质的炼焦和无烟煤资源，通过推进煤炭开采和洗选加工过程的机械化、自动化、信息化、智能化建设，降低企业成本，提升企业的综合竞争力。

（3）推进低效无效资产管理和处置，提高企业集团全要素的经济效益和效率。对辅业辅助资产通过整合形成规模效应，提高集中度，转换经营机制，增强竞争能力。

（二）资金政策方面

建议国家针对山西五大集团煤矿的特殊情况和历史原因，协调相关部门允许企业集团公司将关停产能煤矿涉及的银行债务进行剥离，在一定时间内对去产能矿井涉及的债务予以停息挂账政策支持，减轻煤炭集团企业因关闭矿井的债务承接问题引起的财务负担，为集团的转型发展和能源革命留出时间和空间。出台相关政策，引导各金融机构不再将煤炭作为禁止性支持行业，在保证企业存量融资的同时，给予适当的增量支持，支持企业债券的正常发行，维护煤炭企业资金正常周转。

（三）税费政策方面

1. 进一步扩大煤炭进项税抵扣范围，降低增值税税负

建议将占企业成本较大的煤矿塌陷补偿费、青苗补偿费、村庄搬迁费、采矿权价款（资源价款）及复垦费用等支出，因环保治理费用及环保工程

增加的支出，以及山西省开展的煤矸石返井充填工作增加的企业成本，纳入增值税进项税抵扣范围。

2. 允许五大集团合并缴纳企业所得税，支持集团改革转型发展

对历史形成的职工安置任务重、改革发展难度大且曾经为国家能源安全和经济发展做出贡献的山西五大煤炭企业，建议给予3～5年所得税优惠政策，同意集团公司合并汇总缴纳企业所得税或者以合并利润缴纳企业所得税，以缓解老的大型煤炭企业集团盈亏分布不均衡负担的所得税费用，从而减轻企业所得税负担，支持集团改革转型发展。

（四）物流费用方面

建议取消铁路建设基金。随着铁路建设投资体制改革，多元化社会民营资本的逐步进入，尤其是中国铁路总公司成立后，铁路建设基金作为政府性基金，继续征收已不再适应社会发展。建议取消铁路建设基金，减轻煤炭企业费用负担。

（五）“三供一业”移交工作方面

建议国家在出台“三供一业”分离移交实施方案的基础上，制定可操作性强的实施细则，并出台配套的资金扶持、税费减免等扶持政策，调动企业剥离办社会职能的主动性和积极性。同时，建议结合国企国资改革的总体部署，进一步加大包括武装、市政、环卫、消防、保险机构等在内的企业办社会职能的分离移交力度，并对移交的资产以货币资金或承担债务形式置换，最大限度地维护企业利益，服务企业的高质量转型发展。

B.3
供给侧结构性改革背景下煤炭企业降成本问题研究报告

山东省煤炭工业局*

摘　要： 降低实体经济企业成本是供给侧结构性改革“三去一降一补”五大重点任务之一。通过综合分析山东能源集团、兖矿集团成本情况，得出人工成本、材料费、修理费、安全费用、地方规费呈下降趋势，折旧费、地面塌陷补偿费、采矿权价款摊销、所得税、增值税、资源税呈上升趋势，电费和维简费趋于平稳；针对企业反映的在降成本过程中遇到的困难问题，提出支持煤炭企业兼并重组、细化去产能政策、切实减轻企业税费负担、加大财政和金融政策支持力度、帮助企业解决实际困难等建议。

关键词： 山东煤炭企业　供给侧结构性改革　降成本

降低实体经济企业成本是供给侧结构性改革“三去一降一补”五大重点任务之一，是供给侧结构性改革成效的集中体现。2016 年 8 月，国务院印发《降低实体经济企业成本工作方案》，全面部署“降成本”有关工作；

* 课题组组长：乔乃琛，山东省煤炭工业局分党组书记、局长，高级经济师。副组长：于秀忠，山东省煤炭工业局分党组成员、纪检组组长，高级经济师。成员：郭强，山东省煤炭工业局办公室主任；沈洪，山东省煤炭工业局经济运行处二级调研员；孙高亮，山东省煤炭工业局办公室副主任；贺永杰，山东省煤炭工业局办公室二级主任科员。

2017 年 12 月，中央经济工作会议再次强调，抓紧推进降成本工作。煤炭是我国的主体能源，深入研究煤炭企业降成本问题，对于提高企业自身竞争力，促进煤炭产业平稳健康发展，保障我国能源安全具有重要意义。

山东是全国主要产煤省份之一，现有 8 个重点产煤市、26 个产煤县（市、区），生产和在建煤矿 121 处，从业人员 35 万人，拥有山东能源集团和兖矿集团两大省属煤炭企业。2017 年，全省共生产原煤 1.3 亿吨，居全国第六位；实现全部营业收入 4707.5 亿元，比 2012 年增长 38.3%；实现利润 226.9 亿元，创五年来最好水平。山东能源集团营业收入、利润总额、净利润、归属母公司净利润均居全国煤炭产业第二位，利润增幅居全国煤炭产业第一位，居世界 500 强第 372 位；兖矿集团企业规模当量历史性达到世界 500 强标准。

一 近年来两大企业成本构成情况

2015 ~ 2017 年，山东能源集团商品煤单位总成本分别为 267.27 亿元、315.72 亿元、401.11 亿元，兖矿集团总成本分别为 570.55 亿元、548.85 亿元、617.26 亿元。

（一）人工成本

2012 ~ 2017 年，山东能源集团人工成本总额分别为 150.68 亿元、144.18 亿元、129.06 亿元、97.11 亿元、120.26 亿元、118.76 亿元，总体呈现下降趋势。2015 ~ 2017 年，兖矿集团人工成本总额分别为 120.82 亿元、120.01 亿元、125.92 亿元，总体看人工成本基本未实现增长，若考虑各类保险计提因素、境外企业发放人工成本和职工人数，境内人工成本实际呈下降趋势。人工成本占总成本的 20% ~ 35%；2017 年，山东能源集团为 31.36%，兖矿集团为 21.17%。

（二）材料成本

2015 ~ 2017 年，受市场因素影响，材料费略有上升。山东能源集团

2015～2017年吨煤原材料成本分别为24.89元、26.12元、30.74元，总材料成本分别为25.46亿元、24.71亿元、32.56亿元；兖矿集团2015～2018年4月吨煤原材料成本分别为32.72元、33.17元、39.08元、43.26元。材料成本占总成本的10%～20%；2017年，山东能源集团为8.1%、兖矿集团为19.63%

（三）电力成本

2012～2017年，山东能源集团商品煤电力成本分别为16.78亿元、18.4亿元、18.46亿元、17.79亿元、16.59亿元、18.46亿元；2015～2018年4月，兖矿集团商品煤电力消耗单位成本分别为8.58元/吨、7.95元/吨、7.77元/吨、8.29元/吨。电力成本占总成本的3.5%～5%；2017年，山东能源集团为4.6%、兖矿集团为3.9%。

（四）地面塌陷补偿费和压煤村庄搬迁费

2015～2017年，山东能源集团地面塌陷补偿费分别为7.38亿元、12.47亿元、20.64亿元；2017年，山东能源集团地面塌陷补偿费约占总成本的5.1%。2017年，兖矿集团地面塌陷补偿费和压煤村庄搬迁费为20亿元，比2015年增加42.86%。

（五）税费支出

各种涉煤税费一般占企业营业收入的25%～35%。2015～2017年，山东能源集团实缴税费分别为89.47亿元、93.69亿元、185.16亿元；兖矿集团税费成本分别为68.22亿元、69.04亿元、108.39亿元。

（六）融资成本

2015～2017年，山东能源集团企业贷款利息支出分别为69.91亿元、69.85亿元、77.72亿元。兖矿集团融资成本逐年上升，2018年预计综合融资成本率为5.65%，比2015年上升0.67个百分点。

总的来看，两家企业总成本规模走势略有抬头，但结构性增长较为明显，体现为经营成本在强管理下控制较好，税费成本、地面塌陷补偿费和融资成本上升明显。

二 企业降成本存在的主要问题

受历史遗留问题和外部因素影响，山东省煤炭企业“降成本”过程中主要存在以下制约因素。

（一）企业人工成本结构性不合理

山东省绝大部分煤炭企业都为国有企业，开采历史较为悠久，且开采条件差，经营成本高。一是企业员工总数多，结构性冗员和缺员并存。存在企业整体超员、用人成本高，生产一线却严重缺员的人力资源配置失衡现象。二是后备接续力量储备不足。管理人才、经营人才、新兴产业高端人才，甚至煤矿传统管理人才出现青黄不接，年龄结构、知识结构亟待优化。三是企业员工平均工资水平不平衡。表现在部分关键、核心岗位人员工资水平低于市场化水平；部分后勤、服务性岗位工资水平又高于市场化水平。

（二）去产能压力大

山东省“十三五”期间计划退出 114 处矿井，涉及职工 17.48 万人。一是债务处置困难。计划退出的 114 处矿井，涉及资产总额 521.85 亿元、负债总额 449.45 亿元（金融机构借款 123.56 亿元），负债率高达 86.13%。有的去产能矿井为非独立法人，关井后债务由母体企业承接，债务数额较大难以进行处置。山东能源集团 2016 年、2017 年关闭矿井负债合计 113.52 亿元，目前仅处置债务 6.02 亿元。二是资产难以处置。由于煤矿生产的特殊性，大部分资产投入了井巷工程，一旦关闭退出，这些资产很难通过市场化手段处置，导致企业净资产减少、资产负债率提高，进一步加剧了企业财务状况和融资条件的恶化。三是职工安置难度加大。从2016年分流安置职工的情况看，解除劳动合同、内部退养职工较少，大部分职工需在企业内部转岗安置。山东省“十三五”期间去产能涉及安置职工多，前期企业内部安置相对容易，随着工作的进展，企业提供职工安置岗位的容量越来越小，完全依靠企业内部分流安置的难度逐步加大，造成新的冗员，潜藏着不稳定风险。

（三）税费支出居高不下

由于煤炭产业的特殊性，组成企业主要成本的工人工资、压煤村庄搬迁费、塌陷补偿费等无法取得增值税专用发票，不能抵扣进项税额，导致企业税负依然较重。据统计，煤炭产业综合税率高出一般加工及机械制造业6～9个百分点。一是资源税税率较高。2014年资源税改革时，山东资源税税率为4%。随着商品煤价格的回升，与从量计征相比倍增，兖矿集团2017年缴纳资源税14.48亿元，同比增加100.86%，山东能源集团2017年缴纳的资源税是2012年资源税与矿产资源补偿费之和的3倍。二是税费抵扣范围窄。增值税可用于抵扣进项税项目少；“三供一业”资产移交涉及的税费，按照现行财税规定，企业无偿划转资产视同销售，需要缴纳企业所得税、增值税、印花税、土地增值税；作价出资土地缴纳的契约税，依照现行税收政策，以土地作价出资方式处置划拨土地，需要按照4%的税率缴纳契税。三是资源性税费重复缴税。目前，国家在煤炭产业征收的资源税、探矿权和采矿权使用费、探矿权采矿权价款、地面塌陷补偿费、耕地占用税等，存在设置相近、不同部门重复征收的现象；对同一主体既征收煤炭资源税又征收矿产资源补偿费、探矿权采矿权价款，既征收地面塌陷补偿费又征收耕地占用税；资源性税费多头管理，煤炭企业要多头申报缴纳，接受多方检查，协调难度较大。

（四）企业融资成本逐年增高

目前绝大多数煤炭企业的债务结构依然以间接融资为主，作为“去产能”行业，被银行等金融机构列为融资限制性行业，各国有大型银行不断压缩贷款规模；企业部分贷款到期还款后无法及时续贷，个别项目存有被抽贷的可能；加之资管新规出台，刚性兑付从制度上被打破，信用债利差扩大，银信合作等传统非标融资渠道被禁止，实体经济融资渠道变得更加单一；同时“债转股”落地难、“明股实债”，都使得煤炭企业的融资难度加大、成本大幅提高。煤炭企业受转型发展，资金需求大、融资手段单一、涉煤行业信贷政策继续收紧等因素叠加影响，高额利息支出将长期吞噬企业效益空间；2018 年第一季度，兖矿集团债券发行成本同比高出80～120 个 BP。

（五）企业历史包袱沉重

山东煤炭产业国有企业比重高，企业承担大量的“三供一业”等社会职能，负担重、支出大。山东能源集团现有企业办社会职能机构 512 个，年承担运行费用 15 亿元；兖矿集团年承担“三供一业”费用 6 亿～8 亿元。煤炭企业大多远离城市和市政管网等配套设施，没有具备实力的大型国有物业企业能够接收；同时，“三供一业”资产规模大、从业人员多，移交过程中存在接收企业不愿收、从业人员不愿去的问题。目前，虽然大多数煤炭企业都与地方政府签订了社区管理职能移交协议，但有的并未实现真正意义上的“三供一业”移交，移交仅停留在纸面上。

（六）压煤村庄搬迁任务艰巨

山东省煤炭资源压覆问题较为突出，目前省内压覆煤炭资源占探明储量的 59.6%，随着矿井的开采面积不断扩大，部分矿井已进入村庄压覆区，济宁、菏泽及枣庄西部部分矿井已到了不搬迁就得停产的境地。有的地方政府对搬迁工作不积极，并提出诸多与搬迁事项无关的前提；新村用地难解决，征地成本逐年上升；地方政府和搬迁村民追求新村建设的高标准，对搬迁补偿的期望值越来越高，造成企业负担过重。

三 有关意见建议

（一）支持煤炭企业兼并重组

贯彻落实《关于进一步推进煤炭企业兼并重组转型升级的意见》（发改运行〔2017〕2118 号），重点加大煤炭与煤化工、电力、钢铁、铁路和港航等产业领域兼并重组的支持力度，研究并出台土地矿产处置、市场融资和资产债务重组等方面政策，推动煤炭主业做强做大和上下游产业融合发展。支持企业依靠“两化”融合、“机械化换人、自动化减人”提高机械化、自动化水平，通过管理和技术减少用工总量和富余人员，降低人工成本。

（二）细化去产能政策

一是积极推进债务处理。尽快出台针对去产能特殊情况下的具体的、可操作的资产与债务处置的实施办法，切实解决去产能矿井资产损失和债务负担。二是支持弥补资产损失。按照国务院国资委办公厅《关于印发〈国有企业清产核资资金核实工作规定〉的通知》（国资评价〔2003〕74 号）、《关于印发清产核资工作问题解答（二）的通知》（国资厅发评价〔2004〕8 号），对已经清产核资的损失，经国资监管机构批准后，企业可调整当期损益或冲减净资产。由于去产能矿井清产核资损失较大，核销后的损失无法弥补，建议核减企业上缴的利润指标，以企业利润弥补去产能矿井资产损失，同时相应改进对企业的经营业绩考核。三是加大奖补力度，拓宽使用范围。建议国家加大对职工安置的资金扶持，加大中央资金奖补力度，明确省市县配套资金比例，帮助企业解决资金难题，同时研究并出台专项奖补资金补充实施细则，适当放宽奖补资金使用范围，明确对于企业内部转岗分流的职工能够使用奖补资金给予奖补，或者奖补资金能够用于转产项目发展，并明确将 2018 ~2020 年关退煤矿提前分流安置的职工纳入奖补范围，鼓励企业提前分流安置职工。

（三）切实减轻企业税费负担

建议有关部门牵头摸清煤炭企业税费负担底数，建立涉煤收费项目清单制度，明确收费依据、标准、征收机关等信息，合理设定煤炭企业税费负担，兼并收费项目，加强社会监督，依法规范煤炭企业税费；严格落实国办发〔2013〕104号文，对煤炭产业收费情况进行集中清理整顿，坚决取缔各种乱收费、乱集资、乱摊派。建议资源税改革后，在执行过程中，各地结合自身实际，适当降低税率标准，切实减轻煤炭企业负担。建议参照执行煤气、石油、天然气，供热等行业增值税税率，适当降低煤炭企业增值税税率；同时，进一步明确进项税抵扣范围，允许煤炭企业巷道的开拓延伸支出、地面塌陷补偿费、采矿权价款等计算抵扣增值税。建议在企业“三供一业”移交和作价出资土地方面，出台相应的税收优惠政策。

（四）加大财政和金融政策支持力度

出台相关政策对煤炭企业进行分类管理，对支柱性企业和转型发展企业保持稳定的授信额度；将煤炭产业转型升级重点项目和重大工程列入政策性低息贷款的政策性支持方向，延长贷款年限，适度下调贷款利息。落实财政金融互动资金要求，通过激励奖补、风险分担、融资贴息等多种方式，引导带动金融资本加大对传统产业的投入。设立煤炭企业转型升级中长期专项贷款，支持有市场竞争力、投资人认可度较高的煤炭企业通过发行债券等形式在各层次资本市场融资，降低企业融资成本。

（五）帮助企业解决实际困难

围绕降低制度性交易、生产要素、流通环节等成本，进一步深化“放管服”改革，推进电力体制改革，降低土地使用税适用额标准，最大限度降低企业生产成本。将国有企业“三供一业”分离移交纳入各级地方政府绩效考核，推动工作落地见效，帮助企业甩掉社会包袱、精减富余人员，改变体制原因所致的低效率和高成本，真正使企业轻装运行。

B.4
深入实施供给侧结构性改革 推动高质量发展 加快建设具有全球竞争力的世界一流能源集团

国家能源投资集团有限责任公司*

摘 要： 为贯彻落实党中央、国务院关于供给侧改革的战略部署，国家能源集团组建以来，深入学习贯彻习近平新时代中国特色社会主义思想和党的十九大精神，推进全方位整合融合，充分发挥国有企业的骨干中坚和引领表率作用，全面落实“三去一降一补”五项重点改革任务，扎实推进“降本增效”工作。转变发展理念，突出质量效益，充分发挥煤电一体化优势，加快建设具有全球竞争力的世界一流能源集团。

关键词： 国家能源集团 供给侧改革 降成本

---

* 课题组组长：乔保平，国家能源集团党组书记、董事长。副组长：凌文，国家能源集团党组副书记、总经理。成员：赵永峰，国家能源集团煤炭产业运营管理中心主任、副书记；蒋文化，国家能源技术经济研究院院长、党委副书记，教授级高级工程师；孙福群，国家能源集团煤炭产业运营管理中心经营管理处处长；张占国，国家能源集团煤炭产业运营管理中心经营管理处副处长；韩悦，国家能源技术经济研究院信息情报所专项情报室副主任，高级经济师，注册咨询工程师；李卫东，国家能源技术经济研究院信息情报所专项情报室主管，工程师。

一 国家能源集团发展历程

（一）发展情况

国家能源集团全称国家能源投资集团有限责任公司，是经党中央、国务院批准，由中国国电集团公司和神华集团有限责任公司两家世界500强企业合并重组而成，于2017年11月28日正式挂牌成立，是中央直管国有重要骨干企业、国有资本投资公司改革试点企业。国家能源集团是新中国成立以来中央企业规模最大的一次重组，是党的十九大后改革重组的第一家中央企业。拥有煤炭、火电、新能源、水电、运输、化工、科技环保、金融等8个产业板块，是全球最大的煤炭生产公司、火力发电公司、风力发电公司和煤制油煤化工公司。

截至2017年底，国家能源集团资产规模超过1.8万亿元，拥有煤炭设计产能6.4亿吨/年，电力总装机2.26亿千瓦（其中火力发电总装机1.75亿千瓦，均占全国的15%左右），拥有自营铁路2155公里，港口设计吞吐能力2.47亿吨，自有船舶62艘，是全球唯一同时掌握百万吨级煤直接液化和煤间接液化两种煤制油技术的公司。2017年，国家能源集团商品煤产量5.1亿吨、商品煤销量6.5亿吨，发电量达到8880亿千瓦时，铁路发运煤炭4.4亿吨，自有港口装船量2.4亿吨，航运量9313万吨，油化品销量1200万吨。实现营业收入5128亿元，利润总额652亿元。

（二）成就与社会贡献

国家能源集团自成立以来，坚持以习近平新时代中国特色社会主义思想为指导，深入贯彻党的十九大精神，全面落实国家能源战略。集团党组确立了“一个总体战略目标，一项根本政治原则，六项核心理念，九项治企方略”的企业发展战略体系。国家能源集团秉持创新理念，强化科技引领。在煤炭绿色开发、清洁高效燃煤发电、风电设备及控制领域拥有 3 个国家重点实验室；牵头组织实施的“煤炭清洁高效利用”项目，是面向 2030 国家 17 个重大科技项目之一；三项成果荣获国家科技进步一等奖，4 项成果荣获中国专利金奖；25 项成果荣获国家科技进步二等奖。国家能源集团秉持效益理念，突出价值创造，确保国有资产保值增值，努力成为保障能源供应、维护国家能源安全的稳定器和压舱石。截至 2017 年底，集团在册员工 35 万人，在 2018 年度《财富》全球 500 强企业中排名第 101 位。

国家能源集团高度重视社会责任工作，在党中央、国务院的坚强领导下，始终把保障国家煤电安全、稳定、可持续和清洁供应作为集团的第一任务，充分发挥能源央企保供应、稳市场的表率作用。国家能源集团积极响应国家“一带一路”倡议和“走出去”战略，国际化经营步伐坚实。坚持以人为本，履行社会责任，与员工、社会共享企业发展成果，共创幸福美好生活。积极推进棚户区改造和沉陷区治理，近 20 万居民乔迁新居。大力开展公益慈善和送温暖活动，累计救助 25919 名“两病”患儿；援建 17 所爱心学校；捐建 12855 所爱心书屋。扎实做好对口精准扶贫，每年投入 6000 多万元，帮助贫困地区稳定脱贫。

二　降成本采取的措施及成效

（一）降本增效成果继续巩固，企业增利显著

国家能源集团坚持价值创造，大力推进降本增效，向管理提升要效益。扎实开展对标工作，全面提升管理水平，推进管理方式科学化、规范化和精益化。财务部门与生产运营部门紧密配合，深化财务与生产对接，形成从总部到班组的分层管控模式，实现逐层、逐级成本控制目标考核。以滚动预算为抓手，加强内部资源整合，助力推进低成本战略，降本增效成果继续巩固。2017 年，在效益大幅增长的情况下，原神华集团成本费用同比增幅小

于收入增幅约10个百分点。

2017年，受煤炭价格回升以及成本管控双重推动，原神华集团盈利迅速恢复，呈现“效益增长高于收入增长、收入增长高于业务量增长”的良好态势。其中，煤炭板块利润占比超过70%，同比上升约50个百分点；电力板块全年火电剔除燃料售电单位完全成本同比下降约7%；运输板块利润继续稳步上升，同比增长25%左右，成为集团最稳定的效益来源；煤制油化工产品生产成本显著下降。

（二）成本控制能力逐步提高，煤炭成本维持较低水平

近年来，国家能源集团煤炭板块逐步完善成本管控体系，成本管控能力逐步提高。一是优化生产布局，从资源共享、深度合作、协同效应和低成本运营上，加强内部资源整合与业务协同，努力降低生产成本。二是推行全面预算管理、定额管理、成本对标等活动，减少非生产性开支，从严压缩可控费用。三是加大对应收款项的清理力度，加速资金周转，优化资金筹划，改善资金结构，降低财务费用。

集团所属煤炭生产单位通过多重手段实现精细化管理，有效应对复杂的市场形势，煤炭生产成本始终维持在较低水平。2017年，国家能源集团所属煤矿全员工效是全国煤矿平均水平的3.6倍，吨煤成本同比降低3.7元。其中：神东煤炭集团将工资总额的45%与完全成本挂钩，发挥绩效考核激励作用，进一步提升全员成本管控意识与成本管控参与度，2017年吨煤完全成本同比下降约5元；神宁煤业集团严格生产接续管理，有效降低了各项生产成本；神新能源公司持续开展以降本增效为主线的生产经营活动，2017年全年共增收节支7000万元。

（三）资金管控能力不断增强，期间费用率同比下降

国家能源集团不断加大资金集中管控力度，提升风险防控能力，有效提升资金使用效率和效益。一是加强资金集中管理，提高资金集中度，健全内部资金融通、债务融资及信用管理配套制度，2017年原神华集团资金集中

度同比提升约15个百分点。二是从严设定“两金”占用规模，加强督导，提高周转效率，2017年“两金”余额同比减少10%左右。三是进一步加强资金安全管理，持续加大账户清理力度，按照优化存量、严控增量的原则，从严管理账户，防范资金风险。四是以资金预算、账户监控、债务管理为切入点，持续提升资金信息化管理水平。五是以确保资金安全和流动性为前提，加强阶段性闲置资金运作，合理提高资金收益水平。2017年，中国神华期间费用率同比下降约3.5个百分点，期间费用同比减少1.4亿元，其中财务费用减少约16亿元。

（四）创新发展金融工具，融资能力继续增强

2017年，国家能源集团创新发展金融工具，融资能力继续增强，融资成本稳步降低。一是加强资金筹划，优化债务结构，带息负债同比减少近300亿元，有效降低了资金成本。二是密切沟通国际评级机构，确保公司持续保持良好的国际信用评级水平。三是加大直接融资比例，2017年直接融资占负债规模的比重保持在较高水平。四是推进资产证券化，通过资产证券化方式获取融资，降低融资成本。

（五）“去产能”稳步推进，“处僵治困”取得关键性进展

2017年，国家能源集团煤炭“去产能”工作稳步推进，李家坝煤矿按计划退出，退出产能90万吨/年。处置“僵尸企业”和治理特困企业是持续深化供给侧结构性改革的关键环节，通过重组改造、强化管理提升、清理淘汰退出，国家能源集团“处僵治困”工作取得关键性进展。所属神华乌海能源公司“五步走”战略顺利实施落地，从根本上解决了生产效率、发展方向和人员结构的问题，促使企业生产经营步入正轨；神华国能内蒙古大雁公司推进“瘦身”健体结构优化，分流安置超过1700名富余人员，亏损势头得到有效遏制；内蒙古平庄煤业公司把“处僵治困”工作与去产能工作同步推进，5座煤矿的“处僵治困”工作任务基本完成。

三　存在的问题

（一）部分煤矿成本仍然较高

截至2017年底，国家能源集团共有生产和试生产煤矿73座。经测算，2017年煤炭板块平均吨煤完全成本低于200元。由于国家能源集团所属煤矿主要分布在内蒙古、陕西、宁夏、新疆、贵州等多个省区，煤矿开采条件差异较大，千万吨级大型现代化矿井与几十万吨的传统落后煤矿并存，不同开采条件、不同区域煤矿生产成本、生产效益存在较大差距。开采条件较好的部分露天煤矿原煤生产成本小于100元/吨，神东、陕北等地部分现代化井工煤矿原煤生产成本小于150元/吨；陕西、宁夏、蒙西、贵州等地部分煤矿由于开采条件较差，原煤生产成本超过300元/吨，其中贵州兴旺煤矿原煤生产成本高达423元/吨。受高成本和区域市场供需影响，2017年国家能源集团有12处生产煤矿亏损，亏损总额超过12亿元。

（二）煤炭税费负担仍然较重

2016年7月1日我国实施了资源税全面从价计征改革，随着煤炭价格的回升，2017年全国煤炭资源税收入667.6亿元，同比增长84.3%，其中山西、内蒙古、陕西等煤炭主产区资源税收入分别增长94%、73%和75%。国家能源集团所属生产煤矿主要分布省区内蒙古、陕西、宁夏资源税税率分别为9%、8%、6.5%，资源税税率在全国处于较高水平，煤炭资源税在从量计征改为从价计征后，实际税负进一步增加。国家能源集团2017年实际缴纳煤炭资源税18.1元/吨，较2016年每吨提高5.4元，同比增加42.5%。

增值税方面，尽管2015年11月国家扩大了煤炭进项税抵扣范围，但煤炭生产过程中能够抵扣的进项税比重仍然偏低，煤炭产业增值税实际税负继续维持在较高水平。此外，部分煤炭企业由于历史原因承担的社会职能仍然存在，每年承担的“三供一业”、市政、离退休人员管理等社会职能占用了大量资金。

（三）融资难度不断提高

受当前稳健中性的货币政策影响，货币资金投放量减少，银行信贷规模逐步收缩。近年来，煤炭产业资产负债率普遍较高，特别是在产能过剩的背景下，部分银行将煤炭、煤化工等行业的授信权收归总行，限制地方分行对煤炭、煤化工企业的贷款，企业从银行获得贷款的难度加大。国家能源集团所属部分煤炭、煤化工企业资产负债率高达90%以上，缺乏再融资能力，存在资金链断裂的风险。此外，股权融资审核与发行环境发生变化，股权融资周期也大幅延长，部分上市公司处在“保壳治亏”状态，融资能力亟待提高。

四 下一步工作思路

（一）发挥一体化运营优势，提高集团协同效益

充分发挥集团协同效应，持续提升一体化运行质量效率。以市场和效益为导向，发挥煤电一体化优势，全力组织重点区域煤炭生产。抓好长协煤合同兑现，按照国家部署，做好煤电保供工作。继续提高电厂燃料集中管控水平，加快推进区域内协同营销，积极开展内部电力直接交易。创新煤制油化工营销模式，进一步提高品牌附加值。扩大一体化运营范围，强化经营调度和市场动态分析，实现产业链上下游衔接与匹配，最大化提升整体运营能力，提高集团协同效益。

（二）强化预算管控，完善成本管控体系

低成本战略是提升国家能源集团核心竞争力的有效支撑，成本管控体系是成本管理和控制的载体。成本管控要强化预算管控与业务发展的有机统

一，逐步健全“横向到边、纵向到底”的全面预算管控体系，促进管控水平和管控能力持续提升。继续优化和完善成本管控的体制机制，一是分板块建立差异化的成本管控机制，出台《成本管理办法》，将成本管控制度化。二是推动成本对标工作常态化、规范化，探索成本标杆、标准的制定。三是建立成本异常跟踪和持续优化机制。

（三）提高资源配置能力，做好资本运营工作

资本运营是企业调整资源配置、转变发展方式、实现战略目标的重要手段。资本运营工作一是要紧紧围绕业务板块的发展，推进产融结合，以融促产。二是要深入推进混合所有制改革，加快形成有效制衡的公司法人治理结构、灵活高效的市场化经营机制。三是要借助投资融资、产业培育、资本整合，以市场化方式提高国家能源集团的产业竞争力。四是要依托资本市场，利用多元化的金融手段，借助股权运作、价值管理、产融服务，优化国有资本的布局结构，提升国有资本运营效率，推动国家能源集团做优做强。

（四）推进“处僵治困”工作，处置低效无效资产

进一步提高对“处僵治困”工作重要性和紧迫性的认识，按照国务院、国资委的统一部署，以推动供给侧结构性改革为主线推进工作取得更好成效。一是要端正思想，强化执行力，充分利用现有资源，分类施策。二是要强化责任与统筹，精准精细抓落实。三是要完善机制，成立督导组进一步加强管控。煤炭板块要积极开发建设优质产能、退出无效产能，加快资源条件好、经济效益好、安全有保障、环境保护好的先进产能建设，推动生产矿井向更高层次发展，有序退出灾害严重、安全无保障、煤质差、效益低的煤矿。

（五）加快转型升级，优化产业结构布局

认真执行国家产业政策，进一步梳理投资项目，建立投资主体、投资管理部门、投资项目咨询审查机构责任联保和追究制度。煤炭板块要坚决落实

去产能政策，加快安全环保先进矿井建设，制定煤炭产业绿色开发标准，推进定制化生产。加快火电板块转型升级，提升水电板块规模效益。推进化工产业提质增效，加快新能源产业发展步伐。谋划运输产业长远发展，推进大物流建设，充分挖潜扩能提效。

（六）加快发展新兴产业，培育新的经济增长点

充分发挥专业委员会作用，健全院士工作机制，充分发挥院士、首席科学家思想库、智囊团作用。积极承担国家重大科研项目，优先启动一批急需项目。重点布局一批前沿技术攻关，加快煤炭绿色开发、智能发电等领域重大技术研发和成果推广。提升信息化水平，持续推动发展质量变革、效率变革、动力变革。深入实施军民融合发展战略，推动全要素、多领域、高效益的军民融合深度发展，确保军民融合项目高质量落地。以科技重点项目为依托，培育高价值核心专利技术群。加大科技环保创新力度，打造特色高科技产业品牌。

五　政策建议

（一）继续推进简政放权，降低企业制度性成本

近年来，国家高度重视转变政府职能，大力推进简政放权，由体制机制问题造成煤炭产业制度性成本有所下降。建议国家继续推进简政放权，促进“放管服”改革向纵深发展。一是完善煤炭相关法律法规，改变长期存在的立法工作滞后状况，健全权力清单制度，提高管理的透明度，做到依法改革、依法管理。二是进一步简化行政审批流程，取消不必要的行政审批前置事项，加快煤矿项目审批速度，特别是加快已投产优质煤炭产能的证照办理速度。三是全面清理中介服务事项，推进煤炭项目评估、认证、检测等事项的社会化运作。四是提高煤炭监管部门间的协调性，加强部门间审批与监管的协同，避免重复审批、重复监管，切实减轻企业负担。

（二）支持煤炭企业多渠道融资，降低企业融资成本

煤炭产业固定资产占比较高，属于典型的资金密集型行业，资产负债率普遍偏高，特别是在实施去产能过程中，煤炭企业人员安置任务繁重，缺乏转型发展资金。建议国家出台相关政策，加大对煤炭企业的金融支持力度，促进煤炭企业持续健康发展。一是利用中央财政设立专项基金，继续支持煤炭企业做好退出人员的安置工作。二是降低煤炭企业融资难度，对经济效益好、发展潜力大的优质煤炭企业在信贷政策上给予一定倾斜。三是提高煤炭企业直接融资比重，支持煤炭企业开展债券融资等直接融资，降低融资成本。四是大力发展股权融资，支持优质煤炭企业上市融资，支持已上市煤炭企业再融资。

（三）继续推进煤炭税费改革，降低企业税费负担

建议国家继续推进煤炭产业税费改革，进一步降低企业税费负担。一是全面清理涉煤收费，清理取消不合理收费项目，建立收费清单制度，清单之外不再收费。二是降低煤炭增值税税率，将煤炭产品增值税税率降低至11%，切实减轻企业负担。三是进一步扩大增值税抵扣范围，将人工成本、资源成本、环境治理成本等纳入抵扣范围。四是降低资源税税率，按照资源税改革不增加企业税负的原则合理调整税率。五是对煤制油化工项目特别是已经投入工业化示范的煤制油化工项目实行差别化税收政策，减征或免征成品油消费税、增值税、所得税等，支持煤炭企业转型升级。

B.5
深化供给侧结构性改革　蜕变转型 大力实施战略成本管理

陕西煤业化工集团有限责任公司*

摘　要： 本报告基于陕煤化集团发展的客观实际，全面深入分析了制约企业战略目标和高质量发展的成本问题，介绍了在深化供给侧结构性改革的过程中，通过大力实施战略成本管理，积极有序解决企业成本方面的问题，就陕煤化集团建设成为具有国际竞争力的世界一流能源材料企业，提出了降低煤炭企业税费负担、融资成本、制度性交易成本、煤制油免征消费税等建议。

关键词： 陕煤化集团　供给侧结构性改革　降成本　战略成本管理

一　企业概况

1. 历史沿革

陕西煤业化工集团有限责任公司（以下简称“陕煤集团”或“陕煤”）是陕西省人民政府为落实国家西部大开发战略，充分发挥煤炭资源优势和行

* 课题组组长：杨照乾，陕煤集团董事长、党委书记，高级会计师。副组长：赵福堂，陕煤集团副总经理、总会计师，高级会计师；孙喜民，陕煤集团副总经理，高级工程师。成员：袁景民，陕煤集团财务部经理，高级会计师；仇宏龙，陕煤集团副总会计师，高级会计师；车建宏，陕煤集团副总会计师，会计师；刘莹，陕煤集团财务部副经理，高级会计师；韩宝安，陕煤集团财务部副经理，高级会计师。主执笔：李秀平，陕煤集团财务部主任主管，会计师。

业、区域等整体优势，从培育壮大以煤炭开采和煤炭清洁转化为主的能源化工支柱产业出发，按照现代企业制度规范要求，对省属煤炭企业、煤化工企业及钢铁等企业进行三次重大重组而设立的特大型能源化工企业。陕煤集团成立至今近 15 年时间，其发展主要经历了三个阶段。

第一阶段成立陕煤集团。2004 年 2 月，陕西省人民政府为培育壮大煤炭产业，以陕西省煤炭运销集团公司为基础，联合铜川矿务局、蒲白矿务局、澄合矿务局、韩城矿务局、陕西煤炭建设公司、黄陵矿业公司、陕西天地地质公司、陕北矿业管理局、彬长矿区开发建设公司等 10 家煤炭企业，共同组建陕煤集团。陕煤集团组建运营后，省煤炭局将陕西省煤炭物资供应公司划归陕煤集团管理。随着陕煤集团不断发展，不断增加控股参股公司，包括红柳林矿业有限公司、冯家塔矿业有限公司、陕煤澄城有限公司、陕西陕煤黄陵矿业公司、陕西新兴煤化工科技发展有限责任公司、陕西清水川发电有限公司、陕西德源府谷能源有限公司。2005 年底拥有 19 家企业，其中全资、控股子企业 15 家，参股企业 4 家。陕煤集团注册资本 25. 3 亿元，所属企业主要分布在陕西省境内。

第二阶段重组三家化工企业。2006 年 6 月，陕西省人民政府将陕煤集团与陕西渭河煤化工集团有限责任公司、陕西华山化工集团有限公司、陕西焦化有限责任公司三个煤化工骨干企业重组，组建了陕西煤业化工集团有限责任公司，完成了从单一煤炭产业向煤炭和化工产业多元发展转变。注册资本 35. 5 亿元，资产总额 316 亿元，在册员工 8. 97 万人，有生产矿井 28 对，煤炭产能 2931 万吨/年，在建技改矿井 4 对，生产能力 3500 万吨/年。

第三阶段重组陕西铁路投资集团公司和陕钢集团公司。2011 年 11 月，在省政府主导下，陕煤集团先后注资重组陕西铁路投资集团公司和陕钢集团公司，完成了第三次重组。

经过三次重组，陕煤集团已成为陕西省能源化工产业发展的骨干企业，也是省内煤炭大基地、大园区开发建设的主体。

2. 发展现状

在三次重组基础上，陕煤集团通过自身努力，以投资新建、收购兼并、内部整合等途径，不断完善经营管理体制，明确战略目标，壮大产业范围。经过十几年的发展，已经形成以煤炭、煤化工、钢铁、电力为主导产业，以科技、金融为支撑，建筑施工、装备制造、铁路、物流、建材、实业、地产及绿色健康等为辅助的产业板块。产业上下关联又多点支撑，企业相互依存又互补共生，既在集团内部形成了较大的市场空间，也扩大了内部经济运行的回旋余地。

截至2017年末，陕煤集团资产总额4641亿元，在册员工近12万人。拥有二级控股及参股企业96户（全资及控股企业54户、参股企业42户），三级子企业154户，其中，上市公司4家。产业分布已从陕西延伸至河南、山西、湖北、湖南、重庆、四川、安徽、海南、新疆、青海、内蒙古、上海、广东、福建、河北、山东、甘肃等18个省（区、市）和吉尔吉斯斯坦、澳大利亚、美国、阿根廷4个国家。目前正在积极有序推进塔吉克斯坦、印度尼西亚丝绸之路经济带2个国家的投资项目。2017年生产煤炭1.4亿吨（煤炭产量连续7年过亿吨），化工产品1621万吨，钢铁1024万吨，发电434亿千瓦时；实现营业收入2601亿元，利润总额109亿元。连续4年跻身《财富》世界500强，在2018年世界500强榜单中位列第294位，较上年前移43位。

3. 发展战略

能源革命方兴未艾，新一轮科技革命和产业革命孕育兴起，在产能过剩和产品同质化竞争激烈的大背景下，在新经济加速崛起和能源革命的产业兴替时代，传统企业转型已成为必然。进入新时代，陕煤集团通过对自身资源和内外环境进行全面审视，对新能源革命和新经济趋势深入洞悉，提出了“以煤为基、能材并进、技融双驱、蜕变转型”的发展战略。煤炭既是企业的生存之本，也是最具竞争优势的产业，所以未来产业升级之路将从围绕煤、配套煤开始，向超越煤、错位煤转型。

“以煤为基”是指要把煤炭产业做精做强。通过不断的努力，陕煤集团煤炭总产能将达到2亿吨，其中95%以上为优质产能，陕煤集团届时将力争成为效益水平世界领先的大型煤炭企业。

“能材并进”是指围绕煤炭的清洁利用，依托企业自有的煤化工技术，大力进军新能源、新材料领域。通过重点发展现代煤化工，发展产品品质优于石油化工和比石油化工更加经济的产品，实现与石油化工的错位发展，在延伸产业链的同时实现资源优势向产业优势转变。

“技融双驱”是指运用资本的力量，把实体和金融产业进行高位嫁接，依托技术创新和资本运作这“两个轮子”，既做产业也做资本，形成虚实相生、互为依存、同步驱动的良性格局。

“蜕变转型”是指通过以上措施多点发力，在未来发展中实现“四个转变”：一是由资源驱动型向创新驱动型转变；二是由煤炭作为燃料向煤炭作为燃料和原料并举方式转变；三是由相对粗放开发向集约绿色、互联智能方式转变；四是由传统能源企业向具有世界影响力的清洁能源供应商、新材料与高端制造服务商转变。

二　成本问题

基于陕煤集团的发展历程和实际情况，成本方面既有企业自身运营方面的问题，也有政策性、制度性交易成本方面的问题，这些问题共同制约了企业的转型升级和可持续发展。

1. 企业自身存在的主要成本问题

如上所述，陕煤集团是在政府主导下的三次大规模重组基础上逐步发展起来的，煤炭、化工、钢铁等基础产业均属“重资产”采掘制造行业，传统国有企业成本方面的“老企业病”和“大企业病”的多种表现形式在陕煤集团也不同程度的存在。

（1）企业资源配置效率有待提高

资源配置问题有多种原因，也有多种表现形式。一是重组划转的多数老企业，如关中四局、陕化、陕焦、陕钢等不少企业基础禀赋较差，后续保生存保稳定投资和填平补齐投资占用了大量资金；二是承接了部分社会公益类投资项目，如铁路投资、棚户区改造、陕南灾后重建等项目及代缴资源价款占用资金资源超过 450 亿元；三是去产能及关停项目企业沉淀资产占用资金超过 150 亿元；四是部分项目虽已建成投运，但受市场突变等影响经营情况不佳，不但没有能力偿还项目借款，还需继续注入资金维持运营。上述影响资产运行效率因素持续制约着集团整体资产质量状况和企业总体成本水平。2017 年陕煤集团总资产周转率为 0.57 次，略高于行业平均水平，但实体产业资产周转水平居于行业平均水平，主要是受上述因素影响，此外这些问题还引发了以下问题。

（2）债务规模大和结构错配问题

这个问题主要是由第一个问题衍生而来，投资端的部分资源错配问题，直接导致了融资端有息负债规模居高不下及结构错配，进而造成资金的持续紧张局面，同时也推高了融资成本。受制于重组划转企业资源禀赋不高等原生性因素，稳定和发展等方面的投资所需资金量大，仅陕钢并入以来集团已累计为其注资超过 250 亿元，铁路投资负担资金超过 130 亿元。在煤炭产业深度调整阶段集团资产负债率近 80%，如果剔除上述因素，资产负债率可降低 17 个百分点。

（3）企业办社会业务负担沉重

陕煤集团企业办社会机构遍布西安、铜川、渭南、延安、韩城等 7 市，其中，“三供一业”共有 46 家企业 163 个家属区 16 万户；社区管理机构 35 家；市政设施 55 个；医疗机构 41 家；企业办教育机构 18 家；离退休人员管理机构 44 家，管理退休人员 8.6 万人，离休人员 344 人；有大集体 47 户。集团每年要为这些办社会业务补贴运行费用 13 亿元以上，其中还不包括必要的投资改造支出，企业办社会业务成本费用负担沉重。

（4）“僵尸企业”及企业层级清理压力大

陕煤集团是在对省内煤炭、化工、钢铁等权重企业三次重大重组基础上组建的，这些企业的普遍特点除了机构臃肿、人员富余、企业办社会外，就是存量资产多、“僵尸企业”多。此外，在后续整合过程中，一是依托陕西煤业股份有限公司上市等业务进行了一系列的内部重组、主辅分离等重大改革，因此遗留了不少“壳企业”；二是本轮去产能更是产生了大量的“僵尸企业”、闲置资产、存量债务和富余人员。这些问题在煤炭黄金十年的上升期往往容易被忽略，基本处于搁置状态，没有得到有效解决，而在煤业产业下行期间又容易被放大。此类“壳企业”及“僵尸企业”持续依靠集团和母体企业的资金补贴维持生存，持续蚕食着主业经营效益，清理处置难度很大。

2. 企业外部存在的主要成本问题

外部投资营商环境对企业的生存和发展影响很大，包括政治环境、经济环境、法律环境、市场环境、社会环境等影响，最终都会对企业发展成本造成影响。就煤炭企业成本方面而言，影响比较显著的主要是产业政策、税费负担、融资成本、制度性交易成本、物流成本等。

（1）煤炭产业税费负担重

企业税负重似乎已成为业界共识，煤炭企业尤为突出。从近几年实际情况看，实体煤炭生产企业税费负担水平基本维持在40%左右，显著高于其他行业，西部大开发税收优惠政策于2020年到期，若不能延续，则税负水平还将大幅上升。主要是增值税、资源税等负担水平较高。煤炭生产用原材料占成本比重相对较小，比重较大的井巷折旧、人工成本、资源获取等成本又不在增值税抵扣范围内，导致煤炭实际增值税税负水平在14%左右，远高于其他行业。资源税改革后负担水平比改革前上升了5个百分点左右，加重了煤炭企业税负。主要问题是对煤制油产品征收消费税。国家对成品油开征消费税以来，将煤制油、煤焦油轻质化产品等也列入消费税征收目录中，因此增加油料产品税负成本1500元/吨左右，大幅推高了产品成本，对煤制油产业的健康发展甚至产业的生存产生了严重不利的影响。

（2）融资贵融资难的问题依然突出

国家连续几年实施稳健中性的货币政策，近两年又进入金融强监管时期，表内融资增量增速双下降，加之煤炭企业属于去产能行业，融资难融资贵的问题更加凸显，各大金融机构实际操作中对煤炭、钢铁等去产能企业基本采取了整体禁入和总量控制的“一刀切”政策，尤其是过去两年各大银行“抽贷限贷”几乎是常态。即便是近两年以来，煤价有了合理性上涨，在盈利水平持续回升的情况下，煤炭企业整体融资形势依然没有实质性好转。2012年以来国家持续降息降准，中国人民银行基准利率持续下调，如1年期贷款基准利率5年来累计下调0.96个百分点，5年期贷款基准利率累计下调了0.9个百分点，但煤炭企业的综合融资成本显著高于同期贷款基准利率水平，近几年综合融资成本基本都在6%以上，高于5年期长期借款利率水平。有些融资工具利率水平不降反升，如企业债券，由于各大商业银行"表内"融资增量尤其是对煤炭企业非常有限，迫使煤炭企业不得不使用债券等融资工具筹集资金，近5年来煤炭企业债券利率上升了3.3个百分点。

（3）制度性交易成本及物流等成本问题

一是近年来加大内部改革力度，出"清僵尸企业"、处置非主业投资、盘活各类存量资产、构建融资平台等各项改革事项，按照相关法律法规规定都需要进行各类评估审计等，导致各类显性制度性交易成本不断增加。如评估、审计、咨询、诉讼、评审、检测、社团、资质审核等各类制度性交易成本不仅名目繁多，费用水平不断上涨，有些小企业改制清理过程中，甚至出现资产变现收益不足以补偿中介机构费用的情况。二是项目前期工作过程中各类审批核准事项效率低耗时长，使企业隐性时间成本增加。如"十一五"以后有些煤矿项目从立项到建成投运耗时大约12年（建设期2年左右），大幅推高了项目动态投资利息，进而影响项目投运后煤炭生产成本水平的上升。三是物流成本水平高且呈上升趋势。主要是公路运输成本水平涨幅较大，2016年9月交通运输部部62号令开始实施以来，汽车运输超限管理明显趋严趋紧，对汽车运输成本影响非常大，以陕北区域为例，公路运输费用涨幅在20%以上，从陕北运往全国各地的煤炭汽运成本普遍上调20～40元/吨，个别偏远区域运费上调甚至超过50元/吨。

三　降成本对策

在煤炭产业产能严重过剩及行业进入深度调整阶段，陕煤集团以供给侧结构性改革为契机，以高质量发展为指引，大力实施战略成本管理，近几年成本管控主要从战略和经营两个层面着手。战略层面主要对企业总体成本进行管控，通过对规划设计阶段的成本控制，对融资成本的控制，对重点亏损源的出清，对营销成本的优化等，强化项目全生命周期成本管理，将成本管理重心由成本节约向成本避免转变，着力建立企业自身核心业务竞争优势，从而实现企业整体成本的降低和效益的最大化。经营层面主要对经营及产品成本进行管控，通过对产品进行成本动因的分析和控制，实现成本的降低和节约。通过持续进行内部改革、成本对标及精细化管控，降成本取得显著成效。

1. 强化内部价值链管理，调整优化投资成本

一是在项目投资方面，强化企业内部价值链分析，系统梳理拟建、在建项目，严格进行新建项目投资可行性论证，按照“去杂归核”战略调整优化投资项目。逐步改进产业投资“大而全”的现状，通过内部价值链管理，消除或改进非增值投资及低效投资。减少新矿井的生活辅助设施，要求项目建设单位在保证总工期的情况下，优先建设生产性设施，削减或缓建非生产性设施，并最大限度压缩非生产性设施建设标准及投资额度，将资金投入具有核心竞争力的主业项目上。近几年突出主业及核心业务投资，削减或大幅压缩与主业关联度不高的投资，项目投资明显得到调整优化。二是对于生产运营企业，最大限度削减设备采购，设立调剂中心，对生产经营必需的设备，优先通过本单位修理复用、集团内部调剂补充解决。必须进行采购的收紧审批权限，严格按照“一事一议”原则报集团总部审批并坚持内部优先采购。所属生产企业停止一切非生产性投资支出；稳妥有序地缓建非重要安全需要项目、没有比较优势和经济效益不明显的改扩建项目。

2. 去产能优结构，降低企业运营成本

随着环境容量约束趋紧，国家环保执法力度加大，从 2014 年就超前谋划部署，提早启动了去产能工作。对高硫、高灰、低热量、亏损严重、资源枯竭等比较优势不明显的生产矿井，本着“多退早退、应退尽退”的原则引导退出。截至 2016 年底，已提前两年完成了去产能目标任务，18 对矿井和 1 座炼铁高炉全部关闭完成，退出煤炭总产能 1815 万吨，占全省的 62%，成功实施了高成本生产矿井的成本避免策略，从源头上消灭了亏损点。在果断“退”的同时，适时有序地“进”，成功实施“一退一进”的优化结构策略，抓住国家政策机遇期，通过实施煤炭产能减量置换，陕北、彬长区域 6 个高产高效煤矿项目获得国家核准，煤炭总产能将达到 2 亿吨，

新增优质煤炭产能近6000万吨，优质产能比重达到95%，煤矿平均单井规模达600万吨，综合机械化程度超过了98%，煤炭生产力水平显著提高。在优化煤炭产能结构的同时，加大人力资源结构调整优化力度，分流关闭矿井富余人员5.2万人，置换各产业板块劳务派遣用工、外委用工，全面清退各类临时用工，“走出去”承接煤矿运营管理外包业务等，有效应对内部改革带来的稳定风险。通过人力资源结构优化，降低人工成本10亿元以上。

3. 积极并购重组关联产业，通过纵向一体化增强抗风险能力

通过对煤炭企业外部价值链的分析，基于煤化工、钢铁、火力发电与煤炭产业存在明显产业互补性，积极实施产业链纵向一体化战略。收购控股7家火力发电企业，有序参股10个火电项目，不断壮大电力产业规模，大力整合煤化工、钢铁产业。目前，化工板块传统企业得到改造升级，主要化工产品产能已超过1600万吨，且在煤制烯烃等煤炭清洁转化方面的技术居于国内领先地位，具有高附加值、高技术含量的新产品比例不断提高，特别是错油煤化、投资上千亿元的榆林化学高端精细化工产业集群已经开工，为煤炭清洁高效利用和就地转化提供了更大空间。钢铁产能“填平补齐”工作也已完成，规模达到了千万吨级，成本和质量具有行业竞争力，2017年盈利19亿元。电力产业方面，已形成控股电力装机1500万千瓦生产规模，依托多能互补、绿色智慧，将形成控股装机容量1700万千瓦、发电量600亿千瓦时电力生产能力。通过产业链的纵向并购整合，固化煤炭市场，降低市场交易成本，增强抗风险能力，陕煤集团也形成了新的经济增长极。

4. 拓展融资渠道，降低融资成本及风险

发挥已有的证券、期货、银行、信托、财务公司等金融平台的协同效应，加快培育上市企业，提高直接融资比重，不断拓展债务融资渠道，强化财务风险管控，最大限度降低融资成本。第一，盘活集团内部存量资金，增强内源融资能力。成立陕西省属企业第一家财务公司，建立了集团统一的资金池和票据池，全面归集集团所属企业积淀资金和票据，实行紧缩的资金管理政策，开展内部存贷和票据保理等业务，盘活存量资金及票据资源超过300亿元。第二，加大股权融资力度，积极降低财务杠杆。股权融资方面主

要做了以下工作，一是加快资产证券化步伐，“十二五”期间，成功实现陕煤股份A股IPO，陕建机股份定向增发，开源证券和胜帮科技新三板挂牌上市；二是抓住市场化债转股政策机遇实施市场化债转股，累计签订债转股协议金额845亿元，落地债转股融资454亿元，直接降低资产负债率近10个百分点；三是发行永续债85亿元；此外，北元化工的主板上市工作也在有序推进。通过股权融资降低了集团资产负债率，增强了集团资信实力，优化了融资环境，增强了再融资能力，降低了再融资成本。第三，多种债务融资工具组合运用，相机降低债务成本水平。主要运用的债务融资方式包括信贷资金、信托资金、企业债券、短期融资券、超短期融资券、融资租赁、私募债、中票、账款保理、保险资金、海外融资、信用证福费廷业务等方式。通过多措并举的融资管理工作，最大限度解决了融资难、融资贵的问题，有效化解了企业财务风险，有力保障了集团在行业深度调整期的资金链安全，助力企业持续健康发展。

5. 有序剥离办社会业务，降低企业办社会成本

陕煤高度重视办社会业务剥离工作，成立了专项工作组，连续两年将其列为年度重点工作，并纳入绩效考核指标。目前，35家社区管理机构、55个市政设施及“三供一业”所涉企业和家属区已全部与所在地政府签订了移交协议，正在稳步推进移交落地工作，创出了物业公司成建制移交、与地方合作搭建接收平台等改革经验和亮点。2018年完成国有企业办教育机构移交或改制工作；按照省国资委的统一部署，完成医疗机构集中管理或重组工作；创造条件，有序推进1~2户企业试点将退休人员移交社区实行属地管理。2017年剥离办社会工作在省国资委年度专项工作考核中获得表彰。通过大力剥离企业办社会业务，陕煤的办社会成本费用负担逐步减轻。

6. 加快出清“僵尸企业”，精简压缩企业层级

按照国有资本投资公司的改革方向，以“集团公司—产业板块—厂矿实体”三级架构为目标，开展了“归位总部、做实板块、精简层级、放活实体”系列改革，机关大部室、板块专业化、压减企业层级和法人户数等工作有序推进。在“压减”层级方面，原则上只允许煤炭、化工、钢铁三个主业板块保留4级企业，其余企业要研究并制定具体方案将管理层级压缩到3级以内。

其中，通过对下属110户企业进行股权划转、重组整合、对外转让、解散破产清算，减少企业80户。同时，按照陕西省六项改革试点、“一企一策”和员工持股试点要求，力争在“制”上求突破，在“活”上做文章，通过“僵尸企业”逐步出清，精简压缩企业层级，大幅压缩管理性行政性费用支出，降低企业非生产性费用开支，不断提升企业竞争力。2017年，“混改”、“僵尸企业”处置及“压减”等改革工作均获得陕西省政府表彰。陕煤集团作为仅有的四家地方国企之一，在全国国企改革经验交流会上做了交流发言。

7. 大力盘活存量资产，整顿内部经济秩序

针对企业部分存量资产效率低等情况，2015年建立了存量资源盘活机制，成立了专项工作组，持续开展存量资产盘活工作。对闲置土地、关停企业资产、材料物资、设备等各类资产进行全面梳理，制定分类分批盘活方案，近三年每年存量资产盘活规模均超过100亿元。此外，大力开展内部经济秩序整顿工作，夯实了各下属企业的经营效益。如，针对内部企业之间账款拖欠问题，制定了内部账款清欠办法，集团层面牵头定期和不定期开展内部货款清欠，三年来集中清欠累计超过150亿元。通过存量盘活和内部经济秩序整顿，提高了资产使用效率，有效降低了运营成本。

除以上降成本措施外，还通过对标管理、预算管理、绩效管理、精细化管理等诸多管控手段融合性运用，持续提升企业基础管理质量，降低企业经营成本，降成本效果也已经在经营效益中得到充分体现，2017年煤炭、化工、钢铁三大主业同时大幅盈利，集团实现利润109亿元，连续两年盈利大幅增长。

四　政策建议

通过综合开展战略成本及经营成本管理工作，制约陕煤高质量发展的企业内部成本问题已经逐步得到解决，但制度性、政策性成本还需要由国家和政府加大改革力度，通过制度创新、出台完善有关法律和政策等途径加以解决。目前各级政府虽然已着手解决，但诸多问题依然存在，仍然制约着企业的持续健康发展。基于煤炭企业的主要成本问题提出如下建议。

1. 降低煤炭企业税费负担

一是建议将西部大开发税收优惠政策延长至“十五五”末。二是建议将煤炭产业增值税税率降至11%或扩大抵扣范围（允许抵扣井巷折旧费、资源价款摊销等）。三是建议将资源税从价计征税率降至2%～3%。通过降低煤炭企业税负，支持煤炭企业新旧动能转换和转型升级。

2. 降低煤炭企业融资成本

针对政策性去产能与市场化去杠杆不匹配的问题，建议国家出台去产能关闭矿井存量债务处置政策，一是建议国家出台金融机构债务分割处置具体政策。将集团公司承担去产能矿井相关债务逐级合理分割（一般需分割两次），要求银行承担相应的债务核销责任，有序推进去产能企业存量债务处置。二是建议国家给予金融机构化解产能债务处置权限。国家监管层面赋予金融机构明确的债务处置权限，要求各金融机构可独立处置去产能相关债务，免除对金融机构连带责任追究。三是建议国家出台“债转股”或“债务重组”实施细则，经一次性直接核销后剩余的债务，由金融机构采用“债转股”或“债务重组”方式进行化解，这也需要国家层面出台细致的实施办法和操作细则。

3. 降低企业制度性交易成本

一是建议政府加大改革力度，进一步提高行政效率，进一步扩大简政放权范围，最大限度地让能市场化的交易事项回归市场。二是建议进一步规范中介机构市场，降低收费标准。

4. 对煤焦油轻质化油料制品及煤制油免征消费税

煤焦油轻质化产品属于资源综合利用、节能环保、循环经济的国家鼓励类项目，代表了先进煤化工产业的发展方向，能有效解决焦化企业生产过程中产生的副产品——煤焦油和荒煤气这两种危险废弃物的污染问题；此外，轻质化煤焦油不完全等同于成品燃料油，也不完全等同于煤直接制油的技术路线，且其符合国家扶持的煤炭分质清洁综合利用和节能减排等相关产业政策，若对其征收消费税，非常不利于该项目在陕西省的健康发展，因此，建议国家对煤焦油轻质化油料制品及煤制油免征消费税。

B.6
抓住机遇　降本增效
争当能源革命排头兵

大同煤矿集团有限责任公司*

摘　要：　本文报告了同煤集团贯彻落实党中央、国务院关于降低实体经济企业成本战略部署的情况；介绍了集团抓住政府政策性降低企业外部性成本的机遇，同时注重企业内部挖潜增效的做法；对下一步全面完成供给侧结构性改革降成本任务，提出了调整煤炭定价的绿色价格区间、降低融资成本、铁路物流费用、分离企业办社会债权债务处理的建议。

关键词：　同煤集团　供给侧结构性改革　降成本

一　企业基本情况

大同煤矿集团有限责任公司（以下简称“同煤集团”）是全国亿吨级动力煤大集团之一；是煤电深度融合的特大型国有现代化能源集团，山西省最大的发电企业；是世界500强企业。“十二五”入选国家首批“矿产资源节约与综合利用示范基地”，先后获得了中国工业大奖表彰奖、全国“五一劳

* 课题组组长：张有喜，同煤集团党委书记、董事长，成绩优异的高级工程师；郭金刚，同煤集团党委副书记、副董事长、总经理，成绩优异的高级工程师。副组长：李永平，同煤集团董事会秘书、董事长助理，高级经济师；荣君，同煤集团董事会秘书处处长，经济师。成员：闫建新，同煤集团董事会秘书处副科长，助理经济师；王日杰，同煤集团董事会秘书处副科长；郝忠美，同煤集团董事会秘书处科员；王欢，同煤集团董事会秘书处科员，助理经济师。

动奖状”、全国文明单位、全国社会扶贫先进集体等众多国家级荣誉。

同煤集团的前身是大同矿务局，成立于1949年8月30日，是共和国煤炭工业的“长子”。1985年产量突破3000万吨，被誉为“世界煤都”。1998年从煤炭部下放到地方，成为省属国有企业。2000年7月，改制为大同煤矿集团有限责任公司。2002年重组了原轩岗矿务局。2003年12月，省委、省政府将晋北市属地方煤矿及省煤运所属的四大铁路公司重组划归同煤集团。2005年12月实施债转股后，成为由7家股东共同出资的国有企业。

同煤集团现有20万名员工、80万名员工家属，产业布局在山西、内蒙古等7省（自治区、直辖市、特别行政区）18个市（区），拥有二级单位133家，其中包括大同煤业、漳泽电力2家上市公司和1家财务公司。

近年来，同煤集团全面深入贯彻落实党的十八大、十九大精神和习近平总书记视察山西重要讲话精神，严格落实省委、省政府的决策部署，紧紧围绕“建设新同煤、打造新生活”的战略愿景，坚持“五个一”战略要求（营造一个公平正义、风清气正的工作环境，建设一支团结务实、勇于担当的干部队伍，形成一个管理创新、决策民主的运行机制，创建一个廉洁奉公、和谐稳定的良好局面，坚持一个关爱员工、惠及民生的根本宗旨）和“三个三”战略思路（突出坚持“三个依靠”：依靠各级组织、依靠各级干部、依靠广大员工；突出抓好“三项重点”：安全稳定、转型发展、惠及民生；突出改进“三种风气”：作风、会风、文风），攻坚克难促转型，多措并举增动能，千方百计惠民生，切实做好煤与非煤“两篇大文章”。

“十二五”期间，同煤集团培育形成了千万吨级安全高产高效矿井集群、深度融合的煤电一体化基地和高科技、高效益、高品位的循环经济园区三大核心能力，释放了产业升级新引擎的强力助推作用。现已发展成以煤炭、电力为主，金融、煤化工、机械制造、物流贸易等多业并举的特大型国有现代化能源集团。

“十三五”期间，同煤集团以“两新”战略为引领，以创新驱动、转型发展为主线，把“依托煤、发展煤、延伸煤、超越煤”作为优势产业发展布局的出发点和落脚点，突出产业互补，突出优势整合，突出结构再造，突出做好煤与非煤“两篇大文章”，在继续夯实三大核心能力的基础上，再强化“金融＋现代物流”2个效益增长极，形成“3＋2”核心能力，形成综合性、大规模、高端化、效益好的立体式产业格局，建设具有市场竞争力和话语权的一流综合能源大集团，站稳世界500强，争当能源革命排头兵。

到“十三五”末，同煤集团要通过建设国家晋北煤炭绿色开采基地、国家晋北清洁能源基地、山西晋北现代化煤化工基地三大基地，发展五大循环经济园区，推进五大通道建设，着力打造煤炭、电力、煤化工、金融、新能源等产业升级版，实现清洁利用煤炭产量1.5亿吨，电力装机2500万千瓦，资产总额3700亿元，营业收入1800亿元，利税160亿元，企业做强做优的奋斗目标。

二　企业成本问题及原因

同煤集团是典型的国有老煤炭企业，历史原因形成了老矿井多、人员负担重的情况。特别是近年来，一方面市场下行，经营困难；另一方面，企业改革转型进入了项目投入期；再一方面，外部政策环境的变化使企业的成本处于较高的水平，主要表现在税费成本、人工成本、融资成本、物流成本高四个方面。

1. 税费成本高

长期以来，煤炭产业为国家财政做出了巨大贡献，缴纳的税金无论是数量还是比例在各产业都居于前列。以缴纳税金与获得利润占全国之比来说，在2004～2013年煤炭产业的“黄金十年”期间，产业平均缴纳的税金比例为5.826%，平均获得的利润比例为5.194%，税金贡献高于获得的利润支配。特别是在2014年煤炭市场开始下行，煤炭产业利润大幅下降的情况下，缴纳税金却未能相应减少，以2015年为例，当年煤炭产业共缴纳了全国税金总额的3.76%，却只获得全国利润总额的0.61%，税负与利润明显失配。

自2014年12月1日起，在全国范围内实施煤炭资源税从价计征改革。煤炭产业按销售收入的6%～8%征收资源税，对比2012年煤炭企业资源税实际税率为0.75%，煤炭税负总体水平提高了5.25～7.25个百分点，增加了企业税负，尤其在煤价上涨的情况下更为明显。

自2016年5月1日起，我国全面推行营业税改增值税。由于煤炭企业属于资源开采型企业，在生产过程中没有原材料消耗，因此增值税进项税抵扣少，使得煤炭采掘业增值税普遍偏高。数据显示“营改增”并未能有效降低煤炭企业的增值税税负，经测算2016年煤炭采掘业平均增值税税负水平约为12%，而41个工业行业平均增值税税负约为4%，煤炭产业增值税税负仍然偏高。

2. 人工成本高

煤炭产业属于劳动密集型产业。过去，技术和装备落后，主要依靠人海战术进行开采，从业人员较多，造成了煤炭企业总用工量较大。如今，随着科学技术的不断发展，机械化程度有了很大提高，各种采煤机、运输机的大量运用，使井下人员大量退出采掘岗位，进入二、三线辅助性生产和后勤岗位，整体人员仍然较多，这造成了较大的人工成本投入，造成煤炭企业用工总量持续居高不下。2017年，同煤集团人工成本平均占到生产成本的37%，有的老矿井占比高达58%。

3. 融资成本高

目前，煤炭产业负债率和融资成本居高不下。主要原因是：

“十二五”期间是煤炭产业的特殊时期，一方面企业对煤炭、新能源、煤化工等转型升级项目集中开工建设，投资量大；另一方面市场开始走下坡路，煤炭销售价格走低，利润减少。受转型升级项目和经济下行双重压力影响，企业融资总量增加。

煤炭企业大量进行信贷融资，再加上金融机构收紧了对煤炭企业融资政策，推高了利率。在银行授信总量一定的情况下，企业不得不进行债券融资，但债券融资成本却在逐年上升，导致融资成本较2012年末增加了1～1.5个百分点，增加了企业的财务费用负担。

4. 物流成本高

煤炭产业存在“西煤东送、北煤南运”以及“长距离、多周转”的煤炭物流格局。同煤集团主要煤炭产地集中在晋北地区，运输方式主要经过铁路，走大秦线，运至秦皇岛港，平均运距约700公里，仅基本运费每年就支出约100亿元。2012～2015年铁路运费逐年上调，共计上调了5分/吨公里。虽然2016年、2017年分别下调1分/吨公里，但总体运费上涨3分/吨公里，直接导致煤炭运费增加21元/吨，每年增加运费约21亿元。

铁路建设基金也占一定的比重。铁路建设基金是20世纪90年代初，为保证铁路建设所需资金，经国务院批准征收的专门用于铁路建设的政府性基金。征收标准经多次调整，由吨公里0.2分增加到目前的3.3分。按照同煤集团平均运距700公里计算，每吨需支付铁路建设基金23.1元，2017年全年支付约25亿元。

三　降低企业成本的措施及成效

近年来，党中央、国务院出台了一系列政策措施来降低企业成本，包括全面推进“营改增”试点、认真清理收费基金项目及阶段性降低社会保险费等。同时，为了贯彻落实党中央、国务院关于降低企业成本的决策部署，山西省围绕体制机制、用能、税费、人工、物流等方面做了大量工作，先后出台了一系列降成本政策措施。

同煤集团在利用政府政策降低外部性成本的同时，更加注重企业内部的挖潜增效，主要在管理成本、人工成本、用能成本、融资成本、物流成本、生产成本等方面花大力气、下真功夫，在企业降本增效上取得了一定成效，实现了企业健康、稳定和可持续发展。

1. 降低管理成本

为应对煤炭市场下行压力，制定了严控成本超支、严控资金赤字的20条“双控”措施，在采购、投资、洗选加工等方面加强管理。一是严格履行集团公司招投标制度，实行公开、透明的集中竞价模式，达到同质价廉、降低采购成本的目标；二是停止一切服务安全生产和企业稳定发展以外的工程建设项目，减少非生产性资金投入，杜绝无效益增量支出；三是根据市场对煤炭品质的不同需求，调整煤炭洗选工艺，实现现有资源市场价值最大化。通过各项措施，2017 年全年节支降耗 5 亿元。

2. 降低人工成本

一是改变单一的劳动用工模式。在保持采、掘技术工种和煤炭洗选加工等工种队伍相对稳定的同时，对于后勤服务和一些生产辅助岗位工种，采用劳务派遣用工机制，大幅降低人工成本。通过组建宏瑞劳务公司，2017 年劳务派遣用工约 11000 人，年人均工资约为合同制员工的一半，大幅降低了人工成本。

二是建立专业化的综采安装公司。近年来，煤炭综采设备大量使用，虽然降低了劳动强度，提高了劳动生产率，但安装拆除搬迁难度和工作量特别大。各矿为了做好综采工作面的接替工作，组建各自的安装拆除队伍，仅仅服务于本矿，没有在集团公司内部做到人力资源共享。

针对这一情况，集团公司组建了综采装备安装公司，主要对本部矿井进行专业化综采稳装、回撤服务。以同忻矿为例，通过使用综采装备安装公司进行设备的安装和回撤，减少安装回撤人员 100 余人，降低人工成本约 1000 万元。

三是建立专业化的洗选公司。各矿的洗煤厂在技术、设备、设施和管理上存在一定差异，而且人员与设备归属于各矿，无法实现资源共享。2014 年按照专业化、系统化、模块化的要求，将集团本部 19 个洗煤厂打包成立了洗选公司。改变了洗选行业点多面广、各自为战的格局，实现了人力、技术、装备、维修、建设等环节的资源共享，降低了成本。

3. 降低用能成本

2017 年，积极发挥大用户直供电优势，全年争取大用户直供电量指标 21.9 亿度，节约电费 1.2 亿元。

2018 年，由于煤价上涨，火电企业成本增加，电力市场出现了发电企业抱团取暖的现象，导致直购电价高于上网标杆价。为了降低用电成本，发挥煤电联营的优势，按照山西省经信委印发的《煤电联营一体化企业厂用电试点实施细则》，同煤集团拟定了《同煤煤电一体化企业联营项目试点方案》，由漳电王坪发电公司向就近的王坪、小峪两座矿井进行直供电，经山西省经信委审查原则同意，目前正在与国网电力公司积极沟通推进。

如果方案得以实施，王坪、小峪两座矿井将降低用电费用 2600 万元，王坪发电公司将增加收益 1200 万元。从而，同煤的用电企业可以与同煤的发电企业直接购电，并且自主协商价格，形成煤电企业联营、煤电价格联动，真正实现以煤兴电、以电辅业的“煤－电－X”新型发展模式，从而大大降低企业用电成本。

4. 降低融资成本

一是压缩融资规模，减少利息支出。为了降低融资规模，制定了《集团公司各单位资金归集和还款制度实施办法》，要求各子公司在集团公司借款在 2017 年末债务余额的基础上，确保每月偿还 1%，以此集团公司将减少利息支出约 6 亿元。

二是增加银行授信，减少利息支出。目前，融资方式主要是通过银行信贷和债券进行融资，但债券融资的费用相比银行信贷高约 2.2 个百分点，相当于债券融资 100 亿元比同等数量的银行信贷多付 2.2 亿元的利息。2018 年，要通过深化改革、转型发展提高自身盈利水平，在不增加融资规模的前提下，提高银行信贷替换现有债券融资。

5. 降低物流成本

一是调整运输结构。按照客户分布情况，通过合理调整运输结构，平衡铁路运费和港口费用，进行“点对点”直达发运。2017 年，塔山、同忻 2 座矿井的外运煤炭通过大秦线直达秦皇岛港口，相较于运往其他港口，减少过线费、中转作业费等费用 25 元/吨，全年降低物流费用约 7 亿元。

二是变输煤为输电。兴建具有明显运距优势、环保优势、成本优势的大型坑口电厂，变输煤为输电，大幅降低运输成本。以塔山坑口电厂为例，原煤经 1.5 公里皮带走廊从塔山煤矿直接运达电厂。2017 年塔山电厂共采购煤炭 250 万吨，如果把煤运到秦皇岛港，运费 200 元/吨，每年仅运费就可以节省 5 亿元。

6. 降低生产成本

一是建设千万吨矿井智能化工作面。2017 年，同忻矿上马了智能化工作面，在改善员工作业环境、降低劳动强度的同时，实现了减人提效增质，降低了生产成本。智能化工作面较普通工作面每班定员减少一半，每年可节省 128 万元成本费用。另外，与相同采位条件下工作面相比多采原煤 247 万吨，回收率提高 20.8%，增效 3 亿元。

下一步力争在每个千万吨矿井都建设一个智能化工作面，真正实现“机械化换人、自动化减人”的目标。

二是推行小煤柱回采技术。煤炭作为一种不可再生资源，是有限且宝贵的，不可能无节制地开采新煤矿，煤炭企业要想获得更大化的产出价值，要适当地提高对已开采过的煤矿的回采率进而增加其产出。这样不仅可以通过回采加强资源的综合利用，减少对环境的破坏，还可以为企业节约勘测新煤矿以及购置新设备等成本费用。塔山矿已成功应用小煤柱回采技术，仅 8101 工作面煤柱优化后可多回采煤量约 122 万吨，回收率提高 13%，增效 1.5 亿元。

此外，自 48 号文件下发后，同煤集团在积极降低内部成本的同时，充分利用国家有关政策降低外部成本，缓解了企业高成本压力。

四 建议

近年来，虽然企业在降低成本方面取得了一定的成效，但有些问题企业自身无法解决。以同煤集团来说，煤炭综合售价的盈亏平衡点在 591 元/吨，其中，生产环节成本约为 331 元，税费约为 80 元，融资成本约为 40 元，物流成本约为 140 元，税费、融资及物流成本就占到约 44%。因此，需要国家在政策措施上给予帮助。

1. 调整煤炭定价的绿色价格区间

目前，煤炭成本的高低不能用绝对数据来体现，而应该在当前转型发展、节能环保的大环境下来综合考虑。同煤集团的煤炭售价的盈亏平衡点在

591 元/吨，而目前煤炭价格绿色区间在每吨 500 ~ 570 元，这使得企业处于亏损状态。而在刚性环保成本和转型成本持续加大的情况下，企业的盈利水平将无法形成自我发展能力。

建议：国家将煤炭价格调控绿色区间修正为 550 ~ 650 元/吨。

2. 降低融资成本

尽管当前煤炭市场有所好转，但为时尚短，企业还在复元气、补欠账，融资负担依然很重。尤其是煤炭产业成为“产能过剩”行业后，对煤炭企业正常融资产生了不利影响。随着去产能的不断深入，煤炭供需趋于平衡，大型煤炭企业发展势头良好，因此不能笼统地把整个煤炭产业列入“两高一剩”目录予以区别。而且当前银行借款利率普遍低于债券融资成本，受煤炭市场下行和煤炭去产能影响，银行对大多数煤炭企业授信额度未上调。

建议：（1）将类似同煤这样贡献大、先进产能占比高、积极执行国家限价、长协等政策的大型煤炭企业，从“两高一剩”名单中剔除或者进行分类管理。

（2）国家协调相关金融机构提高大型煤炭企业银行授信，支持实体企业降低融资成本。

3. 降低铁路物流费用的问题

目前煤炭企业的铁路物流费用负担很重，同煤每年要支出铁路物流费用约 125 亿元。主要包括两部分，一是运费，每年运煤量大约在 1 亿吨支出约 100 亿元；二是铁路建设基金，随着多元化铁路建设投资机制的逐步形成，应该说铁路建设基金已完成历史使命。尤其是中国铁路总公司成立后，征收主体已由国务院组成机构变为企业法人，铁路建设基金作为政府性基金，由企业继续征收“名不正言不顺”。每年支出 25 亿元铁路建设基金，却得不到任何产权收益，实质上是将煤炭产业的收益无偿向铁路企业转移，形成了行业间的不平等竞争。

建议：（1）由国家发改委牵头，实行阶梯运价，对大用户适当降低运费，既可以让发运企业和铁路公司形成规模效益降成本，又可以提升煤炭产业集中度。

（2）铁路建设基金作为政府性基金，在中国铁路总公司成立后，应该取消。

4. 解决分离办社会债权债务处理难的问题

同煤涉及的“三供一业”小区，绝大多数是老旧小区，遗留问题较多。“三供一业”从业人员结构老化严重，且与同煤感情深厚，不愿离开企业。

特别是按照政策规定，移交资产实行无偿划转，债务都留给企业。比如，同煤首批大同地区“两区”移交资产 135 亿元，将使同煤集团的权益资产减少 17.8 亿元，资产负债率上升 1.22 个百分点。第二批移交工作涉及的区域更广，范围更大，情况更加复杂，影响企业融资。

建议：帮助企业解决办社会资产移交后，影响企业资产负债率的问题。

B.7
开拓创新　多措并举　全面降低煤炭成本

山西焦煤集团有限责任公司*

摘　要： 本报告客观介绍了山西焦煤集团近十年来煤炭成本变化情况，分析了目前成本高企的原因，明确了创新思维、一优三减、转岗分流、多措并举、创新举措、多点发力、内外联动、积极争取等降成本的思路及措施，提出了进一步降低企业税费负担、财务费用、铁路运费，加快项目证照手续办理等相关政策建议。

关键词： 山西焦煤集团　降成本　“一优三减”

一　山西焦煤集团基本情况

山西焦煤集团是目前我国最大的炼焦煤生产加工企业和炼焦煤市场主供应商，是山西省最大的焦化、盐化、民爆化工企业。注册资金86亿元，现有25个子分公司和3个A股上市公司，资产总额3000亿元，在册职工总数21万人。

企业以炼焦煤生产加工和销售为主业，以焦化、电力、民爆化工为辅

---

* 课题组组长：武华太，山西焦煤集团董事长、党委书记，成绩优异的高级工程师。副组长：栗兴仁，山西焦煤集团总会计师，高级会计师。主执笔：李俊，山西焦煤集团党政办公室副主任，经济师。成员：席北明，山西焦煤集团董事会秘书、党政办公室主任，高级政工师；杨世红，山西焦煤集团总经理助理、财务部部长，高级会计师；原蓉军，山西焦煤集团董事会秘书处处长、党政办公室副主任，统计师；阎永亮，山西焦煤集团财务部副部长，高级会计师。

业，以现代物流贸易、金融投资、新技术产业等为新兴产业。现有100座煤矿，规划生产能力1.83亿吨/年，其中生产矿井45座，公告生产能力9195万吨/年；27座选煤厂，入洗能力1.14亿吨/年；5座焦化厂，焦炭产能1180万吨/年；电力总装机4946MW；民爆化工（火药）产能8万吨/年；盐化日化产能265万吨/年。

2017年，企业生产原煤9610万吨；炼焦精煤产量4517万吨，位居全国首位；商品煤总销量12437万吨，炼焦煤产品全国市场占有率第一，稳定在9%以上；实现销售收入1526亿元，实现利润27.7亿元；上缴税费151亿元，居山西企业首位。

二　山西焦煤集团煤炭成本情况

（一）近十年煤炭成本变化情况

如图1所示，近十年来，山西焦煤集团煤炭成本变化总体与国内煤炭价格变化趋势一致。2007～2011年煤炭市场处于“黄金十年”时期，企业效益稳步提升，企业安全生产投入、职工工资福利、上缴税费等不断增加，煤炭成本总体呈上升趋势。自2012年煤炭市场急转直下以来，企业深入落实国家“三去一降一补”等要求，不断加大降成本力度，促进了煤炭成本的持续下降。自2015年开始，随着煤炭市场的理性回归，煤炭成本又呈现上升态势。

2015年以来企业煤炭成本上升的主要因素有：

一是资源税由从量计征改为从价计征，随着煤价的理性回归，资源税明显增加。

二是随着员工工资的恢复性增长，人工成本明显增加。

三是铁路运费不断增加，物流成本居高不下。

四是债务融资保持高位，财务成本不断增加。

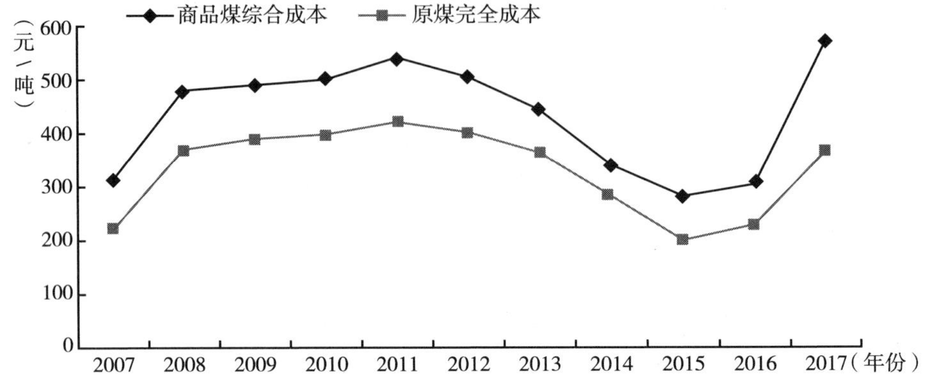

图1　山西焦煤集团2007～2017年煤炭成本情况

（二）当前煤炭成本高企原因分析

山西焦煤集团2017年商品煤综合成本为571元/吨（见图2），与国内同行业相比处于较高水平，与国际先进煤炭企业相比明显偏高。综合成本情况见图2。

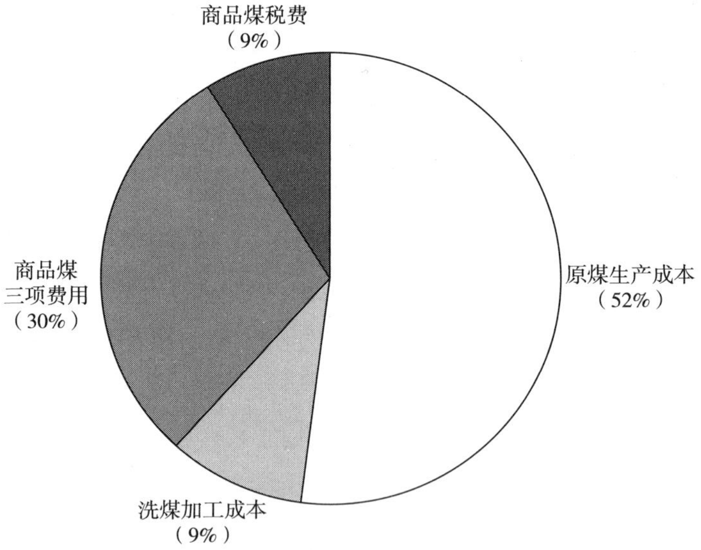

图2　山西焦煤集团商品煤综合成本情况

企业煤炭成本高企的主要原因有：

1. 税负成本居高不下

2017 年度山西焦煤集团上缴税费 151 亿元，其中煤炭税费 130 亿元，煤炭税费占到煤炭收入的 26%。主要税负情况见图 3。

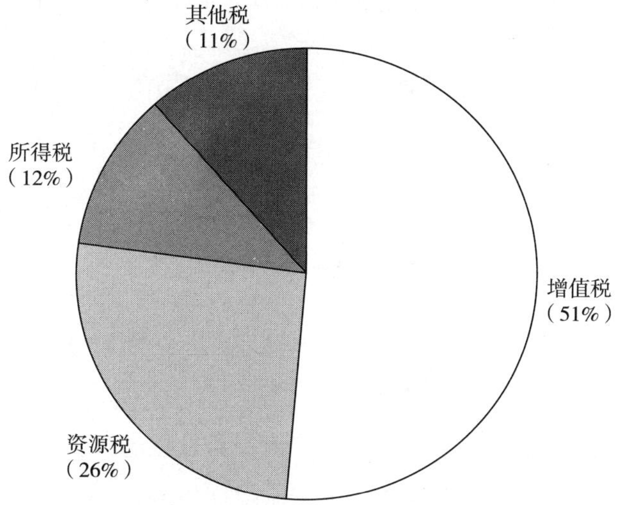

图 3　山西焦煤集团税负情况

2. 物流成本居高不下

2017 年山西焦煤集团全年煤炭铁路运费支出约 86 亿元。山西焦煤集团煤炭产品销售到东部沿海市场如宝钢等客户，铁路运费占到煤价的 20% 以上；销售到新疆等边远地区时，铁路运费甚至占到煤价的 40% 以上。

3. 财务成本居高不下

近年来企业推进小煤矿兼并重组、新项目投资等，导致企业融资规模不断扩大，截至 2017 年底，山西焦煤集团融资总额达 1300 亿元以上，全年贷款利息支出近 70 亿元。

4. 人工成本居高不下

截至 2017 年底，山西焦煤集团在册职工总数达 21 万人，2017 年企业支出工资总额为 141 亿元。

5. 社会负担沉重

山西焦煤集团目前拥有各类办社会机构 368 个，职工近 2 万人，2017 年补贴费用达 19 亿元以上。

三　山西焦煤集团降成本思路及措施

深入落实国家“三去一降一补”等要求，山西焦煤集团坚持开拓创新、多措并举、全面发力，不断提高成本管理水平，努力实现降本提质增效。

（一）创新思维加强成本管理

强化目标成本管理，明确年度成本管理目标并细化分解到各个环节和责任单位，严格过程成本管控和成本目标考核。

推行作业成本法，对企业煤炭生产销售全过程进行作业价值重估，强化成本核算，减少低效无价值作业，推进流程优化再造。

加强成本对标管理。与外部先进煤炭企业成本进行全面对标，找准差距、不足和问题，制定针对性措施全面整改，提高成本管理水平。

（二）优化创新降低生产成本

通过加大技术投入、优化生产布局、科学组织生产，严格生产消耗定额管理，合理测算并严格控制消耗定额；加大修旧利废力度；推行大宗设备“TPM”（全员生产维护）机制，促进生产成本降低；同步实施一线人员竞争上岗、提高一线在岗人员待遇、富余人员转岗分流等，切实减少一线在岗人员，全面提升生产效率。

创新技术降本增效，围绕煤炭安全绿色高效生产推进重大技术攻关，切实在充填开采、无煤柱开采、边角煤回收等方面形成技术突破；积极引进推广运用新技术、新设备、新工艺，提高单产单进水平、安全保障水平和生产效率效益。

（三）转岗分流降低人工成本

加强劳动用工管理，严格“三定”管理，严控员工入口关，连续四年保持职工总数、在岗人数、干部职数“三个下降”。

深化“六个一批”措施（异地分流安置、组织化对外创收、自主创业、政策安置、自愿内退、转岗培训），促进富余员工转岗分流安置，2017 年共转岗分流安置 1.5 万人。

加大组织化对外创收力度，围绕煤焦电生产技术服务、安保物业等生活服务，组建专业化队伍；充分发挥人力资源公司平台作用，促进职工组织化外出就业创收。

积极推进“双创”工作，充分发挥好两级集团“双创”平台作用，制定优惠和托底政策，鼓励职工自主创业或带领团队集体创业。山西焦煤集团“双创”基地被评为山西省首个国企“双创”示范基地。

深化薪酬分配制度改革，坚持薪酬与效率效益挂钩，坚持按劳分配原则，借鉴宽带薪酬理念，淡化行政级别对应，加大绩效考核力度，切实拉开收入差距，调动员工工作积极性的同时有效降低人工成本。

（四）多措并举降低融资成本

优化融资结构。严格控制并逐步降低债务融资规模，通过发行企业债、永续债以及创新融资产品等提高直接融资比例；推进资产重估，降低企业资产负债率；推进市场化、法治化债转股基金落地；发挥好既有财务公司、融资租赁、融资担保等金融平台作用。

加强资本运作。积极引进战略投资者和各类基金；筛选优质项目推进“腾笼换鸟”，强化股权融资；积极发展混合所有制，引进社会资本、民间资本及员工入股。

加强股市再融资。切实维护并运用好既有上市公司平台，推进优质资产分步有序注入上市公司，提高资产证券化水平，采取多种方式启动股市再融资。

多方筹集资金。加大货款回收和旧欠清收力度，提高回款率和现汇比例，严防欠款风险；积极争取各类政策资金。

（五）创新举措降低管理成本

充分借助信息化手段，推进管理制度化、制度流程化、流程信息化，加快推进统一销售、集中采购、财务管理、人力资源等十大信息平台建设，全面提高各类要素集约管理效率。

全面推行契约化管理，在2017年试点基础上，2018年在企业所有独立核算单位全面推行，将成本作为契约化重要内容，通过科学制定指标、充分合理授权、严格考核兑现等，充分调动各级各单位降低成本的积极性和主动性。

推进“互联网+营销”发展，积极推广煤焦化电商平台——“焦煤在线”，在集团内部煤焦化产品全部上线交易基础上，积极吸引其他兄弟单位煤炭产品上线交易，促进降本增效。

加大风险防控力度，建立各级风险防控体系，编制风险防控手册，堵塞管理漏洞，加大审计监察力度，对现有风险全部“五定”处理，严防新增风险，坚决打赢风险防控攻坚战。

（六）多点发力降低运营成本

打好“处僵治困”攻坚战，对所有亏损企业“一企一策”制定扭亏脱困方案并全面落实，对持续亏损、扭亏无望的“僵尸企业”通过市场化手段坚决出清。

大力盘活闲置资产，以大型设备、配件、材料的内部共储共用共享为重点，多渠道多方式盘活内部闲置资源资产，对低效无效资产与投资要坚决清理。

加快推进项目建设，加大证照手续跟踪办理力度，严格项目“三控一管”，确保项目按期投产和达产达效；严控非主业项目投资。

积极稳妥推进企业分离办社会改革，严格按照上级要求推进“三供一业”移交分离，以及市政、消防、教育、医疗的分类改革，切实减轻企业负担。

（七）内外联动降低物流成本

优化运输结构，以效益最大化为前提合理安排铁路、公路运输量，发挥好公路保生产、铁路增效益的作用，积极推广新能源汽车集装箱多式联运等绿色运输方式。

加大储装运系统改造和大型矿井配套铁路专用线建设；积极推进对核心铁路运输通道、站台的参控股合作与运营。

积极推进与下游钢铁、焦化企业和港务企业，在煤炭消费地、港口等合作共建储配煤基地，进口部分优质炼焦煤与企业既有煤种配洗配售，减少物流环节促进提质增效。

加强与铁路局的沟通合作，积极争取铁路运力以及铁路运费优惠政策和大客户优惠政策。

（八）积极争取降低税费成本

加强税企共治，抓住国家降低企业负担政策契机，加强与税务部门的沟通与对接，共同研究加强涉企税费优惠政策的争取。

加强企业纳税筹划，充分研究利用研发费用税前加计扣除、长期亏损公司留抵进项税的合理利用等政策，依法合理降低企业税费负担。

四　相关政策建议

（一）进一步降低企业税费负担

（1）下调煤炭销售增值税税率，扩大煤炭企业进项税抵扣范围，对缴纳的采矿权价款允许按 16% 的税率抵扣增值税销项税，将利息支出列入增值税的抵扣范围。

（2）降低煤炭资源税税率和折算率，将洗煤折算率调整为 60% 以下。

（3）制定并出台汇总缴纳企业所得税或者以合并利润缴纳企业所得税政策。

（二）进一步推进企业去杠杆降低财务费用

（1）协调金融机构加大对实体企业的服务力度，在融资接续、利息降低、债券发行等方面给予支持。

（2）对煤炭企业资产重组及上市建立绿色通道，加快企业资产证券化步伐，促进企业股市再融资。

（3）继续缓缴采矿权价款并减免采矿权价款资金占用费；将采矿权价款按比例转为政府资本金；对去产能矿井上缴的采矿权价款予以返还。

（三）进一步降低企业其他负担

（1）切实以减轻企业负担为目的，推进企业分离办社会改革，在人员接收、财政支持等方面加大力度。

（2）进一步完善去产能相关配套政策，在债务处理、资产处置、产能交易、人员政策安置等方面加大支持力度。

（3）推进市场化出清“僵尸企业”，在破产清算、国有资产处置、员工安置等方面出台指导意见。

（4）建议将企业停缓建煤矿列为国家战略储备煤矿，采取“退而不关”政策，根据需要审批后恢复建设生产。

（四）进一步降低企业铁路运费

协调铁路总公司落实国家降低煤炭铁路运费政策，切实降低煤炭铁路运费，并对国有大型煤炭企业制定运费优惠政策。

（五）加快项目证照手续办理

（1）对先进产能建设项目手续加快办理进度。

（2）对循环经济园区相关项目采取一揽子审批方式进行审批。

（3）对国有煤炭企业资产证券化过程中涉及的土地、矿权等手续办理开辟绿色通道。

B.8 供给侧结构性改革降成本情况报告

阳泉煤业（集团）有限责任公司*

摘　要： 报告简要介绍了阳煤集团基本情况，分析了煤炭综合成本上升幅度过高的主要原因、存在的问题，提出了解决思路和政策建议：合理降低税费成本；释放市场流动性，拓宽企业融资渠道；推进“僵尸企业”出清工作；加快项目审批，接续先进产能；出台、完善配套政策，推进“三供一业”移交工作。

关键词： 阳泉煤业　供给侧结构性改革　降成本

一　阳煤集团简介

阳泉煤业（集团）有限责任公司（以下简称“阳煤集团”）成立于1950年1月，前身为阳泉矿务局，是山西五大煤炭集团之一，是一个以煤炭开采和洗选为主业，煤化工、煤电铝为“两翼”，现代工业新形态、现代金融、现代物联网大数据、现代智慧服务业“七大板块”协同发展的国有

* 课题组组长：翟红，阳煤集团党委书记、董事长，成绩优异的高级工程师。副组长：高彦清，阳煤集团总会计师，高级会计师。成员：王强，阳煤集团副总会计师、阳泉煤业股份公司董事长，高级会计师；段日雄，阳煤集团发展计划部部长，高级工程师；王怀，阳煤集团财务部部长，高级会计师；白平彦，阳煤集团产权管理部部长，高级会计师；张文才，阳煤集团人力资源部部长，正高级政工师；庞云峰，阳煤集团煤炭销售公司董事长，高级政工师；王玉明，阳煤集团财务公司董事长，高级会计师；范宏庆，阳泉煤业股份公司财务总监，高级会计师；李一飞，阳煤集团财务部副部长、金融（资本）运营部部长，高级会计师、注册会计师、注册税务师；曹振江，阳煤集团财务部副部长，高级会计师；朱毅鑫，阳煤集团财务部经营预算科科长；陆涛，阳煤集团财务部经营预算科，中级会计师。

特大型企业集团。

煤炭板块拥有煤矿 48 座，分布在山西的阳泉、晋中、太原、忻州、朔州、临汾和新疆，保有储量 200 亿吨，煤炭产能 1 亿吨，是中国最大的无烟煤生产基地。

煤化工板块拥有 27 家分子公司、156 套装置、987 亿元资产、1580 万吨产能，产业规模山西最大、全国第三。拥有农用化工、基础化工、精细化工、新型煤化工、化工新材料、化工装备制造六大板块、80 余种主要产品。拥有国家“一五”期间“三大化工基地”之一的太化集团和齐鲁一化、正元集团等一批全国知名企业，以及上千名技术研发和上万名熟练操作人才。

煤电铝板块生产和建设电力装机容量 600 万千瓦，铝矾土矿产能 220 万吨，氧化铝产能 110 万吨，电解铝产能 23 万吨，铝板带加工产能 23 万吨，金属镓产能 25 吨，已经形成了煤—电—铝和铝土矿—氧化铝—电解铝—铝品加工两条完整的产业链条，是山西三大铝工业基地之一。

现代工业新形态板块已经成立了“四个中心”。阳煤华越机械公司转变为装备制造“4S”中心，阳煤岩土公司转变为瓦斯地质研究应用中心，阳煤宏厦一建转变为矿建安装工程中心，选煤管理部转变为洗选中心，四个中心已经由单一的装备制造、地质勘探、井巷施工、选煤管理升级为集研发、设计、制造、安装、拆除、维修、运行、服务于一体的新型商业模式，实现了由装备制造业向新型工业服务业全面转型。化机规模居全国前三位，国之重器——“晋华炉”成为山西的新名片。

现代金融板块拥有阳泉煤业、阳煤化工、太化股份三个上市公司和金陵投资基金公司、上海博量融资租赁公司、阳煤融资再担保公司及阳煤财务公司。

现代物联网大数据板块借助国家京津冀地区散货运输“汽转铁”政策，利用阳泉地处华北咽喉、山西东大门的地理优势，与天津港务局、北京铁路局、百度公司合伙共同组建“山西（阳泉）国际陆港集团”，把海港搬到了阳泉家门口。

现代智慧服务业板块中的建筑地产业利用太化处于太原都市圈建设核心地带的地理优势，以上市公司为平台，将医疗、健康、养老产业与土地资源开发结合起来，实施太化“土地+”战略，走出了一条医疗、健康、养老高端服务新道路。

二　煤炭综合成本情况

（一）基本态势

以2000年成本水平作为基数进行比较，阳煤集团2017年煤炭单位成本完成326.58元/吨，比2000年的120.97元/吨，增长了205.61元/吨，增幅达169.97%。考虑煤炭营业税金及附加、增值税、所得税后，阳煤集团2017年煤炭综合单位成本完成429.76元/吨，比2000年的141.31元/吨增加288.45元/吨，增幅204.13%。

1. 税费成本

虽然国家和山西省近年来对煤炭企业采取了一系列减负措施，但煤炭产业目前的整体税负仍然较重，税费逐年持续上升。2017年阳煤集团煤炭税费实现69.34亿元，是2000年2.52亿元的27.52倍；2017年吨煤负担税费102.46元，是2000年20.34元的5倍；2017年税费在煤炭综合单位成本中的占比为23.84%，比2000年的14.39%增加了9.45个百分点，增幅达65.67%。

2. 融资成本

在供给侧结构性改革背景下，金融去杠杆加速、市场流动性偏紧，企业融资成本提升、融资难度增加。同时在不良资产退出通道不畅、在建工程体量较大的影响之下，企业融资需求没有出现明显下降，融资规模及融资成本逐年增加。2017年阳煤集团煤炭产业带息负债利息支出约为50亿元，是2000年约2.8亿元的17.86倍。按吨煤负担计算，2017年平均吨煤带息负债利息支出约为73.88元，是2000年约22.71元的3.25倍。

3. 制度性交易成本

一是在国家和山西省统一安排下，阳煤集团参与了山西省煤炭资源整合工作。由于整合矿井普遍规模较小、基础建设较差、机械化水平较低、安全措施不到位，不符合国家规定的生产条件，阳煤集团投入了大量资金对整合矿井进行了技改。技改完成后，又遇到煤炭市场整体下行，另外还有部分整合矿井手续办理比较滞后，迟迟无法达产见效，致使整合矿井出现了大面积的亏损，矿井经营形成的现金流无法弥补收购及技改资金投入，对阳煤集团造成了沉重负担。

二是阳煤集团积极响应国家和山西省化解煤炭产业过剩产能、实现企业脱困的号召，至 2017 年 10 月末累计退出煤矿 7 座，退出产能 890 万吨/年；2018 年计划再关闭 2 座煤矿，退出产能 130 万吨/年。但是在去产能的同时，用于接替产能的新建矿井手续办理缓慢，关闭矿井人员无法及时得到妥善安置，大量职工处于放假状态。

4. 人工成本

随着企业规模的扩大、职工人数的增加，以及职工素质提高和物价上涨带来的职工工资水平上升，阳煤集团人工成本总体呈逐年上升趋势。2017 年阳煤集团煤炭人工成本总额为 68.06 亿元，是 2000 年 4.6 亿元的 14.8 倍；2017 年吨煤人工成本 100.56 元，是 2000 年 37.23 元的 2.7 倍。人工成本增加的同时，阳煤集团煤炭 2017 年人均效率达到 1340.5 吨/年，是 2000 年 347.72 吨的 3.86 倍。

5. 原材料及用能用地成本

原材料成本：阳煤集团近年来采取集中采购、统购统销的方式采购原材料，充分发挥企业的规模采购优势，在很大程度上抑制了材料采购价格的上涨幅度。同时，随着阳煤集团机械化水平、生产技术和管理水平的不断提高，吨煤材料消耗数量逐年下降。在物价逐年上涨的大环境下，吨煤原材料成本基本保持了稳定。阳煤集团 2017 年吨煤材料成本为 28.15 元，比 2000 年的 24.9 元增加了 3.25 元，增幅 13.05%，远低于 44% 的工业生产者价格指数（PPI）增长幅度。

用地成本：阳煤集团自有用地多为建企以来逐年划拨土地，目前在集团公司内实行内部土地租赁，用地成本比较低；新建项目的新征占地，虽然形式上多采用招拍挂取得，向当地政府交纳土地出让金，但是企业仍然要承担与涉地村集体、村民谈判补偿的任务，存在村集体、村民在谈判补偿标准以外随意要价的情况，导致用地成本较高。

6. 物流成本

阳煤集团公路与铁路运费均由客户负担，阳煤集团只承担港口的各项费用。其中：铁路运费由阳煤集团代收代付，运费单价约为 0.2 元/吨公里；公路运费由客户自行承担，运费单价约为 0.91 元/吨公里；港口各项费用由阳煤集团负担，单价为 34.07 元/吨。阳煤集团物流成本总体偏高，特别是公路运费较高，影响煤炭销售价格。

（二）综合成本高的原因

阳煤集团煤炭综合成本增长幅度，已超过煤炭售价的增长幅度。原因主要有以下几点：一是企业负担的各项税费、规费和按规定计提的费用在煤炭成本中所占的比重较大，客观上制约了企业降低成本的能力；二是企业融资规模大、融资成本高，带息负债利息支出大幅度上涨影响成本增加；三是“去产能”形成的“僵尸企业”短时间内无法出清，已经成为企业沉重的包袱；四是阳煤集团成立时间长、历史遗留问题多、企业职工及家属数量庞大，企业承担了大量社会职能，包袱较重；五是阳煤集团所属煤矿均为地下开采，且地质条件较差、瓦斯含量极高，煤矿安全方面投入资金巨大。

（三）存在的问题

1. 企业整体税负偏高

阳煤集团 2017 年吨煤负担税费 102.46 元，在煤炭综合单位成本中的占比为 23.84%。主要原因一是企业所得税税负高，“去产能”煤矿大都属于子公司，资产损失无法抵扣集团总体所得税；二是增值税销项税额留抵金额大，煤炭成本中职工薪酬、利息支出、各类提取费用等不可抵扣项占比较大，可抵扣增值税项目较少；三是煤炭企业承担着资源税等特殊行业税负。

2. 企业融资难、融资贵

随着阳煤集团的发展壮大，企业融资规模不断扩大，截至2017年末，阳煤集团带息融资总额已经达到1342.78亿元，庞大的融资规模带来了高企的财务费用，对阳煤集团经营造成了沉重的负担。阳煤集团煤炭产业2017年带息负债利息支出约为50亿元，吨煤带息负债利息支出约为73.88元。

同时，国家防范和化解金融风险措施进一步落实，资本市场监管趋严，通道业务、非标业务大幅萎缩，信托业务、委托贷款业务进一步规范，阳煤集团融资难度进一步加剧，特别是中长期债券的发行难度更大。

3. “僵尸企业”出清难

随着供给侧结构性改革的不断推进，阳煤集团积极响应国家政策淘汰落后产能，但是在“去产能”的同时，也带来了职工安置、债务处置、税收等方面的问题，被淘汰企业短时间内无法妥善退出，形成了一批“僵尸企业”，对阳煤集团的生产经营造成了极大的负面影响。

4. 新建矿井接续难

企业“去产能”工作持续推进的同时，用于接续“去产能”矿井的新建矿井手续办理较为缓慢，无法有效缓解“去产能”过程中带来的人员安置问题。

5. 企业的社会包袱较重

由于历史原因，阳煤集团承担了大量的职工及家属的后勤服务工作，相关机构基本上是亏损运行，由集团本部和煤炭生产单位补贴相关运行费用，企业社会包袱沉重。目前，随着国家、省、市剥离企业办社会职能工作的逐步推进，阳煤集团相关改革改制工作也随之进行。但是，在改制过程中，还存在一些问题亟须解决：

（1）人员安置问题

“三供一业”分离移交的正式协议已签订，人员安置需移交方和接收方进一步协商确定。国网供电阳泉分公司明确提出不予接收人员；阳泉市自来水公司、热力公司表示将按定岗定编接收人员（约占阳煤移交人员的四分之一）。另外，在企业运营补贴中，人员工资占很大比重，人员移交方案不出台、人数不确定，运营评估结果也就不具有参考意义。

（2）维修改造资金的问题

一是政府补助资金不到位，影响维修改造任务的完成。初步测算，阳煤集团“三供一业”维修改造资金共需约 40 亿元，即政府和企业各承担 20 亿元。如果阳煤集团“三供一业”维修改造政府补助资金 2018 年底不能到位，将直接影响到移交后维修改造任务的完成，也就是说，2019 年维修改造期间，阳煤集团还需对“三供一业”延长管理，违反“2019 年起，国有企业不能以任何方式为职工家属区‘三供一业’承担相关费用”的规定。

二是后续运营补贴费用压力大。参照晋办发〔2017〕41 号《关于山西省国有企业分离办社会职能的实施意见》等文件规定，阳泉市“三供一业”各接收单位均要求阳煤集团在移交后给予一年以上的运营补助费用，而且数额较大。初步统计，仅供水、供热、物业三项一年的补贴费用合计约 2.3 亿元。

三是需企业自筹支付的 50% 维修改造及运营补贴等资金，存在接收、使用、监管、票据、税收及财务处理等问题。一是省财政厅明确表示，企业自筹支付的 50% 部分维修改造不得支付市财政局，因为设立财政专户需要财政部的批准；二是如果移交企业直接支付给接收单位，市财政局、市国资委无法统筹使用，监管难度较大；三是企业支付的资金在票据开具、财务账务处理等方面无明确规定；四是“三供一业”分离过程中资产、设施、设备为无偿移交，在涉税方面，省税务局和省国资委联合发文（晋税发〔2018〕19 号）明确指出“支持剥离企业社会职能，助推减轻负担提质增效。资产无偿移交，可按账面金额办理交接变更手续，不征收企业所得税”，但是具体执行过程中，还需省国资委、省财政厅就上述事项的票据等问题进行专题研究，出台必要的指导政策，制定相关操作流程和制度。

（3）红线以外维修改造的问题

晋财资〔2017〕226 号、晋分离办〔2017〕4 号文件明确规定：“‘三供一业’分离移交范围是指职工家属区红线以内的供电、供水、供气（热）、物业管理”。所以，每户4.15万元的补助资金只能用于职工家属区红线以内的维修改造，红线以外的维修改造不能使用这部分补助资金。红线以外的维修改造标准及资金来源在所有文件中均没有明确规定，但这项工作也需要配套资金支持。

（4）物业方面的问题

一是在人员安置方面，职工疑虑较多，要求对其反映的问题进行权威解答；二是物业移交资产不明确（例如：物业办公场所、所属范围内的车库、底商房及非物业所有但物业现正在使用的资产等）；三是按照省国资委2018年9月底完成接收单位全面接管的要求，原协议规定的分批次移交已明显滞后，50个物业小区及94个职工家属区需同步进行移交，并明确经营范围。

（5）房屋产权和房屋维修基金的问题

阳煤集团利用自有土地建设的经济适用房、房改房、保障性住房，大多数是成本性住房，属于国有企业公有住房，土地属于企业用地，没有土地证、未缴纳维修基金、未取得大红本。2018年住房公积金移交后，会出现职工无法贷款买房、无后续维修基金等问题，直接损害职工的切身利益；物业移交后房屋维修资金，协议约定双方另行协商，但也存在资金方面的问题。

三　政策建议

（一）合理降低税费成本

一是降低企业所得税。为了有利于企业转型发展和减轻企业负担，建议缴纳的企业所得税可以用于弥补“去产能”煤矿的资产损失、人员安置及再就业；建议国家税务总局、省政府出台省内跨地区经营汇总缴纳企业所得税的政策，消除大型煤炭企业盈亏分布不均衡产生的企业所得税税负过高的问题。

二是适当增加增值税可抵扣范围，将煤炭产品增值税税率由5月1日起执行的16%降低到11%。由于煤炭企业新建项目无足够的销项税消化其进项税，留抵金额大，建议留抵的增值税可在集团总体进行内部统筹消化抵扣使用；进一步扩大抵扣范围，如将煤炭企业支付的村庄搬迁费、塌陷补偿费等列入可抵扣范围；建议税务部门尽快出台政策，将利息支出作为可抵扣项目，切实降低融资成本。

三是适当调整资源税税率。根据财税〔2016〕53号《财政部国家税务总局关于全面推进资源税改革的通知》提出的“合理确定资源税计税依据和税率水平，增强税收弹性，总体上不增加企业税费负担”基本原则，2014年底煤炭行情最低迷时期，山西省制定了8%的资源税税率，当时阳煤集团煤炭综合售价为198元/吨，然而目前煤炭综合售价接近400元/吨，继续按8%的税率进行缴纳，与改革前相比大大增加了企业负担。建议参照周边省份资源税率，将山西省资源税税率降为3%~5%，减轻企业负担，以增强山西省煤企竞争力。据了解，目前贵州5%、湖南2.5%、广西2.5%、河南2%、河北2%、辽宁2%、黑龙江2%。

四是根据《全省税务系统优化税收营商环境　服务经济转型发展的实施意见》的文件精神，井下职工下井津贴可以享受个税减免，但目前煤矿单位只有井下员工享受税收优惠，机电、通风等辅助部门员工和直接服务于煤炭生产的机关人员未能享受此项税收优惠。建议扩大煤炭生产企业下井作业职工艰苦岗位津贴享受个税优惠政策的范围。

五是按照《山西省水资源税改革试点实施办法的通知》的规定，协调推进按水表征收水资源税，确保省政府文件落地，切实减轻企业负担。

六是在企业所得税优惠政策方面，建议减免新建企业前三年企业所得税，专项用于研究开发支出的投入，推动新兴产业的发展，实现集团转型升级。

（二）释放市场流动性，拓宽企业融资渠道

一是建议央行在货币信贷政策上进行适当调整，减轻对美联储加息可能带来的负面担忧，可从“稳健中性”向“稳健适度”方向转变，择机实行

定向降准或普遍降准，释放足够的市场流动性，为市场提供较为宽松的货币环境，以满足实体经济正常合理的资金需要。

二是建议银行金融机构采取更加积极的信贷策略，加快创新信贷服务模式、推出切合实际的信贷服务产品，不断提高信贷服务效率，切实提高企业信贷的更多获得性。

三是建议加速推进债转股工作，仅凭企业自身的能力，短期内难以推动债转股工作全面落地，另外，已落地的部分债转股，由于转股成本较高，在降低企业负债率的同时，对企业降低财务负担的效果不明显。亟须国家给予政策上的帮助和支持，切实推进债转股工作，降低企业负担。

四是建议将具有一定偿还能力的企业即将到期的债券，模仿债转股形式或资产证券化方式，转换债务方式，使企业到期的债券能够得到延期或一定形式的转换；替代性融资渠道将票交所的票据纳入资管产品可投资的标准化产品序列，以减轻企业集中偿债的负担，间接缓解企业融资困难。

五是积极拓宽直接融资渠道，为企业提供直接融资方便，降低企业直接融资门槛，让企业在直接融资市场获得更多的可能。

（三）推进“僵尸企业”出清工作

建议政府部门主导成立专业的资产管理公司，加快“去产能”企业破产清算退出，充分发挥资产管理公司的市场处置主体作用，积极推进不良资产处置。

（四）加快项目审批，接续先进产能

建议政府部门对于新建矿井加速审批流程、减少审批环节，使新建矿井可以尽早建成投产，降低企业负担，推动企业平稳有序发展。

（五）出台、完善配套政策，推进“三供一业”移交工作

一是按照“人随资产走，人随岗位走，为企业减负”的原则，结合煤炭企业分离移交范围大、原有职工熟悉岗位业务的实际情况，建议出台相关

政策，使接收单位能在接收资产的同时，一并接收安置现有从业人员，这样既有利于企业平稳过渡，又能真正实现企业瘦身减负、提质增效的目标。

二是建议在“三供一业”维修改造资金和税务方面出台必要的指导政策，制定相关操作流程和制度。

三是建议尽快确定分离移交范围和维修改造的界限，红线以内的严格按国家政策执行。针对部分生产、生活无法彻底分开的实际情况，红线以外的维修改造标准和资金来源渠道也需要及时出台一个指导性政策文件。

四是建议尽快研究解决房屋产权、房屋维修基金等问题，并出台相关政策。

B.9
真正走出一条产业优、质量高、效益好、可持续的发展新路

山西潞安矿业（集团）有限责任公司*

摘　要： 本报告客观介绍了潞安集团煤炭成本现状，以及采取的多措并举、降本增效的做法；分析了制约企业总成本下降的关键因素；对于降低煤炭企业税费负担，缓解融资成本压力，降低煤炭企业物流成本，加快推进去产能，处置“僵尸企业”，分离企业办社会职能等问题，提出了大成本管理思路和若干建议。

关键词： 山西潞安集团　降成本　大成本管理

煤炭是我国的主体能源，在国民经济中处于重要战略地位。党的十九大报告提出，支持传统产业优化升级，瞄准国际标准提高水平。习近平总书记视察山西时指出，要真正走出一条产业优、质量高、效益好、可持续的发展新路。这对新时代煤炭企业的发展提出了全新的更高的要求。当前及今后一个时期，是作为传统产业和基础产业的煤炭产业高质量发展的关键期、攻坚期、决胜期。

成本管控是企业管理的硬管控，成本指标是企业核心经济指标的硬指标。构建现代化、集约化、立体化的大成本管理体系成为推动煤炭企业由规

---

* 课题组组长：李晋平，潞安集团党委书记、董事长，成绩优异的高级工程师；游浩，潞安集团党委副书记、副董事长、总经理，成绩优异的高级工程师。主执笔：郭成刚，潞安集团政策和战略研究中心主任，经济师。成员：冯敏捷，潞安集团政策和战略研究中心秘书，经济师；田文香，潞安集团政策和战略研究中心秘书，经济师；刘尊婕，潞安集团政策和战略研究中心秘书，助理经济师。

模速度型向质量效益型转变的永恒主题，也是企业实现高质量发展的核心课题。山西潞安矿业（集团）有限责任公司（以下简称“潞安集团”）认真落实全煤行业各项降本提效政策，按照“控总、保供、稳价”的原则，以提高企业发展的质量和效益为中心，优化发展，特色经营，企业综合实力迈上新台阶，保持了平稳健康发展。

一　潞安集团基本情况

潞安集团是山西省属五大煤炭集团之一，是全球最大的喷吹煤基地、国家重要的优质动力煤基地、先进产能聚集基地，也是中国煤炭绿色低碳转化和清洁高效利用的典范。近年来，潞安集团致力于建设具有国际竞争力清洁能源品牌企业，大力推进优势转移、动能转化、产业转型，现已发展成一个以优势煤炭产业为基础，新型高端现代煤化工为主导，绿色生物健康、太阳能光伏与深紫外 LED、高端装备制造等新兴产业协同发展的跨区域、跨行业的国有大型现代化企业集团。目前，潞安集团拥有各级子公司共计 175 户，主要分布在山西省内长治、临汾、忻州、晋中、吕梁等地市，省外远及上海、北京、新疆、江苏、山东、深圳、香港等地，拥有 1 家上市公司——潞安环保能源开发股份有限公司。潞安集团连续六年位居世界 500 强，在煤炭企业全球竞争力 30 强中排名第 15 位，中国煤炭企业 50 强排名第 8 位。

二　潞安集团成本管理的现状分析

1. 煤炭企业成本特点

煤炭企业的完全成本主要包括资源成本、直接生产成本、安全成本、生态环境成本、可持续发展成本。其中，资源成本占比 10% 左右，由政府主导，企业不可控；安全成本占比 10% 左右，是按吨煤计提，可控度极低；生态环境成本占比 11%，有相关法制法规规定，可控度低；可持续发展成本占比 20%，有行业规定，企业不可控。直接生产成本占比 50% 左右，而且企业可控度高。在直接生产成本中，人工成本、材料费占比较高，人工成本占比最高，达到完全成本的1/3以上。

2. 潞安集团成本构成

潞安集团紧紧围绕企业高质量发展的总体部署，多措并举降本增效，持续不断挖掘管理潜力，为促进集团的转型升级提供有力保障。2017年潞安集团原煤完全生产成本为407.3元/吨。其中：

材料费35.69元/吨，占比8.76%；职工薪酬75.84元/吨，占比18.62%；电力11.17元/吨，占比2.74%；折旧费21.11元/吨，占比5.18%；提取的井巷、维简费8.5元/吨，占比2.09%；提取的安全费用28.73元/吨，占比7.05%；管理费用48.02元/吨，占比11.79%；财务费用25.42元/吨，占比6.24%；销售费用9.88元/吨，占比2.43%；税金及附加40元/吨，占比9.82%；母公司费用摊销（后勤、学校、医院等企业办社会费用和集团本部财务费用）36.27元/吨，占比8.9%；其他支出66.67元/吨，占比16.37%。具体情况见表1。

表1　2017年原煤成本及构成情况

单位：元/吨

成本项目	单位成本
一、制造成本	247.71
其中:1. 材料	35.69
2. 职工薪酬	75.84
3. 电力	11.17
4. 折旧费	21.11
5. 提取的井巷维简费	8.50
6. 提取的安全费用	28.73
7. 其他支出	66.67
二、管理费用	48.02
三、财务费用	25.42
四、销售费用	9.88
五、税金及附加	40.00
六、母公司费用摊销	36.27
完全生产成本	407.3

三　潞安集团成本管理当前存在的困难和问题分析

1. 大成本的管理观念缺乏

成本管理主动性不够强，市场形势不好无力管，市场好时疏忽管；成本管理系于少数职能部门，主抓工作也只是满足于节支降耗，重在抓生产矿井的成本管理，缺乏统筹管理、战略优化和外部资源的调配，往往只重生产的节约，而没有通过成本与技术、安全、质量有机结合，系统地降低成本，也没有算清产量增减变化、地质条件、掘进进尺、辅助生产环节等因素的综合影响账，受传统成本管理、单线管理、局域管理制约较深。

2. 政策性隐形成本上升

煤矿安全监管移交属地管理后，部分矿井生产不正常，复产验收滞后，停产时间较长，导致有效生产天数减少，各种检查、验收等明显增多，影响煤炭产量、各系统稳定运行，相关成本费用增加；各级政府持续加大环境治理力度，与环保相关的工程、设施、设备投入加大，焦化、建筑、建材等行业实行错峰生产和运输，加之环保税开征导致企业环保成本压力进一步加大。

3. 财务费用居高不下

尽管当前煤价企稳回升，但受煤炭产业近年来持续低迷的影响，煤炭价格持续下跌，企业利润被大幅对冲，总体上是不增反降，或仅维持微利运营。为保障企业生产经营的持续、按期还本付息及保障各类项目建设资金的需求，潞安集团负债融资规模不断攀升，利息费用负担沉重，这也成为企业成本增加的最主要因素，进而导致企业财务风险进一步加大。以潞安集团为例，2017 年财务费用 25.42 元/吨，占总成本的 6.24%。

4. 刚性成本难以下降

在企业经营管理中，保证企业安全生产的安全维简资金、必要的材料投入、职工工资，以及政策性缴纳的水资源费、资源税等刚性费用在成本构成中占比仍较大，降低空间较小，且难以根本下降。以潞安集团为例，煤炭资源税从价计征后，生产过程中大量投入不能取得专用发票或取得的扣税发票很多不能纳入抵扣范围，税负进一步加重，税负成本增加 16 元/吨。

四　多措并举降本增效，构建大成本管理体系，推动企业高质量发展

潞安集团牢固树立大成本管理理念，立足成本管成本、跳出成本控成本、超越成本抓成本，先算账、算细账、算明账，将全面成本管控贯穿到企业生产经营全过程、全要素、全时段、全员，推进事前成本预测、事中成本控制、事后成本反馈，推动形成结构合理、权责明确、管控科学、运行高效的大成本管理体系，实现企业质量效益最大化、综合效能最优化。

1. 公司治理降成本

一是推进公司制和股份制改造，集团公司和所有改制的二级子公司都建立了法人治理结构，实行“母子公司”管理体系，对子公司国有资产的管理主要实施股权管理，并全面实行了资产经营责任制。二是推行大部制改革，构建以集团总部为投资中心，子公司为利润中心，各矿（厂）、分公司为成本中心的组织体制，推进投资决策集中、采购集中、市场营销集中、财务集中、技术集中“五个集中”，合理精简、科学整合职能相近、经营重叠的部门和单位，进一步优化组织结构，降低组织管控成本。三是项目层面引进战略投资者，加快推进股权多元化，最大限度地减低大项目、新项目、好项目建设发展的资金成本。以股权为纽带，实施互相参股、股权置换、股权转让，深化与泰国万浦和国内大唐、华润、江苏协鑫等公司的合作，推动煤电一体化联营发展；围绕煤基精细化学品产业新产品研发推广和高硫煤清洁利用油化电热一体化示范项目平台优势，创造性地开展“以项目换资金”、“以股权促合作”，大力引进国际资本、民营资本，深化股权合作；借助国企国资改革、鼓励发展混合所有制经济契机，借力资本市场，择优选定目标对象，互补互融资源、叠加集聚优势。

2. 集约高效降成本

一是建立安全生产标准化体系。坚持高标准定位、高起点实施、高效率落实，从理念、目标、执行、创新、投入、人才、制度等方面构建完善安全生产标准化保障体系，实行定计划、定网络、定时间、定措施、定责任、定考核“六定”管理，全面推进安全生产标准化建设，推动形成从井下到井上、从厂区到社区、从生产到生活的大安全生产标准化管理格局。二是坚定不移走好“减、优、绿”之路。认真贯彻落实煤炭去产能的决策部署，通过政策性引导和减量重组，已关闭退出石圪节、忻岭、忻丰、大木厂 4 座矿井，减量置换完成古城、李阳、阜生 3 座矿井，继续减量重组大汉沟、前文明、小南村 3 座矿井，全力推进化解煤炭过剩产能工作；以国家开展安全生产标准化建设为契机，在保持先进产能矿井数量多、总量高、占比优的前提下，继续做好优质产能矿井申报，加快优质产能核增进程，充分释放煤炭优质产能，着力提升煤炭优质产能占比，保证潞安集团稳产高产和可持续发展；从开采、利用、转化等环节入手，进一步优化系统布局，推广“一井一面”“一井两面”模式，深入实施集约高效“三精”管理，推进“一优四减”，加强正规循环和从容生产，加大关键核心技术的突破，推进“智慧矿山”建设，实施“机械化换人、自动化减人”，推动实现煤炭的绿色开采、绿色利用和绿色转化。三是突出生产运销调度一体化。全面掌握煤炭市场变化情况，抓好生产组织，统筹安排生产衔接，科学优化生产布局，严格按照用户需求和合同跟踪落实每日、月度、季度煤炭运销计划；根据煤炭外运计划，结合各矿资源存量、生产实际和当日承认车与预报车计划，均衡、合理调配空车；调度室会同运销、生产等部门，每日对各单位上报的产运销信息进行统计汇总、综合分析和深度剖析，并结合实际制定科学合理的一体化措施，实现对集团产运销各项工作的统一协调和统筹部署。

3. 提质增效降成本

一是强化资金集中管控。牢固树立“现金为王”理念，建立完善以财务为中心、以现金流为核心的一整套流程再造管理体系，推进现金流支付体系改革，建立完善资金支付程序，严格执行支付审批制度；严格落实“三优先、三严控”，从严控制专项资金安排和重点转型项目投入，确保“每一分钱花在刀刃上”。以财务公司为平台，进一步加强资金集中管理，全面盘活集团闲置和沉淀资金；推行财务会计委派制，强化对子分公司的经营监管，选取具有公开条件、典型性和代表性的单位进行公开信息，全面推进企业财务等重大信息公开工作。二是不断完善内控管理。深入推进内部市场化改革，不断强化成本管控、现金流管理、投资管理、物资采购管理等，出台“十项增效益促发展措施”，制定“十六条”经营管控措施，成立了价格委员会、成本管控委员会、竞争性谈判委员会三个委员会，进一步完善招投标管理，建立专业采购公允价格体系、财务系统市场公允价格体系、党委公允价格监督体系三个公允价格体系，建立全方位的成本核算体系，对每一个生产单元进行成本优化，构建内部市场运营体系，完善成本管控与工资激励联动机制。三是千方百计防控风险。认真落实党和国家各级部门关于防范金融风险的政策意见，全面梳理排查各类存量增量风险隐患，构建完善风险防控机制。特别是严控各类债务风险，加强资产负债管理，2017 年潞安集团通过多种渠道降低资产负债率 3% 以上。同时，着眼长三角、京津冀、珠三角的区位和金融优势，积极建立布局上海投资公司、瑞泰投资公司、国际融资租赁公司、香港投资贸易公司等，重点依托金融公司平台，用足用好各类金融工具，推进产融深度融合，强化产融互动、产融协同，提高企业抗金融风险能力。

4. 创新创效降成本

一是注重“平台创新 + 协同创新”，构建完善了集团、天脊两个国家级技术中心和潞安环能国家级高新技术企业等开放型创新平台。围绕新型高端煤化工产业发展，建成全省唯一的国家煤基合成工程技术研究中心，现已通过国家科技部专题验收，构建完善了“一中心十平台五基地”高端开放创新体系。二是注重“自主创新 + 集成创新”，围绕煤炭清洁高效利用与转化，实现了钴基费托合成工艺及下游技术突破、以潞安高硫煤为主的百万吨级产业化气化配煤技术突破、甲烷与二氧化碳重整生产有效合成气技术突破等重大技术突破，形成了应用推广一批、储备开发一批、攻关研发一批

"三个一批"关键技术梯次开发格局。三是注重"持续创新+全员创新"，持续实施"三个一"创新机制，强化基层单位创新管理，积极开展"五小"技术创新和岗位创新比武，构建全员、全方位、立体化的创新长效机制，打造具有国际化视野、素质和能力的创新型人才队伍。

5. 深化改革降成本

一是深入推进"瘦身健体"。加快企业办社会职能分离，在2017年12家单位全部同属地政府签署"三供一业"分离移交框架协议的基础上，2018年6月已全部同属地政府签订了正式移交协议，圆满完成山西省委、省政府下达的阶段性工作目标任务；加快"处僵治困"，制定《精减优化法人单位总体方案（2017～2019年）》及困难企业分类处置专项方案，对"休克企业"及无效资产、闲置资源，探索实施挂牌招标、资产重组、股权转让、民营化改制等，2017年精减法人单位7家；加快厂办大集体改革，《潞安厂办大集体改革工作总体方案》获省国资委批复，实现"16家变1家单位"目标，涉及的集体资产全部并入潞安劳动服务总公司。二是强化人力资源管控。推进人事制度改革，全面贯彻落实《关于进一步激励广大干部新时代新担当新作为的意见》，加强对干部考核，完善干部"能上能下"机制，完善干部"能上能下"刚性管理和考核机制，推动形成能者上、庸者下、劣者汰的用人导向和干事创业环境，建设高素质干部队伍。全力实施减人提效，通过严把入口关、加强劳动纪律整顿、及时办理退休等方式，超额完成上级部门下达的减人提效目标。2017年期末在册人数较2016年期末在册人数下降2.25%，超出年度考核目标1.25个百分点；合理安置去产能企业职工，坚持去产能职工转岗安置同提升优质产能相结合、同内部挖潜相结合、同深化改革相结合、同转型发展相结合、同创新创业相结合"五个结合"，转岗安置职工全部落实新岗位、实现再就业；依据用工需求灵活用工，进一步优化员工队伍，自上而下释放压力，实现员工能上能下、能进能出，有序推进人力资源结构调整。三是推进薪酬制度改革。按照"优先一线、确保底线、干部做贡献"的原则，积极对标先进企业的薪酬分配改革方案，进一步优化完善《潞安集团薪酬管理体系》，加大按管理、知识、技术等要素参与分配的力度，收入要和单位效益、个人贡献、创造价值挂钩，干部年薪绩效工资和“安全、效益、重点工作、创新”挂钩，最大限度地发挥工资分配的杠杆和激励作用。

6. 绩效管控降成本

一是建立实绩评价体系。将集团战略逐层分解到子单元、部门、岗位的重点工作措施中，通过以计划考核为主的考核方式，实现战略自上而下的拆分、岗位自下而上的支撑，突出部门和岗位的重点工作，并规范绩效考核的关键环节，保证战略落地落实。二是突出“五个考核关键”。加强对子公司净利润、售价、成本费用、现金流、资产负债率“五类关键经营指标”考核，建立子公司经营绩效高低、减亏扭亏成效与集团资金拨付、工资总额“双挂钩”考核机制，提高自主经营、自负盈亏、自我发展能力。三是构建倒逼考核机制。面向市场、面向基层、面向职工，下放考核权限与工资指标，实行项目负责制，制订工作方案，落实完成时间，通过市场倒逼、放权倒逼、时间倒逼，推动刚性指标、刚性考核、刚性兑现。

7. 廉政管控降成本

一是积极调适党建工作主题与企业发展战略，在构建完善“1234”党建工作新模式基础上，推动党政工作的高度融合。同时层层完善、规范运行集团各级党组织对企业党风廉政建设与反腐败工作形势研判、研究部署的制度，加强各级党组织对党风廉政建设与反腐败工作的领导管理。二是严格落实党风廉政建设的“两个责任”。强化“不抓党风廉政建设就是严重失职”的意识，持续巩固提升巡视整改成果，认真实施集团《关于进一步落实党风廉政建设责任制的意见》，严格执行廉洁自律准则和党纪处分条例，坚持纪严于法、纪先于法，运用“四种形态”，压实主体责任，融入企业改革发展全过程。三是全面强化干部作风建设。严格落实全面从严治党要求，坚决把纪律和规矩挺在前面，扎实开展党的群众路线教育实践活动、学习讨论落实活动、“三严三实”专题教育和“两学一做”学习教育，坚持底线思维、问题导向，抓常、抓细、抓长，不断完善作风建设长效机制，使忠诚、干净、担当成为各级党员干部的共识共为。

五　制约企业总体成本下降的关键因素

1. 税费成本

煤炭产业税负仍是全部工业中最高的，其税负过去曾高于全部工业平均税负的6%，目前有所下降，但仍高于全部工业平均税负。一是增值税偏高。作为资源开采型企业，煤炭采掘企业在生产过程中没有原材料消耗，因此增值税进项税抵扣少，使得煤炭采掘业增值税普遍偏高。自2016年5月1日开始全面推行的“营改增”并未有效降低煤炭企业的增值税税负。经测算，2016年煤炭采掘业平均增值税税负水平约为12%，而41个工业行业平均增值税税负约为4%，煤炭产业增值税税负明显偏重。从潞安集团来看，增值税税负2015年为20.89亿元、2016年为25.34亿元、2017年为49.48亿元，较高的增值税税率并没有带来明显的减负优惠。二是资源税升高。2014年12月1日资源税改革由从量计征改为从价计征，煤价成为计征的决定性因素。伴随煤炭市场好转，商品煤价格回升，资源税税负持续攀升，潞安集团的资源税税负由2015年的12.66亿元增至2017年的27.27亿元，无形中增加了煤炭企业的税负，垒高了企业的金融风险。

2. 融资成本

随着煤炭产业企稳回升，尽管银行业对煤炭企业的信贷政策有所放松，但总体看，信贷规模趋紧态势没有得到根本性改变，贷款审批时间偏长，贷款利率总体偏高，资金期限错配；作为主要直接融资手段的债券融资，发债期限趋短、利率上升，致使企业融资难、融资贵，杠杆率居高不下与转型升级需要大量资金投入的矛盾突出；同时“债转股”落地难、“明股实债”，都使得煤炭企业的融资难度加大、成本大幅提高，成为企业违约和评级降低的主要原因。以潞安集团为例，2018年平均每月预期到期债务本息约55亿元，如果继续靠融资来维持日常生产经营运行，每年财务费用支出将高达70亿元左右，将导致资产负债率快速上升；同时，一年内到期带息负债占总带息负债金额的一半左右，债务兑付和资金接续压力巨大，一旦发生债务违约，企业信用等级下调，将导致融资成本进一步抬升，甚至贷不来款、融不来资的恶性循环。

3. 物流成本

在煤炭产业中，煤炭企业物流环节成本构成繁复，各环节税率不统一，不合理收费多，税费重复征收，企业负担沉重。以潞安集团为例，2017 年集团商品煤运输费为 112.52 元/吨，同比增加 3.70 元/吨。主要原因是铁路运费大幅增加，上涨幅度达到 10%，铁路运费由原来“销售方代垫运费，购买方承担”的方式变为现在“一口价”单独核算、销售方承担模式。另外，生态文明进程加快，环保约束越发趋严，煤炭运输“公转铁”政策陆续落地，煤炭运输进一步倚靠铁路，运输成本进一步向煤企全面集中转嫁。目前煤炭企业物流成本中，除正常缴纳的铁路运费外，尚存在货车延期占用费、抑尘费、货车超偏载罚款、铁路建设基金、运费预付等物流关联费用，进一步增加了企业成本负担（见表 2）。

表 2　发送端服务收费情况统计

收费项目	收费标准	收费单位	依据文件	备注
货车延占费	1～10H5.7 元/车小时	中国铁路总公司	铁总运电〔2014〕16 号	10～20H11.4 元/车小时 20～30H17.1 元/车小时 30H 以上 22.8 元/车小时
抑尘费	2.045 元/吨	郑州铁路局		
铁路建设基金	3.3 分/吨公里	中国铁路总公司	铁路货物运价规则	
货车装载加固罚款				各矿均有铁路货运人员负责装车检查

4. 企业办社会负担重

当前，潞安集团企业办社会职能机构合计 79 个，涉及从业人员约 5460 人，2017 年负担总额约 4.5 亿元。进入 2018 年以来，随着剥离企业办社会职能工作进入攻坚阶段，除离退休人员管理机构外，其他企业办社会职能的剥离工作都要在 2018 年完成，预计仅“三供一业”分离移交涉及的企业承担的维修改造等各项费用将达到9.5亿元左右，这无疑给企业带来极大的经营发展压力。

5. 处僵治困、精减法人、去产能陷窘境

结合国资国企改革和煤炭供给侧结构性改革，企业改革进程加快、改革力度加大，不断优化完善深化改革的实施方案，改革取得了阶段性成果，但还存在处僵治困、精减法人深度实施难度大，去产能也面临人员安置的稳定难题。特别是落地操作层面遇到债权债务处置、当地政府不愿减、股东纠纷、政策缺乏实质性指导等多层面实施阻力，造成既定改革任务不能按时完成，导致疲于应付的不利局面。

六　关于进一步优化成本管理的若干建议

1. 关于多措并举降低煤炭企业税费负担的建议

一是建议国家相关部门继续深入调查研究“煤炭企业税费成本负担”问题，完善涉企收费清单制，为涉企收费设立严格规范的收费权限，建立涉企收费清单制度，清理取消不合理收费项目，明令清单之外不能收费。同时，规范行政审批前置服务收费，从源头上规范与行政审批相关的中介收费。二是建议在充分考虑煤炭企业业务特点的基础上，进一步降低增值税税率、资源税税率，切实减轻煤企税费负担，并继续完善“营改增”后续配套税改，改善增值税税收结构、梳理增值税范围，如将财务费用支出和人工成本支出等纳入可抵扣范围等。

2. 关于缓解融资成本压力的建议

一是建议国家灵活运用货币政策工具，通过政策性引导，对国有重点煤炭企业给予定向优惠利率支持，结合发行政府债券、公开市场操作发行票据等多种形式的货币政策工具来调节市场融资体系，降低企业融资难度，从根本上缓解煤企融资压力。二是建议国家建立完善包括场外、场内市场的分层有序、品种齐全、功能互补、规则统一的多层次资本市场体系，拓宽企业融资渠道。持续改革和创新直接融资方式、运作流程、监管方式，提高直接融资比重，降低企业融资成本。三是建议各级政府加强对金融机构的窗口指导，督促其落实国家关于债转股工作的有关政策，畅通债转股工作渠道，加快推进债转股落地。同时，建议加大对战略性新兴产业、重大转型项目及融资困难企业的支持力度，对支柱性企业和转型发展企业保持稳定的授信额度，并在信贷资金配置上给予更多倾斜政策，真正解决煤炭企业融资难、融资贵的问题。

3. 关于进一步降低煤炭企业物流成本的建议

对于传统的“铁老大”自身经营困局，不能单纯向置身改革发展进程中的煤炭企业“伸手”转嫁。一是建议国家部委比较研究铁路行业和煤炭产业相互间运输成本实际构成，按照各自发展实际，审慎制定需各自相应承担运输成本比例，有效降低煤企资金支出，推动实现行业间共赢发展前提下的企业减负，助推煤炭产业高质量改革发展。二是针对除正常缴纳的铁路运费外的其他各类物流关联费用，建议：针对货车闲置较多的实际，建议降低或取消货车延期占用费；目前抑尘费吨煤2.045元，建议这项收费由运输企业自行承担，不再向企业另行收取；建议货车超偏载罚款由铁路自行负责；取消铁路建设基金按3.3分/吨公里核收；铁路对货物发送的运费采取由发送方提前预付的办法进行。就潞安集团来讲，目前收取的煤款中承兑比例已达70%，其中商业承兑达40%以上，郑州铁路局收取承兑比例仅20%，建议铁路部门提高收取承兑比例或采取运费事后定期结算的方式收取。

4. 关于加快推进国有企业分离企业办社会职能的建议

建议国家在出台“三供一业”分离移交实施方案的基础上，制定可操作性强的实施细则，并出台与之配套的资金扶持、税费减免等扶持政策，调动企业剥离企业办社会职能的主动性和积极性。同时，建议结合国企国资改革的总体部署，进一步加大包括武装、市政、环卫、消防、保险机构等在内的企业办社会职能的分离移交力度，并对移交的资产以货币资金或承担债务形式置换，最大限度地维护企业利益，服务企业的高质量转型发展。

5. 关于推进处僵治困、精减法人、去产能的建议

建议国家相关部门对国企处僵治困、精减法人，不搞“一刀切”，尤其

是不进行强制性精减法人，宜减则减、因企制宜，赋予国企适当的精减自主权，酌情调整精减目标，按企业实际需求进行精减，确保顺利推进国企国资改革；国家相关部门统筹去产能是当前煤炭产业整体面临的重大任务，应充分考虑山西去煤炭产能的特殊背景，立足煤炭去产能安置人员的现实，适时建立与企业员工队伍稳定情况挂钩的失业保险费率调整机制，对上年度未主动裁员的企业，适当降低保险费率，并提高稳岗补贴，用于企业支付内退人员费用、困难职工生活补助和缴纳社会保险费用等支出，最大限度保障职工利益。

B.10
兖矿集团供给侧结构性改革背景下煤炭企业降成本研究

兖矿集团有限公司*

摘　要： 本报告客观介绍了兖矿集团成本情况，分析了推高企业成本的内外因素，强调指出降低成本要靠企业和政府共同努力，并就政府降低制度性、政策性成本提出了加快涉煤税费调整、降低融资成本、减免环保费用、协调“三供一业”移交、妥善处置压煤村庄搬迁、审慎推进保护区矿权清理等建议。

关键词： 兖矿集团　供给侧结构性改革　降成本

一　企业基本情况

（一）生产经营概况

兖矿集团是以煤炭、化工、装备制造、金融投资为主导产业的国有特大型能源企业，是我国唯一一家拥有纽约、香港、上海、澳洲境内外四地上市平台的煤炭企业。经过40多年发展，现已形成山东本部、陕蒙、贵州、新疆、澳大利亚、加拿大“六大基地”发展格局。2017年，实现煤炭产量

* 课题组组长：李伟，兖矿集团总经理，工程技术应用研究员。副组长：张海军，兖矿集团投资发展部部长，高级会计师；周剑波，兖矿集团决策咨询中心副主任，高级经济师。成员：田德凤，兖矿集团决策咨询中心业务主管，经济师。

1.35 亿吨；营业收入 1992 亿元，同比增加 594 亿元；利润总额 48.6 亿元，同比增加 34.6 亿元；年末资产总额 2877.7 亿元，创出 5 年来最好水平。2017 年原煤产量全国排名第 5 位，甲醇产量全国排名第 3 位，中国煤炭机械工业 50 强企业排名第 5 位。

（二）生产成本结构

1. 总成本增加

2015～2017 年企业营业总成本分别为 1045.28 亿元、1392.85 亿元和 1904.78 亿元，从成本规模三年走势来看是逐年递增的（见表 1）。若从实体产业（煤炭、化工、机械制造）总成本规模来看，2015～2017 年总成本规模分别是 570.55 亿元、548.85 亿元和 617.26 亿元，总成本规模走势也逐步增加，但结构性增长较为明显，体现为经营成本在强管理下控制较好，税金和融资成本增长较快。

表 1　2015～2017 年企业主要指标情况

单位：亿元

项目	序号	2015 年	2016 年	2017 年
1. 营业收入	1	1012.35	1397.89	1992.00
其中:实体收入	2	473.93	452.18	667.89
2. 营业总成本	3	1045.28	1392.85	1904.78
(1)营业成本	4	871.97	1226.84	1677.11
其中:实体成本	5	397.24	382.84	389.59
(2)营业税金及附加	6	13.88	15.07	38.22
(3)销售费用	7	35.42	32.77	46.30
(4)管理费用	8	67.01	60.91	65.97
(5)财务费用	9	57.01	57.26	77.18
其中:利息指出	10	66.32	64.59	75.92
3. 年折旧额	11	32.62	51.68	56.29
4. 人工成本	12	127.82	124.27	122.34
其中:境内	13	110.48	108.38	90.46
5. 利润总额	14	13.16	14.16	48.60

2. 用工及人工成本下降

2015～2017 年企业人工成本总额分别为 127.82 亿元、124.27 亿元、122.34 亿元，同比看人工成本未实现增长，若再考虑各类保险计提因素、境外企业发放人工成本和职工人数，境内人工成本和人工工资实际水平呈下降趋势。

3. 主要产品成本趋稳

从主要产品单位制造成本来看，2015～2017 年企业商品煤单位制造成本略有增加，呈小幅上升趋势。化工产品受制于原料煤价格上涨，制造成本增幅较大，呈大幅上升趋势。

（1）原材料成本

2015～2017 年，商品煤原材料单位成本分别为 32.72 元/吨、33.17 元/吨和 39.08 元/吨，分别占商品煤总成本的 17.53%、16.63% 和 19.63%；甲醇材料单位成本分别为 620.48 元/吨、733.55 元/吨和 1061.43 元/吨，分别占甲醇总成本的 52.10%、58.88% 和 65.78%；焦炭材料单位成本分别为 688.47 元/吨、813.78 元/吨和 1365.03 元/吨，分别占焦炭总成本的 88.62%、90.58% 和 93.61%。结合近年来工业品出厂价格指数（PPI）由 2015 年的 94.1 上升到 2017 年的 104.9，工业企业产品出厂价格变动趋势和变动程度呈上升趋势，从而导致材料产品单位成本亦呈上升趋势。企业通过"三减三提""阳光采购""内部市场化""节支降耗""综合评价"等一系列管理手段，成本增长趋势缓和于 PPI 指数。

（2）薪酬成本

2015～2017 年，商品煤薪酬单位成本分别为 64.27 元/吨、57.72 元/吨和 48.42 元/吨，分别占商品煤总成本的 34.43%、28.94% 和 24.23%；甲醇薪酬单位成本分别为 93.93 元/吨、85.73 元/吨和 82.32 元/吨，分别占甲醇总成本的 7.89%、6.88% 和 5.10%；焦炭薪酬单位成本分别为 13.79 元/吨、13.08 元/吨和 14.98 元/吨，分别占焦炭总成本的 1.78%、1.46% 和 1.03%。从主要产品单位薪酬来看，受前期经济和煤炭产业下行影响，企业人工成本处于下降趋势。供给侧结构性改革以来，煤炭产业化解过剩产能，煤炭市场逐步复苏，人工成本将一定程度上增加，但不会出现人工成本大幅增长的现象。

（3）电力成本

2015～2017 年，商品煤电力消耗单位成本分别为 8.58 元/吨、7.95 元/吨和 7.77 元/吨，分别占商品煤总成本的 4.60%、3.99% 和 3.90%。甲醇电力消耗单位成本分别为 145.22 元/吨、112.38 元/吨和 149.10 元/吨，分别占甲醇总成本的 12.19%、9.02% 和 9.24%。焦炭电力消耗单位成本分别为 11.84 元/吨、11.60 元/吨和 15.31 元/吨，分别占焦炭总成本的 1.52%、1.29% 和 1.05%。从电力消耗来看，企业在实施“避峰就谷”“减小高消耗”“富余蒸汽自发电”等措施的情况下，煤炭开采和煤化工用电成本趋于平稳，吨煤耗电年度间波动不大。

4. 缴纳税费上涨明显

2015～2017 年，企业实缴税金分别为 68.22 亿元、69.04 亿元、108.39 亿元。从税种来看，受主要产品价格上涨影响，所得税、增值税和资源税年度间呈递增趋势。

5. 融资成本不断攀升

2015～2017 年，企业综合融资成本呈现上升趋势，2018 年预计综合融资成本率为 5.65%，比 2015 年上升 0.67 个百分点。

（三）外部成本构成

1. 税金缴纳逐年递增

2015～2017 年，企业实缴税金分别为 68.22 亿元、69.04 亿元和 108.39 亿元，如表 2 所示。从图 1 至图 3 可以看出，所得税、增值税、资源税、土地使用税在所有税费缴纳中所占比重最高。从图 4 看出，受主要产品价格上涨影响，所得税、增值税和资源税年度间呈递增趋势。

表 2　2015～2017 年企业税金缴纳情况

单位：万元

项目	2015 年	2016 年	2017 年
一、实缴税金	682154.41	690392.82	1083930.16
（一）所得税	181729.81	155652.97	325654.55
（二）增值税	250960.63	268252.88	465192.01
（三）消费税	3939.80	6075.06	4495.09
（四）营业税	38242.60	30376.04	394.07
（五）资源税	66761.17	72133.45	144887.95
（六）城建税	21123.98	22689.41	31772.60
（七）教育费附加	9640.18	9608.81	15025.34
（八）地方教育费附加	6375.54	6358.63	9985.19
（九）关税	38.56	6.55	199.42
（十）房产税	9942.37	9555.53	10514.99
（十一）土地使用税	64318.85	86562.75	54337.98
（十二）车船使用税	79.27	84.68	15.00
（十三）印花税	6132.93	4982.69	8987.31
（十四）土地增值税	4711.17	6442.90	844.75
（十五）耕地占用税	17779.00	11505.29	8951.22
（十六）契税	380.58	105.18	2671.31

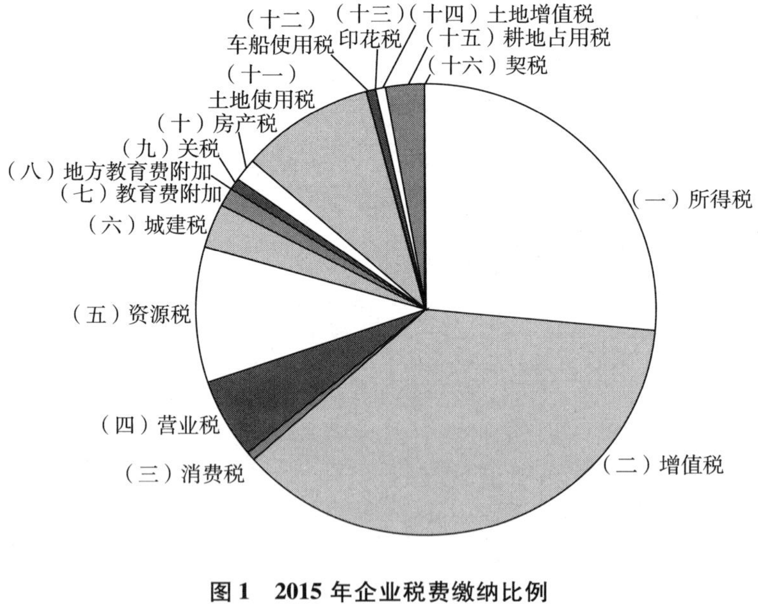

图 1　2015 年企业税费缴纳比例

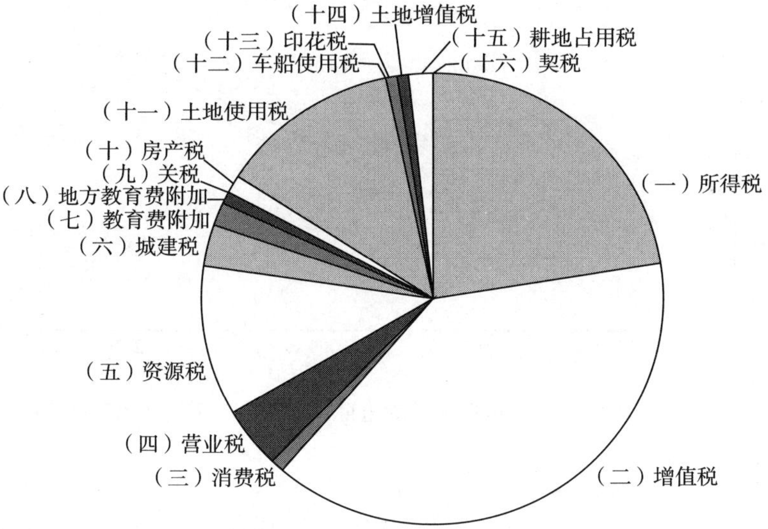

图 2　2016 年税费缴纳比例

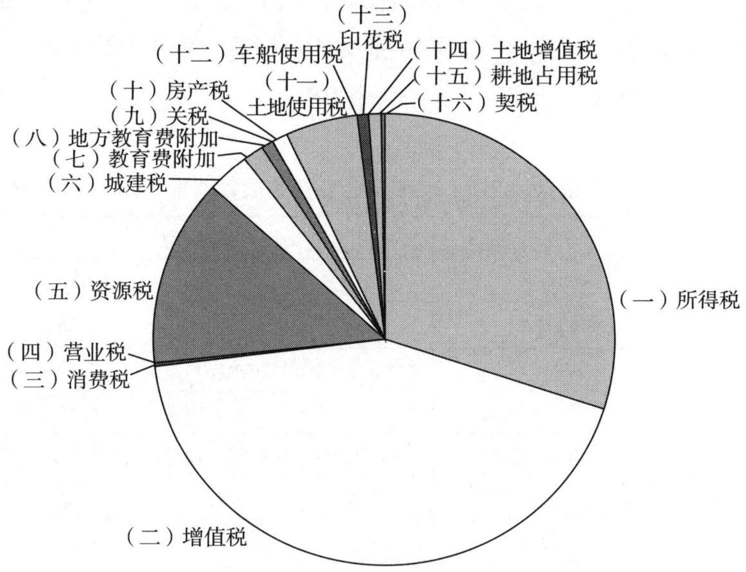

图 3　2017 年税费缴纳比例

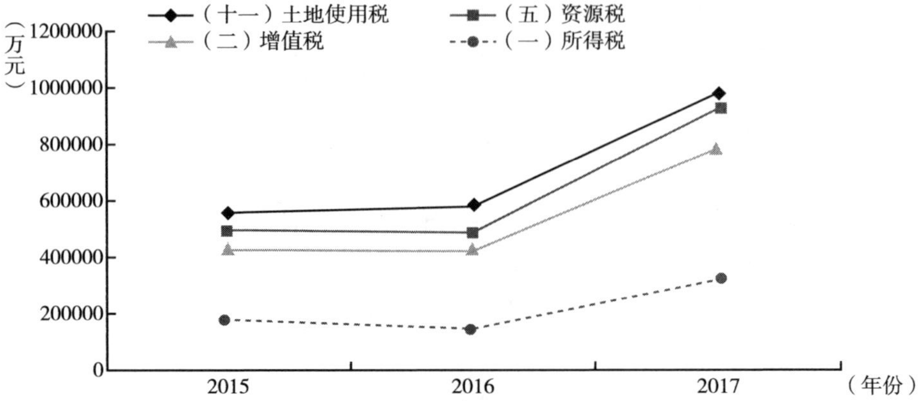

图 4　2015～2017 年企业所得税、增值税、资源税、土地使用税增长情况

2. 融资成本不断升高

从表 3 可以看出，企业的综合融资成本呈逐年攀升趋势，其中，银行短期借款利率、银行长期借款利率、债券融资成本、股权融资成本、租赁融资成本均不断升高。由于煤炭产业目前仍属于产能过剩产业，金融严监管对同业业务的规范，引导利率上行，从企业 2018 年第一季度债券发行成本来看，较上年同期的发行成本要高出 50～80 个 BP。

表 3　2015～2018 年企业融资成本情况

序号	项目		年度			
			2015 年	2016 年	2017 年	2018 年
1	综合融资成本(%)		4.98	5.27	5.35	5.65
2	银行短期借款	规模(万元)	2729543.00	3536291.00	3641417.00	3750000.00
		利率(%)	4.35	4.40	4.40	4.50
3	银行长期借款	规模(万元)	4581170.00	5645585.00	6444217.00	7000000.00
		利率(%)	5.20	5.50	5.65	6.20
4	债券融资	规模(万元)	2456934.00	1989917.00	2601217.00	3500000.00
		成本(%)	4.70	5.50	5.05	5.30
5	股权融资	规模(万元)				
		成本(%)				

续表

序号	项目		年度			
			2015 年	2016 年	2017 年	2018 年
6	租赁融资	规模(万元)	450000.00	553210.00	531510.00	500000.00
		成本(%)	6.00	6.00	6.30	6.50
7	其他融资	规模(万元)	165000.00	165000.00	315000.00	315000.00
		成本(%)	6.30	6.30	6.30	6.30
8	债转股情况	签约规模(万元)				
		落地规模(万元)			150000.00	200000.00
		转股成本(%)				

二　企业高成本的影响

(一)吞噬企业利润

中国经济已进入“高成本时代”，生产要素成本全面上升，节能减排成本增加，生态建设成本有所增加、交易成本也有所增加。在这种情况下，煤炭企业要想获得利润只有降低成本，而上述各类成本大多是由企业外部因素决定的，企业必须承担，这些成本的全面上升将大大挤压企业的赢利空间，正逐步吞噬掉企业的利润，对困难企业更是雪上加霜。

(二)减弱抵御能力

高成本意味着高风险，由于经济、社会各种风险不断扩大，不确定性增加，企业运行成本就会上升。目前，企业的竞争日趋激烈，不断演化为同行业、相关行业、替代行业之间的竞争，更是在人才、资金、资源等诸多方面展开竞争。高成本将降低企业竞争力，减弱抵御内外压力的能力。

(三)阻碍转型发展

当前，煤炭企业作为高耗能、高污染、资源性“两高一资”产业面临转型升级压力。兖矿集团现有主体产业的生存发展环境更加严峻，传统“两高一资”产业和产品占较大比重，存在高碳运营模式的“路径依赖”，环境治理和节能减排困难增大，产业调整升级任务艰巨。受生产要素价格上涨、节能减排任务重的影响，企业转型升级压力巨大，转型发展缓慢。

三　企业降成本的举措

（一）治理亏损“僵尸企业”

兖矿集团实施亏损僵尸企业治理三年计划，围绕亏损面和亏损额“双降”目标，按照“治理整顿一批、改制重组一批、股权退出一批、清理注销一批”的思路，果断关停并转，最大限度消除出血点和亏损源。

一是认定亏损标准。集团以 2015 年为基数，以法人单位为责任主体，对亏损额超过 5000 万元的单位，纳入集团公司大额亏损企业治理范围。

二是亏损治理途径。集团拟通过转让退出、清算注销、产能关闭、破产立案、扭亏为盈、吸收合并、技术改造或引进战略投资等方式，进行亏损和僵尸企业治理。特别是针对股权转让、关停（破产）清算、改革改制等，企业从规范行为抓起，在可行性方案履行集团公司决策程序后，公开招聘中介机构进场开展清产核资、审计和评估工作，审计和评估结果经社会专家评审，评审结果通过且公示期无异议，履行集团公司审批程序后，实施股权转让等行为。

三是分类治理重点。对战略类亏损企业，与立项时的可行性研究报告所列指标进行对比分析，测算亏损承受能力，明确亏损期限、整合路径或业务成长路径。对经营类亏损企业，进行战略符合性论证，通过加强管理提升，实施技术改造，加快转型升级和整合重组。对退出类亏损企业，坚决退出，进行转让、实施破产重组或清算。对海外公司以优化资产结构，实施资产证券化，降低资产负债率为治理重点。对有希望止亏的企业，以强化内部整合，剥离不良资产，实施技改升级为治理重点。对扭亏无望的企业，以引入战略投资者，实施股权转让，逐步退出控股地位为治理重点。

四是优化治理方案。各亏损企业重点围绕产品结构调整、资本结构优化、实施债务重组、精减冗余人员、盘活有效资产、剥离不良资产、加大企业办社会职能移交力度，引入战略投资者，推行股权激励等方式，根据实际情况，提出可操作、易落实的亏损企业治理方案。同时，集团公司发挥专业管理优势，指导和帮助亏损企业梳理企业生产、管理、销售等流程，根据实际问题，提出建设性的治亏措施。

2015 年，19 家亏损单位同比减亏 9.06 亿元，4 家单位扭亏为盈。2016 年完成 1 户僵尸企业处置，亏损额控制在 21.93 亿元以内。2017 年完成 9 户僵尸企业处置。2018 年需完成处置退出的僵尸企业和亏损企业 18 户，其中，引进战略投资 1 户，转让退出 4 户，吸收合并 4 户，关停清算 3 户，破产立案 2 户，产能关闭 1 户，扭亏为盈 2 户，账销案存 1 户。

（二）强制清理欠款

兖矿集团实施应收账款清欠工作，用足用好法律、经侦、督导清欠三个手段，全面清理回收应收账款。

一是强化法律清欠。针对已经起诉并取得财产保全效果的诉讼清欠案件，推进案件审理，充分发挥诉讼保全的主动权，促使达成和解撤诉或调解结案，缩短审理期限并实现回款。已申请执行的案件，协调法院加大强制执行力度，充分利用失信被执行人黑名单制度，促使达成执行和解，实现已冻结的资产变现或取得现金回款。对于拟诉案件，做好风险锁口工作，确保在起诉前摸清欠款单位真实状况、财产线索或设定担保、抵押等措施，积极收集证据，做好诉前会诊，防范诉讼风险。

二是强化督导清欠。组织“业务、法务、财务”三方面人员，组建“三位一体”清欠督导小组，通过各专业优势互补，达到补齐证据、发现资产、取得回款的效果。拓宽督导清欠思路，邀请上级包保单位、外聘法律顾问等参与督导清欠，力争取得更好督导效果。

三是强化经侦清欠。加大与公安经侦部门的协调配合力度，积极向公安机关提供相关证据材料和办案线索，利用刑事威慑力和经侦布控手段，加快查办重点案件、打击经济犯罪，追回相关款项。安排得力人员，创新工作方式，积极寻找线索，全力追查欠款户财产情况。

四是分类施策。聚焦清欠过程中的薄弱环节，抓重点、补短板、强弱项，逐户梳理排查每笔欠款，完善欠款信息统计台账，做到信息排查“心中有数”。找准找实关键风险点，在延续诉讼时效、取得对方担保方面多做文章、多下功夫，做到风险锁口“手中有招”。厘清欠款清收遇阻症结，强化与司法机关的沟通协调，推进案件及时审理、及时判决，做到签证确权“工作有效”。

五是审慎实施。清欠过程中，穷尽措施、应清尽清，坚持现金受偿为第一选择，债务人、担保人无货币资金偿还能力时，优先选择以直接拍卖、变卖非货币资产的方式回收债权。当现金受偿确实不能实现时，方可考虑以物抵债、债转股等债务重组形式清偿。实施债务重组时，应根据债务人、担保人或第三人可受偿资产的实际情况，严格尽职调查、审计评估、分析论证等程序，履行必要审批程序后，优先选择产权明晰、权证齐全、有独立使用功能、易于保管、能在短期内变现或变现价值高的资产进行抵债，确保国有资产不流失。

2016年，通过法律手段清欠案件304起，重点督导单位清回外部欠款31.95亿元，没有发生新的应收账款。2017年，清回外部逾期款项26亿元，通过诉讼维权避免经济损失1.65亿元，实现涉诉风险锁口4.9亿元。2018年截至4月末，清回外部欠款2.35亿元。

（三）降低资金成本

一是整体策划实施。集团引入专业机构实施整体策划，探索实施“控、换、转、引、争”五种方式，降低各项资金成本。“控”，就是严控贷款规模，科学规划资金接续，减轻借新还旧压力。“换”，就是以低息债置换高息债、以长期债置换短期债，优化债务结构。做好100亿元可续期债、50亿元可续期中票发行工作，启动首批境外债发行，打通境外融资渠道。

“转”，积极与各大银行开展工作对接，加快推进债转股，降低入场成本，简化操作程序，确保资金尽快到位。“引”，引进战略投资者，实施股权融资，优化投资结构，降低股权占比。“争”，积极争取国家“三去一降一补”的优惠政策和其他国补政策。

二是强化财务费用筹划和税收筹划。依托财务共享平台，提高资金筹集和使用效率，确保财务成本、融资成本降低。实行担保总额控制，严控贷款规模。深入研究国家税收法规，用足用活各项税收优惠政策。开展税收筹划，合理规避各项税费。建立集团统一的资金池和资金管控联动机制，提高资金使用效率，推动报销审核、财务核算、资产管理信息化运行，降低管理成本，提高管控效率。全面严格控制资金支出，所有资金支出必须列出清单、严格审核。积极申请政府专项资金、财政贴息、补助资金，降低企业资金压力。

三是强化增资授信。在维持原授信规模基础上，本部继续向青岛银行、北京银行、齐鲁银行等股份制银行争取新增 30 亿元授信额度。以借款担保和融资总额为抓手，重点监控基准利率上浮 20% 以上的高息借款，全年融资平均成本维持在 5.08%。

2017 年筹集资金 1209 亿元，进一步开拓了融资渠道，年可节约财务费用 3.84 亿元；置换高息贷款 18 亿元，节约财务费用 4500 万元；成功发行煤炭产业首支 40 亿元可交换债券，年节约财务费用 1.2 亿元。加强税收筹划，确保全年节支 5.09 亿元。全年争取各类政府奖补资金和政策减免费用 10 亿元。积极争取产业升级、环保节能、科技研发资金支持，统筹协调相关税费减免，累计获得政策支持项目 86 个、利用国家奖补资金 15 亿元。

（四）细化内部市场

以“全成本要素”为目标，以班组、岗位为市场主体，分层、分级管控，实施物资消耗与职工工资捆绑考核，促进岗位增值、员工增收、企业降本。

一是细化市场主体。按照生产节点就是降本节点原理，实施业务流程优化，重新界定部门职责，整合优化岗位工序，简化核算层级，形成层级清晰、管控到位、运行高效的市场主体管理体系。在一、二、三级市场建设基础上，完善矿处、区队、班组、岗位四级市场主体运作体系。把班组、岗位作为内部市场化成本控制的重点和基础，划小核算单元，以岗位货币化为目标，通过岗位设置、岗位评价、岗位竞聘，确定市场主体责任人，找准成本控制关键点，明确岗位价值。

二是优化业务流程。对生产系统优化升级，加大技术装备的投入，最大限度地实现减人增效、提速提效。优化整合组织机构，将工作内容相同或相近的岗位进行整合，将职责范围交叉的重新界定行政归属，整合界定业务链。明确产品或服务的交易对象和核算内容，统一标准、流程，推行标准工序管理，优化提升价值链，有效降低成本。

三是强化基础体系。夯实定额管理、价格管理、计量管理、核算结算、制度管理等成本控制基础管理。定额管理体系，把定额作为内部市场化成本管理的源头，在优化流程和明确标准工序的基础上，充分考虑经济节约性，制定劳动定额、物耗定额、能耗定额、服务定额等各项定额标准，建立健全区队（车间）、班组和工序消耗定额，形成全面覆盖、动态控制的定额标准体系。价格管理体系，完善价格制定程序和方法，明确细化价格范围，制定工资、材料、设备租赁、电费、修理费、运输费、服务费等单一要素价格，逐级制定区队、班组、工序综合单价，形成全覆盖、全要素构成的内部市场价格体系。计量管理体系，完善计量手段，统一计量标准，配备配齐计量器具和人员，对各级市场主体的用工、用料、用电、用水、用暖和服务量均有量可计，使每个交易行为都有准确的计量数据。核算结算体系，完善交易规则、结算流程和考核体系，构建直接结算、链式结算、单项工程结算、机关科室绩效考核等多种结算方式，形成多维度、立体化的结算体系。

四是拓展要素市场。把要素市场作为横向市场化成本控制重点，不断拓展市场化运行的广度。结合行业特点，煤业、煤化等专业公司统一要素市场建设标准和要求，逐步将生产经营要素全部纳入，建立市场化交易机制。逐步完善产品生产、工程施工、物资供应、电力、设备租赁、修旧利废、车辆运输、资金、后勤服务等基本要素市场。拓展建立人力资源、技术创新、安全隐患、保运（时间）等特色要素市场。特别是人力资源市场建设，通过市场化推行，结合定编定员工作，将人员隐性富余显现化，把富余人员纳入人力资源市场，优化人力资源配置，促进人员合理流动，大幅度降低企业成本。

2016 年，集团公司境内煤炭综合成本同比降低 23.9 元/吨，化工产品综合成本同比降低 70.67 元/吨，实现降本增效 14.3 亿元。2017 年，境内商品煤完全成本同比降低 39.3 元/吨；化工产品综合成本同比同口径降低 30.85 元/吨。

（五）拓展综合评价

集团以强管理、堵漏洞、降成本为目标，不断拓展民主评价范围，对经营管理中的热点和焦点问题进行民主评价，找准企业亏损关键点和敏感点。

一是驻点评价。集团公司对所有产业板块进行梳理分析，选取有代表性的生产经营单位，利用较长时间进行驻点跟班集中评价。通过周期性跟踪工作写实，准确把握岗位定员、业务流程、资金管理、成本构成、系统运转、设备维护、物资管理、风险管控、产品营销、价格质量、保障服务等生产经营各环节基本情况，对标行业先进水平，诊断分析问题症结，提出改进措施，编制整改方案，督促问题整改落实，提升管控水平和运营质量。

二是专业公司评价。为提升集团管控能力，促进专业公司转型发展，实施专业公司评价，对专业公司的组织机构、运营管理、内控制度、业务决策、贯彻执行等方面进行全面评价，及时发现集团管控和专业公司运营中存在的问题。集团公司组成评价工作组，制订评价细则，对专业公司进行综合评价。

三是专项评价。创新专项评价工作方式，简化评价工作流程，紧密结合集团公司年度重点工作，开展专项评价。集团公司制订专项评价工作计划，突出专项评价特点，明确任务目标要求，细化推进时间节点，及时发现经营管理中的重大问题，制订改进措施，形成专项评价业务报告。集团安排员工总量控制、内部市场化建设、内部协同、商业模式创新、亏损企业治理、两金占用、物资集采、融资成本、双创成效、项目建设等 10 项专项评价活动。

四　企业成本高的原因

（一）税费负担加重

一是税费种类繁杂。据统计，各类涉煤税费一般占企业营业收入的25%～35%。煤炭企业需缴纳各类税费近30项，其中，山东一些地市近年来征收的价格调节基金，既没有国务院或财政部门审批通过的文件，也没有列示在财政部每年下发的“全国政府性基金项目目录”中，属于未经报批或备案的政府性基金。兖矿集团本部2008～2012年共计缴纳地方价格调节基金14.45亿元。

二是增值税偏高。煤炭企业在生产过程中原材料消耗少，增值税进项税抵扣少，使得煤炭企业增值税普遍偏高，如煤炭产业综合增值税税率超过11%，高出一般加工及机械制造业6～9个百分点。自2016年5月1日开始全面推行“营改增”，兖矿集团增值税2015年为25亿元，2016年为26.8亿元，2017年为46.5亿元，同比增长接近一倍，并未有效降低煤炭企业的增值税税负。

三是资源税升高。2014年12月1日资源税改革，由从量计征改为从价计征，同时将矿产资源补偿费和价格调节基金取消，并作为计算资源税税率的依据，但是，随着商品煤价格的回升，资源税税负进一步加大，2017年缴纳资源税14.48亿元，比2016年增加7.27亿元，增幅100.83%。

四是作价出资土地缴纳契税。山东省将182宗12423亩划拨土地作价34.77亿元，作为政府资本金注入集团。依照现行税收政策，以土地作价出资方式处置划拨土地，需要按照4%的税率向土地所在地契税征收机关缴纳契税。由于兖矿集团作价出资的土地主要是生产用地，而且处于独立工矿区，地理位置较差，难以将土地对外转让变现。在当前企业现金流特别困难的时期，如果缴纳近1.4亿元的税金，将对生产经营造成很大影响。

五是“僵尸企业”债务损失负担。煤炭企业关闭“僵尸企业”有较大债务负担，集团公司无力承接。目前，在债务处置具体操作层面还缺乏中国银行保险监督管理委员会等金融机构的政策支持。

（二）融资成本升高

煤炭企业杠杆去化压力和行业重资产经营现状使得融资困局有增无减，难度加大，成本上升。

一是间接融资方面。各金融机构审查严格、门槛苛刻，特别是在目前金融去杠杆和脱虚向实的窗口期，工、农、中、建、开等国有商业银行普遍采取授信总额锁定管理，不再新增贷款，并不同程度压缩原有贷款规模，传统的大行为主的融资结构已经被打破。同时在贷款还旧借新过程中，受贷款规模紧张影响，续贷融资成本均有 5% ~10% 的上浮。股份制银行对集团公司及成员单位也采取压缩授信额度、限制新增贷款等融资政策，续贷融资成本持续走高，融资压力进一步显现。

二是直接融资方面。各监管机构对债市资金用途的固化，进一步引导了利率上行。从 2018 年一季度债券发行成本看，集团虽低于同期同行业煤炭企业，但较上年同期的发行成本要高出 50 ~ 80 个 BP，债券融资成本大幅提高。同时，能源行业动辄几十亿元的项目投资和资金缺口，使得原本就较高的杠杆率不堪重负，在既要满足资金需求又要降低资产负债率的困境面前，溢价较高的权益融资成为企业的无奈选择。

三是融资环境恶化。受“僵尸企业”处置带来的巨大还款压力、企业合资合作带来的融资困难、资产负债率高且金额较大的影响，外部融资授信额度不断压缩，融资成本不断升高。受连年亏损且“两金”占用大的影响，融资平台逐渐减少，银行授信核减与抽贷风险加剧。地产、建设等融资渠道受限，房地产融资紧缩政策不断升级，融资难度加大。公司连续 3 年被银行核减授信额度 56.6 亿元，抽贷 51.4 亿元。

四是融资新规影响。上级主管部门要求资产负债率达到 70% 以上的企业，发行短期融资券、超短期融资券等短期债券，报主管部门审批。集团 2017 年资产负债率 73.6%，发行短期融资券、超短期融资券等短期债券，需报批。因短期融资券、超短期融资券操作灵活发行时机稍纵即逝，报主管部门审批将在一定程度上影响该类债券的发行时机选择，给企业的短期债券发行带来了一定困难。

五是融资难度加大。目前绝大多数煤炭企业的债务结构依然以间接融资为主，煤炭、钢铁等行业又被银行等金融机构列为融资限制性行业，加之资管新规出台，刚性兑付从制度上被打破，信用债利差扩大，银信合作等传统非标融资渠道叫停，实体经济融资渠道变得更加单一，同时“债转股”落地难、“明股实债”，都使得煤炭企业的融资难度加大、成本大幅提高。

（三）环保费用投入

2015 年以来，兖矿集团主动适应国家环保约束增强新要求，实施环保三年行动计划，三年来累计投入资金 11.93 亿元，实施 214 个重点环保治理项目。

一是推进环保重点治理项目建设。2017 年投资 2.96 亿元实施环保重点治理项目，共计 11 个，包括电厂锅炉超低排放改造项目、干式贮灰场项目等。2015 ~2017 年，实施锅炉及炉窑烟气治理项目 38 个，投资 5.84 亿元，占总投入的 48.9%；实施废水处理项目 38 个，投资 2.55 亿元，占总投入的 21.4%。

二是高标准规划扬尘治理项目。全面排查梳理煤场、矸石堆场、运煤运矸道路存在的扬尘污染问题，全年共计建设防风抑尘网 12.14 万平方米，敷设喷淋设施管网 2.44 万平方米，转移、推平矸石 146.8 万立方米，覆土 101.9 万平方米，场地硬化 6.09 万平方米，道路硬化 1.39 万平方米，购置多功能抑尘车、清扫车、洒水车 32 辆。煤场安装扬尘 PM10 在线监测和视频监控，淘汰更新各类高耗能落后机电设备 4042 台，累计投资 6222.57 万元。2015 ~217 年实施扬尘治理项目 88 个，投资 1.76 亿元，占总投入的 14.8%。

三是开展节能技改项目建设。“十三五”以来，实施电厂锅炉升级改造、余热回收利用、瓦斯电站建设等 21 个节能技术改造和资源综合利用项目，累计投资 2.02 亿元。

四是推进能源管理信息化建设。开发“计量管理信息系统”，推动“数字化矿井”、“数字化电厂”和电厂“能源管理信息平台”建设。投资1.23亿元建成运行煤炭行业首个国家级示范项目——兖矿化工能源管理中心及其配套的12个节能项目。

五是继续投入新环保三年行动计划项目。兖矿集团对照各级政府治理要求，以锅炉超低排放、VOCs治理、煤场扬尘整治、重污染天气应急为重点，以高标准的技术标准、装备标准、管理标准编制2018～2020年环保治理规划，共梳理汇总三年行动计划项目168项，需要继续加大资金投入。

（四）“三供一业”移交费用

按照国家、省政府有关要求，兖矿集团积极推进国有企业职工家属区“三供一业”等企业办社会职能分离移交工作。

一是“三供一业”移交情况。按照单项移交协议统计，兖矿集团职工家属区“三供一业”累计签约253504户，对照省国资委考核指标253640户，完成率为99.95%。已有34处市政设施与11个社区管理机构签订分离移交协议，分别占移交总量的70%和79%；另有2个教育机构、1个医疗机构移交地方，2个消防机构予以撤销。

二是移交费用资金缺口较大。目前，交接双方正在通过招标等方式，大范围启动供水维修、供电维修、供暖维修等改造工程，2018年年底前全部完成。2016年11月底，兖矿集团共获中央财政补助资金84006万元。已按照分离移交（框架）协议约定，累计向地方政府和接收单位拨付82678万元。预计需要总费用20亿元，目前还存在11亿元的资金缺口。

三是创新移交模式留有隐患。兖矿集团对邹城市创元物业公司进行整合增资，注册资本金由50万元增至2000万元，成立了山东创元物业管理服务有限公司。2017年12月25日，山东创元物业管理服务有限公司顺利移交邹城市政府。随后，该公司作为物业平台公司，承接了集团绝大多数职工家属区物业管理和部分独立工矿区“三供”业务，但是该公司的一切运营支出仍由集团负责，进一步增加了企业运营成本，与“三供一业”分离减轻企业负担的初衷相背离。

四是历史遗留问题增加企业负担。一方面，住房维修资金补缴欠费。职工家属区多为20世纪八九十年代的小区，进行房改时，绝大多数没有缴纳住房维修资金。由于当时购房价款非常低，即使按照购房款补缴，也难以与市场化小区接轨。物业管理业务移交后，职工家属区建筑物大修工程将面临无资金来源的情况。另一方面，公路养护费用资金支付。邹兖公路为省道，一直以来由兖矿集团管理维护，在移交对接工作中，地方公路局提出企业出资3461万元对公路实施维修改造后，方可接收，同时还应该明确地方公路局接收后养护费用的资金来源。

五是资产移交涉及费用。按照文件规定，“三供一业”在资产处置方面，接收单位为国有企业或政府机构的对分离移交涉及的资产实行无偿划转。兖矿集团“三供一业”分离移交涉及资产原值11.31亿元，净值3.52亿元。按照现行财税规定，企业无偿划转资产应视同销售，需要缴纳企业所得税、增值税、印花税、土地增值税，资金量巨大。

（五）压煤搬迁费用较大

兖矿集团省内所属煤矿地理位置为平原，地面村庄多、建筑物多，尤其是济宁二号煤矿和济宁三号煤矿位于济宁市城区附近，近几年，济宁市城市建设规划对资源压覆较为严重。

一是搬迁费用成本高。按照目前国家、省市法律法规，涉及采煤塌陷地方面的规费有青苗减（绝）产补偿费、附着物补偿费、土地补偿费、安置补助费、土地管理费、土地复垦费、耕地占用税、土地使用税、水土流失补偿费和矿山环境治理保证金等相关费用。压煤村庄搬迁工作难度大、成本高成为制约煤炭企业发展的大问题。

二是环湖大道东线工程影响严重。济宁市拟建设的环湖大道东线工程，将压覆济宁三号煤矿资源储量1.35亿吨，相当于一个新建大型矿井的资源储量，并且直接影响矿井正在生产的采区，并可能导致矿井服务年限约缩短10年，预计减少营业收入330亿元、利润170亿元、税金100亿元，给企业和地方经济发展带来较大影响。

三是企业资产受损减值。济三煤矿自1993年12月建井以来，累计投入51.89亿元，其资产规模与650万吨以上的商品煤产量相匹配，建设项目压覆大量的资源，将造成资产价值大幅缩水，预计会带来超过30%以上的资产减值损失。目前拟建方案压覆资源采区生产系统已形成，累计投入资金2.5亿元，此项新投入也将造成损失。

（六）保护区矿权清理损失重

根据山东省国土资源厅、林业厅《关于进一步做好全省各级自然保护区内矿业权退出工作的通知》和《关于报送自然保护区内矿业权退出计划的紧急函》的要求，兖矿济宁三号煤矿部分矿区范围位于南四湖自然保护区内，属于须调整矿区范围，变更采矿许可证，退出自然保护区限制开采范围的矿井。

一是矿井损失概算。根据济宁市国土资源局提供的自然保护区范围，济三煤矿井田范围与自然保护区（含核心区、缓冲区、实验区）重合面积58.5km^2，占压资源储量46068.0万吨，其中特殊稀缺煤种（气肥煤）5937.4万吨。退出自然保护区后井田面积剩余46.6km^2，剩余资源储量31502.0万吨，可采储量6630.1万吨，矿井服务年限减少约20年，矿井服务年限仅剩10年左右。按2017年矿井利税水平测算，缩短服务年限20年，预计减少营业收入600亿元、利润300亿元、税金180亿元。

二是资产减值损失大。矿井固定资产净值14.31亿元，其资产规模是与600万吨以上的商品煤产量相匹配，大幅减少商品煤产量会造成资产价值大幅缩水，会带来约5亿元的资产减值损失。自然保护区内生产系统已形成，累计投入资金3.5亿元，矿业权退出将造成此项新投入损失，矿井将由盈利迅速转为亏损。

三是采矿权先于保护区设立。济三煤矿先于南四湖自然保护区设立之前取得采矿许可证，在设立自然保护区之后又经国土资源部多次变更、延续，属于合法开采矿井。山东省南四湖自然保护区，由山东省人民政府2003年6月批准设立。济三煤矿《采矿许可证》由国家地质矿产部于1991年8月首次审发，后来由于企业名称变更、上市公司矿权转让等原因，多次变更。现《采矿许可证》由国土资源部2011年6月24日颁发，有效期自2007年9月3日至2027年9月1日。

五　政策建议

（一）加快涉煤税费调整

一是全面梳理涉煤税费。国家有关部门应对涉煤税费进行全面排查摸底，全面统计、归类和测算，把税费测算结果与全国其他行业水平对比，根据煤炭产业的特点确定合理税费负担水平，并以此确定今后涉煤各种税费调整的最高总量控制水平线。

二是总量控制加减并重。根据研究确定的总量控制水平线，对涉煤各种税、费、基金进行全面梳理，该加的加，该减的减，该调整的调整，该取消的取消，并严格税费审批权限，强化管理，严禁地方政府越权乱增设税费项目，确保涉煤税费管理规范可控、公平合理。

三是扩大行政事业性收费免征范围。全面实施涉企收费目录清单管理，将涉企行政事业性收费、政府性基金、政府定价或指导价经营服务性收费和行政审批前置中介服务收费等项目清单，在地方政府及国务院各部门网站常态化公示。

四是取消减免一批政府性基金。将教育费附加、地方教育费附加、水利建设基金免征范围由月销售额或营业额不超过3万元的缴纳义务人扩大到月销售额或营业额不超过10万元的缴纳义务人。

五是降低增值税税率和资源税税率。国家从2018年5月1日起，增值税税率从17%降至16%，对煤炭企业来说，降本效果最为明显，鉴于煤炭生产的特殊性及企业整体税负仍处于较高水平，建议进一步降低增值税税率。同时，进一步降低资源税税率，将资源税税率由目前的4%降为与周边省份安徽、河南、河北、江苏的2%均等的最低税率。

六是减免作价出资土地契税。企业作价出资处置的土地在使用权没有转移自用期间，免缴契税，或降低契税税率。待企业在土地二级市场转让土地使用权时，再按政策缴纳契税。

（二）降低融资成本

一是降低融资中间环节费用，加大融资担保力度。完善信贷资金向实体经济融通机制，降低贷款中间环节费用，严禁“以贷转存”、“存贷挂钩”等变相提高利率行为。

二是引导金融机构针对不同企业合理定价。督促银行业金融机构依法合规收费，制止不规范收费行为。

三是发展政府支持的融资担保机构。允许有条件的地方设立政府性担保基金，探索运用资本注入、再担保、风险补偿等措施，提高融资担保机构为战略性新兴产业服务积极性。

四是对煤炭企业进行分类管理。建议政府出台相关政策对支柱性企业和转型发展企业保持稳定的授信额度，尽快出台相关政策促进债转股落地、解决“明股实债”问题。

五是加大扶持力度，降低煤炭产业融资难度。加大扶持力度，增加稳定的银行授信额度，将骨干传统企业纳入重点信贷支持企业名单，执行贷款优惠利率。落实财政金融互动资金要求，通过激励奖补、风险分担、融资贴息等方式，引导带动金融资本加大对传统产业的投入。统一洽谈、统一协调争取更加优惠的融资，降低融资成本。

（三）减免环保费用

一是完善节能环保专用设备税收优惠目录。尽快修订完善《环境保护专用设备企业所得税优惠目录》和《节能节水专用设备企业所得税优惠目录》，将新材料、关键零部件、价格高的设备分批次纳入应用保险保费补偿机制实施范围。

二是扩大环保投入减免范围。将环保治理投入费用进行适当减免，或将部分费用在企业所得税前列支。同时对环境治理改造过程中发生的必要的合理的超范围、超标准支出，予以适度的财政资金补助。

三是清理规范环保收费项目。针对环保收费名目繁多且有重复收费问题，建议相关部门对环保收费项目的依据进行重新评估，清理重复的收费项目。

四是对环保收费用途进行公示。企业缴纳了种类繁多的环保费用，建议对环保收费的用途进行公示，对项目实施的时间、地区公开，对项目实施效果进行公示，便于公众监督。同时，对将环保费用用于环境治理方面突出的企业进行奖励。

五是进一步优化排放考核指标。目前要求各省一刀切控制碳排放和COD 排放总量并逐年降低一定百分比，且实行一票否决制。建议改为按不同行业产品的单位产量排放逐年降低的方法考核。

（四）协调“三供一业”移交

一是妥善解决住房维修资金补缴问题。各省国资委、财政厅等相关部门出台相关政策，明确缴纳标准，并建议按当地同类住宅缴纳标准，测算缴纳基数后，予以补缴。

二是协调解决社区管理职能移交问题。为避免移交后，出现漏管、失管等问题，各地方政府要积极协调，进一步落实企业“移交”、地方政府“接收”两个责任主体，明确地方政府作为接收主体和责任主体，建立奖惩机制，调动地方政府积极性，不但将社区管理职能接收到位，更要管理到位，实现真正意义上的移交。

三是协调解决公路移交问题。各地方政府应积极协调，针对公路移交的办理进度，要求省、市两级公路局尽快出具意见，积极协调办理移交手续。

四是加大对分离移交工作的资金补助力度。建议由各省财政厅牵头，明确企业“三供一业”分离移交费用的补助办法，以加快推进企业分离移交工作，也为各地市制定补助政策提供遵循。建议中央加大财政补助力度，并适当给予省级财政补助，减轻企业负担。

五是减免“三供一业”资产移交税费。“三供一业”移交有利于国有企业减轻负担、集中精力发展主营业务，企业在划转过程中并没有实现收益和现金流入。在政府主导下资产无偿划转，应明确相应优惠政策，减免企业税费缴纳。

六是尽快完善配套政策。建议各省住房和城乡建设厅加强对各市维修改造标准制定工作的指导，防止标准定得过高或过低。对没有改造价值的家属区，建议纳入当地棚户区改造范围，一并实施移交改造。健全与社会保障相衔接的职工安置机制，将职工安置纳入社会就业体系，优先提供各种政策扶持。

（五）妥善处置压煤村庄搬迁

一是坚持以人为本，各级地方政府及各管理部门要在压煤村庄搬迁工作的每个环节、每个步骤上注重研究和落实群众与企业的利益与诉求，优化搬迁工作环境。

二是建立“政府主导、乡镇主办、部门协调、企业配合、村民参与”的工作机制和“重大问题协调机制”，对压煤村庄搬迁及安置过程中存在的问题和矛盾，各级地方政府应加强实地调查研究，及时出台实效性、可操作性较强的办法和措施。

三是对于取得采矿权早于城市建设规划的资源，建议分类提出差别化的补偿方案，以保证企业合法权益，避免国有资产流失。

（六）审慎推进保护区矿权清理

一是对所压覆资源进行补偿或置换资源，加快企业后备井田、接替矿井的开发审批。同时，结合资源赋存实际情况，尽快明确各级自然保护区的边界范围和功能区划，最大限度解放煤炭资源。

二是处于自然保护区核心区和缓冲区的矿业权在进行价值评估并依法补偿后退出，且退出前应留有一定过渡期。处于自然保护区实验区和外围保护地带的矿业权应经政府绿色矿山建设论证通过后予以保留。

三是切实发挥政府主导作用。政府制定出台相关政策，对在岗职工、临近退休职工、提前退休人员等分别制订安置方案；对企业资产评估作价以解决企业债务问题；专门设立矿业权退出补偿资金。

B.11
多措并举　内外发力　切实降低煤炭企业综合成本

河南能源化工集团有限公司 *

摘　要： 本报告客观介绍了企业综合成本的基本情况，分析了成本被推高的原因，结合供给侧结构性改革降成本的实际，提出降成本一方面需要企业加强自律，持续强化管理，提高运营质量和效率；另一方面，需要政府结合产业特点，积极出台有针对性的帮扶政策。

关键词： 河南能源集团　供给侧结构性改革　降成本

一　企业基本情况

（一）总体情况

河南能源化工集团有限公司（以下简称“河南能源”），是经河南省委、

* 课题组组长：马富国，河南能源化工集团党委书记、董事长，审计师。副组长：刘银志，河南能源化工集团总经理、党委副书记、副董事长，教授级高级工程师；宋录生，河南能源化工集团常务副总经理，教授级高级工程师；闫长宽，河南能源化工集团总会计师，正高级会计师。主执笔：陈凤丽，河南能源化工集团财务管理部副部长，高级会计师。成员：王长利，河南能源化工集团财务管理部部长，正高级会计师；王庆红，河南能源化工集团财务管理部副部长，高级会计师；王祥飞，河南能源化工集团财务管理部主管，会计师；王小亮，河南能源化工集团财务管理部主管，会计师；棘军，河南能源化工集团金融事业部总经理，高级经济师；史青山，河南能源化工集团金融事业部主管，助理会计师；刘道龙，河南能源化工集团综合办副主任，高级政工师。

省政府批准，分别于2008年12月、2013年9月经过两次战略重组成立的一家集能源、化工、现代物贸三大主业，金融服务、智能制造和合金新材料两大辅业于一体的国有特大型能源化工集团，产业主要分布在河南、新疆、青海、贵州、内蒙古、陕西等省（自治区）。截至2018年5月底，资产总额2762亿元，拥有员工18.9万人，拥有煤炭产能近1亿吨、化工产品产能合计近1000万吨。位列2015年世界500强企业第364位、2016年中国企业500强第101位、2017年中国煤炭企业50强第12位。2017年生产煤炭6166万吨，实现营业收入1602亿元，利润总额13.2亿元，上缴税费90亿元，完成项目投资50亿元。当前河南能源正在以改组国有资本投资公司为契机，以全面打好深化管理、管理提升、风险管控三大攻坚战为抓手，持续推动质量变革、效率变革、动力变革，着力打造高效能源、创新能源、绿色能源、开放能源、和谐能源，以高质量发展态势打造具有全球竞争力的世界一流企业。

（二）成本情况

近年来，河南能源综合成本处于相对较高水平，成本费用总体呈现“五高”特点：一是人工成本高。受矿井开采年限长、机械化开采程度偏低、装备老化等因素影响，煤矿用工总量偏多，人工成本占原煤生产成本的比重2016年为45.42%、2017年为41.19%。二是开采投入高。受资源赋存深、地质条件复杂及部分老矿区处于衰退期等先天因素影响，煤炭开采成本远高于同行业；地方安全投入提取标准层层加码，最高达70元/吨，安全投入在煤炭成本中占比较高。三是税费成本高。煤炭产业整体税负约25%，其中，增值税税率为12.45%，高出钢铁行业约10个百分点，高出电力行业近7个百分点。四是融资成本高。受企业经济效益及行业因素影响，近几年集团融资成本持续攀升，目前综合融资成本较基准利率高出40%以上。五是社会责任成本高。河南能源作为国有重点骨干企业，累计承担政策性任务投入近180亿元，加重了企业利息负担及管理运营成本。

二 综合成本高原因分析

分析综合成本高的成因，有企业历史原因、客观条件制约及自身管理因素，也有制度性、政策性原因。具体原因如下：

（一）人工成本高

人工成本是煤炭生产成本的重要构成项目。人工成本高，既有内部原因，也有外部原因。内部原因主要是历史原因和资源开采条件形成的，外部原因与国家社保政策和社会经济发展水平有关。

1. 社会性原因

国家经济发展与社会平均工资水平之间存在着显著的相关性，随着经济社会发展水平不断提高，各行业总体人工成本不断上升，煤炭产业同样如此，再加上煤炭井下作业的特点使得招工难、招工贵问题异常突出，特别是年轻工人和具有一定文化素质的高技能工人招聘更加困难，高技术人才紧缺、采煤机械化程度相对较低形成的恶性循环，导致煤炭企业短期内难以实现精减人员的目标。

2. 政策性原因

按照现行社保政策，煤炭企业负担的“五险一金”整体达到工资总额的40%左右，负担比例偏高，加重了企业人工成本投入。

3. 历史原因

河南能源义煤公司、焦煤公司、鹤煤公司所属大部分矿井开采历史时间长，比如义煤公司观音堂煤矿开采历史长达100多年。由于企业多次改制不彻底，形成的机构臃肿、冗员多、结构不合理问题较为突出，但煤矿职工家庭几代人都在矿区工作生活，员工普遍不愿意离开矿区工作，人员转型安置较难。此外，员工工作技能单一，在社会上寻找工作相对困难，人员分流难度较大。矿区承担了较大的人员安置压力，与民资煤矿相比，国有企业承担的人工成本相对较高，但人均工资水平整体不高。

（二）煤炭开采投入大

河南能源所属的大部分矿井分布在河南省境内，矿井资源赋存条件相对较差，地质条件复杂，开采难度大。多数矿井开采深度超过600米，瓦斯、水害、冲击地压等灾害较为严重，82对矿井中，高瓦斯矿井和煤与瓦斯突出矿井46对，占比高达56%，且开采规模整体偏小，产业集中度低，一些矿井不具备机械化开采条件，造成用工量大、人工成本高。随着开采年限不断增加，开采战线长、环节多，运输系统、生产系统复杂，煤炭产量下降，工效降低，地质灾害增多，安全投入增加。集团煤炭产业安全投入年均在30亿元左右，安全投入总量大。费用提取标准高，河南省煤炭主管部门规定I类瓦斯管理区提取标准不低于70元/吨，较国家规定的最高提取标准30元/吨高出40元/吨，加重了煤炭企业成本负担。加之河南省内主要矿区地处平原，地面村庄密集，搬迁费用、塌陷赔偿费用、土地复垦费用成本持续上升，进一步增加了成本压力。

（三）税费负担重

煤炭产业税费负担远高于其他工业企业。以增值税为例，由于开采自然资源的特点，煤炭生产过程没有原材料，只有辅助材料，造成可抵扣的进项税额少，煤炭增值税税负较高。此外，税收征管没有考虑资源开采效率、节约利用效果、市场化调节以及税基弹性杠杆等因素，对资源禀赋不好的煤炭企业是较大负担。此外，耕地占用税返还期限受限、资源税改革等也增加了煤炭税费成本，目前河南能源各种涉煤税费占营业收入的25%左右。

（四）融资成本高

河南能源负债率整体偏高，2017年末为82.71%，利息负担较重。融资成本高的主要原因：一是煤炭及下游钢铁、化工、建材等行业均属产能过剩行业，加上国家环保政策的不断强化及能源政策调整，金融机构对煤炭企业持谨慎态度，融资政策收紧，导致融资成本不断攀升。二是金融机构严格控制“两高一剩”行业贷款准入标准，并提高贷款利率，一些金融机构人为地把煤炭产业也列入“两高一剩”行业，导致煤炭企业融资难、融资贵问题异常突出，处于转型期的煤炭企业为了生存发展不得不去寻求门槛低但融资成本高的融资租赁、信托等融资渠道。三是债券市场信心持续低迷，投资者对煤炭产业持观望态度，购买意愿低，债券发行成本明显高于其他行业。四是宏观环境方面，货币流动性依然趋紧，监管部门对金融机构的监管不断加强，金融机构趋向于审慎经营，导致企业融资难度加大，融资成本居高不下。

（五）社会责任及政策性、制度性成本较高

一是政策性任务负担重。根据河南省政府安排，河南能源陆续承担了包括重组162对河南省内小煤矿、对其他省管企业的投资或借款等近180亿元的政策性任务，每年增加利息支出约12亿元。二是社会负担重。企业承担了“三供一业”，企业办医院、教育等职能在内的一系列社会公共投入，分离企业办社会职能后，退休人员属地化管理带来的后续负担较重，煤炭企业作为移交方，一般需要再承担若干年的相关费用，才能完成彻底移交。三是环境保护成本上升。当前人民群众的环保意识逐步强化，相关法律、法规体系不断完善，煤炭企业在环境治理恢复、污染防治、用能成本等方面投入和支出持续增加。集团所属单位超低排改造累计投入资金十多亿元，2018～2020年环保工程计划总投资22亿元。以煤改气为例，按照河南能源所属矿井自用锅炉由烧煤改为用天然气后，设备改造投入1亿多元，年均增加运行成本约2亿元。

三　供给侧结构性改革环境下降成本的措施及成效

（一）着力抓好人工成本控制

1. 逐步减少用工总量

一是坚持“机械化换人、自动化减人”的思路和“招聘人不如培训

人”的理念，持续进行绿色化、智能化和企业技术改造，切实减少用工总量，提高生产效率。2017 年集团用工总量净减 1.6 万人。二是开辟新的用工渠道，如通过劳务输出、开展“双创”等减少用工人数。三是利用煤炭去产能政策，多渠道推动人员转岗分流，人工成本得到进一步控制和优化。

2. 变招工为招生

采取委托培养、对口单招等形式，逐步增加招生数量，减少招工数量，既解决了煤炭井下招工问题，同时又解决了职工子弟安置问题。

3. 强化内部调剂

在正常生产矿井和去产能矿井之间进行调剂；加强职工培训，在煤炭关闭矿井和化工企业之间进行调整；在省内企业和省外企业之间进行调整。通过内部调剂余缺，在减少用工总量的同时，有效保证了企业正常生产经营。

（二）积极降低用电用能成本

河南省出台了《河南省推进供给侧结构性改革降成本专项行动方案》（豫政办〔2016〕96 号），自 2016 年 1 月 1 日起，全省一般工商业企业较其他用电价格每千瓦时降低 5.57 分，自 2016 年 6 月 1 日起，降低尖峰电价水平；另外，企业内部持续加强机电管理，避峰就谷，科学用电，用电成本有效下降，2016～2017 年累计减少电费近 1 亿元，煤炭单位成本中电力成本 2016 年 17.2 元/吨，2017 年降至 15.4 元/吨。

（三）大力优化税费成本结构

1. 企业主观努力方面

一是加强税收政策研究。积极利用营改增政策、固定资产加速折旧、高新技术企业以及小微企业等税收优惠政策，合理优化纳税成本，确保税收优惠政策应享尽享。二是加强产权梳理，压缩管理层级，梳理关联交易，优化结构性税收成本。三是积极呼吁政策支持。认真做好数据测算、对比和分析等工作，向主管部门反映、呼吁，全力争取解决煤炭税费成本高的问题。

2. 宏观政策支持方面

国家及河南省出台了一系列清理涉企收费、研发费用加计扣除、小微企业等一揽子税收优惠政策，自 2018 年 5 月 1 日起，产品及劳务增值税税率下调 1 个百分点，这些都使企业切实享受到国家降低税费负担的政策红利。

（四）全力降低融资成本

1. 利用国家政策开展市场化债转股

河南能源共签约市场化债转股规模 475 亿元，截至 2018 年上半年已落地 130 亿元。债转股的实施阶段性改善了企业资产结构，降低了融资成本，提振了市场信心，助推了集团后续融资工作的有效开展。

2. 开辟多元化融资渠道

在坚持传统融资模式情况下，积极开展中期票据、短期融资券、海外债、公司债等债券融资、融资租赁模式，丰富了融资渠道，降低了融资成本。2018 年上半年成功发行海外债 1.5 亿美元，另有 7 亿美元海外债已取得国家发改委批复。

3. 减少资金占用

一是持续加强“两金”占用管理。2016 年以来持续开展清欠专项行动、清欠风暴行动，应收款月均占用规模较两年前下降了 62 亿元；加强存货管理，推进代储代销、集中采购，生产经营企业存货占用资金月均下降 23 亿元。二是强化资金预算管理，在确保安全生产必需资金的前提下，合理灵活运用资金，提高资金的使用效率和效益，同时严控非生产性支出。三是加大闲置、低效、非主业资产的处置变现力度，积极瘦身去虚，强身健体。

（五）积极推进煤炭去产能

认真落实国务院关于煤炭去产能工作指示精神和总体部署，2016 年、

2017 年已累计完成 88 对矿井关闭、1879 万吨产能出清、37296 名富余职工的分流安置任务，2018 年化解煤炭过剩产能工作实施方案已经省政府确定后正在抓紧实施。通过退出落后产能，有效减少了亏损源，优化了产业结构，促进了企业经营状况持续好转，工人欠薪、社保欠费、安全欠账、技改创新投入不足等历史欠账问题都将逐步得以解决。

（六）分类实施“僵尸企业”处置

按照国务院关于“三去一降一补”工作安排，积极稳妥、依法依规科学推进僵尸企业处置，2017 年已完成 33 家僵尸企业的处置任务，2018 年计划处置僵尸企业 23 家，截至上半年已有 17 户完成处置任务，其余 6 户正按时间节点高效推进。企业低效无效资产通过逐步出清，极大优化了产业结构，提升了企业运营的质量和效率。

（七）深入推进科技创新与管理提升

一是通过精准生产和精细管理降低成本，推进众创空间、企业技术创新中心等技术平台建设，发展智能化、绿色化产业，持续优化提升管理流程，提升成品率和优质品率。二是优化成本管理体系，全面实施精细化核算，由准成本核算转变为全成本核算，逐步推行作业成本法核算的精细化成本核算模式。集团所属常村矿基于作业成本法的煤炭企业成本管控案例成功入选财政部管理会计案例库，为河南能源创新成本管理奠定了坚实基础。

（八）加快降低制度性交易成本

一是行政审批效率提高，政府服务意识增强，为企业改革发展和生产经营创造了便利条件。如 2017 年河南能源转型发展基金设立时，通过政府开辟的绿色通道，从基金申请到注册完成，仅用了一周时间，企业切实享受到了政府提供的便捷服务。二是政府清理和规范各类行政许可、资质资格、中介服务等管理事项，有效降低了中介审验、检验检测成本。三是完成“三供一业”分离移交工作。河南能源 2017 年完成涉及 258 个家属区、52.1 万户“三供一业”、11.6 万名退休职工、31.7 万人的医疗生育保险的属地化管理，年均减负 3 亿多元。

四　推动煤炭企业综合成本上升的主要制约因素

（一）融资成本

2016 年以来，受益于供给侧结构性改革持续推进，河南能源经营状况得到明显改善。但前期积累形成的高负债率以及煤炭及化工列入产能过剩行业影响信贷政策调整，加之近两年企业集中进入还债高峰期，导致资金仍然较为紧张。金融机构出于风险考量，对高负债企业无论是借款还是债转股均要求提供较为苛刻的担保、抵押等增信条件。当前，宏观资金面趋紧，企业很难摆脱融资难、融资贵的困境，近几年融资成本将呈逐年上升趋势。

（二）税费成本

煤炭产业作为资源型行业，原材料投入在生产成本中占比较低，而占比较高的人工成本、资源成本、环境补偿及恢复治理成本在现有税制下不能抵扣，可抵扣范围先天性偏低。2009 年增值税改革后，煤炭产品增值税税率由 13% 调增至 17%，2018 年 5 月 1 日后调整为 16%，煤炭增值税税负仍远高于其他行业。河南能源主矿区平原开采，每年缴纳的约 2 亿元耕地占用税在完成土地复垦后按现有规定无法正常返还，企业税费成本居高不下。此外，2014 年 12 月 1 日资源税改革由从量计征改为从价计征后，随着煤炭价格上涨，资源税税负呈上升态势。

（三）刚性支出

目前煤炭生产成本结构中，人工成本、安全投入、环境及资源成本占比高达60%以上，随着社会平均工资增长、煤炭用工环境变化，以及国家关于生态环境保护的高度重视，长期来看，这些成本将呈上升趋势，导致煤炭成本下降的空间非常有限。

（四）去产能、去杠杆、“除僵尸”存在困局

按照中央及河南省关于化解过剩产能、处置“僵尸企业”的意见，河南能源积极推进相关工作，一大批落后产能得到关闭退出，一些长期扭亏无望的“僵尸企业”实施重组或进入破产清算程序，由此带来的资产损失数额庞大。按目前会计政策处理，将导致企业经济效益大幅下滑，资产负债率迅速攀升，给本就脆弱的融资基础带来严重冲击，由此可能引起一系列财务风险及安全稳定风险，目前单独依靠企业自身难以消化政策性去产能及“除僵尸”形成的巨大损失。

五　相关建议

（一）切实降低实体企业融资成本

一是通过政策性引导，对国有重点煤炭企业给予定向优惠利率支持，从根本上解决煤炭企业融资难、融资贵的问题。二是积极推动市场化债转股落地。当前债转股存在落地难、明股实债的现实问题，特别是对负债率高等相对困难的企业，金融机构实施债转股的动能不足，没有国家层面的政策引导和刚性约束很难实施。建议国家结合 2018 年 6 月份定向降准支持市场化法治化“债转股”精神，以重点解决国有重点企业在去产能、“除僵尸”过程中的投入作为推动债转股的突破口，按照企业在各金融机构的借款比例分割具体金融机构债转股金额，指定金融资产管理公司收购后实施，促进混合所有制改革及公司治理提升，让发展前景良好但遇到暂时困难的企业真正通过实施债转股缓解暂时困难、实现长期健康发展。三是对执行去产能政策的国

有重点企业，提供煤炭转型发展基金或政策性低息贷款，定向降低企业融资成本。

（二）妥善处置去产能资产债务

一是开辟处置渠道，增加处置途径。本轮政策性去产能普遍存在不良资产处置难问题，煤炭企业当前脆弱的盈利能力和高负债率财务状况，难以消化不良资产处置损失。建议国家出台由国有资产管理公司对国有投入部分实施不良资产剥离收购的政策，以时间换空间帮助企业渡过暂时困难。二是制定该类资产债务减值损失的财务特殊处理政策，避免一次性形成大量的减值，导致企业资产负债率大幅上升。

（三）合理降低企业人工成本

一是降低社保成本。通过政策性、阶段性调整社保征缴比例，降低企业社保成本。二是降低人员安置成本。扩大社会公益岗位接收比例，帮助接收安置人员。三是由政府出资进一步加大技能培训，帮助员工提高就业能力，有效实现富余人员分流安置。

（四）多措并举降低税费成本

一是降低煤炭增值税税率，建议煤炭产品执行11%的增值税税率，从根本上解决煤炭产业税负过高问题。二是扩大抵扣范围，将地面塌陷费、资源成本等列入抵扣范围。三是根据矿区环境治理恢复实际情况，调整耕地占用税返还期限，不再一刀切按照两年的期限执行。四是对资源税改革后企业税负增加部分予以返还。

（五）减轻企业社会责任成本

一是对承接社会职能形成的负担由政府财政资金通过国有资本经营预算资金、专项补贴、返还税费等渠道进行补偿。二是在“三供一业”移交过程中，进一步加大财政支持力度，并对移交办社会资产造成的国有资本减少给予资本金补充。

（六）加大环保方面财政投入

近几年企业环保治理投入大幅增加，河南能源仅 2018～2020 年环保工程计划总投资就高达 22 亿元，持续增加了企业运行成本。建议在中央预算资金安排上，对环保投入进行专项支持，或设立环境保护专项基金对国有企业环保投入给予定向支持，以有效缓解国有煤炭企业资金及成本压力。

B.12
积极推进供给侧结构性改革 降本提效促进高质量发展

内蒙古伊泰集团有限公司*

摘　要： 本报告客观介绍了企业综合成本情况，分析了高成本形成的主客观原因，总结了降成本采取的措施、取得的成效及存在的问题，对积极稳妥降低煤炭实体经济企业成本提出了合理调整企业税费、加大金融支持、强化政策执行、让政策落地，真正实现为企业减负，提高活力和竞争力的政策建议。

关键词： 伊泰集团　供给侧结构性改革　降成本

一　企业基本情况

内蒙古伊泰集团有限公司（以下简称“伊泰集团”）创办于1988年，经过30年的发展，现已成为以煤炭经营为主，以铁路、煤化工为产业延伸，以房地产开发、生态修复及绿色有机现代农牧业等非煤产业为互补的大型现

* 课题组组长：张双旺，内蒙古伊泰投资股份有限公司董事长，高级经济师，全国劳动模范。副组长：张东海，内蒙古伊泰集团有限公司党委书记、董事长、总裁，高级经济师，全国劳动模范。课题组成员：刘春林，内蒙古伊泰集团有限公司党委副书记、副总裁、总会计师；刘向华，内蒙古伊泰集团有限公司董事会秘书；王春迎，内蒙古伊泰集团有限公司副总经济师；吕贵良，内蒙古伊泰煤炭股份有限公司财务总监；李新富，内蒙古伊泰集团有限公司董事会办公室综合业务经理。

代化清洁能源企业。伊泰集团是动力煤“4+1”大型煤炭企业和煤炭产业协会协调机制成员单位，是内蒙古最大的地方煤炭企业。2018年，伊泰集团居中国企业500强第214位、中国民营企业500强第60位、全国煤炭企业50强第16位。

截至2017年底，伊泰集团资产超过1100亿元，员工7300多人，直接、间接控股子公司74家，其中内蒙古伊泰煤炭股份有限公司是煤炭产业首家B股上市公司，2012年又在香港证交所发行H股并上市。公司拥有大中型生产矿井13座，矿井采区回采率为80%以上，采掘机械化程度达到100%，煤炭生产能力超过5000万吨，先进产能占比超过95%。控股并投入运营的铁路全长500多公里，煤炭集运站储运能力超过亿吨。拥有我国首个具有完全自主知识产权年产16万吨的煤间接液化工业化示范项目，并进入商业化放大生产阶段。

2017年，伊泰集团生产商品煤5921万吨，销售商品煤8861万吨，全公司实现营业收入432亿元，净利润54亿元，上缴税费75亿元。

二　煤炭成本概况

我国煤炭企业的成本构成一般分为煤炭资源成本、开采准备成本、生产成本、安全成本、环境成本、企业转产发展成本和企业资金成本等。

结合自身发展实际情况，伊泰集团将煤炭产品的成本大致分为资源成本、生产成本、洗选成本、物流成本、财务成本、管理成本、税费成本、其他成本等。

2017年，伊泰集团主营业务收入3635901.31万元，主营业务成本2441964.38万元，税负成本138916.32万元，销售费用127014.71万元，管理费用178430.15万元，财务费用87199.39万元。

近年来，中国煤炭产业整体受到成本上升的困扰，这对其利润增长构成了很大的压力。进入21世纪以来，伊泰集团煤炭生产成本整体呈上升趋势，具体如图1所示。

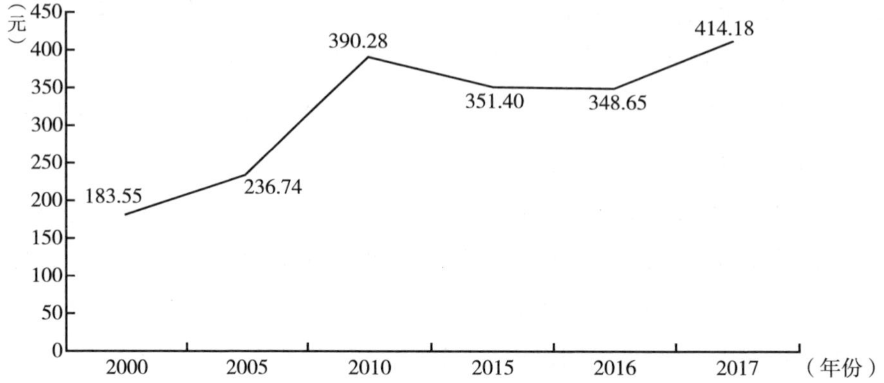

图 1　伊泰集团 2000～2017 年吨煤生产成本

具体而言，伊泰集团绝大多数主力生产矿井吨煤直接生产成本均有所增加。如主力矿井纳二矿 2016 年直接生产成本为 64 元，2017 年为 83 元，2018 年预估为 93 元。

从 2002 年开始，伊泰集团积极探索煤化工产业转型升级道路已经 16 年，累计投资超过 300 亿元。煤化工板块历年投资占当年总投资的比重较大（详见表 1）。但受因项目审批程序多、周期长等因素的影响，巨额投资难以在计划时间内转为新的盈利增长点，且财务费用巨大，直接推高了企业的生产成本。

表 1　伊泰集团煤化工板块投资占当年总投资比重

单位：元；%

项目＼年份	2010	2015	2016	2017
投资总额	3389343531	9420934524	5836713654	4790749716
煤化工投资额	601869044	7270858590	4249311027	3465656857
占比	17.76	77.18	72.80	72.34

三　高成本形成的原因

（一）税费负担过重是推高煤企成本的主要原因

煤炭开采是以资源为劳动对象，原材料、设备购置等进项税抵扣额很小，加上铁路建设基金、港口建设费的收取，目前煤炭企业税费负担远高于其他工业企业。

1. 增值税

1993 年以前，煤炭企业生产环节税收占煤炭销售收入的比重平均为 5.58%（含税收入）。1994 年税制改革后，煤炭企业按照 13% 的增值税税率缴纳增值税。2009 年煤炭产业增值税税率进一步提高至 17%，税负大幅增加。2015 年 11 月 2 日财政部、国家税务总局联合发布的《关于煤炭采掘企业增值税进项税额抵扣有关事项的通知》进一步规范了煤炭企业增值税进项税额抵扣范围，并未扩大抵扣范围。

2. 资源税

煤炭资源税从价计征改革实施后，内蒙古的税率为 9%，是目前全国最高的省区。

3. 采空区耕地占用税

自治区税务部门开征 17.5 元/平方米的采空区耕地占用税，进一步增加了煤炭企业的负担。

4. 采空区土地使用税

根据《内蒙古自治区人民政府城镇土地使用税实施办法》（内蒙古自治区人民政府令 2007 年第 151 号）和《鄂尔多斯人民政府关于进一步强化煤炭生产企业城镇土地使用税征收的意见》（鄂府发〔2011〕71 号）的要求，对煤矿采空区和沉陷区按年征收土地使用税。

5. 铁路建设基金

目前铁路建设基金为吨公里 0.033 元。伊泰集团地处偏远，到港口的铁路距离是 1200 多公里，按照吨煤/公里来收取铁路基金近 40 元。

伊泰集团 2017 年吨煤税费高达 89.78 元，在吨煤成本中占比 22%。

（二）投资煤基合成油项目是推高企业成本的重要原因

为获得长期稳定收益和发展预期，伊泰集团开始大规模投资煤化工项目，在内蒙古、新疆两地投资 4 个大型现代化煤化工项目，累计投入 340 亿元。煤炭深加工既是煤炭清洁利用的重要途径，也是去过剩产能的重要途径，有利于煤炭产业可持续发展，实现煤炭清洁高效利用，煤炭企业多元化发展。然而，煤化工产业政策在很长一段时间内不明朗。不明确的煤化工政策发展导向和艰难的核准过程，使煤企转型发展的道路异常艰辛，已经投资的巨额资金不仅无法产生效益，而且资金利息等财务成本和各种费用支出仍在逐年增加。2017 年，伊泰集团利息支付 32.2 亿元，其中煤化工为 12 亿元。以 2017 年生产商品煤 5146 万吨计算，吨煤仅财务费用就增加 23.32 元。

（三）人才及管理等因素是影响煤企成本的内部原因

煤炭产业工作环境相对恶劣，危险系数高，加之近些年煤炭市场持续疲软，员工收入受到一定影响，使得煤炭产业普遍存在的人才流失问题加剧，技术人员缺乏，现有的煤矿工人素质参差不齐，进而导致工作效率低下，推高生产成本。根据公司人力资源统计数据，近年来，煤炭板块离职人员超过 600 人。

近年来，伊泰集团在企业内部进行了管理改革，但基础管理还比较粗放，存在层级管理定位不够清晰、责权不对等，业务流程长，工作效率较低等问题。一些基础数据不全、不准，不成体系，直接影响到工作和决策的质量与水平，这在一定程度上增加了企业的管理成本。

另外，随着开采年限的延长，公司煤矿资源枯竭，开采成本必然会增加。

四　伊泰集团降成本举措

近年来，针对煤炭市场整体发展形势，结合自身实际，伊泰集团在发展过程中积极推进供给侧结构性改革，努力降本提效，探索高质量发展道路。

（一）加大科技投入

当前，煤炭产业供给侧结构性改革进入攻坚阶段。煤炭产业加快建立以企业为主体、市场为导向、产学研用深度融合的技术创新体系，促进科技成果向现实生产力转化，不断培育新的动能，实现新的增长。

从2011年起，伊泰集团投资近5000万元，分三期实施伊泰数字矿山项目。目前，该项目实现了企业矿井地质、测量、通风、安全、机电等生产信息的数据共享与业务融合，有效整合了安全监测监控、综合自动化、人员管理等信息资源，实现了安全生产信息共享与应用，取得了明显的经济效益和社会效益。

近年来，伊泰集团建立了科技创新评价体系，不断完善科技攻关、合理化建议、小改小革等创新评审程序及奖励办法，提高科技创新平台作用，整合技术人才优势，鼓励职工自主创新，加强先进管理方式方法的探索，提升管理科学化水平，注重长期以来在管理、技术方面创新成果的运用。通过科技创新，提高劳动效率，降低生产成本。如酸刺沟煤矿在成套刮板运输机上应用新型耐磨钢，不仅增强了设备耐磨性，降低了煤矿维护成本及工时，还有效提高了煤矿生产安全性能。伊泰信息技术公司投入150万元研发的自动过磅系统，每年直接节约的人力成本约242万元。

伊泰集团联合产业技术领先企业及科研院所，共同组建煤基新材料与合成新材料研究院，开展煤化工下游高端应用相关研究。成立煤矿开采与综合利用、无煤柱沿空留巷技术研究与推广院士专家工作站，开展煤炭生产方面的难点技术及新技术的研究应用。完成了知识产权体系贯标，进一步完善了创新体系，全年申报发明专利9项，实用新型专利16项，软件著作权9项。伊泰集团控股的内蒙古伊泰煤炭股份有限公司和内蒙古伊泰信息技术公司被国家认定为高新技术企业。

（二）推进管理改革

2014年，伊泰集团启动全面深化管理改革，并持续推进。首先，努力提升组织效率，构建人员少而精的队伍。进一步简政放权，减少中间环节，降低管理成本，以最优的组合体系发挥最完美的组织效能，深入挖掘内部生产要素的潜力，激发团队活力。特别是生产经营单位，在队伍建设上下功夫，努力提高团队整体的成本管控和创新能力。其次，以狠抓精细化管理为基础，把降本增效作为管理改革的头等大事来抓。一是调研产业同类企业，通过对标管理，扬长避短，借鉴先进经验，逐步建立起完善的定额管理体系，有针对性地降低成本。二是优化结构，坚持国家经济发展政策导向，审慎扩张或收缩公司产业；引入战略投资，加快铁路板块和煤化工项目的战略合作，提升资产效率和创利能力。三是充分借助和依靠社会专业力量和合作单位的技术管理优势，通过建立有效的利益共享机制，激发利益相关方的积极性，严格管理可控成本。四是充分借助智能化、信息化手段，减少各类原材料消耗，提高设备装置单位贡献率。

（三）加快转型升级

党的十八大后，在经济发展进入新常态，煤炭需求增速放缓，清洁能源替代步伐加快的背景下，伊泰集团从理念、认识到行动，自觉贯彻落实党中央和国务院供给侧结构性改革的要求，主动适应市场，认真执行减量化生产，主动淘汰落后产能，积极培育先进产能，2017 年公司生产煤炭 5900 万吨，先进产能占比超过 95%。

在做大做强煤炭主业的同时，伊泰集团认真贯彻落实习近平同志对煤炭、煤制油产业发展的重要指示，在地方煤炭企业中，率先走煤炭转化清洁利用的路子，先后投资 300 多亿元进行煤间接液化国家能源基础科学研究和产业化实践，形成了从技术研究、工程设计、专业人才储备、催化剂产品生产到大型化工装备制造的产业化支撑体系，为神华宁煤、山西潞安国内多个煤间接液化示范项目提供核心技术和人才支持，促进了我国自主知识产权煤间接液化产业发展，推动了煤炭传统能源产业转型。

2017 年，伊泰集团 120 万吨精细化学品项目投料 3 个月后达到满负荷运行。与此同时，伊泰集团正向高端精细化学品方向延伸，实现从基础原料到清洁燃料，再到精细化学品，再到功能材料的不断转化和跨越，提升公司竞争力，为我国煤炭清洁利用和绿色转型做出新的努力。

2017 年，伊泰集团 16 万吨/年煤制油示范项目生产各类油品 18.9 万吨，在行业竞争加剧、消费税持续保持高位的市场形势下，实现净利润近 900 万元，社会效益和经济效益较好。

（四）探索资本运作

2012～2016年，煤炭市场持续疲软导致公司营业收入大幅减少，利润骤降。加之在建项目投资巨大，伊泰集团资产负债率逐年上升，2017年资产负债率为67%，接近世界普遍认可的70%上限。近年来，伊泰集团积极探索资本运作，努力降低资产负债，进而减少财务成本支出。

2015年7月，伊泰集团成立财务公司，为企业内部成员提供金融服务，通过有效配置内部资源，减少了企业对外部金融机构的资金需求。目前公司正在与内蒙古自治区人民政府、中国证监会等部门沟通协调，争取政策支持，开拓直接融资渠道。

五　关于煤炭企业降成本的建议

（一）合理调整企业税费

1994年以来，两次增值税的重大改革，都大大加重了煤炭企业税负，直接推高企业生产成本。合理调整企业税费成为降低企业成本、增强企业竞争力的重要手段之一。

1. 适当降低企业法定税费

目前，中国企业所得税法定税率为25%，高新技术企业为15%。在全球减税浪潮背景下，建议将企业所得税法定税率适当降低，以减轻企业负担和减少征管费用，提升中国企业全球竞争力。建议将煤炭企业增值税税率恢复到13%。

据统计，目前“五险一金”企业合计承担成本占员工工资的39%～45%。因此，建议降低养老保险、医疗保险和住房公积金企业承担比例，减轻企业负担。

2. 合理减免煤企相关税费

（1）根据《中华人民共和国城镇土地使用税暂行条例》相关规定，煤矿未对土地享有长期占用、使用、收益或处分的权利，未形成土地实质性转让。建议暂停煤矿采空区和沉陷区土地使用税的征收。

（2）当前市场形势下，资源税税率过高直接影响企业的竞争力。建议政府部门在资源税方面根据市场经济形势以及价格因素的变化实行动态的弹性税率。

（3）依据相关法规，公司煤矿已严格按照国土部门的要求对采空区及时治理的同时还投入大量资金进行矿区绿化，使采空区达到了能够耕种的条件。建议暂停征收采空区耕地占用税，并尽快出台塌陷区复垦绿化标准。

（4）“铁路建设基金”曾发挥过它应有的历史作用，但已收取了26年，各方面情况都已发生了很大变化，不应再延续下去。建议取消铁路建设基金的收取。

（二）加大金融支持

随着国家煤炭行业去产能政策的推进，各金融机构对煤炭企业进行内部重新评估，推行白名单准入管理，影响企业战略实施。

建议国家出台相关政策，对煤炭企业中的创新、优质企业加大扶持力度，优化金融供给，重点支持“去产能”和培育“新动能”。一是继续执行差别化信贷政策，实现金融助力煤炭“去产能”工作，同时引导从传统煤炭行业释放出的信贷资金为加快培育“新动能”提供金融支撑。二是支持企业拓宽融资渠道，优质企业可通过发行集合票据、短期融资券等方式增加资金来源，适当降低融资成本。

目前，伊泰集团正处于发展转型的关键时期，公司大路煤化工基地200万吨/年煤炭间接液化示范项目是实现产业升级、结构转型的重要项目，也是当前自治区落地实施的重点项目之一。项目建成投产后，可实现煤炭资源就地转化，为后续煤炭深加工和清洁利用奠定良好基础。建议加大对此类优质项目的金融支持力度，力促煤企转型升级，为行业实现能源的清洁利用做出有益探索。

（三）强化政策执行

2016 年 8 月 8 日，国务院印发《降低实体经济企业成本工作方案》（国发〔2016〕48 号），方案的目标任务为经过 1～2 年努力，降低实体经济企业成本工作取得初步成效，3 年左右使实体经济企业综合成本合理下降，盈利能力较为明显增强。在具体的内容中明确提出持续降低税费负担、有效降低企业融资成本、着力降低制度性交易成本、合理降低企业人工成本、进一步降低企业用能用地成本、较大幅度降低企业物流成本等要求。但从伊泰集团近两年的实际情况来看，税费、融资、物流等成本并没有降低，甚至个别项目还有所增加。建议主管部门及相关行业加大政策执行监管力度，让政策落地，真正实现为企业减负，提高企业活力和竞争力。

B.13

加大政策支持力度 降低企业成本 实现煤炭产业持续平稳健康发展

四川省煤炭产业集团有限责任公司*

摘 要： 本报告基于川煤集团资产负债和成本效益分析，指出了煤炭成本高企的原因，介绍了降成本采取的措施及取得的成效。为促进煤炭产业的健康发展，建议全面清理处置产能退出后的悬空债务，落实政府注资等扶持政策；进一步降低融资成本、税收和社会负担，规范和简化企业职工“五险一金”存缴，降低用工成本；在政策上鼓励创新降成本方式。

关键词： 川煤集团 降成本 企业转型

一 川煤集团基本情况

四川省煤炭产业集团有限责任公司（以下简称“川煤集团”）是四川省委、省政府为了提高全省煤炭资源控制力，保障全省能源安全，促进煤炭产业健康发展，于2005年8月以煤炭部管理的攀枝花矿务局、芙蓉矿务局、华蓥山矿务局、达竹矿务局、广旺矿务局、煤炭工业供销总公司和省属威远

---

* 课题组组长：刘万波，四川省煤炭产业集团有限责任公司总经理、党委副书记、副董事长、教授级高级工程师，国务院特殊津贴获得者。主执笔：何江，四川省煤炭产业集团科建煤炭产业技术研究院总经理助理、中商巨建智慧交通科技有限公司副总经理，管理学硕士，高级政工师、机电工程师。

煤矿为基础，组建成立的国有大型煤炭企业集团。川煤集团组建后，为适应企业发展，对具有一定规模的产业进行了调整，实行专业化管理，撤并了煤炭供销总公司，陆续组建了四川川煤华荣能源股份有限公司、鼎能建设公司、恒升公司、金升公司、川煤贸易公司、川煤华荣物资贸易公司、米易益康投资公司等7个子公司；截至目前，共拥有下属子企业18家，企业资产总额392.6亿元，是四川省最大且在西南地区有较高知名度的资源开采型企业集团。高峰时期年生产原煤1400万吨，营业收入逾120亿元。受煤炭产业形势下滑影响，2016年营业收入降至82.34亿元；通过改革改制，员工由成立初期的6.3万人减至目前的4.7万人。

川煤集团成立以来，按照省委、省政府的战略定位和产业发展总体要求，一直肩负着全省煤炭资源安全保供和促进区域经济发展的重任，确保了电煤、冶金煤保供和重大灾害恢复重建等重大项目的顺利实施，为地方经济发展和社会稳定做出了不可磨灭的贡献。

二　川煤集团资源及产能情况

资源状况：截至2016年底，川煤集团在四川省境内拥有煤炭地质资源量222587万吨，保有地质储量191147万吨。其中，采矿权许可证范围内煤炭地质资源量167856万吨，占总资源量的75.4%，保有地质资源量136506万吨。煤炭资源主要集中在宜宾筠连和芙蓉矿区、攀枝花宝鼎矿区、广安华蓥山矿区、泸州古叙矿区、达州达竹矿区、广元广旺矿区。

资源特点：一是煤炭资源分布较广。主要分布在宜宾、泸州、达州、广元、广安、攀枝花六个地区；二是各井田地质构造复杂。断层多，褶曲多；煤层顶底板条件差，特别是顶板泥岩、泥质粉砂岩、砂质泥岩等较多，不稳定；各井田有单一煤层或煤层群，煤层群各煤层间距1.5米到80米不等，煤层倾角5~75度不等，煤层厚度0.4米到5.6米，除个别矿井外，同一矿井煤层厚度、倾角等变化大；生产矿井极薄、薄煤层储量占总储量的52%。

产能发展：从2006年开始，川煤集团通过全资新建、合作共建、全资收购、股份合作等形式，共建设和发展煤矿项目15个，新增产能1155万吨/年，核定投资207.11亿元；已完成投资90.63亿元，建成投产矿井5对，产能321万吨/年；全资收购矿井1对，产能30万吨/年；同省监狱局实施股份合作矿井1对，产能30万吨/年；整合矿井12对，设计产能720万吨/年。截至2016年底，川煤集团共有规划产能2961万吨/年，设计产能2691万吨/年，核准产能1740万吨/年，实际产能1434万吨/年；其中，生产矿井23对，核定生产能力1568万吨/年；基建矿井8对，设计能力660万吨/年。川煤成立以来，累计生产煤炭15319万吨，煤炭工业的区域控制力得到明显增强。

2016年以来，川煤集团积极响应国家号召，坚定不移地贯彻落实去产能政策，实施矿井退出14对，退出产能783万吨；核减产能矿井1对，核减量60万吨。

三　川煤集团资产负债情况

（一）资产状况

截至2018年6月末，川煤集团资产总额415.85亿元，其构成情况如下：

1. 流动资产

流动资产总额107.81亿元，占资产总额的25.93%。其中：货币资金235228.48万元；应收票据136348万元；应收账款251339万元；预付账款95590万元；其他应收款148749万元；存货177820万元；其他流动资产33028万元。

2. 非流动资产

非流动资产总额308.04亿元，占资产总额的74.07%。其中，可供出售金融资产52388万元；长期应收款73016万元；长期股权投资146347万元；固定资产原值2268919万元，固定资产净值1346466万元；资产减值准备2353万元；在建工程681582万元；工程物资4872万元；无形资产370433万元（主要是土地资产）；开发支出10214万元；商誉379万元；长期待摊费用2278万元；递延所得税资产8289万元；其他非流动资产383120万元（主要是棚户区以及沉陷区工程）。

（二）负债情况

截至2018年6月末，川煤集团负债总额379.4亿元，在负债结构中，流动负债257.54亿元，占负债总额的68%。其中，短期借款772270万元（银行借款）；应付票据151400万元；应付账款233903万元；预收账款111306万元；应付职工薪酬227358万元，其中应付工资85173万元；应交税费25105万元；应付利息54630万元，应付股利107万元；其他应付款512103万元；一年内到期的非流动负债482594万元；其他流动负债4689万元。

非流动负债为121.85亿元，占负债总额的32%。其中，长期银行借款504278万元；长期应付款92712万元；财政专项拨款应付款376684万元；预计负债8939万元；递延收益30691万元；递延所得税负债11298万元，沉陷区、棚户区职工购房款等其他非流动负债193960万元。

（三）退出矿井资产负债情况

全集团退出矿井14对，核减产能矿井1对，涉及资产总额77.76亿元，其中固定资产及在建工程53.07亿元，机器设备6.14亿元，无形资产6.99亿元。负债总额77.66亿元。其中，直接向金融机构借款20.07亿元，向集团二级子公司借款27.7亿元，拖欠集团其他款项15.23亿元。退出矿井负债率99.87%，净资产接近0。年化静态利息4.27亿元左右。

四　川煤集团生产成本、利润情况分析

川煤集团资产以逐年递增的方式不断增加，截至2017年末，资产总额由成立之初的36亿元上升到4051144万元，增长1025%，实现了资产的快速增长。以2017年末为时间节点，现有的4051144万元资产中，流动资产总额为939088万元；负债总额为3731528万元，资产负债率为92.11%。流

动负债总额中，短期借款 774616 万元，比上年同期减少 23410 万元；长期借款 505469 万元，比上年同期减少 45763 万元；租赁融资 64286 万元，比上年同期减少 11381 万元，融资成本 6.5%。近三年来，平均资产负债率基本稳定在 92.09%，处于平稳状态。

（一）经营情况

2017 年营业收入为 1051643 万元，比 2016 年增长 77295 万元，营业成本为 763487 万元，比 2016 年减少 40100 万元，营业税金及附加 26941 万元，比上年增加 7627 万元；销售费用 15742 万元，比上年增加 1047 万元；管理费用 147464 万元，比上年增加 12398 万元；财务费用 102617 万元，比上年增加 26410 万元，其中利息支出 104134 万元，比上年增加 12219 万元；利润总额 18741 万元，比上年增加 180614 万元。

（二）原煤生产成本构成情况

2017 年原煤平均售价 294.19 元/吨，比上年增加 32.33 元/吨。工资及福利费 139.22 元/吨，同比增加 17.33 元/吨；材料费 28.88 元/吨，同比增加 4.24 元/吨；用能成本 18.95 元/吨，同比增加 0.4 元/吨；折旧费用 32.55 元/吨，同比增加 3.35 元/吨；修理费 5.97 元/吨，同比增加 2.48 元/吨；计提费用 68.62 元/吨，同比增加 4.53 元/吨。2017 年洗选煤加工费 47.89 元/吨，同比增加 0.84 元/吨；销售费用 7.98 元吨，同比增加 0.2 元/吨。管理费用 74.71 元/吨，同比增加 4.31 元/吨；财务费用 51.99 元/吨，同比增加 11.67 元/吨。营业税金及附加 17.87 元/吨，同比增加 10.55 元/吨。增值税 109.75 元/吨，同比增加 37.3 元/吨。企业所得税 5.96 元/吨，同比增加 5.32 元/吨。

1. 劳动力成本

2017 年全集团人均薪酬 56086 元，同比增加 8848 元，其中，原煤人均薪酬 60323 元，同比增加 9103 万元。养老保险 41731 万元，同比减少 19351 万元。医疗保险 19027 万元，同比减少 2537 万元。工伤保险 11926 万元，同比减少5458万元。住房公积金14428万元，同比减少972万元。离退休人员费用3197万元，同比减少170万元。

2. 物流成本

2017年物流成本918万元，其中“订货会”支出25万元，与上年基本一致。铁路运费181万元，同比减少0.004万元。公路运费708万元，同比增加0.008万元。

3. 融资成本

银行短期借款774616万元，同比减少23410万元；银行长期借款505469万元，同比减少45763万元；债券融资475000万元，与上年同期一致；租赁融资64286万元，同比减少11381万元。全部银行贷款1819371万元，年利息支出118259万元。

4. 税费负担

2017年国税征收113257万元，同比增加30758万元，其中：增值税101491万元，同比增加20203万元；地税征收20630万元，同比增加4139万元，其中：营业税0万元，同比减少3013万元，个人所得税5653万元，同比增加3187万元。从价计征资源税10783万元，同比增加4933万元。城建税4194万元，同比增加1079万元。2017年规费66233万元，同比增加8492万元。其中：安全费45553万元，同比增加4217万元。井巷维简费12731万元，同比增加975万元。技术开发费2325万元，同比增加552万元。

5. 制度性交易成本

2017年制度性交易成本2111万元，其中，检测费1281万元，同比减少175万元；咨询及审计费830万元，同比减少527万元。

五　川煤集团成本高企的主要原因

1. 地质条件差，劳动力成本高

西南地区多属于喀斯特地貌，地质构造极其复杂，开采难度极高，机械化普及率低，用人多，劳动力成本高。2017年，生产原煤1208万吨，从业人员达 27879 人，工资性支出达 16.82 亿元，占原煤销售收入的 47.37%。

2. 安全治灾成本高

川煤集团目前正常生产的 22 对矿井中，高瓦斯矿井 9 对，突出矿井 9 对，水文地质类型复杂和极复杂矿井 4 对，吨煤治灾成本一直在 90 元左右高位徘徊。

3. 融资费用高

川煤集团在 2005 年至 2013 年的 8 年时间中，投资新建矿井 8 对、扩能技改矿井 5 对，借贷投入达 112.07 亿元。2014 年以来，煤炭产业整体急剧下滑，企业亏损异常严重，资产负债率快速上升至 92.09%，银行贷款高达 181.9 亿元，年利息支出 11.8 亿元。2016 年不能按时还贷导致川煤信用受损后，由省政府协调其他企业担保贷款 20 亿元，利息支出 1.4 亿元。从当前宏观经济全面趋紧的形势判断和川煤集团信用在短期内难以修复的情况来看，川煤集团近几年很难摆脱融资难、融资贵的严峻局面，融资成本仍会继续上升。

4. 沉没资本量过大

一是川煤集团在快速发展过程中由于管理粗放，形成了大量难以发挥效益的不良资产，资产折旧费和银行利息仍然由其持续承担；二是 13 对退出矿井和核减产能矿井涉及资产总额 77.76 亿元，其中固定资产及在建工程 53.07 亿元，机器设备 6.14 亿元，无形资产 6.99 亿元，这两部分资产所形成的沉没资本对推高企业运营成本产生了重大影响。

5. 税收和各类费用负担沉重

税收方面，国家实行营改增后，总体上承税负担有所减轻，但煤炭作为资源开采型行业，有不同于其他行业的特点，运营成本中占比较高的人力成本、资源成本、环境补偿和恢复治理等成本在现有税制下无法抵扣。由于源头抵扣项少，摊入吨煤成本高。2017 年川煤上缴国税 113257 万元，上缴地税 20630 万元，城建税 0.42 亿元，3 项合计 13.81 亿元；吨煤负担税收 114.32 元。费用支出方面，2017 年共计支出 7.74 亿元，其中资源税 1.08 亿元，安全、维简和技术开发等费用支出 6.6 亿元；吨煤费用负担 64.07 元。

6. 企业办社会职能移交困难

国有企业历史形成的企业办社会职能一直是企业难以承受之重，作为劳动密集型的老国有煤炭企业，则显得尤为突出，川煤集团为此承担相关支出费用高达5.1亿元。按照（国发〔2016〕19号）《国务院关于加快剥离国有企业办社会职能和解决历史遗留问题工作方案的通知》要求，“三供一业”分离移交费用由国家和省给予费用补助，但因情况千差万别，极其复杂，移交难度大，难以全部彻底实现顺利移交，后期仍将长期担负相关费用。

7. 企业承担“五险一金”负担过重

目前川煤集团由企业承担的社保“五险”比重是工资总额的27%，“一金”比重是工资总额的12%，两项合计为39%。由此形成的情况，一方面是企业承担的负担重，生产中劳动力使用成本高；另一方面是员工扣除“五险一金”后的到手收入少，招工困难，用工贵、用工荒的矛盾长期困扰煤炭企业。

六　川煤集团降成本采取的措施

（一）创新体制机制，全面深化改革

1. 加强体制机制调整，激发企业活力

煤炭主业方面，按照“一矿一策”的工作思路，持续推进经营管理模式创新，激发了矿井扭亏减亏的积极性。芙蓉公司持续推行“分灶吃饭、自主经营、自负盈亏”的经营管理模式和经营权股份化经营，逐步形成了“人人都是经营者”的良好局面。达竹公司下放管理权限，实行收入减支出等于工资的市场化运作模式，把压力传递到位，激发了内生动力。攀煤公司进一步完善内部市场价格结算体系，实行市场联动和财务费用连带反应机制，以市场导向传递经营压力，倒逼了降本增效。辅业方面，继续实施分兵突围、放权搞活，大力推行多元化、市场化经营方式改革。攀煤、

芙蓉、广能、广旺等公司的非煤单位2017年实现全面灭亏或总体盈利，步入了自负盈亏、自我约束的良性发展轨道。鼎能、恒升、益康等非煤子公司积极实施“走出去”战略，全员开发市场拓展业务，重新激发活力，进一步增强了盈利能力。焦化公司与民营企业开展经营合作，全面启动了复产工作。

2. 深化三项制度改革，增强了企业实力

一是将三项制度改革工作纳入人力资源工作考核内容，并与各公司领导班子年薪挂钩。强化用工管理，再造管理流程，定岗定责，进一步减层缩链、精简机构、精干人员，2015年至2017年3年间减员分流9000余人。二是结合去产能任务，优化劳动组合，将减人和提效相结合，着力提升原煤人均产量和工效，取得了良好效果。广旺公司对有条件的班组和机房硐室实行承包，促进了减人提效。三是继续深化薪酬分配制度改革，按照工资增长“两匹配”原则，着力抓好工资总额调控。进一步优化工资分配结构，坚持向一线和苦脏累险、关键岗位及技能人员倾斜，推动辅助、地面人员向一线回流，充实了一线人员。三是在新成立的公司探索实施经理层人员市场化选聘机制和契约化管理模式。

3. 积极引入社会资源，产权制度改革取得突破

现代物流板块，引入战略投资设立了国新联程集团公司；现代建筑板块，宜宾路桥公司引入优质社会资源，实现了资质提升+市政基础设施建设项目资源的优势互补；医疗康养板块正积极开展引入战略投资工作。此外，还积极推进市场化法制化债转股工作，有序促进股权多元化。

（二）依靠科技创新提质增效

1. 精细安排生产组织，提高生产效率

按照“一矿一策、一面一策”的原则，优化采掘部署，着力强掘补欠，达竹、芙蓉、广旺等公司工作面无缝对接取得实效。加强生产组织管理，实施正规循环作业，达竹公司树立“生产无序就是事故”的理念，将中断生产、无序生产纳入非伤亡事故进行分级管理，确保了生产连续稳定。按照

“四化”标准打造大工作面，重点开展综采工作面安全高效达标建设，综采产量稳步提高，机采率87.7%、综采率83.9%、综掘率19%。围绕市场需求，落实采优缓劣、合理配采、严控采高、分装分运、现场捡矸等措施，从生产源头加强煤质管理。对选煤厂生产工艺不断进行技术改造，提高精煤产率，实现了增产增收。

2. 围绕重点开展技术攻关，取得了较好成绩

围绕安全生产发展的需要，在企业资金极度紧张的情况下，每年安排科技创新基金2500万元。在采掘、灾害治理等方面加大科技投入，不断攻克复杂煤层综采遇到的技术难题，提高了机械化开采水平。开发了多项科技治灾新技术，为瓦斯防治、防灭火、防治水提供了新的技术手段。全面总结推广沿空留巷系列技术，创造了较好的经济效益，缓解了矿井采掘接替紧张局面。积极推广“四新”技术，淘汰更新落后。同时四川省博士后创新实践基地在广能公司正式授牌。

3. 灵活策略全产全销，实现了销售效益最大化

一是精准研判市场形势，强化信息联动，有的放矢制定销售预案，加强库存预警管理，加大与主网电厂和重点用户沟通力度，合理调整销售流向，实现了以产促销、以销保产。签订电煤和精煤长协合同，稳定了销售主渠道，积极履行了保电煤供应政治任务。坚持多渠道销售策略，广能、芙蓉、达竹等公司新开辟了重庆、陕西、广西、云南等区域多家新用户。充分发挥价格委员会作用，价格策略灵活，坚守不轻易降价的底线，争取了利益最大化。二是积极发挥川煤集团营销大平台作用，扩大贸易规模，稳定贸易渠道，积极拓展省外煤炭市场，大力拓展喷吹煤、水泥煤及铁矿石、焦炭等业务，贸易实现大幅增收。三是全力以赴回收货款，按季度分解落实目标责任，多措并举，实现了新款不欠，老款回收有较大突破。

4. 积极推进去产能和“三供一业”分离移交工作

一是退出矿井13对，核减产能矿井1对，退出产能771万吨，分流安置员工14087人，其中解除劳动合同1308人。进行了指标公开交易，完成165.6万吨指标对外全部交易，交易金额2.5亿元，实现了去产能矿井“安

全、有序、经济、稳定”退出。二是积极推进“三供一业”分离移交工作。完成攀煤、芙蓉、广能、广旺和威达四个单位“三供一业”移交协议的签订，攀煤公司正式启动分离移交工作，已完成50%的主体工程，预计2018年完成整体移交。

（三）强力推进管理创新，提高企业内控水平

1. 创新思路，提升管理水平

一是紧紧围绕管理短板，以“降成本、降费用、提效益、促管理”为主题，广泛开展管理创新工作，对70多项管理成果进行了表彰和推广。二是将全面预算管理常态化、制度化，进一步细化指标，科学分解，加强了检查督促和考核兑现，通过选树标杆、典型引路，促进全面预算管理逐步规范运行，严格控制生产成本增长，确保因煤炭价格上涨带来的增量资金不被成本费用的增加所蚕食。三是将精细化管理向纵深推进，大力开展盘活存量、双增双节、修旧利废、回收复用等降本降耗活动，2017年，全集团闲置物资设备调剂金额1.63亿元，回收7192万元，复用4442万元，修旧3004万元，利废2877万元。开展了关闭退出矿井土地厂房利用前期调研工作。四是不断加强信息化建设管理，12个业务管理系统和4个安全生产系统全面运行，提高了业务管理水平和质量，促进了减人提效、节能降耗，提升了煤矿安全生产保障能力。

2. 严格管控，加强资金的调度使用

加大资金调控力度，对必需的经营资金按照安全生产支出、产品发运费用、分层次员工薪酬及社保费用等项目逐次安排。进一步收紧了资金安排权限，坚决执行“一支笔”审批制度，集中有限资金用在刀刃上，维持了企业的基本运转。科学调度资金支付利息，确保金融帮扶一致行动方案得以继续执行。

3. 有保有压，加强项目调控管理

全年安排投资发展类项目14项，计划投资7.84亿元，实际完成6.72亿元。其中，广能公司龙门峡南矿新建项目已建设完成，2018年1月进行

联合试生产；达竹公司石板选煤电厂技改工程正进行试运转；叙永片区洗煤厂项目完成主体工程，威鑫煤业洗煤厂开展了前期论证工作。

（四）积极审慎蹄疾步稳，转型发展取得实质进展

现代物流业务方面，引入战略投资，注册成立了国新联程物流集团公司，按照“贸易、物流、金融”三大业务板块顶层设计，成立了供应链股份公司、8 个专业公司和 6 个区域公司，基本搭建了从煤炭贸易到非煤贸易、从国内贸易到国际贸易、从线上平台到线下实体、从实体到金融的完整的供应链体系；加强项目合作，与新投集团签订 2000 万吨“疆煤入川”战略协议，促成与四川能投共同开发新疆煤田的战略合作协议；努力提升市场占有率和话语权，争取到省内 5 个储配煤基地重点建设项目，签订了合作建设川东高兴基地的协议；全年实现营业收入 46 亿元，利润 1000 万元。现代建筑业方面，加大资源整合和体制转换力度，施工、房产、建材与物业板块稳中有升；实施“走出去”战略，以新疆等西北地区为重点，全力开发煤矿托管和矿建施工市场；与江苏南通二建等进行合作，积极推进装配式建筑发展；努力打造自身的融资平台，发行了第一支基金，正积极寻找合作项目。金属矿产开发业务方面，取得了阿坝州东北寨金矿股权，正加快股权变更及开发利用方案的制定工作；全力开展凉山州菜园子铜金矿项目合作，启动了资源储量核实相关工作；着力推进甘孜州日乃金矿和云南明珠金矿项目合作前期准备工作；白玉章都金矿勘查和选矿试验有序推进。新能源方面，争取到省政府同意，将古叙、筠连矿区的煤层气探矿权配置给川煤集团，目前正积极争取国土资源部的批复；完成了内部瓦斯抽采利用资源整合方案编制；与中石油、四川煤田地质局、高县政府、森泰能源联合开采川南煤层气已经达成初步协议；对已关闭退出矿井开展了煤层气抽采和煤炭地下气化可行性研究；攀枝花 30 兆瓦光伏发电一期工程已并网发电，每年可新增收入 1400 万元。医疗康养方面，成立了四川泽润健康管理有限公司，内部医疗资源整合工作已经启动，正积极引入战略投资推进现有医院升级改造；以米易宁泽阳光酒店为平台，积极探索创新健康养老产业新模式。

七　实现煤炭产业持续、平稳、健康发展的政策建议

煤炭产业通过近三年的持续治理整顿、资产资源重组、化解过剩产能，存续下来的基本都是国有独资或国有控股企业，国有煤炭企业的发展质量和发展水平关系整个行业的兴衰。要促进煤炭产业的健康发展，在国家层面上，必须从振兴实体产业，筑牢工业基础，防范因实体经济弱化而降低抗系统性金融风险为出发点，采取强有力的措施，给予政策上的支持和保障。

1. 全面清理处置产能退出后的悬空债务

川煤集团退出的13对矿井所涉负债77.66亿元随着主体消亡后已完全悬空，全部由集团总部承接，导致资产负债急速上升，已到了难已为继的地步，由于无力按期兑现金融机构贷款，信用等级一降再降，经营风险和稳定风险不断上升。省政府虽然采取了一系列措施，但因债务数额太过庞大，也力不从心，无法从根本上解决问题。去产能是国家的战略决策，是调结构的前置措施，其目的是重振和恢复实体经济，若去产能后的债务问题解决不好，就会成为母体企业身上的一颗毒瘤，其结果则会适得其反。由此希望国家尽快痛下决心，采取核销和豁免等措施，解决好去产能企业的悬空债务问题，以保障企业正常经营。

2. 实施行业帮扶，降低企业融资成本

煤炭产业作为开采型行业，在基本建设投入方面资金需求量大，建设周期长，导致企业负债普遍趋高。国家应针对煤炭等重资产企业和涉及国计民生的基础性行业在融资方面提供政策优惠，并作为一项长期的重点帮扶措施，控制负债率的快速增长，有效降低基础性产业企业的经营成本。

3. 实施产业税制改革，降低企业税费负担

按照企业增值税抵扣相关规定，进项税抵扣范围越大，企业税费负担越低，一般加工制造业的抵扣率在80%左右。煤炭产业作为基础性行业，源头进项少，增值税可用于抵扣的范围只有电力和材料，抵扣率仅在30%左右，实际纳税远高于钢铁和机械制造等行业。把煤炭企业增值税抵扣归类为

制造业，存在明显不合理因素。水电产业也是由于源头无进项抵扣，其税收政策实行简易征收办法，减按小规模纳税人3%～6%的征收率计征增值税。煤炭产业与水电产业在增值税抵扣方面具有相似性，国家也应对煤炭产品的税率征收方式上实行改革，制定符合煤炭产业特点的税收政策。

4. 鼓励和支持企业探索不同方式降低企业成本

在企业债转股方面，一是允许企业多措并举实施债务重整。采取对不良债务核呆、建立产业发展基金、以优质项目引进战略合作和风险投资等方式降低债务负担；二是实施部分债转股。即以子公司为资产包的形式，将具有产业优势和发展优势的子公司实行整体债转股。在企业改革方面，一是鼓励企业将资源资本化，采取对外引进资本和引导内部职工购买企业股权方式实施企业股份制改造分解企业负债；二是对资产和债务分离整合处置。对优质资产和资源通过司法重组方式进行剥离整合经营，对不良资产和债务由政府出台政策作为坏账核销。

5. 以政府向企业增加资本方式降低企业负债和运行成本

对于川煤集团这样的高负债企业，其成本负担主要来自融资成本，降低企业成本，首先是化解企业债务，把企业的资产负债率降下来，政府可根据企业情况，以增加注资方式，由企业及时偿还高息债务。从川煤集团当前的情况看，省政府给予30亿元现金注资，就可以对川煤集团的资本和负债结构进行优化，有效降低债务负担、融资成本和资产负债率，为川煤集团轻装上阵、转型发展、升级发展注入活力，增添后劲。

6. 有效降低企业社会负担

川煤集团企业办社会从业人员4011人，《国务院关于加快剥离国有企业办社会职能和解决历史遗留问题工作方案的通知》（国发〔2016〕19号）中对企业办社会职能剥离的资产移交、费用补贴、移交期限做了具体规定，对人员分流仅做了原则性要求，但在实际操作过程中，当地政府和接收企业只同意接收业务和资产，不接收人员，人员安置分流的任务和责任仍由企业承担，关键性问题并没有得到有效解决。作为经济组织，不应承担过多的社会责任，剥离企业办社会职能，解决厂办大集体等问题，不仅是政府给予一定的资金补贴就能彻底解决的问题，建议国家层面发文要求地方政府和接收单位按人随资产业务走的原则，连同人员一同接收，彻底消除企业包袱。

7. 规范和简化企业职工“五险”存缴类别，降低企业劳动用工成本

目前职工“五险”包括养老、医疗、大病、生育、失业、工伤等内容，由企业负担部分占工资性支出的28%，其中医疗保险又分为医疗险和大病险，生育险夫妻双方均需缴纳，职工失业本应是社会问题，但仍由企业负担，明显存在不合理因素。应当加以规范，简化存缴类别，降低企业用工成本。建议将大病险归入医疗险，企业不另行缴纳；生育险和失业险由政府负担，从政府公共财政支出。

相关研究报告

Related Research Report

编者按：为便于读者对相关问题的理解，我们选编了五篇本书主编近年来完成的有关煤炭成本的研究文稿附于此。这些文稿大都曾内部上报过政府有关部门，经规范处理后又见诸国内主流媒体。出于对历史的尊重，均未做修改。

B.14
煤制油税赋问题研究报告（2016年10月）*

中国煤炭经济研究院课题组

摘　要： 本报告为主管部门交办课题。报告以中国煤制油产业发展为研究对象，强调了我国发展煤制油产业的重大战略意义，认为其在保障国家能源安全、实现煤炭清洁高效利用、促进西部特别是民族地区社会经济发展、提升我国油品质量和特种燃料油生产数量、促进煤炭产业转型升级等方面具有重大作用；针对煤制油产业发展面临的困难，报告建议，要坚定煤制油的战略地位，给予必要的政策支持，当务之急是减免煤制油消费税。

关键词： 煤炭产业　煤制油　消费税

煤制油作为我国石油替代战略工程，自 20 世纪 80 年代恢复研究与开发以来，经过三十余年的努力，在工艺、反应催化剂及工业化装置等技术领域的自主创新取得重大突破，示范装置已成功运行多年并取得了自主知识产权，已具备商业化发展的条件。然而，自 2014 年 10 月以来，国际原油价格出现断崖式下跌而导致的国内成品油价格大幅下调以及由此引发的

* 课题组组长、执笔人：岳福斌。成员：吴璘，中国煤炭经济研究院原院长助理，管理学博士，研究方向为煤炭经济。报告形成过程中，神华集团、内蒙古伊泰集团、潞安集团、兖矿集团、晋煤集团、陕煤化集团等煤制油示范企业提供了相关数据并派人参加了讨论。

消费税的大幅提高，致使煤制油示范项目全部亏损，已危及国家能源战略工程的实施。建议国家相关部门采取果断措施加以应对，当务之急是减免煤制油消费税。

一　我国煤制油产业发展概述

煤基制油，人们习惯上称之为煤制油，工业上也称煤炭液化，主要有直接液化和间接液化两种工艺。直接液化是指通过加氢使煤中复杂的有机高分子结构直接转化为低分子的液体燃料，是经干燥、研磨后的细煤粉与溶剂油制备成煤浆在高温、高压条件及催化剂的作用下与氢气反应直接生产液化油品的过程；间接液化是指煤炭先经气化生成合成气（$CO + H_2$），经净化、调整 H_2/CO 比后，再经费托合成（F－T合成）生产油品的过程。

早在20世纪80年代，随着经济的发展与能源需求的快速增长，我国重新恢复了煤制油技术的研究与开发，并作为石油替代战略工程。21世纪以来，随着我国石油进口量的增长，煤炭液化技术研发进一步加快。在企业的大量科研资金持续投入与科研人员的辛勤付出之下，我国煤制油工艺、反应催化剂及其工业化装置等技术领域的自主创新不断取得突破，打破了国外技术垄断，取得中国煤制油技术的自主知识产权，迫使南非Sasol合成油技术退出中国市场。2005年9月，国家科技部对中科院费托合成油工艺进行验收；2005～2009年期间，内蒙古伊泰集团、山西潞安集团和中国神华集团建成三个16万吨～20万吨/年合成油示范厂。截至目前，伊泰、潞安两个示范厂已运行近7年，神华示范厂2010年开车验证成功。2008年投产的神华集团承担的全球首套百万吨直接液化工艺也于2011年转入商业化生产阶段。晋煤集团消化吸收国外先进甲醇制汽油（MTG）技术，2009投产的10万吨/年项目已实现安全稳定满负荷运行。陕西煤业化工集团以煤炭分质分级清洁高效转化利用为前提，深耕煤焦油加氢制油领域，形成自主知识产权的技术体系，已实现百万吨的生产能力。兖矿集团也很早就介入煤制油领域，2004年万吨级费托合成油技术中试成功，其承担的百万吨示范项目于2015年8月底投料试车成功。

截至2015年底，已经建成投产的工业及商业示范项目8个，形成产能340万吨/年。目前在建的商业示范项目3个，2017年底将形成新的产能620万吨/年。列入国家《煤炭深加工“十三五”规划》的在建升级示范项目4个，储备升级示范项目3个，加上神华“十一五”核准的直接液化二、三线建设，以及地方“十二五”期间备案的多联产项目1个（联产间接液化油品55万吨/年），将再形成新的产能1858万吨/年。

从项目统计来看，我国煤液化产业的发展呈现技术多样化、产品多元化的良好发展态势，产业雏形初步形成，到“十三五”末，预计我国将形成煤液化总产能2818万吨/年，按照70%左右制成的燃油成品计算，达产后将有2000万吨/年煤制油品，补充到我国的成品油市场中。产业主要分布在鄂尔多斯盆地、晋西南、新疆准东和伊犁、贵州毕节等煤炭大型基地周边区域及老少边陲需要精准扶贫的地区。

二　煤制油产业发展的意义

1. 保障国家能源安全的战略性举措

习近平总书记在中央财经领导小组第六次会议上提出推动能源生产和消费革命，大力推进煤炭清洁高效利用，着力发展非煤能源，形成煤、油、气、核、新能源、可再生能源多轮驱动的能源供应体系，同步加强能源输配网络和储备设施建设。《能源发展战略行动计划（2014～2020年）》（国办发〔2014〕31号）提出，要确保能源安全供应，加强储备应急能力建设。

目前，我国石油年消费量超过5亿吨，石油对外依存度已超过60%，未来还将呈现不断上升态势。煤制油技术可以大规模生产高品质清洁油品，如果达到年产5000万吨的规模，可以有效缓解因富煤缺油给我国能源安全带来的挑战；如果达到年产1亿吨的规模，我国能源的诸多问题都能得到有效解决。为此，发展煤制油是为保障国家能源安全提供重要战略技术和有效产能储备的重要措施。

2. 实现煤炭清洁高效利用的重要途径

煤炭是我国的基础性能源，将长期在能源消费中占据主要地位，传统的煤炭消费模式粗放、效率不高、污染严重，必须革命。煤制油是煤炭消费方式的重大变革，煤通过气化转化或液化转化等化工过程转化为清洁的油品，生产过程中近三分之二的 CO_2 可低成本捕获，为碳排放彻底解决创造了先决条件；煤炭中的硫、磷、盐分等元素可以全部分质回收；化工转化过程中不产生 SO_2、NOx 等污染物；废渣可生产建材；特别是火电厂无法使用的高有害元素煤炭，或其他行业无法利用的低质煤炭，也可实现清洁利用。

3. 有利于提升我国油品质量和生产特种燃料油

煤制油与原油炼化油相比有天然的优势，可提供现有石油化工技术难以制得的超过国家现行质量标准的高品质柴油、汽油和特种燃料油。利用煤直接液化柴油开发的军用和航空航天特种燃料，填补了国内航空航天特种燃料油空白；煤直接液化石脑油产品芳潜高达75%，可直接作为优质重整原料生产高热值、高辛烷值、低凝点的清洁汽油；2015 年 5 月，神华完成了 DDCL（煤直接液化柴油）在国Ⅴ排放 SCR 发动机上排放性能试验，结果满足 GB17691－2005《车用压燃式、气体燃料点燃式发动机与汽车排气污染物排放限值及测量方法（中国Ⅲ、Ⅳ、Ⅴ阶段）》标准国Ⅴ阶段排放要求，且保持较大的排放余量。煤间接液化柴油硫含量极低，色度为零，烯烃含量及芳烃含量很低，十六烷值大于 70，可以在 0 号至－35 号柴油之间进行调节，是未来六阶段油品升级的理想组分油，经过 7 年多测试，尾气排放符合欧洲Ⅴ号标准，比普通柴油节油 8%～12%。如伊泰清洁柴油，与国Ⅴ标准柴油相比，在法定检测指标和非法定检测指标方面均有显著降低，经北京市委托中国环境科学研究院组织的运行试验检测，燃烧颗粒物 PM 的降低比例达到 61.78%，总碳氢 THC 平均减排 0.42%、NO 减排 31.57%、CO 减排 5.98%、CO_2 减排 2.18%，基本没有 SO_2 排放，具有较大的环保优势。煤间接液化石脑油直链烷烃高达 90% 以上，是生产烯烃、无芳烃溶剂油、特种石蜡、高品质合成润滑油等的优良原料。间接液化部分产品是传统炼厂难以生产的产品，替代了进口，填补了国内空白。

4. 对西部省份社会和经济的发展具有重要意义

我国西部产煤大省受产业结构较为单一的影响，经济发展相对落后，亟须采取根本性措施加以解决。如果在西部地区适度发展煤制油，将会有力改变这一状况。

基于煤炭资源、水资源、环境容量、生态承载力、基础设施条件、区域经济发展等综合条件，我国煤制油产业目前主要布局在西部。煤制油项目一般毗邻配套煤矿建设，投资大、煤炭转化量大、产业链长、科技含量高，如果我们坚持“立足西部、加快新疆”的煤制油产业布局政策，将有利于克服西部地区产业结构单一、低水平发展的矛盾，为西部煤炭资源区域的经济发展注入新的活力，从根本上解决少数民族地区的经济发展和社会长治久安问题。

5. 有助于化解煤炭产能过剩、增加财政收入

目前，我国煤炭产能过剩的问题已经十分严重，对煤炭产业的生存和发展造成重大影响，化解产能过剩成为当前乃至今后一段时间煤炭产业的主要任务。但客观上已经实际形成的产能必须有序释放，否则，将造成极大的浪费。因此，除了通过行政手段管住源头以外，更主要的应在形成煤炭新的消费增长点上做文章。在目前技术条件下，1 亿吨煤制油品的转化能力，可以消化 4 亿吨左右的煤炭。因此，发展煤制油，增加对过剩煤炭的有效消费，是解决煤炭产能过剩问题的战略性措施。同时，煤制油作为煤炭深加工产业，可以实现低附加值煤炭向高附加值燃料与原料的转变，附加值大为提升。从税费角度看，目前煤炭税费大约 72 元/吨，经过深加工延伸到煤制油产品，煤炭税赋至少可提高到 250 元/吨以上。

6. 促进煤炭产业供给侧结构性改革与健康发展

着力推进煤炭产业供给侧结构性改革是党中央、国务院为适应和引领经济发展新常态、针对我国煤炭产业发展严峻形势做出的果断决策。《国务院关于煤炭行业化解过剩产能实现脱困发展的意见》（国发〔2016〕7 号）对煤炭产业脱困发展与供给侧结构性改革做出了战略部署，在“去产能、去库存、去杠杆、降成本、补短板”等方面提出了具体要求。发展煤制油产

业可以有效扩大煤炭消费，促进煤炭过剩产能的化解。同时，作为现代新型煤化工的重要内容，煤制油具有技术含量高、管理要求高、布局门槛高与产业链地位高的特点，其产业的发展必将有利于我国煤炭产业结构、布局结构、组织结构和技术结构的全面调整与进一步优化升级，是煤炭产业供给侧结构性改革和实现健康发展的重要内容。

三　煤制油产业发展面临的困难

1. 成品油价格不断下跌，煤制油示范项目已全面亏损

我国煤制油产业发展才刚刚起步，开展煤制油技术研发和工程示范是基于较高的国际油价。煤制油项目投资较高，原料价格对项目经济性影响不敏感，而产品价格对项目经济性影响十分敏感，在煤价为400元/吨的基础上，基于75美元/桶的原油价格形成的成品油价格为业界较为认可的盈亏平衡点，在国际石油价格在75美元以下项目较难赢利。

目前，国际原油价格已从2014年年中的110美元/桶跌至50美元/桶左右的水平，2016年年初最低已跌到26美元/桶。2015年1~6月我国运营的煤制油示范项目（以神华、伊泰、潞安、兖矿为例）油品平均销售价格为4500元/吨（不含税）左右，其中：柴油约5100元/吨、汽油约5300元/吨、石脑油约4300元/吨、液化气约3100元/吨，与2014年同期相比分别下降23%、11%、25%和40%。受此影响，以上示范项目2015年1~6月共减少收入约26亿元，共亏损约12亿元，相比同期下降620%，煤制油示范项目已严重亏损。目前，每生产一吨柴油，煤制油企业亏损1592.85元；每生产一吨石脑油，企业亏损1835.99元。

2. 税负过重严重影响煤制油产业发展

据测算，煤制油示范项目柴油综合税负为36.82%，石脑油综合税负为58.98%。其中由于原料价格低，可抵扣增值税税较低，煤制油产品实际承担的增值税率要远高于石油基产品。在“十二五”前期（按中石化80美元/桶价格体系计算），煤直接液化和煤间接液化吨产品缴纳生产税总额，高于同期

炼化项目 600 ~ 700 元/吨，在“十二五”末期油价下跌后（按中石化 60 美元/桶价格体系计算），缴税额仍高于同期炼化项目 400 ~ 500 元/吨。

随着原油价格暴跌，为合理引导消费、促进节能减排，财政部连续三次发文上调成品油（包括煤制油）消费税税率，将汽油、石脑油、溶剂油和润滑油的消费税单位税额提高到 1.52 元/升；将柴油、航空煤油和燃料油的消费税单位税额提高到 1.2 元/升。调整后的柴油消费税 1411.20 元/吨；石脑油消费税 2105.20 元/吨；汽油消费税 2109.76 元/吨。经过三次上调后，每吨柴油增加消费税 470.40 元，每吨石脑油增加消费税 720.20 元，每吨汽油增加消费税 721.76 元。而煤制油企业以煤炭为原料，无法像石油炼制企业那样通过原油成本的大幅下降充抵消费税上调对企业利润的影响。例如，神华集团鄂尔多斯煤直接液化厂 2015 年 1 ~ 10 月份共生产各种油品 47.8 万吨，其中石脑油 14.41 万吨，柴油 25.12 万吨，均为消费税应税产品，累计消费税税负 5.25 亿元，比消费税上调前增加税负 2 亿元以上，全厂累计亏损 10.38 亿元。尽管如此，即使在煤炭产业陷入全面困境下，煤制油示范企业还是本着对事业负责的态度，仍在继续亏损运营；明知投产之日就是亏损之时，在建项目仍在推进。

3. 现行成品油定价机制不能体现优质优价

尽管煤制油品特性优于石油基油品，属于清洁高效能源，但我国现行的与国际原油价格挂钩的成品油产业定价体制符合石油基炼制成品油的实际情况，却并不符合煤制油的实际。煤制油不同于原油基炼油，其成本与原油无关，影响产品价格的因素主要是国内成品油市场价格和税费政策。煤制油产业成本中原料煤成本占总成本的比例低，但是投入高、折旧费高、财务费用高，每万吨投资成本是同样级别炼油产业的 5 ~ 6 倍。受成品油批发管理、销售体制与定价机制影响，煤制油产品价格不仅不能体现真实成本，而且不能体现“优质优价”。

4. 相关政策有待完善

尽管目前我国煤制油技术已经较为成熟、示范效果较为显著，但仍处于发展初期阶段，需要产业政策扶持。目前仍然缺少相应的技术标准、建设标准、产业管理细则与行业准入标准。煤制油作为新兴战略产业，大多布局在经济欠发达的西部，但在西部地区鼓励类产业目录中没有得到体现。煤制油项目对促进就业和地区经济社会发展具有比较重大的意义，特别是在贫困问题较为突出的西部地区，尽管当地政府和民众渴望通过煤制油产业的发展实现脱贫，但在精准扶贫工程中未能体现这一愿望。

四 政策建议

1. 坚定煤制油的战略地位

煤制油产业的被动局面对该产业的发展信心造成一定影响，但鉴于这一“石油替代”重要举措的战略意义，山西、陕西、内蒙古、新疆等承担示范项目的主要省区对此并没有动摇。李克强总理也曾强调“中国是一个以煤为主要燃料的国家，占比达到70%。煤变油不管是直接法还是间接法，只要把污染和耗水的问题解决了，这个行业的发展前景还是很大的”。建议政府应站在能源革命、供给侧结构性改革和国家安全的战略高度，以更长的时期、更远的眼光看待煤制油产业的发展，坚定煤制油产业在我国能源发展中的战略地位，进一步坚定煤制油产业的发展信心。

2. 给予必要的政策支持

借鉴发达国家对于高新技术产业提供的财政、税收和金融扶持政策，设立煤制油产业发展基金。美国在高新技术产业的发展上采用研发活动由政府直接投资；1986年通过的《经济复兴税法》修正案，大幅减免税收；对高新技术产品由政府采购。法国设立“创新资助金”，对由高新技术研究人员创办未满三年的高新技术企业予以资助，设立“技术咨询补贴”用于企业聘请专家解决重大技术问题或技术咨询，补贴额度占发生费用的50%。日本政府出台《高新技术工业密集区开发促进法及其政令、施行令》，对高新技术企业施行优惠信贷政策，不仅延长贷款期，而且实行优惠利率。

有必要将煤制油项目列入《国家重点支持的高新技术领域目录》中，

将煤制油企业认定为高新技术企业，充分享受税收优惠政策；将煤制油项目恢复到《西部地区鼓励类产业目录》中，保障煤制油企业享受到西部大开发税收优惠政策；将煤制油项目列为精准扶贫重点工程；改革成品油销售体制，及时核准油品批发销售资质，将煤基油品与石油炼制品区别对待，实行差别化的税收及价格政策，实施“优质优价”。

3. 当务之急是减免煤制油消费税

消费税是主要用于高耗能、高污染、高消费的消费品的税种，而煤制油具有提高煤炭清洁高效利用水平的积极作用。因此，有关部门应当考虑煤制油产业的特殊性，改变煤制油企业税收参照石油企业税收的做法，实行差别化的较低税收政策，参照发达工业国家对幼稚产业的扶持政策，充分考虑煤制油与炼油过程增值幅度的差异，同时参考国内其他新兴产业在成长阶段的增值税优惠政策，按照税收公平和适度原则，研究适于煤制油品的增值税税率，减少煤炭产地发展高附加值产业的负担。当务之急，应及时出台减免煤制油品消费税的政策。

为了煤制油项目能够实现长远健康发展，从根本上解决煤制油项目生存和运营亏损问题，建议国家对煤制油项目消费税实行分段减免政策。按照目前的煤液化产业发展及成品油市场价格变动情况，对列入《“十三五”煤炭深加工发展规划》的及其之前已经建成的煤液化项目的涉消费税产品，实施减免。针对煤液化项目三年左右的负荷调整期，建议对刚结束负荷调整期的煤制油项目延期三年免征消费税进行阶段性扶持。煤制油项目正常化商业运营后，采取“从价比例计征”方式，建议整体税负占销售价格的25%为宜。

B.15
加快推进我国煤炭税费制度综合改革研究报告（2013年2月）*

中国煤炭经济研究院课题组

摘　要： 本报告为主管部门交办课题。报告以中国煤炭税费制度改革为研究对象，通过深入调查研究，规范分析和实证分析，认为我国煤炭税费制度建设虽取得显著成就，但仍存在税费负担过重、收费名目繁多、税“费”化等一系列问题；这些问题已严重影响煤炭产业乃至整个国民经济的健康、稳定和可

* 课题组组长：岳福斌；杨志清，时任中央财经大学税务学院院长，研究方向为财政学、税务学。主执笔人：岳福斌。成员：孙云杰，时为中国社会科学院研究生院博士研究生，研究方向为经济学；刘金科，时任中央财经大学税务学院讲师，税务学博士，研究方向为税务学；何杨，时任中央财经大学税务学院讲师，税务学博士，研究方向为税务学；吴璘；张广通，时任中央财经大学政府管理学院副院长、副教授，税务学硕士，研究方向为税务学；岳鸿飞，时为武汉大学学生，专业为能源动力与自动化；曾庆宝，时为中国社会科学院研究生院博士研究生，研究方向为经济学。

2012 年，国家能源局在总结山西省开展煤炭工业可持续发展政策措施试点经验的基础上，结合我国煤炭工业实际，提出了加快推进煤炭税费制度综合改革的建议。建议提出后，主管领导亲自主持“中国煤炭经济 30 人论坛”进行专题研讨，要求深入开展该项改革研究。

为开展好煤炭税费制度综合改革研究工作，中国煤炭经济研究院与中央财经大学税务学院合作，成立专项课题组。经过共同努力，完成了此报告。

报告完成后通过多种渠道披露和上报。全国人大代表、陕西煤业化工集团董事长华炜向十二届人代会递交了《加快推进煤炭税费制度综合改革》的提案；《中国煤炭报》以《全国煤炭企业税费调查》专题的形式，分别在 2013 年 3 月 8 日、11 日、13 日、15 日、18 日、20 日以《涉煤税费比“梁山好汉”还多》、《竭泽而渔，不如放水养鱼》、《清费与正税，摘掉煤企的金箍》等为题对该报告进行了专题报道；国务院机关报《经济日报》于 2013 年 3 月 21 日以《煤炭行业减负　重在“清费”“正税”》为题，发表了对岳福斌院长的专访。新华社内参部就该问题专访岳福斌教授，并通过《国内动态清样》上报决策层。

持续发展；建议深刻领会国家能源局建议精神，加快推进煤炭税费制度综合改革，建立健全法制规范、效率优先、兼顾公平、与煤炭产业在国民经济中的战略地位相一致、与市场经济体制相适应的新的税费制度体系。

关键词： 煤炭产业　税费制度　清费正税

2012 年，国家能源局在总结山西省开展煤炭工业可持续发展政策措施试点经验的基础上，结合我国煤炭工业实际，提出了加快推进煤炭税费制度综合改革的建议。建议提出后，主管领导亲自主持“中国煤炭经济 30 人论坛”进行专题研讨，要求深入开展该项改革研究。

为开展好煤炭税费制度综合改革研究工作，我们与中央财经大学税务学院合作，成立专项课题组。经过三个多月的努力，完成了此报告。

报告认为，新中国成立以来，我国煤炭税费制度建设取得显著成就，但仍存在税费负担过重、收费名目繁多、税“费”化严重等一系列问题；这些问题已严重影响煤炭产业乃至整个国民经济的健康、稳定和可持续发展；要深刻领会国家能源局建议精神，加快推进煤炭税费制度综合改革，建立健全法制规范、效率优先、兼顾公平、与煤炭产业在国民经济中的战略地位相一致、与市场经济体制相适应的新的税费制度体系。

一　目前我国煤炭税费制度

新中国成立后，为保障社会生产生活对煤炭的需要，政府对煤炭产业一直实行单一的低税率政策，主体税种是产品税，税率为 3.35%，国有煤炭企业全部税收占煤炭销售收入的比重平均为 5.58%。

1979 年下半年，为适应改革开放形势发展需要，增值税试点工作在少数地区开始，征税范围仅选择机械和农业机具两个行业；1984 年，国务院颁发了

《中华人民共和国增值税条例（草案)》，财政部颁发了《中华人民共和国增值税条例（草案）实施细则》。这标志着，增值税制度在我国正式建立。1992 年国家颁布了《中华人民共和国资源税暂行条例》，煤炭企业开始缴纳资源税。

改革开放促进了经济发展。为适应经济发展需要，政府开始了建设性收费，如 1986 年开始征收港口建设费和资源补偿费；1988 年，开始征收电力建设基金；1989 年开始征收土地复垦费；1991 年开始征收铁路建设基金等。其中，行业性的建设性收费都明确了起止时间，如铁路建设基金到期时间为 2006 年。煤炭税费并存制度开始形成。

1994 年我国实行税制改革，取消了产品税，建立了以增值税为主体的税制体系，设立了 25 个税种，其中与煤炭企业有关的主要有增值税、资源税、企业所得税等 21 个。其中，增值税税率为 17%，因普遍反映偏高，财政部、国家税务总局于 1994 年发出通知（财税字〔1994〕第 036 号）将煤炭产品增值税税率降至 13%；从 2009 年起，又恢复为 17%。

2007 年，党的十七大召开，提出要“建设生态文明，基本形成节约能源资源和保护生态环境的产业结构、增长方式和消费模式”。各级政府为贯彻落实这一基本国策，纷纷推出了煤炭资源有偿使用、矿山生态环境恢复及职工社会保障体系完善等方面的政策措施。当时正是我国煤炭工业走出低谷进入 10 年辉煌的第六个年头，产业景气度较高，各地利用这一有利机会先后大幅度调整了煤炭税费征收标准，这期间又增加了许多收费或基金项目。

到目前为止，我国涉煤的各类税费项目不少于 109 项，除 21 个税种外，还包括矿产资源补偿费、探矿权及采矿权使用费、探矿权及采矿权价款、煤炭价格调节基金、铁路建设基金、水利建设基金、港口建设费、生态补偿基金、造林费、水土保持设施补偿费、水土流失防治费及各种协会会费等规费，据初步统计，不少于 88 项。

二　我国煤炭税费制度存在的问题

理论研究和调查研究结果表明，目前我国煤炭税费制度存在的主要问题是税费负担过重、各种收费太滥、税“费”化严重。

1. 税费负担过重

1994 年税制改革造成煤炭企业税负过重已是不争的事实，并曾纠偏。按照国务院批示，1995 年财政部对原中央财政煤炭企业因税制改革多缴纳的增值税实行每年定额返还 17.1 亿元的政策。1998 年，煤炭部撤销，原部属煤炭企业下放地方管理后该项政策仍继续执行，但早已名存实亡。

在我国的产业分类目录中，煤炭开采和洗选业归属工业类。按公平赋税原则，其做了各项抵扣后的增值税税率应大致相同。统计分析结果表明，煤炭开采和洗选业的增值税税率大大高于工业企业增值税税率。2011 年全国煤炭开采洗选业增值税实际税率为 7.50%，而同年全国规模以上工业企业增值税实际税率仅为 3.12%，二者相差 4.38 个百分点；与 1995 年实施增值税初期相比，全国规模以上工业企业增值税税负下降 29.05%，而煤炭开采和洗选业仅微降 1.55%，下降幅度相差 27.50 个百分点。从与相关产业的比较看，煤炭产业税负也处于较高水平。我们用主要税种（营业税及附加、增值税、企业所得税）与营业收入之比作为综合税负水平的指标分析也充分证明了这一点。2003 ~ 2011 年，煤炭开采和洗选业年平均税负水平为 11.76%，而同期黑色金属矿采选业、有色金属矿采选业、化学原料及化学制品制造业、电力热力生产和供应业分别为 10.05%、7.31%、4.92%、7.10%。

煤炭企业税收，作为生产经营活动所创造的总价值的一部分，一般应与产业增长速度成正比，而实际上并非如此。据统计，规模以上煤炭开采和洗选业企业的主要税收总额从 2003 年的 265 亿元增加到 2011 年的 3779 亿元，增加了 13.26 倍；而同期煤炭工业总产值增加 10.76 倍。煤炭开采和洗选业的主税总额比煤炭工业总产值多增加 2.5 倍。

自我国加入 WTO 以后，中国的煤炭产业已成为世界煤炭产业的一部分，按 WTO 规则，各国相同产业的税负应大致相同。事实上，我国煤炭产业的平均税负高于世界其他产煤国家的税负。2010 年我国煤炭企业税负为 12%，而同期国外矿山企业税费负担，加拿大魁北克 6.5%、安大略 10.5%、英属哥伦比亚 9%，美国亚利桑那 6.5%，澳大利亚 10.5%。

2. 各种收费名目繁多

在市场经济条件下，政府为提供公共产品、服务或赋予某种权力直接向受益者收取部分费用是必要的。随着改革开放的不断深入，市场经济的不断发展，我国政府从1986年收取港口建设费始，各项收费与日俱增，收费标准不断提高，其中尤以煤炭产业为甚，有些媒体曾用“多如牛毛”来形容。事实上，目前我国已经形成名目繁多与行政级次相一致的多层次的“煤炭收费网”。我们对煤炭企业需要缴纳的88个收费项目（包括基金）做了统计分类，其中：资源环境类25种，经济建设类4种，行业管理类6种，市场行为类6种，企业发展类2种，社会功能类10种，交通运输类35种。诸多的收费项目，有的是中央政府依照法律程序合规设置的；有一些收费项目是地方政府按照中央政府或有关部门的精神结合地方实际设置的；还有一些特权部门、垄断行业，甚至社会组织巧立名目，设置收费项目。如公安部门设置的炸药安保费、铁路部门设置的点装费、工会和煤炭协会设置的会费、武装部设置的民兵训练费，甚至已经全额财政拨款的政府职能部门的一个科室也发文收费。

上述诸多收费项目，其收费标准在不同的矿区、不同的煤种，甚至不同性质的企业大都不同。为搞清涉煤收费数额，我们选取了13家煤炭上市公司作为样本，以其2011年年度报告为依据，对它们的税费情况进行了统计，并用各样本的收费数额与总税费、营业收入、净利润做了比较分析，结果如下表。

涉煤收费与总税费、营业收入、净利润占比

类别	收费/总税费	收费/营业收入	收费/净利润
最高	49.78	14.33	162.54
最低	7.57	1.16	11.66
样本平均	22.11	5.15	43.97

众所周知，由上市公司的特殊性所决定，其披露的信息相对是可信的。13家样本煤炭上市公司，虽不能囊括全国煤炭产业的收费情况，但其代表

性是不容置疑的。从整个产业而言，上市公司目前仍是少数，而且大多数是集团公司的子公司，由此可推论，就全产业而言，其收费数额比重肯定会大于该统计分析结果。

3. 税“费”化严重

所谓税“费”化，是指本应以税收形式形成的政府收入，却大量地采用了收费形式。税与费有严格的区别，税收是国家凭借政治权力，通过法律程序强制地、无偿地取得固定收入的国民收入再分配的形式，它不是通过交换得来的，又总是用于全体纳税人，具有排他性。而行政性收费则是指政府由于提供了服务或赋予某种权力而直接向受益者收取的款项，它是通过交换得来的，在使用上具有排他性。在社会经济实践中，一般对自然资源与生态环境的开发和利用大都采用税收形式。例如，煤炭资源，作为一种稀缺并不可再生的公共性自然资源，它的勘探开采利用，均应向代表全体人民利益的国家缴纳资源税。但在我国现行的煤炭资源税费制度安排上，却主要采取了资源费的形式，费种达到六种之多，税费比重也是费占大头。从矿产资源补偿费一项与资源税的比较情况就可以清楚地说明这一点。2000 年全国煤炭开采应交资源税是资源补偿费的 2. 68 倍，税大于费；至 2008 年资源税增长了 0. 93 倍，资源补偿费增长了 10. 36 倍，演变成费大于税。从部分产煤省情况看也说明了这一点，目前的资源税、资源补偿费，内蒙古分别为每吨 2. 3 元、2. 1 元；贵州分别为 2. 5 元、3. 0 元；陕西分别为 3. 2 元、4 元。若加上资源价款等其他几项，资源费的总额要几倍于资源税。再如生态环境保护，无可争议的是一种公共行为，理应通过规范开征生态环境保护税来取得环保收入，而现行的税费制度却通过十余种收费方式来取得。

三　我国现行煤炭税费制度存在问题的影响

1. 税费负担过重是把“双刃剑”

在经济学界，美国供给学派的拉弗（Arthur B Latter）以其“拉弗曲线”而著称于世，并当上了里根总统的经济顾问。拉弗认为，一般情况下，税率越高，政府的税收就越多，但税率的提高超过一定限度时，会影响经济主体经济活动的积极性，从而使税源萎缩，最终导致税收总额的减少。我国煤炭产业经济发展的客观实际也证明了税费负担过重不仅使企业不堪重负，而且也影响财政收入。20 世纪末至 21 世纪初，我国煤炭产业曾出现全行业亏损，在财政赤字大幅增加的情况下，中央财政还要通过退税补贴的方式挽救煤炭产业危机。

2. 影响煤炭产业的健康发展

煤炭是我国重要的基础能源和重要原料，在国民经济中具有重要的战略地位。在我国一次性能源结构中，煤炭将长期作为主要的能源。煤炭产业能否健康稳定和可持续发展，事关国家能源是否安全和国民经济是否安全，在世界性能源战愈演愈烈的今天，更是如此。

企业是产业的细胞，产业是企业的集合。煤炭企业的健康发展，有利于煤炭产业规模的扩大和效益的提高。过重的税负，导致投资收益减少和预期下降，必然会影响投资者的投资热情，影响职工的积极性、主动性和创造性，影响企业的生机活力、积累和扩大再生产，其结果必然会影响产业的健康稳定和可持续发展。2012 年，重点煤炭企业亏损家数超过 20%，煤炭产业景气指数全年下跌 5.18 个百分点并创下金融危机以来新低就是一个有说服力的证明。这对于以煤为主体能源的我国来讲是一个应引起十分警觉的信号。在世界性能源战愈演愈烈的时代背景下，中国的煤炭企业伤不得，中国的煤炭产业基础丝毫不能动摇。

3. 导致国家宏观调控能力弱化

三十多年的改革开放，我国已建立了市场经济体制和机制。由于信息的不对称、外部性问题的存在，以及人们认识客观经济规律的局限性，会有市场失灵现象发生。政府通过建立健全、不断完善包括税费制度在内的制度、法律、政策，加强对市场的规制，是市场经济条件下政府的重要职能。然而，现行的煤炭税费制度安排并不利于政府这一职能的发挥。

（1）浪费了行政资源。殊不知编织成目前这张与行政级次相一致的多层次的煤炭收费网耗费了多少行政资源，更不知为了维护这张网又投入了多少人力、物力和财力；但我们时时处处可以看到政府有关部门设置了相关的局、处、科、股，有时甚至动用执法工具。

（2）弱化了税收功能。税收作为国民收入再分配的工具，是国家调控经济，取得公共收入，实现社会公平的重要工具。税“费”化和过滥的收费，极易产生费挤税，甚至发生保费丢税的现象，使得税收的功能弱化，更不利税收制度的进一步完善。目前，存在的资源税异化和环境税缺失问题与税“费”化问题有直接关系。

（3）异化政企关系。经过34年的经济体制改革，按市场经济运行机制的要求，实现了政企分开和按生产要素分配的新机制。这一政企关系的建立，是有效宏观调控的前提条件。然而由于过滥收费问题愈演愈烈，各级政府为了向煤炭企业多收费，收好费，又开始过多插手生产经营，使早已实现的政企分开，又异化为以收费为媒介的政企合一；使本已建立起来的权益型收入分配机制，又异化为权益加权力型收入分配机制。

4. 影响政府的形象

“建立一个廉价的人民政权”是马克思对社会主义者的要求；“为人民服务”是开国领袖毛泽东明确的立国之本。过滥的行政性收费，易给人造成的错觉是：当今的政权是昂贵的；“为人民币服务”成为执政的追求。过滥的收费是滋生腐败的土壤。屡禁不止的大吃大喝、请客送礼和设“小金库”，甚至所有涉煤的官员腐败案例都与目前过滥收费问题有关。事实上，过滥收费问题早已引起党中央、国务院的重视，而且曾明文禁止。然而，在既得利益驱动下，政府这部汽车并没有按照掌握方向盘的人选择的方向前进，时至如今，问题仍没有解决，严重影响了政府的形象和威信。

四　煤炭税费问题产生的原因

1. 历史的原因

纵观我国煤炭产业改革开放的历史，早在1994年税制改革时就已经埋下了税费负担过重的隐患；铁路建设基金等收费项目的相继推出打开了收费的大门。随着经济体制改革的不断深入，在顶层制度设计上，早已明确政企分开，政资分开，取消了市场价格的行政管制，实行市场化的价格形成机制。然而，时至今日，有的垄断行业如铁道部仍旧政企合一，煤炭价格双轨制的取消也才刚刚摆上日程。煤炭经济体制改革的滞后，政企分开不彻底，市场化程度低是煤炭税费问题产生的最主要原因。

另一个重要历史原因是煤炭产业管理的弱化。自 1998 年煤炭部撤销后，煤炭产业管理机构几经变化。之初，设一管理局，由原国家经贸委代管；国家经贸委撤并后，又在国家发改委能源局里设了一个处。这样的管理制度安排，相对于由数以万计煤炭企业构成的煤炭产业来说显然是不合适的。不仅如此，随着中国煤炭经济学院、煤炭经济管理干部学院被撤并，煤炭理论、制度和政策研究队伍也被打散。煤炭产业管理弱化、软科学研究落后问题直至国家能源局成立后才有所扭转，但其影响已经产生。

2. 十年景气掩盖了矛盾

21 世纪初，在中国煤炭产业岌岌可危之际，党中央国务院英明地推出了一系列挽救措施，加大了煤炭市场化改革力度，放开了对非电煤市场的价格管制，对煤炭企业制度、产权制度做了以市场化为取向的相应安排，特别是国务院《关于促进煤炭工业健康发展若干意见》（国发〔2005〕18 号文）的及时出台和国家能源局的组建，加上国际国内经济形势景气度较高等多因素的共同作用，煤炭市场出现了连续十年的景气攀升，直至 2011 年 11 月拐点的出现。

煤炭市场形势出现的这一变化，使长期忍受沉重税费负担的煤炭企业有了喘息之机。在这一新的形势下，煤炭企业暂时停止了减轻税费负担的诉求，而把主要的注意力放在了获取资源、争取项目、放大产能、提高产量上。在煤炭产业景气的十年里，煤炭企业靠这种相对粗放的生产方式，克服了过重的税费压力，延续着向规模和价格要效益的发展道路。这一时期，煤炭税费过重问题暂时被掩盖了，解决税费负担过重问题的呼声小了，使得本来早该解决的问题被拖了下来。

3. “暴利”假象导致问题日益严重

在20世纪末和21世纪初，煤炭企业在生产经营困难的情况下，不得不采取“低工资、低福利、低补偿、低折旧”等低成本求生存的运营政策，甚至连安全性投入也被削减。煤炭部撤销后，涉煤制度没有得到及时完善与创新，显得十分落后，有的甚至存在严重的问题，如现行的煤炭成本核算制就存在进项税抵扣不足、生产要素耗费补偿不足和外部性成本缺失等问题。上述问题在煤炭产业景气度较高的情况下反映在会计科目上则会出现煤炭成本过低，毛利润虚高的问题；虚高的利润被不明真相的人认为煤炭产业是“暴利”行业；基于“暴利”的假象，相关部门也就一而再、再而三地推出增加煤炭企业负担的措施。

4. 交通运输部门是收费过滥的推手

我国煤炭资源大多集中在“三西”（山西、陕西及内蒙古西部）地区和新疆，呈现“北多南少”、“西多东少”的分布格局，而消费地则主要集中在华东、华南和华中地区。煤炭生产和消费之间的矛盾使得长途运输不可避免而且运输量大。全国约75%的煤炭用于火电，其作为大宗商品，产地与消费地之间的煤炭运输60%～70%依靠的是铁路和水路运输。

随着经济的发展，煤炭的需求与日俱增，虽然近年我国交通运输建设速度加快，但赶不上需求增长，客观上形成过快的煤炭运输需求与相对落后的煤炭运力供给的矛盾。煤炭产业自煤炭部撤销后行业管理弱化，数以万计极其分散的煤炭企业，面对高度垄断的交通运输部门，特别是政企不分的铁路部门，其话语权一直处于弱势。如此背景下，处于强势的交通运输部门可以恣意巧立名目设立费种，不断提高收费标准。根据我们的调研，在不少于88种的各项收费中，交通运输部门的收费种类就占到了三十多种：据初步计算，交通部门的收费在煤炭市场价格构成中所占的比例高达70%左右。这些在煤炭运输过程中出现的五花八门的各种收费，大多数为不合理收费，如公路部门收取的公路集资费、临时占地费、污染治理费、修路费、计量费、专项维修费、服务费等；铁路部门收取的专用线维修费、车站调车作业费、取送车费、铁路土地租金、车皮维修费、过轨费、建设资助费、站台租赁费、平车费、保全费等；水运部门收取的搬道费、道路使用费、进出仓费、洒水费、堆存费、平仓费等。在煤炭收费过滥问题上，交通运输部门成了推手、难辞其咎。

5. 政府责任不可推卸

事实上，煤炭税费问题早已存在，而且政府也曾经努力解决过，如1994年税制改革后，政府针对煤炭企业实际税负加重问题，就出台过退税和亏损补贴政策；再如，随着经济体制改革的不断深入政府推出了政企分开、放开价格管制、由供需双方市场定价等建议措施。遗憾的是，随着煤炭市场转暖，煤炭企业对减负呼声的减弱，政府在推进煤炭体制改革方面的力度也减弱下来。煤炭成本核算制度所存在的问题，早在十年前就已被指出，并已写进国务院《关于促进煤炭工业健康发展的若干意见》。而时至今日，有关部门也没能提出很好的解决办法。铁路交通等垄断行业改革滞后，没有建立起合理的服务机制，而成为名目繁多收费的推手。这一问题早已暴露，而政府一直没有从根本上解决，并容忍至今。节约能源资源、保护生态环境作为我国的基本国策，是仅次于宪法的国家大策，必须坚决贯彻落实，也必须体现在所有涉煤制度法规和改革措施之中。但在实际上，并非如此。在有关部门已出台和准备出台的政策中，突出的却是政府收入最大化的取向。

改革开放促进了社会经济发展。为解决资金短缺问题，在资本市场发育不成熟的前提下，按法定程序发行建设性基金，如铁路建设基金、港口建设基金等都有其客观必然性。问题是，随着改革开放的不断深入，现代产权制度和现代企业制度的相继建立和健全，特别是资本市场的逐渐成熟，这些基金应如期取消或转为产业间的资本性投入。我们的政府却没有这样做，而是一而再、再而三地延期。

党中央、国务院对煤炭企业税费存在问题的解决十分关心，先后就此下发“清理”文件，但大都由于执行层出于各自既得利益考虑，贯彻执行不力，使问题迟迟不能得到解决。对这种有令不行的行为，政府应该问责。截至目前，有谁见到过因解决该问题不力而被问责？

市场失灵状态下的政府规制是社会政治经济生活必须采取的措施，如在煤价畸高，既不反映供给，也不反映需求情况下，通过收取价格调节基金等手段加以规制是必要的。问题是，当煤炭市场价格出现暴跌，许多企业已经出现亏损，为了解决供给相对过剩问题，有关部门已发出“限产令”。在这一新的形势下，这笔基金发挥了怎样的作用？是用作了稳定煤价性质的购买？还是作为对被限产企业的补贴？我们都没有看见。事实上，该基金已变异为政府收入。

五　解决我国煤炭税费问题的政策建议

1. 提高对解决煤炭税费问题的认识

目前我国所存在的煤炭税费问题，已经严重影响煤炭企业运营、产业发展和战略地位的提升，必须从战略高度给予重视，并采取有效措施加以解决。解决煤炭税费问题是保障煤炭产业转型升级，实现健康、稳定和可持续发展，加快建成现代能源产业体系，进一步提升我国综合国力与国际竞争力，保障国家能源安全和国民经济安全，贯彻落实十八大精神，实现稳中求进，全面建成具有中国特色小康社会的重要举措，是不断深入的经济体制改革的重要内容，也是规范政府行为，铲除行政腐败的重要措施。

2. 加强对解决煤炭税费问题的领导

分析和研究结果表明，煤炭税费问题的产生主要责任在政府；根源在制度不完善；迟迟得不到解决的原因是政府行为不规范。鉴于此，仅靠一般性地发文号召，动员各级政府自己解决自己的问题已很难奏效。必须改变思维，从规范政府行为入手，针对煤炭税费问题的特点，利用行政上的下级服从上级的规则，由党中央、国务院统一做出部署，从中央到煤炭主产地的各级政府，建立由各级主要领导直接负责，发展改革、财政税务、纪检司法、能源煤炭等部门领导为成员的“推动煤炭税费制度改革部际领导小组”，并由上级单位派出工作组到下一级单位负责督导，形成自上而下的解决煤炭税费问题的垂直领导系统，按照党中央、国务院做出的统一部署全面同步推进，尽快打破既得利益链，破除已形成的煤炭收费网，加快建立健全具有中国特色的现代煤炭税费制度。

3. 解决煤炭税费问题的原则目标

解决煤炭税费问题要坚持如下原则：要有利于煤炭产业发展和现代能源产业体系的建立，确保国家能源安全和国民经济安全；要有利于国家宏观经济控制力的不断提升，实现国民经济健康稳定和可持续发展；要有利于节约资源和保护环境基本国策的落实，全面建成具有中国特色的小康社会；要有利于增加财政收入，增强综合国力的不断提升；要有利于规范政府行为，依法治国，实现政府清廉、政治清明。通过煤炭税费问题的有效解决，使煤炭企业税费负担过重问题有所缓解，涉煤收费过滥和税“费”化问题得到根本性解决，建立健全法制规范、效率优先、兼顾公平、满足煤炭产业在国民经济中的战略地位要求、与市场经济体制相适应的新的煤炭税费制度体系。

4. 把握主线科学推进

在如何解决我国煤炭税费问题上，要“清费”与“正税”并举，这是科学推进的辩证法。

所谓“清费”，是指在厘清各种涉煤收费的基础上，加以科学论证后取消所有不合理的才各类收费。所谓“正税”，是指在清费的基础上，正本清源，完善税制，彻底解决税费界定不清问题，建立健全相应的税收制度。“清费”是“正税”的前提和条件，只有把“清费”的基础性工作做好，才能保证“正税”工作的顺利开展。因此，科学推进必须要坚持“清费”与“正税”并举。“清”字当头，“正”在其中，不能单边推进。

解决好煤炭税费问题，要组织力量深入调查研究。要正确定位相关税种性质功能，明确各种收费属性和依据，按照明确的解决煤炭税费问题的原则目标，稳中求进。

（1）关于“清费”

首先，要全面清除省级以下地方人民政府越权擅自设立的附加在煤炭上征收的基金和收费项目；对省级人民政府对煤炭征收的基金和收费项目，凡与国务院批准的山西试点要求不符的也全部清除；凡在 2011 年 11 月 30 日国家发改委下发《关于加强发电用煤价格调整的通知》下发以后设立的基金或收费项目，无论与山西试点要求相符与否一并清除。

其次，要对中央政府和省级人民政府依照法律程序设立的基金和收费项目全面清查，分类解决。凡可通过立税收取的要全部立税收取，如资源环境类的各项收费；凡经济建设类的基金和收费项目应取消或改为资本项目；凡已有财政拨款的行政管理类收费全部取消；凡政府越位收取的属于微观经济范畴的收费，如属于市场行为类的煤炭价格调节基金和企业行为类的煤矿转产发展基金一律停止征收；交通运输类的收费除通过物价部门核准的服务类收费外，一律取消；社会功能类收费可按全社会无差异规则处理。

（2）关于“正税”

改革资源税。资源税一般是指开发和利用国家既有资源的单位或个人，以其所开采或利用的资源作为纳税对象，向国家缴纳的一种税收，其基本功能为调节因资源因素产生的级差收入和增加财政收入；考虑到我国基本国策的要求，还应起到节约资源的作用。资源税的正税工作，要强化其功能，并在此基础上改革资源税计征方式。由现行的从量计征改为从量计征与从价计征相结合的复式计征，并按照煤炭资源条件和开采回收率，实行级差税率。

设立环境税。煤炭生产消费过程污染较大，而我国尚未出台专门针对环境污染或生态破坏的环境保护税，因此涉及环境保护的收费越来越多。当务之急，应在征收环境保护费经验的基础上尽快确立环境保护税的计税依据和征收方案，并适时推出环境保护税。

完善增值税。煤炭是资源性产品，在产品成本支出项目中，可供抵扣的进项税额少。国家应充分考虑煤炭企业井下作业的特殊性和煤炭产品成本构成的特点，在现行增值税政策的基础上，进一步完善增值税，扩大煤炭企业进项税抵扣范围。将煤炭企业购置固定资产、煤矿生产的特殊用料特别是争议较大的巷道等，纳入进项税抵扣范围。

规范所得税。合理确定所得税税前扣除项目，除法律法规明确规定的准予扣除项目外，应对按规定提取的维简费、安全生产费用、矿山环境治理恢复保证金、煤矿转产发展资金，矿业权价款、煤炭资源勘查费用、生产前开发支出费用等待摊费用，以及井下艰苦岗位津贴支出准予税前扣除。

5. 解决煤炭税费问题的保障措施

全面推进煤炭税费制度综合改革。解决煤炭税费问题，是一项涉及面广，对既得利益者冲击力大，影响深远，系统性强，而且在推进过程中可能会出现新情况、产生新问题的艰巨而复杂的工作。必须采取相应的保障性措施。

（1）继续深化经济体制改革，全面实行政企分开、政资分开，全面实现煤炭资源配置和再配置市场化，全面建立煤炭价格市场化的形成机制。

（2）加快制度创新步伐，建立健全兼顾价费利税、公平与效率的煤炭收入分配再分配制度；加快煤炭法制建设，在完善现有涉煤法律法规的基础上，加快《煤炭资源法》、《煤炭成本核算法》等法规建设。

（3）严肃党的纪律、规范政府行为，做到有令则行、有禁则止。对那些未按党中央国务院的要求积极推进该项工作的部门和人员要问责。对性质严重者要绳之以法。

（4）关注和解决出现的新问题。煤炭税费制度改革不仅会改变原有的国民收入分配和再分配的格局，而且可能会影响一些部门的行政秩序、机构设置和人员编制，甚至发展规划。对此不仅要做好思想上的准备，而且要做好必要的专项经费预算。

B.16

马克思的成本构成理论及其在煤炭产业的实践（2007年3月）*

岳福斌

摘　要：　本文基于马克思的成本构成理论，阐述了科学化的成本构成的要求，指出了煤炭成本构成存在的问题、问题的成因与危害，提出了实现煤炭成本构成合理化的思路：加强学习、统一认识；深化改革、大胆创新；深入调研、完善产业政策；加快市场建设，努力形成社会平均利润率；成立专司机构，市场失灵情况下加强政府规制。

关键词：　煤炭　成本构成　产业政策

煤炭是我国的主体能源和主要原料。煤矿开采有其自身的特点和规律，在该产业建立客观、全面、真实、完整的反映煤炭产品成本的制度和方法，对实现煤炭产业健康、稳定、可持续发展具有重要的理论意义和实践意义。

---

* 2007 年 9 月 15 日，岳福斌教授以中国煤炭经济研究院院长的身份，应邀参加在中国人民大学举行的“首届政治经济学年会”，并提交了本学术论文。会议安排岳教授做了发言。发言引起强烈反响，有人在讨论中指出，岳福斌现象说明，政治经济学的研究必须跳出传统模式，走入火热的现实经济生活中去，才能繁荣和发展。

2007 年 3 月 18 日，本文曾以“煤炭成本构成存在问题及解决思路”为题在国家发改委机关刊物《宏观经济研究》作为封面文章署名发表除第一部分以外的内容；2011 年 9 月 26 日，曾以“马克思成本构成理论及其在煤炭产业的实践要求”为题在《中国煤炭报》署名发表第一部分内容。

有鉴于此，我们重温了马克思主义的成本构成理论并结合煤矿开采业做了理论思考。

一　马克思的成本构成理论

成本构成理论是马克思经济学说的重要组成部分。这一理论集中在《资本论》第三卷并作为“价值转型”理论的主要内容。

马克思认为成本是商品生产过程中耗费的全部物化劳动和活劳动的货币表现。“一个商品的价值（W），用公式表示是 W = c + v + m。如果我们从这个产品价值中减去剩余价值 m，那么，在商品中剩下来，只是一个在生产要素上耗费的资本价值 c + v 的等价物或补偿价值”①。“商品价值的这个部分，即补偿所消耗的生产资料价格和所使用的劳动力价格的部分，这是商品的成本价格”，“商品的成本价格仅仅是由商品的生产上实际耗费的资本构成的。②”“成本价格的两部分，有一点是相同的：二者都是商品价值中补偿预付资本的部分。③”“预付资本的不同价值组成部分已经消耗在物质上不同的生产要素，即劳动资料、原料、辅助材料和劳动力等生产要素构成上，这一情况只是决定了商品的成本价格必须再买回这些物质上不同的生产要素。④”也就是说，成本价格要能够补偿产品生产过程中耗费掉的全部物化劳动和活劳动。

商品成本构成的二部分，不同于剩余价值（m）。马克思指出：“生产成本价格是在生产过程开始前就已经确定。而 m 这个价值增加额来自用资本进行的生产过程完成以后才存在，而在生产过程以前并不存在。⑤”

商品是使用价值和价值的统一。商品二因素制约着商品成本构成的二部分。马克思指出：“产品价值的一部分再转化为资本，另一部分进入资本家

① 马克思恩格斯：《资本论》第三卷，人民出版社，1975，第 30 页。
② 马克思恩格斯：《资本论》第三卷，人民出版社，1975，第 40 页。
③ 马克思恩格斯：《资本论》第三卷，人民出版社，1975，第 38 页。
④ 马克思恩格斯：《资本论》第三卷，人民出版社，1975，第 39 页。
⑤ 马克思恩格斯：《资本论》第三卷，人民出版社，1975，第 42 页。

阶级和工人阶级的个人消费，这在表现出总资本执行职能的结果的产品价值本身内形成一个运动，这个运动不仅是价值补偿，而且是物质补偿，因而既要受社会产品的价值组成部分相互之间的比例的制约，又要受它们的使用价值，它们的物质形式的制约。①”

成本价格是商品价值的基础，直接影响商品的市场价格。商品市场价格的高与低由供求双方的竞争力所决定，但市场价格的稳定状况由成本价格所决定。马克思指出：“成本价格的这个要素具有双重意义：一方面，它加入商品的成本价格，因为它是商品价值中那个用来补偿所耗费的资本的组成部分；另一方面，它形成商品的价值的一个组成部分，仅仅因为它是所耗费的资本的价值，或者说，因为生产资料花了这么多的费用。②”“商品出售价格的最低界限，是由商品的成本价格规定的。如果商品低于它的成本价格出售，生产资本中已经消耗的组成部分，就不能全部由出售价格得到补偿。如果这个过程继续下去，预付资本价值就会消失。③”

商品的成本价格及其构成受社会产品价值的影响，成本价格作为商品生产的必要价格，质的规定具有同一性，但个别商品的成本价格量存在差异性。原材料取得成本、技术手段、劳动者素质、管理水平、距离消费地远近等，都会导致个别商品的成本价格量上的差别。“商品价值中这些合起来形成成本价格的不同组成部分之间的区别，只要所耗费的不变资本部分，或者所耗费的可变资本部分发生价值量的变化，就会显示出来。”④“在商品的价值和它的成本价格之间，显然会有无数的出售价格。商品价值中由剩余价值构成的要素越大，这些中间价格的实际活动余地也就越大。”⑤ 恰恰是这种个别商品成本构成的差异性，才使商品生产者的优胜劣汰成为可能，才会使优质生产要素集中到优势企业，社会的有效供给能力才会不断提高。

---

① 《资本论》第二卷，人民出版社，1975，第437～438页。

② 马克思恩格斯：《资本论》第三卷，人民出版社，1975，第34页。

③ 《资本论》第三卷，人民出版社，1975，第45～46页。

④ 《资本论》第三卷，人民出版社，1975，第37页。

⑤ 《资本论》第三卷，人民出版社，1975，第45页。

通过马克思成本构成理论的学习，我们体会到科学化的产品成本构成要能够满足如下要求：

（1）全面性。要全面反映产品生产全过程中实际耗费的劳动资料、原料、辅助材料和劳动力。

（2）补偿性。列入成本的价值量要能够补偿产品生产过程中耗费的全部物化劳动和活劳动的等价物。

（3）客观性。产品成本核算要符合客观实际，不夹杂任何主观性成本要素。

（4）动态性。成本核算的价值量要随生产实际计费要素商品市场的价格的变动不断进行调整。

（5）差别性。在核算产品的成本构成时，一方面要强调质上的同一性，另一方面还要强调量上的差异性。

具体到煤炭成本构成应包括如下内容：

1. 构成煤炭产品的实体矿物质的价格

煤炭生产不同于一般工业生产，地下矿藏资源的取得是第一位的约束条件。与煤炭资源的取得，包括勘探、规划、设计等项活动相关的必要费用支出，构成煤炭产品生产的必要成本，具体体现为资源价款。

2. 为取得煤炭产品的实体矿物质而耗费的生产资料的价格

一般来说，工业企业基本建设完成后就可以外购原材料进行连续生产，不存在继续搞基本建设的问题。煤炭企业则不同，建矿完成后，在开采过程中还需要不断地向外围扩展或向深层延伸，以开辟新的作业场所。煤炭基建投资的持续性要求在生产经营过程中必须及时、足额地补偿维持简单再生产的费用，从而使得生产经营能够正常维持下去。安全性保护设施表面上看与煤炭产品实体无关，实际上，这部分支出是为了保障物化劳动和活劳动发挥正常功能作用的必要成本，也应该在煤炭产品成本构成中得到体现。

3. 煤炭产品生产过程的生态保护与环境治理所耗费的必要支出

煤炭开采在空中、地表、地下三个层面立体地破坏着生态环境，是引起环境污染的重要原因之一。采煤引起的地表塌陷和沉裂，不仅毁坏土地而且还可能引起建筑物变形和农田设施受损。矿井排水会破坏水资源和地下水系生态环境，导致许多矿区井泉干涸，部分矿区沙化。煤层气的排放、煤矸石、煤泥、煤灰等地表运输和存放，也会污染矿区，导致生态环境遭到破坏。所有这些，都要求在煤炭整个生产过程中必须不断投入资金保护环境、治理污染。这部分投入理应在成本构成中得到体现。

4. 煤炭产品生产全过程所使用劳动力价值的补偿费用

煤炭产品生产全过程，实际上也是劳动力的支出和使用过程。劳动力的再生产规律，要求煤炭产品成本构成中要包括生产全过程所耗费的劳动力的价值，在现实中表现为工资。随着社会生产力的发展，再生产劳动力所需要的生活资料和劳务的数量不断增加。因此，煤炭产品生产过程中所使用的劳动力价值的补偿费用客观上要求不断提高。

劳动力价值补偿学说是马克思生产成本理论的重要内容。由于这部分内容在马克思经济理论体系中做了前置性处理①，还由于在“以资本为本”的资本主义社会很难满足“以人为本”的劳动力价值补偿的要求，所以，马克思在论述资本主义社会条件下产品成本构成问题时，虽然涉及这个问题，但没有展开。如果我们系统理解马克思的经济理论，深刻领会其关于人的全面发展要义，煤炭产品生产价格中应包括生产全过程中所耗费的所有劳动力的价值。

5. 煤炭产品运销过程中所发生的生产性费用

煤炭作为地构变化的生成物，资源比较丰富，但分布很不均衡。以我国为例，目前探明的煤炭资源主要集中在山西、内蒙古、河南等中西部地区，而煤炭消费需求主要集中在经济发达的东南沿海地区。所以，煤炭运输量很大，发生在流通领域属于生产性成本的必要费用，如装、运、卸、保管等费用大。

6. 管理费用

煤炭生产具有系统性，从开始勘探、建矿，到生产、销售，直至闭

① 马克思出于理论体系建立的需要，把劳动力价值补偿问题放在价值理论研究部分。见《资本论》第一卷第六篇“工资”。

井，构成了一个系统产业链条。在这一完整的生产过程中，管理作为一种必要劳动投入，必然要发生一定的费用。这些费用也构成煤炭产品生产成本。

二　我国煤炭成本构成存在的问题

依据马克思的成本构成和价值补偿学说及其要求，结合我国目前煤炭成本构成的实际，我们认为我国煤炭成本构成存在如下问题：

（一）制度性成本不全

调研结果表明，无论是资源价款，还是环境治理费用，在目前的煤炭成本构成中都没有得到客观反映。山西省作为我国的煤炭大省，也是因煤炭生产造成环境污染、生态破坏最为严重的省份。据山西省提供的资料，1978～2003 年，全省共产煤 65 亿吨，环境污染、生态破坏造成的损失近 4000 亿元。专家分析，如果要恢复原来的生态环境，需投资 1000 多亿元。据此计算恢复生态每吨约需 15.38 元。实际上 2001～2005 年加权平均吨煤计提 0.318 元“地面塌陷补偿费”，仅及实际需要的 2.07%。同煤集团每吨只提 0.01 元，更显微不足道。据中国煤炭工业协会的研究报告，他们认为吨煤资源类成本应为 14 元；山东的一些煤炭企业认为该类价款应为 15～20 元；福建煤电股份公司据实测算结果是 17 元。

（二）政策性成本不实

1. 安全性成本投入不实

安全性成本投入包括安全设施、安全培训、安全管理等费用。在我国，矿难事故接连发生，重大死亡事故遏制不住，与安全性投入不实有关。有资料显示，全国国有煤矿安全欠账有 500 多亿元，其中仅山西省就达 138 亿元。这些欠账都是安全性投入不实的最好证明。目前政策规定提取的安全性费用吨煤只有 3～8 元，满足不了实际投入。山西省从 2005 年开始决定计提安全性费用吨煤 21.60 元。淮南煤矿建议每吨提 25 元，其中瓦斯治理费 15 元/吨；山东济宁的煤炭企业建议提 30 元/吨；福建煤电股份公司安全性投入实际为 29.07 元/吨。

2. 维持简单再生产的费用不足以补偿消耗的生产资料费用

煤炭企业的维简费（含井巷费，下同）的提取明显不足。山西省汇总平均每吨煤计入成本的维简费 7.9 元。原同煤集团董事长，现任国家煤炭安全监察局副局长彭建勋同志说：“现行政策规定的维简费的提取还不够修复毁坏的矿区公路的。”安徽淮南矿目前吨煤计提 15 元，认为该项成本应为 30 元；福建煤电股份公司计提 12 元，实际核算需要 40.06 元。

3. 劳动工资类成本偏低，难以补偿劳动力再生产的实际需要

我国煤炭产业的生产力水平参差不齐，采煤方式是现代与传统并存，整体上相对落后，致使煤矿职工的准入门槛低，对煤炭工人素质要求不高。由于我国劳动力市场总供给大于总需求，总体上就业压力很大，导致大量农民工进入煤炭产业。大量廉价劳动力的存在，压低了煤炭产业的工资标准，煤炭产业平均工资曾一度降至全国 43 个行业的倒数第二。在山西大同，曾出现过“人人 230（元/月），共同渡难关”的情况。近两三年来，煤炭市场发生变化，行业景气值上升，行业平均工资标准有所提高。2006 年规模以上煤炭企业在岗职工月平均工资达到 1970 元，基本达到全国规模以上企业在岗职工月平均工资水平。煤炭产业工人的劳动具有特殊性，工作环境差、劳动时间长、劳动强度大并存在高度危险。2006 年我国煤矿事故共死亡 4746 人，远远高于其他行业。不仅有生命危险，而且患职业病的概率高。矿工大都是单职工，承担着赡养双方父母的义务，负担较重。如果考虑煤炭产业劳动力价值补偿的特殊性，工资标准仍然偏低，有必要通过相对高的工资予以补偿。理论上讲，煤炭产业平均工资应为全国规模以上企业在岗职工工资的 1.5 倍左右。

（三）市场性成本扭曲

随着现代技术的广泛应用，除一些小煤窑外，大多数规模以上煤炭企业

基本都采用了现代开采方式，电力已成为煤炭生产的主要动力。近些年来，工业用电的价格逐年上升，电费支出占煤炭成本构成的比重在不断提高（具体情况见表1）。

表1　煤炭成本与电费关系

单位：元/吨；%

年度	煤炭成本	其中电费	电费占成本	煤炭成本提高	电费提高
2001	188.43	4.02	2.13	100.00	100.00
2002	194.98	4.53	2.32	103.54	112.69
2003	200.06	4.77	2.38	105.43	118.66
2004	224.48	5.93	2.64	118.57	147.51
2005	275.02	6.61	2.40	145.50	164.43

资料来源：根据调研整理所得。

从上表可以看出近五年来，电费在煤炭成本中所占的比重逐年提高，提高的幅度都大大超过了煤炭成本增加的幅度，而且，2004 年 6 月煤电价格联动政策出台后，电费提高超过煤价提高 10 个百分点。

煤炭的铁路运输一直是煤炭产业发展的制约因素。在运力不足的情况下，数以万计、分散的煤炭企业，面对高度集中垄断的铁路运输部门，完全没有讨价还价的可能，运输成本一直不断上升。例如，山西北部煤炭企业，运输费用由基本运费、印花税、京路均摊、京秦运费、中转作业费、电气化费和铁路建设基金构成。其中，铁路建设基金所占的比例最高，如同煤集团达 21.70 元/吨，内蒙古西部地区甚至达到了 40 元/吨以上（均以到达秦皇岛港为例）。除此之外，由于运力短缺，还要支付摆不到桌面上的点装费、车皮中介费等。我们从以下总物价指数、煤炭价格指数和不断攀升的铁路运费关系表（见表 2）、走势图（见图 1）中，很清楚地看出这种扭曲现象。如果再加上点装费、保全费其扭曲的现象更为严重。

表 2 1997 年以来铁路运价变化情况表、总物价指数、煤炭价格指数

年份	基价 1	基价 2	总物价指数	煤炭价格指数
	元/吨公里			
1997	5.70	0.0260	99.7	108
1998	6.80	0.0311	95.9	96.6
1999	6.80	0.0311	97.6	94.8
2000	7.00	0.0319	102.8	98.1
2001	7.00	0.0319	98.7	106.5
2002	7.00	0.0319	97.8	111.6
2003	7.30	0.0348	102.3	107
2004	7.30	0.0348	106.1	115.9
2005	8.60	0.0395	100.78	124.8
2006	9.30	0.0434	102.39	108.2

资料来源：根据调研整理所得。

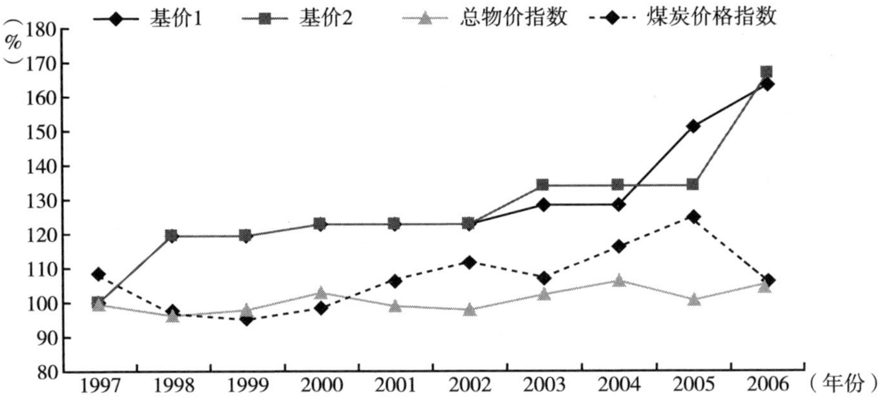

图 1 1997 年以来铁路运价变化情况表、总物价指数、煤炭价格指数

资料来源：根据调研整理所得。

煤炭运输到港口后，要缴纳各种费用，除基本港杂费之外（秦皇岛 2005 年为 16.45 元，2006 年提高到 18.50 元），港务局根据用户要求、装船情况、堆放情况等收取名目繁多的其他杂费。如过磅费、化验费、仓储费、返空费、困难作业费、移泊费、除杂费、解缆费等，目前一些港务局还增收了港口污染费。诸如此类的费用，增加了煤炭产品成本，抬高了煤炭市场价格。

（四）行政性成本不合理

行政性成本指各级行政部门通过行政手段在煤炭生产、销售各环节收取的费用。据我们调查，煤炭企业需要缴纳的各种行政性收费有40余种，涉及20多个各级行政部门。这些行政性收费有的有法律依据，有的属于行政部门的合理收费，但更多的是那些貌似合理、实际上并不合理的收费。

1. 合法不合理的行政性收费

这类收费一般通过了立法程序，在提出当初有一定的合理性，但随着制度的变迁，呈现出明显的不合理性。如税费并征。煤炭开采除了缴纳流转税及其各种附加外，还要缴纳资源补偿费和资源税。政府规定按平均0.9元/吨征收矿产资源税，又要按销售收入的1%交纳矿产资源补偿费，造成重复征收。这类收费中最有代表性的是铁路建设基金。

1991年2月25日，铁道部发出第484号电称，经国务院批准，自1991年3月1日起收取铁路建设基金上缴铁道部。1998年3月26日，国家计委、铁道部联合发出通知〔计电（98）31号〕，将铁路建设基金由每吨公里2.8分提高到3.3分，此标准一直维持到现在。

铁路建设基金是旧体制向新体制转轨阶段的产物，是“七五”期间国民经济出现严重问题时的应急措施。经过15年的演绎，已演变成铁路部门的经常性收费。铁路建设基金主要用作：（1）归还铁路建设长期贷款本息；（2）用作担保发行铁路建设债券；（3）直接投入铁路建设。实际上都是以资本形式进入社会再生产过程之中，最终是以一定的产权形式存在。从多种经济成分提取的铁路建设基金，通过铁道部门投资形成一元产权，这与社会主义市场经济新体制不相适应。

铁路建设基金是含在“运价”之中计提的。其计算公式是：吨公里运价×吨数×里程。我国煤炭运输的大体走向是西煤东运。众所周知，我国西部属于老、少、边、穷地区，是重点支持地区。据我们抽样调查的结果，中、西部重点煤炭企业每年被提取的铁路建设基金都超过了企业的税后利润，如同煤集团2005年上缴的铁路建设基金是企业税后利润的8倍。它的长期存续带来煤炭成本虚增，加重了西部煤炭企业负担，与政府政策取向相悖，影响到煤炭企业的安全生产。

2. 不合法又不合理的行政性收费

大多数行政性收费没有通过立法程序，但其中有些属于合理收费，如办理有关证件的工本费，专家论证、鉴定费等。我们所说的不合法又不合理的行政性收费是指那些没有通过立法程序，由各级行政部门提出并负责收取、讲不出道理的收费。这些行政性收费有些属于正常的行政公务，如行政审批和安全监察等。该类费用公共财政已拨给专项经费，不应再向企业收取。有些属于地方保护主义的产物，如煤炭出境费、地方规费。例如，山西 1989 年每吨煤提取 20 元能源基地基金，1990 年又加上 10 元煤矿生产基金，陆续又增加了排污费、水资源补偿费等，使价外收费达每吨 37 元（出省原煤）和 52 元（出省精煤），最高的市县达到 100 元以上。

3. 貌似合理实际并不合理的行政性收费

这类收费从道理上讲得通，如排污费、绿化费、环境保护费、塌陷土地治理费等。问题是现行制度安排所强调的是“谁污染谁治理、谁损坏谁恢复”的原则。钱被政府收了，再让企业负责生态保护与环境治理就不合理了。一些地方政府为了便于收费将收费标准换算为吨煤多少元。例如，湖南某市就规定每吨煤综税 8. 2 元，综费 10. 80 元。据调查，各地改变计费方式比较普遍。

4. 强制收取服务类费

从规定上看有些行政性收费应该是先提供服务后收费，但由于收费主体多为国家权力机关，或有权力机关背景，因此实际执行中多是强制接受服务、或不服务也收费。如煤炭运销部门收取的运销服务费、运销管理费、公路煤价差和量差费、上站煤管理费、上站煤合同工本费、上站煤合同交易费。有自立项目的收费，如一些电煤管理站收取的电煤交易稽查费，煤炭产业管理部门收取的准销票费，公安部门收取的民爆物品管理费等。已经废止但仍在执行的收费，如某县综治办收取的群防群治管理费，煤炭管理部门收取的矿山救护费；扩大范围或自行提高标准的收费，如一些地方将修路费的提取由规定的外销出省煤扩大为所有销售的煤炭；越权批准的收费，如某县政府批准工商部门吨煤收取煤价1%的工商管理费；与煤炭企业无关而被移花接木过来的收费，如某县林业局收取的森林检疫费、森林建设保护费等。

三　煤炭成本构成存在问题的危害

煤炭成本构成问题，表面上给人的感觉仅仅是简单的企业成本核算方式方法问题。实质上，它是一个涉及社会政治经济生活各方面、非常复杂的问题。这个问题解决得好坏，直接关系到科学发展观的贯彻落实和和谐社会的构建。

科学发展是我们推进和谐社会建设和人的全面发展的总要求。在发展问题上要“坚持以人为本，树立全面、协调、可持续的发展观，保证经济社会和人的全面发展。”具体体现在煤炭工业发展上，要做到《国务院关于促进煤炭工业健康发展的若干意见》（国发〔2005〕18号）所强调的那样，“坚持依靠科技进步，走资源利用率高、安全有保障、经济效益好、环境污染少和可持续的煤炭工业发展道路。把煤矿安全生产始终放在各项工作的首位。以建设大型煤炭基地、培育大型煤炭企业和企业集团为主线，按照统筹煤炭工业与相关产业协调发展、统筹煤炭开发与生态环境协调发展、统筹矿山经济与区域经济协调发展的要求，构建与社会主义市场经济体制相适应的新型煤炭工业体系，实现煤炭工业持续稳定健康发展，加快建设资源节约型社会，为全面建设小康社会提供可靠的能源保障。”

煤炭成本构成存在的诸多问题，与国务院的意见相矛盾，已经或将会产生严重的危害。

（一）煤炭资源性成本游离在成本构成之外，必将导致煤炭资源的过快耗竭

相对石油和天然气而言，我国的煤炭储量的确是丰富的，在全部能源的储量构成中，煤炭储量占94%左右。如果站在全球的视野上看，我国的煤

炭资源储量无论从人均拥有量来看，还是从储量的绝对量与相对量来看，并不占有绝对优势。在世界能源储量中，煤炭开采的保证年限是192年，而我国只有69年。节约煤炭资源，提高煤炭资源利用率，是我国能源工业科学发展的战略性问题。

煤炭资源性成本流离在成本构成之外，资源的取得和占有与企业资金占用无关，煤炭资源的回采率与企业效益不相关，甚至负相关，① 其负面效应不可低估：（1）降低了煤炭产业准入门槛，为小煤窑的生产打开了方便之门；（2）粗放开采比集约化开采的盈利空间大，影响了煤炭生产技术的进步；（3）生产工艺的落后，导致煤炭资源利用率得不到提升；（4）煤炭资源开采失控，导致煤炭资源的过快耗竭以及过多消费，威胁到国民经济的长期稳定发展。

（二）煤炭产品成本构成缺少环境治理和生态恢复耗资内容，影响了环境友好型社会的构建

人类社会经济发展的实践证明，经济活动既受经济规律的制约，又受生态规律的制约，任何破坏生态环境的发展，终将受到自然的严厉惩罚。20世纪60年代，“农业学大寨”运动中，全国兴起的毁林造田、毁山造田、毁草造田、拦海造田等导致的严重生态问题已做了有力证明。在相当长的时期内，煤炭作为人类的基础能源，不生产是不可能的；煤炭生产拨动自然界、破坏生态、污染环境同样不可避免。据国家发改委能源局提供的数据，我国煤矸石堆放已达40多亿吨，占地15万亩；每年直排煤层气120亿~150亿立方米，占全世界排放总量的1/4；抽出地下水22亿立方米，造成71%的矿区缺水，严重污染和破坏了生态环境。由于缺少生态恢复环境治理基金，无法建立矿区生态环境补偿机制，已经影响了环境友好型社会的构造。

---

① 据调研，在煤炭开采过程中，目前存在采用技术手段越先进，回采率越高，反而企业收益越差的悖理现象。

（三）煤炭产品成本构成中劳动力价值补偿和劳动者安全保障性成本不足，直接背离科学发展观的要求

人类是社会的主人，人类社会的一切活动都是为了人的全面发展，客观上要求在经济发展的基础上，不断满足人民群众日益增长的物质文化需求。不仅要满足人民群众的生存需要，还要满足安全、享受和发展的需要。煤炭生产中，劳动者的工资收入不足以补偿劳动力生产的实际耗费；安全性投入不能补偿安全设施、安全教育和安全管理的实际耗费。矿工的生命无保障，健康状况无保障，素质提高无保障，劳动力的再生产无保障，这是对科学发展观的最大，也是最根本的背离。这种状况的存在，已经影响了煤炭工业的健康稳定发展。近些年来，培养煤炭工业人才的院校陆陆续续被撤并了；已经分配到煤炭产业的大学毕业生慢慢地流失了。某煤炭主产省的煤炭工业局长曾痛心地说："多少年来煤矿工人以特别能吃苦、特别能战斗、特别能奉献而著称，但不能总让煤矿工人吃苦和奉献吧？我们家几代人都是矿工，我从矿工干到煤管局长，一干就是 20 年！我不会再让我的儿子干煤矿了。"在生产力中，人是最革命、最活跃的要素。一个产业、一个企业失去了对人的吸引力，何谈"健康稳定发展"！

（四）煤炭产品成本构成中过多过滥列入不合理成本，使煤炭产业发展后续乏力

马克思主义经济学认为，人类社会的再生产是建立在简单再生产基础上的扩大再生产，而积累是扩大再生产的源泉。一个产业、一个企业如果不能通过维简费维持简单再生产，一个产业、一个企业如果没有足够的积累，根本谈不上扩大再生产。

在当代，科学技术进步很快，煤炭工业领域也是如此，但由于资金和人才的制约，现代技术并没有在煤炭工业领域得到广泛应用。有资料表明，我国采煤机械化程度仅为 42%，除部分国有大矿之外，大多数煤矿生产技术水平不高，装备差，效率低。从整体上看，可持续发展的基础并不坚实，抗

市场风险的能力并不强。

近几年来，煤炭市场形势好转，市场价格坚挺并居高不下，许多人都认为煤炭企业发了大财。实际并非如此！煤价是涨上去了，煤炭的最终消费者也属实承担了煤价上涨造成的经济负担，但煤炭企业获利并不多，积累能力依然不足。煤炭产业利润大部分都通过扭曲的市场价格和行政性、行业性收费转移到政府、铁路和电力部门，甚至个人腰包。我们可以算以下几笔账。

2005 年，我国生产煤炭 21.6 亿吨，其中电煤占 50% 左右。电煤价格与商品煤价格之差按 21.28% 计算，煤炭工业销售收入少收 670 亿元。与此同时，煤炭企业生产用电电价涨幅又高于电煤价格涨幅 10% 左右，价格剪刀差又使煤炭工业少收入 14 亿元之多。据国家发改委提供的数据，近几年来每年从煤炭企业提取的铁路建设基金达 160 亿元之多，再加上铁路运费的刚性上涨，导致煤炭工业每年少收入 180 多亿元。仅电力、铁路两个行业，每年要从煤炭产业多拿走 864 亿元左右。如果按 33% 的所得税计，煤炭产业税后利润少体现 660 多亿元，相当于 2005 年三个神华集团实现的企业利润被转移出去。①

历史不能倒转，但理论分析可以假设。如果煤炭产业同铁路、电力部门一样，享有平等的国民待遇，不存在行业性收入转移，不存在各种不合理的行政性收费，我国煤炭工业要比现在好得多。

（五）煤炭产品成本构成不实，影响了市场经济体制功能的发挥

煤炭作为基础产业，处在国民经济运行的源头，它的成本科学与否，直接关系到科学的价格体系能否建立，准确的市场信号能否形成，价值规律能否真正发挥作用等。无论是畸形的煤电价格、成刚性的铁路运价、普遍存在的行政性乱收费，都会产生成本转嫁和利润转移问题。在煤炭及相关行业的

① 2005 年，神华集团实现利润 220 亿元，为行业第一。第二和第三名分别是中煤集团和伊泰集团，分别实现利润 25 亿元和 12.8 亿元。

利润率虚假的情况下，价值规律则不可能转化为生产价格规律，也就无法在现实经济生活中发挥其应有的作用。在市场经济条件下，如果不能通过行业间的有效竞争，导致资本在不同部门间有序流动，形成社会平均利润率，产业间的相互协调发展永远是一句空话；实现煤炭工业持续、稳定健康发展，加快建设资源节约型社会，为全面建设小康社会提供可靠的能源保障也会成为纸上谈兵。

四　煤炭成本构成问题产生的原因

（一）制度安排滞后

煤炭产业的骨干企业大都是我国实行高度集权的计划经济时期由国家投资兴办的。改革开放以前，人们在认识上把政府与企业、国有与国营混为一谈。政府包揽了企业生产的全部，从勘探建矿，到煤炭开采、购销调运，全部由政府计划安排；企业运营的目的主要是满足政治需要，而不是以经济效益为中心，煤炭成本核算成为一种没有实际意义的形式。在这种体制下，无论是政府部门、学术理论界，还是企业自身，普遍忽视了煤炭成本构成问题的研究，相关制度建设严重不足。

始于1979年的经济体制改革使我国进入了一个崭新的时代。从1992年开始，煤炭经济体制顺应改革大潮也逐步向市场化演变，但相对改革开放的整体进程来说，明显落后。经过28年的改革，社会主义市场经济体制已经确立，党中央已决定取消价格双轨制，然而，我国的煤炭产业至今仍沿用20世纪90年代初煤炭部颁布的成本核算办法，煤炭市场价格与电煤计划价格“双轨制”一直存在，甚至在1995年国家放开煤炭价格后，有关部门仍明示对电煤价格实行行政性手段确定。2004年6月，国务院办公厅47号文已明确电煤价格不分重点、合同内外，均由供需双方协商确定，遗憾的是煤炭价格市场化至今并没真正实现，影响了煤炭成本构成合理化进程。

（二）产业政策失误

产业政策是政府为了实现某种政治、经济和社会目标对产业发展提出的保护、扶持、调整、完善的意见，是对企业生产、经营活动和相关市场形成、机制政策主张的总称。产业政策具有明确的指导性，是产业和企业发展的纲领和指南。有无正确的产业政策是产业健康发展的根本大计，这在客观上要求产业政策的制定要充分把握产业发展规律和特殊性要求。

研究结果表明煤炭产业不同于一般的行业，其成本构成除具有一般行业特征外，还有其独有的特征。

（1）煤炭产品的物质实体是天然的矿石，资源约束力度强。在我国，煤炭资源的供给主体是政府而非经营性企业和个人。所以，矿产资源性成本决定的主动权在政府手中。

（2）维简和追加投入大。煤炭生产所需的设备需不断更新和维护，辅助材料需要不断地供给，而且多数都不能回收再利用。为保障煤炭生产的正常进行，成本中应有足够的维持简单再生产的费用。

（3）煤炭产品不同于一般工业品，其品质是自然决定的，基本与产业工人的素质、生产加工手段无关。这就从根本上决定了该行业可以包容不同素质的产业工人。在劳动力市场供大于求的情况下，大量的失业人员、失地农民迫于生计会选择下井采煤。在这种情况下，如果政府不采取措施，矿主支付的劳动力工资是很难补偿劳动力的生产和再生产费用的。

（4）煤炭开采属高危行业，冒顶、塌方、冒水、瓦斯及粉尘爆炸不可避免。但由于矿山事故发生具有偶发性，极易使人产生侥幸心理，加上制度安排上的漏洞，事故处理方式的不妥当，安全性资金投入不足的问题极易产生。

（5）煤炭开采对生态环境的破坏不可避免。从道理上讲，生态恢复和环境治理，应本着谁破坏谁去恢复和治理的原则进行。但作为以盈利为第一目标的企业投巨资去干这种减利公益事的自觉性不会很强。

（6）煤炭产品大都不是原地消费的，运输费用构成产品销售成本的主要部分。由于公路运输运量有限和成本过高的制约，铁路、水陆运输则成为主要手段。港口、码头所形成的天然垄断和相关部门改革不到位，很难依靠市场的力量形成和谐的市场格局和市场价格。产品销售成本中的铁路、水路运输费如果不加以规制，难免呈现逐步攀升的趋势。

以上分析表明，煤炭产品成本构成的形成机制，目前还无法做到完全的市场化，存在着明显的市场失灵问题，需要政府按照科学发展的要求，从构建和谐社会的战略目标取向上考虑煤炭产品成本构成问题的特殊性，制定切实可行的产业政策加以引导。然而在实践中，政府决策部门缺少对煤炭产品成本构成特殊性的研究，把它视为一般加工业，产业政策取向存在严重失误。资源利用上的不计成本、有水快流，成本核算上的脱离实际，收入分配上的利润转移、税负过重，产业发展上的抑煤展路、压煤保电，都直接或间接导致煤炭产品成本构成的不合理。

（三）管理主体缺位

从理论上分析，在市场经济条件下，以市场为基础的运行机制，能够形成生产要素的合理价格；以生产要素的合理价格为基础，可以形成合理的产品成本价格构成。事实上，“市场并不是永久的调节器”。由于人们认识上的不一致、制度安排的不完善、市场体系的不健全、市场行为主体偏好差异性、政府政策的失误，以及某一行业固有的特点等因素的影响，市场失灵，即市场机制功能作用不显现，作为一种客观存在会时有发生。在市场失灵状态下，无法形成合理的产品成本价格构成。综合分析煤炭成本构成的一些要求，主要是产业发展、宏观经济与社会发展方面的，许多是外部性问题，属于市场失灵范畴，无法通过市场机制得到解决。如资源补偿、生态恢复、环境保护、安全投入、弱势群体保障等皆如此。在市场失灵的状态下，客观上需要发挥政府的功能，通过必要的政府规制和法制，实现产品成本合理化。循着这一思路，有必要安排一个“集中统一、专业权威、手段先进、保障有力”的煤炭产业管理服务机构。[①] 遗憾的是我国目前没有这样的组织机

① 参见岳福斌《煤炭管理体制创新研究报告》，《中国能源》2006 年第 6 期。

构，而是把煤炭管理职能分解到多个业务管理部门，形成了“九龙治煤”的局面。煤炭产品成本构成存在的诸多问题，与必要的产业管理主体缺位有关。

（四）缺少科学理论的指导

我国煤炭产品成本构成问题产生的根本原因在于缺少科学理论的指导。在我国，主流经济理论是马克思主义经济学，在成本构成问题上，也应该用马克思的成本构成理论做指导。近些年来，社会上出现了一种错误倾向，虽然许多人在许多问题上仍然把马克思主义理论挂在嘴上，实际上却对这一科学理论进行边缘化处理。煤炭成本构成问题的产生，根本原因在于没有用马克思的成本理论为基础，并用此统一人们的思想。如果我们牢牢把握马克思关于商品的成本价格是由实际耗费的生产要素价格构成的思想，就不会在成本构成中忽略了资源价款、生态保护和环境治理费用支出；如果我们一直坚持马克思的商品成本价格必须使不断买回在商品生产上耗费的各种生产要素，即价值补偿和实物补偿的思想，就不会发生补偿不足问题；如果我们一直坚持马克思关于生产成本价格是在生产过程开始前就已经确定的思想，就不会把那些本来不属于成本范畴的、不合理的各种行政性收费和乱收费，列入成本，导致煤价虚升，加重消费者负担，更不会采用不合逻辑的、建立在盈利前提假定下的倒推成本核算法；如果我们能够深刻领悟马克思关于商品成本价格与商品价值、市场价格以及可持续发展关系的思想，就不会等到问题成了堆才不得不去研究。

五　实现煤炭成本构成合理化的思路

（一）加强学习，统一认识

煤炭成本构成问题关系到科学发展观的落实和和谐社会的构建。解决这样一个事关全局性的问题，不仅要求目标上的一致，更需要思想上的统一。

经验证明，实现目标和思想统一的有效手段是加强学习，统一认识。目前，我国煤炭经济理论研究严重滞后于改革和发展的实际需要，大多数管理人员缺乏这方面的理论素养，特别是成本构成理论尤为缺乏。建议组织相关人员学习煤炭成本构成理论。学习要以马克思成本构成理论为主要内容，把人们的思想统一到马克思主义的立场、观点上来；同时要密切结合中国的实际，努力做到马克思主义中国化。作为应急措施，可以办讲习班或研修班，对目前从事煤炭成本核算的工作人员和管理人员进行培训。从战略的角度考虑，要恢复、加强和重建一批煤炭经济与管理方面的科研院所、高校和相关科系，并加强与煤炭产品成本构成相关的课程。

（二）深化改革，大胆创新

创新是一个民族的灵魂，是煤炭工业健康发展的希望所在。通过理论创新推动制度创新，是促进煤炭工业健康发展的不竭动力。创新就是要从发展与改革的实际需要出发，用实践标准检验现行的一切，大胆地把思想从束缚煤炭工业健康发展的观念、做法和体制中解放出来，从教条主义、主观主义、形而上学的桎梏中解放出来，按照科学发展观和构建和谐社会的要求，改革旧体制，建立新体制。

建议全面推行资源有偿使用制度。在这一制度中，政府作为大多数人民利益的代表，应成为唯一出让资源主体进入资源市场。在目前，由于主客观条件的制约，资源价格难以客观准确确定，可通过“招、拍、挂”方式，通过受让主体竞价形成受让价格并作为煤炭产品成本构成的依据。

建议建立矿区环境治理和生态恢复基金。环境和生态事关民族兴亡、子孙后代。忽视环境、生态问题是最大的渎职，破坏环境、生态是严重的犯罪，保护环境、生态是伟大的善举。为切实做好环境和生态保护，除了在所有矿区建立以保护环境、生态问题为对象的经济责任和法律责任制外，还要建立环境治理和生态恢复基金，以应对未来可能发生的环境、生态问题。该基金要本着“取之于煤，用之于矿”、“谁治理，谁收取”的原则管理使用。用于环境保护和生态治理方面的费用支出，可分摊到吨煤成本之中。有必要指出，对于历史上形成的环境、生态问题，应由政府负责解决。

建议建立生产要素足额补偿制。人类要生存，必须要进行生产。生产要素的足额补偿是社会再生产的必要条件。针对目前煤炭成本构成存在补偿不足问题，有必要建立生产要素足额补偿制度。其中包括物化要素的据实计价制，劳动力价值补偿的最低工资制，以及以保护煤炭财产安全的财产保险制，保护劳动者生命、身心健康为目的劳动保险保障制。安全性的投入是煤炭生产的必要投入，其投入属于企业自身行为。应建立以企业为安全投入主体和责任主体的制度。今后应特别强调安全设施、措施到位情况，而不应单方面强调提取安全费标准。

（三）深入调研，完善产业政策

如果说煤炭开采过程中瓦斯问题的解决是自然科学方面的产业难题，那么，煤炭产品成本构成合理化的实现是社会科学方面的产业难题，是煤炭经济研究的"珠穆朗玛峰"。我们在研究中发现，煤炭产品成本构成问题相当复杂，解决这一问题的制约因素相当多。不仅存在因煤炭资源自然禀赋不同所产生的成本取得方面的差异，还存在由企业性质、企业历史等因素所决定的社会负担差异；不仅存在由市场条件不同所产生的企业竞争力方面的差异，还存在政府政策倾斜度不同所导致的收益率方面的不同。因此，制定切合实际的产业政策必须要进行深入调查研究。2005 年，在一次全国性的会议上，中央政府某部门的领导讲话说这几年煤炭企业赚了钱，中央财政要努力多收上一些。话音未落，与会的煤企代表一片哗然。原因是他的讲话脱离实际。如果深入调查一下就会发现，近几年，煤炭生产企业没有像某些人所想象的那样赚了大钱。最近，中央和地方政府有关部门，提出增加煤炭产品成本的一些主张，引起了极大的反响。一些煤炭企业和管理部门的领导认为，这种只做"加法"，不做"减法"的政策主张，不是在促进煤炭工业健康发展。某重点产煤省的一家大型国有煤炭企业，按政府即将推出的产品成本核算框架核算产品成本，要增支 44.3 亿元，吨煤增加成本 88.91 元；考虑政府减支因素，吨煤增加成本 38.08 元。目前该企业实际盈利水平为每吨

3～4元，按此产业政策执行，该企业将会出现25.3亿元的当年亏损。上述两个案例都说明，指定煤炭产业政策要深入调研、切合实际。为了实现煤炭产品成本合理化，我们在做“加法”的同时也要做好“减法”，减少那些不必要、不合理的煤炭成本。建议取消铁路建设基金、港口建设基金等行政性、行业性收费，降低煤炭企业税负至一般工业水平，解决企业办社会。仍以行数企业为例，如果能按我们的建议那样去做，完全可以抵消增支政策造成的企业亏损。当然，做到这一点，还必须要进行政治体制改革，转变政府职能，建立廉价政府，根除寻租行为。

（四）加快市场建设，努力形成社会平均利润率

社会平均利润率是马克思生产价格理论的核心内容。马克思指出：“竞争使不同生产部门的利润率平均化为平均利润率”，“这是通过资本从一个部门不断地转移到利润暂时高于平均利润的另一个部门来实现的”，“资本在不同生产部门之间这样不断地流出和流入，引起利润率上升和下降的运动，这种运动或多或少地互相平衡，因此有一种使利润到处都化为一个共同的和一般的水平的趋势。”① 要想最终解决好煤电价格问题，必须运用马克思的这一理论指导实践。建议取消行业准入限制，尽快出台《反垄断法》，打破行业垄断，充分开展竞争，允许社会各类资本自由流动，从而形成社会平均利润率，为实现煤炭成本构成合理化创造必要条件。

（五）成立专司机构，加强政府规制

实践已经证明，通过生产价格规律发生作用的市场机制，无法解决市场失灵问题；无法在竞争不充分状态下解决行业协调发展问题。客观上要求发挥人的主观能动性，通过科学的规划和必要的行政性、法制性的干预，即政府规制，满足社会再生产的要求。循着这一思路，有必要安排一个政府规制主体，加强调控煤炭经济运行，满足煤炭产业健康发展要求。有必要加强行

① 《资本论》第三卷，人民出版社，1975，第231～232页。

业规划，合理安排固定资产更新周期和技改频率，弱化经济周期。有必要强化煤炭产业管理，改变“九龙治煤”的局面。建议推出《煤炭成本法》，改进成本核算方法，推行完全成本核算方法，废除倒挤法，构建新的煤炭产品成本核算体系。对资源补偿费可考虑回采率逆向调整法，回采率越高资源补偿费收得越少，直至为零；回采率越低资源补偿费收得越高，“逼迫”该生产者退出煤炭生产领域。

B.17

煤炭企业税收存在问题及解决思路（2005年10月）*

岳福斌

摘　要： 本报告以煤炭企业税收为研究对象，基于深入实际的专项调研，指出了煤炭企业税收存在的问题，分析了问题产生的原因及其危害，并对问题的解决提出了基本思路：建议在科学发展观的指导下认真落实、全面贯彻《国务院关于促进煤炭工业健康发展的若干意见》，通过税制改革创新以求从根本上使问题得到解决。

关键词： 煤炭企业　科学发展　税制改革

近三年来，我们在对优化煤炭企业运营的外部政策环境的调研过程中发现，煤炭企业反映最为强烈的问题，除了铁路建设基金、电煤价格之外，还有税收问题。为此，在有关部门、企业的大力支持下，我们对“煤炭企业税收存在问题”进行了专项调研。通过调研，初步弄清了煤炭企业税收存在的问题，形成了解决问题的基本思路。

---

* 报告完成后，在北京天地大厦举行“煤炭企业税收问题座谈会”。该座谈会由《中国煤炭报》、《煤炭经济研究》杂志社主办。国务院研究室工交贸易司巡视员唐元、国家发改委能源局巡视员吴吟、财政部科研所所长贾康、中国煤炭工业协会研究部张勇、山西省煤炭工业局巡视员韩世敏、神华集团、大同煤矿集团、伊泰集团、开滦集团、新汶矿业、阳泉煤业集团、兖矿集团、华蓥山广能集团等煤炭企业财务主管出席座谈会并发言。

2005 年 11 月上旬，煤炭企业税收问题的研究报告在广泛征求意见后修改定稿，并上报有关部门。该研究报告以“煤炭企业税收存在问题及解决思路”为题，发表在国家发改委机关刊物《宏观经济研究》2006 年第 5 期上。该杂志社社长李建立同志称赞该报告“言之有物、言之有理、为上乘之作”。

一　煤炭企业税收存在的问题

1. 税负水平大幅增加

从新中国成立到1993年，国家对煤炭企业一直实行“少税种、低税率”的税收政策。税种一般只有流转税和产品税；综合税率为5.58%（按含税收入计），或5.74%（按不含税收入计）。

1994年，国家实行工商税制改革。改革后的税制共安排有23个税种，其中21个与煤炭企业有关。除此之外，在已开征资源税的情况下，又增加了资源补偿费和土地增值税；教育费附加由原按流转税额1.5%征收，分两次提到3%，并从2000年起，又征收1%的地方教育费附加；1999年，国家分两次停止征收国有资产投资调节税。

在21个应税税种中，变化最大的是产品税改为增值税。税制改革前，产品税税率为3%，改为增值税后，税率一开始定为17%。原煤炭部认为税制安排不当，于1994年1月27日向财政部递交了紧急报告。为此，国务院召开专门会议，讨论并形成国阅字〔1994〕71号文件，于1994年4月9日下发。文件指出了解决问题的基本原则是既要建立新的增值税机制，又要照顾煤炭产业的实际困难，不增加国有重点煤炭企业的税负水平，保持1993年3.35%的税负。鉴于此，决定将煤炭企业增值税率由原定17%降至13%的最低税率，并对实行新税制多增收的17.1亿元税金，采取亏损补贴方式返还煤炭企业。1995年、1998年中央财政在原返还17.1亿元税金的基础上，又两次各10亿元增加了煤炭企业亏损补贴。这样，煤炭企业一边纳税，一边享受政府补贴，直至今日。

统计分析和抽样调查研究结果表明，国有重点煤炭企业的税负水平相对1994年税制改革前有大幅提高。通过对规模以上煤炭企业税负资料分析，改制11年来，国家平均每年比改制前多征收5.12%，抵减中央补贴后，累计多交562.93亿元之多（见表1）。

表 1　规模以上煤炭企业税负变动

指标年份	原煤产量（亿吨）	工业总产值（亿元）	销售总收入（亿元）	交纳税金（亿元）	财政补贴（亿元）	实际税率（%）
1993	11.51	671.75	805.71	26.99	—	3.35
1994	12.30	830.08	778.66	68.39	17.10	8.78
1995	12.92	1308.11	1118.74	93.75	27.10	8.38
1996	13.74	1085.88	1051.13	109.95	27.10	8.16
1997	13.25	1145.57	1088.75	115.26	27.10	8.19
1998	12.33	1077.68	983.72	100.46	37.10	8.44
1999	10.44	1040.65	960.87	99.26	37.10	8.77
2000	10.00	1163.54	1152.24	107.92	37.10	8.89
2001	11.06	1576.23	1503.45	135.01	37.10	8.98
2002	14.15	1981.16	1970.44	163.81	37.10	8.35
2003	13.27	2540.43	2508.88	204.60	37.10	8.27
2004	15.17	3754.34	3877.20	325.85	37.10	8.40

资料来源：根据调研整理所得。

从表 1 可以看出，2004 年比 1993 年，在原煤产量、工业总产值、销售总收入分别提高 31.80%、458.89% 和 381.22% 的情况下，抵扣财政补贴后实际交纳税金提高 969.84%，实际税率提高 150.75%。再以 2004 年为例，全国规模以上煤炭企业上交增值税 296.23 亿元，占全国规模以上工业上交增值税的 4.6%，实际税负达到 8.12%，比 1993 年增加了 4.8 个百分点；91 户大型煤炭企业增值税实际税负 8.24%，比 1993 年增加了 4.9 个百分点，多交增值税、产品销售税金及附加达 135 亿元。通过对山西、内蒙古、河南等重点产煤省区和重点煤炭企业的抽样调查结果分析，结论也是如此。例如，山西规模以上煤炭企业 2004 年与 1993 年相比较，实际税率提高了 2.94 倍（见表 2）；西山两公司提高了 2.39 倍（见表 3）；鹤煤集团提高了 3.67 倍（见表 4）。

表 2　山西省煤炭企业税负变动

指标年份	原煤产量（亿吨）	工业总产值（亿元）	销售总收入（亿元）	补贴后利润（亿元）	交纳税金（亿元）	实际税率（%）
1993	3.07	121.43	144.09	10.41	6.75	4.68
1994	3.22	152.56	152.72	13.43	14.93	9.78
1995	3.32	177.17	169.94	7.79	24.93	14.67
1996	3.49	206.81	200.38	9.74	20.88	10.42
1997	3.30	220.61	208.90	11.21	21.83	10.45
1998	3.07	194.17	178.19	-1.47	19.09	10.71
1999	2.46	189.52	170.89	-5.66	17.02	9.96
2000	2.46	194.20	178.66	-1.23	20.30	11.36
2001	2.69	229.36	227.88	5.10	30.69	13.96
2002	3.41	403.56	377.58	5.92	53.19	14.09
2003	4.50	539.47	566.05	64.16	84.24	14.88
2004	5.5	800.92	912.71	101.47	125.67	13.77

资料来源：根据调研整理所得。

表 3　西山两公司（山西焦煤集团西山煤矿总公司、山西西山煤电股份有限公司）税负变动

指标年份	原煤产量（万吨）	工业总产值（万元）	销售总收入（亿元）	补贴后利润（亿元）	交纳税金（亿元）	实际税率（%）
1993	1412.7737	94004	17.17	0.11	1.1	6.4
1994	1589.5406	109979	18.52	1.34	2.62	14.14
1995	1752.6965	122946	21.12	1.60	2.27	10.75
1996	1772.8797	129133	28.15	0.85	3.04	10.8
1997	1709.0318	128310	25.74	0.80	3.66	14.22
1998	1612.3666	126885	22.04	0.50	3.15	14.29
1999	1745.9356	142486.215	22.41	0.20	2.6	11.60
2000	1831.5575	143108.05	22.51	0.20	3.88	17.24
2001	1912.9332	177841.39	28.02	0.60	4.59	16.38
2002	2365.2908	192791.13	34.32	1.00	5.04	14.69
2003	2708.8688	234860.7	53.75	1.05	6.18	11.5
2004	3010.3198	250316.02	71.79	5.61	11.12	15.49

资料来源：根据调研整理所得。

表 4　鹤煤集团税负变动

指标年份	原煤产量（亿吨）	工业总产值（亿元）	销售总收入（亿元）	补贴后利润（亿元）	交纳税金（亿元）	实际税率（%）
1993	0.047	5.48	7.22	0.03	0.2240	3
1994	0.048	7.35	8.32	0.63	0.5103	8.3
1995	0.055	9.70	10.95	0.64	0.7830	8.5
1996	0.057	11.73	9.78	0.28	0.9663	9
1997	0.059	12.62	11.23	0.40	1.0284	9.8
1998	0.057	11.85	9.94	0.47	1.0479	9.5
1999	0.057	12.63	11.19	0.48	1.0336	10.6
2000	0.060	12.94	11.58	0.50	1.0379	10.10
2001	0.068	15.16	13.65	0.86	2.1097	10.3
2002	0.071	17.59	16.19	1.01	2.0405	10.5
2003	0.072	19.36	16.61	1.29	1.8185	10.8
2004	0.076	24.67	23.78	1.81	2.7503	11

资料来源：根据调研整理所得。

2. 中央财政补贴对煤炭企业已失去意义。按国阅字〔1994〕71 号文件精神，自 1994 年开始至 2004 年，中央财政通过亏损补贴的方式向煤炭企业退回上交的税金共计 358.1 亿元。这笔补贴款并不是按全行业平均发放，主要集中使用在原煤炭部属大型国有企业；其他煤炭企业只有交税的义务，并不享有补贴的权利。实际上，大型国有煤炭企业也并不是每年都能得到中央财政补贴款。例如大同煤矿，自实行煤炭企业因税补贴政策以来，仅在 1995 年和 1996 年享受过 2 年每年 1.36 亿元的补贴，以后就再没补过；2004 年生产经营状况良好，相对国阅字〔1994〕71 号文件确定的原则，多交增值税 4.7 亿元，中央财政一分也没给退税补贴。另外，中央财政补贴并不是足额发放，比如 2001 年，中央财政补贴 37.1 亿元，实际上只发放 29.34 亿元，其余 7.76 亿元，用作资源枯竭煤矿关闭破产。煤炭企业普遍反映，国阅字〔1994〕71 号文件所明确的中央财政补贴目前已变成地方财政收入，对煤炭企业已失去意义。

3. 税负不公。税负不公主要体现在两个方面：一是行业间税负不公；二是行业内不同类型企业间税负不公。

（1）行业间的税负不公。根据《中国统计年鉴》数据分析，煤炭工业是目前税负最重的行业之一。以增值税和营业税为例，1993 年，煤炭全行业在 22 个行业中，税负列为第 16 位。当年的 22 个行业的平均税负率为 6.10 个百分点，煤炭采选业为 3.63 个百分点；10 年后的 2003 年，煤炭采选业的排序列为第 2 位，仅次于石油和天然气开采业，高出平均税负 95.97%。在全国税率降低 1.88 个百分点的情况下，煤炭产业反而提高 4.64 个百分点，相当于高出全国平均税率 6.52 个百分点（见表 5）。

表 5　2003 年与 1993 年分行业工业企业增值税和营业税负担对比

行业	1993 年(%)	2003 年(%)	2003 年与 1993 年比较	
			税率增减	增减
全国总计	6.10	4.22	-1.88	-30.82
煤炭开采和洗选业	3.63	8.27	4.64	128.82
石油和天然气开采业	5.81	10.00	4.19	72.12
黑色金属矿采选业	4.00	5.51	1.51	37.75
有色金属矿采选业	2.82	3.21	0.39	13.83
非金属矿采选业	5.63	5.07	-0.56	-9.95
其他采矿业	2.72	4.75	2.03	74.63
石油加工、炼焦及核燃料加工业	6.68	3.53	-3.15	-47.16
化学原料及化学制品制造业	6.75	4.12	-2.63	-38.96
非金属矿物制品业	7.06	5.31	-1.75	-24.79
黑色金属冶炼及压延加工业	8.59	5.41	-3.18	-37.02
有色金属冶炼及压延加工业	5.71	3.50	-2.21	-38.70
金属制品业	3.89	2.84	-1.05	-26.99
通用设备制造业	4.29	3.97	-0.32	-7.46
专用设备制造业	3.90	3.40	-0.50	-12.82
交通运输设备制造业	3.48	3.76	0.28	8.05
电气机械及器材制造业	4.75	3.11	-1.64	-34.53
通信设备、计算机及其他	3.06	1.60	-1.46	-47.71
仪器仪表及文化、办公用品	4.26	2.63	-1.63	-38.26
工艺品及其他制造业	4.16	2.61	-1.55	-37.26
电力、热力的生产和供应业	7.66	7.84	0.18	2.35
燃气生产和供应业	3.02	3.28	0.26	8.61
水的生产和供应业	3.38	5.99	2.61	77.22

资料来源：课题组调研整理所得。

（2）行业内不同类型企业间的税负不公。在我国，大约有 26000 多个煤矿，其中 90% 左右是小煤矿，国有煤矿（包括地方国有）只占 10% 左右。由于大多数小煤矿实行包税制，现行的税制对它们产生的影响不大。事实上，税负过重主要体现在国有煤矿。在山西省有一个县，全县煤炭产业上缴税金一共是 1.68 亿元，其中有一个地方国有矿，产量占了该县煤炭总产量的一半，上交的税金高达 1.3 亿元。还有一个县的地方国有矿，年产煤 260 万吨，交了 1.3 亿元的税金；而产了 700 万吨煤的非国有煤矿，只交了 6500 万元税金。为加快企业发展，大型国有煤炭企业采取了如组建上市公司、实施内部重组等措施，产生一批具有独立法人资质的全资或控股子公司。由于利润主要体现在那些通过剥离不良资产实现优先发展的公司，而且它们必须单独缴纳 33% 的所得税，由此导致存续公司更为艰难。

二　产生的危害

税收是国家优化资源配置，提供公共产品，创造良好经济社会环境，构建和谐社会的重要杠杆和主要资金来源。一般来说，税收收入越多，国家调控经济、管理社会的能力就越强。但这并不意味着国家总的税率越高，就越有利于整个国民经济的发展，过度的税收，无异于竭泽而渔。对处于产业链条最上游的煤炭等基础性能源产业，其发展健康与否事关重大，就更要考虑税收度的把握；否则，必将产生严重的后果。近 11 年，由于我国税制安排上的失误，使煤炭企业税负过重，已经产生严重的后果。

1. 降低了煤炭企业的积累能力，使煤炭产业成为国民经济发展的瓶颈

煤炭产业是一个需要不断投入的产业，它既需要按照国民经济发展的速度同比例甚至超前发展，又要根据自身特点，未雨绸缪。煤炭企业一方面要提前做好资源枯竭煤矿的闭矿准备工作，另一方面又要做好新矿源的勘察、开采准备工作。这些都需要煤炭企业具备一定的积累能力，以保持接续发展。由于煤炭企业税负过重，积累不足，使煤炭企业的生产发展受到制约，无法实现按照整个国民经济发展的速度和发展的趋势搞扩大再生产。

据有关专家介绍，从1998年到2003年，煤炭产量在不断攀升的情况下，煤炭工业的投资占全社会投资的比重不但没有上升，反而还有所下降。结果，一方面是飞速发展的国民经济，另一方面是由于投入不足而发展缓慢的煤炭工业，两者背离的幅度越来越大，最终使煤炭工业成为国民经济发展的瓶颈。

2. 加剧行业分配不公，不利于和谐社会的构建

1994年税制改革以来，煤炭企业由于负担过重，经营日趋困难。在这种情况下煤炭产业普遍实行的是低工资制。据我们调查，2001年全国在岗职工平均工资为10870元（年工资，下同），以煤炭产业为主的采掘业在岗职工平均工资仅为9586元；而电力和铁路运输业职工平均工资分别为14590元和15136元；在所有行业中，采掘业在岗职工平均工资排在倒数第三位，仅高于农业和批发零售业。2002年，煤炭产业职工平均工资为11000元，在43个行业中位居倒数第二，仅高于农业。2003年，煤炭产业职工工资有所上升，据抽样调查，一般在10000～15000元，仍远远低于电力行业平均27000元的水平。2004年，煤炭产业在岗职工工资为16812元，而同期，电力部门为55956元；到年底，煤炭产业还拖欠职工工资24.45亿元。众所周知，煤矿工人和城市工人不同，大多数都是单职工，一个矿工至少要养三口人，这就更使得煤矿职工的负担加重。在调研中我们发现，大同煤矿有800户左右矿工家属还住在70多年前日本人留下的工房里。山西省作为以煤炭生产为主的省份，人均GDP在全国最低的事实也证明了行业收入分配不公。

3. 造成煤炭企业人才短缺，发展后劲不足

由于煤炭企业工资太低，不仅新的人才不愿进入，就是原有的人才也纷纷跳出煤炭产业，另谋出路。在这种情况下大多数煤炭院校，非煤炭院校的采煤专业，纷纷转向非煤炭所需人才的培养。在调研的煤炭企业中，个别企业在一线工作的，包括矿长，很难找到一个具有中专以上文凭的员工，一线工人大都是那些边远山区、受教育程度较低的农民工。这就形成一种恶性循环：越是素质高的人才越进来、留不住，煤炭企业越难采用高技术、机械

化，企业的劳动生产率就越难提高，企业的经济效益越差，人才就越不愿进来，结果只能是煤炭企业长期处于落后的状态。

4. 导致煤炭资源的浪费和环境污染，对长远发展产生重大影响

过重的税负，导致煤炭企业的赢利水平过低。据山西大同煤矿提供的数据，2001 年，他们每销售一吨煤仅赚 0.22 元，2002 年 2.95 元，2003 年 1.37 元，2004 年、2005 年也只有 4 元多。多数煤炭企业因赢利水平过低无力搞技术改造，只能维持粗放式的生产经营，靠薄利多销获取利润。众所周知，粗放的采煤方式回采率不是很低的。目前我国的平均回采率只有 30% 左右，有些小矿仅为 10% ~15%。煤炭资源是一种不可再生的基础性能源，据有关部门估算，到 2020 年，煤炭粗查储量缺口 1250 亿吨，详查储量缺口 2100 亿吨，普查储量缺口 6600 亿吨。由于税负过重，无能力加大环保投资，结果是：工业固体废弃物成灾没钱处理；植被被破坏无钱恢复；空气、水污染严重缺钱治理；地质环境问题日益严重没钱保护。如果我们现在对资源保护、利用不好，环境问题解决不好，必将对国家的长远发展乃至后世子孙的生存产生重大影响。

5. 安全性投入严重不足，危及煤炭矿工的生命安全

由于煤炭税收过重，赢利水平过低，提取的维简费太少，面对许多设备的老化、失修，企业却拿不出资金进行维修和改造。连续多年从煤炭产业过度“抽血”，已经引发了大量社会问题，其中最引起人们广泛关注的就是安全生产事故频繁发生。先后发生河南的矿难死亡 144 人，陕西的矿难死亡 166 人，辽宁的矿难死亡 214 人。这些重大安全事故在短时间内连续发生已向人们敲响了警钟。煤炭企业的税负过重已经由行业问题变成了严重的社会问题。

三　原因的分析

1. 直接原因是税制安排上的失误

（1）增值税税制安排不妥。从计税原理上讲，增值税是对生产、销售

商品或提供劳务过程中实现的增值额征收的一个税种。煤炭是资源性初级产品，在没有深加工之前，不存在增值问题。所以，对没有经过深加工的煤炭征收增值税，属于制度上的错误安排。在这一税制下，如果没有中央财政补贴，煤炭企业只有增值税的纳税，而不能像其他产业那样对增值税进行足额抵扣，无论把税率降至多低，只要有征收都会增加煤炭企业的负担。我国1994年的税制改革，把具有特殊性的煤炭生产企业视同一般性的生产企业，开征增值税并将此税作为煤炭企业的主要税种的税制安排并不妥当。

按现今增值税制规定，纳税人购进货物或接受应税劳务所支付或负担的增值税额可以在进项税中抵扣。由煤炭企业特殊性所决定，煤炭生产成本中的物质消耗均不构成产品实体。所以，在产品成本支出项目中，允许抵扣的项目少，比重低。中国煤炭工业协会的调查结果显示，约有30%的成本费用不能作为抵扣因素。例如，现行增值税制规定，煤矿提取的折旧、维简费、井巷费等用于生产准备费用支出不能抵扣；购入设备、材料等运输费一般只允许抵扣7%，只相当于应抵扣的一半左右；就近从小企业主和个体农民手中购进的沙、石、草袋等生产用材料，因无法取得合法抵扣凭证而无法抵扣。现行税制还规定，价值在2000元以上，使用年限在一年以上的就作为固定资产，不允许抵扣。实际上，随着技术的发展，价值在几万元、十几万元的设备只作配件使用，而非固定资产的情况常有发生。企业普遍反映，现在的增值税体制对煤炭企业技术创新是一种负效应，往往是技术创新程度越高，所抵扣的增值税税率就越低，所缴纳的税额就越多。另外，煤炭企业承担着办学校、医院、敬老院、托儿所、浴池等繁杂的社会职能和巨大的办社会费用支出。例如大同煤炭集团，有20万从业员工，70万员工家属，承办了86所学校，从事企业办社会人员3.6万人，每年支出10亿元左右。这些单位的非生产自用煤，税收改革前不征税，税收制度改革后视同销售计算税额，也导致税负提高。

调研分析表明，现行增值税销项税税基不合理。据我们对某一坐落在煤炭生产主产区的企业调研，87.13元/吨的原煤，加上相关费用，坑口售价为126元/吨左右；运到秦皇岛港，离岸价为260元/吨，发生在流通领域的费用高于生产成本。其中，铁路运输部门收取86元/吨（含每吨21.70元的铁路建设基金），港杂费15.95元/吨，此外，还有点装费、保全费、治安费等名目繁多、公开或不公开的费种。按现行政策，煤炭企业缴纳增值税是以离岸价为纳税基数的，也就是说，从坑口到码头的所有费用都成了纳税基数。虽然如上文所说可以抵扣部分运费，但无法做到据实抵扣。

（2）资源税和矿产资源补偿费双重征收不当。资源税是对在我国境内从事资源开采的单位和个人征收的一种税。依据《中华人民共和国资源税条例（草案)》，从1984年10月1日起开始征收。煤炭企业的资源税，仅限于原煤；税幅较大，从0.3~5元/吨不等；计征依据是原煤的销量。资源税在施行过程中，财政部和税务总局曾于1997年1月29日对矿山铁矿石和有色金属的资源税率调低40%~70%；原油和煤炭仍施行原税率。煤炭资源税的局部性调整进行过2次，一次是1997年，调整了内蒙古伊克昭盟的煤炭资源税率，从原定每吨0.5元调高至1.5元；另一次是2000年调整了山西大同矿务局的资源税率，从原定每吨2.4元调低至1.6元。

煤炭资源税是按煤炭质量优劣确定税额。由于资源条件的复杂性以及对此缺乏科学研究，现行煤炭资源税相对来说确定方法过于简单，不能正确反映消耗的资源实际，造成了事实上资源税与动用资源的质量优劣无关联。如有的煤种是属于国家急需的，却没有较低的税率以鼓励企业开采；有的煤种是属于国家不急需且在今后某个时间开发能发挥更大效用，或目前不需要很多，却没有较高的税率加以保护。现行煤炭资源税不利于煤炭资源的优化配置，又不利于调动煤矿充分开发利用劣等资源和节约资源的积极性，造成资源的浪费，人为缩短矿井的使用年限。

针对上述情况，政府试图通过收取矿产资源补偿费的办法，使问题得到解决。煤炭企业普遍反映矿产资源补偿费调控资源有效利用的作用并不明显，反而负面作用较大。矿产资源补偿费依据回采率确定。实际上，这在国有重点煤矿变化十分小，因为当一个矿井的规模，采用的技术一旦确定，其核定开采回采率与实际开采回采率之差异是十分小的，据统计分析在1%~2%。反而由于税费的双重征收加重了国有重点矿的负担。真正应该控制的是资源浪费严重的小煤矿，而在这些小煤矿，矿产资源补偿费反而征收不到，作用难以发挥。

（3）中央财政煤炭企业增值税定额返还政策变异。1994 年，国务院有关部门针对因税制改革原因增加的煤炭企业税收负担采用先征后返的政策，在当时是很有意义的；以后增加的中央财政亏损补贴也很有必要。随着煤炭管理体制变迁，退税款和补贴款的实际支配主体发生了变化，由原煤炭部一家支配，变成了地方政府的多家分配。事实上，中央财政对煤炭企业的增值税定额返还和亏损补贴政策，已变异为地方财政政策；专款专用已变异为专款多用。

众所周知，近十年来，我国煤炭工业在国内生产总值翻两番的需求拉动下，产能增加很快，煤炭市场价格波动也很大。在煤炭生产总量增加，价格上涨的情况下，如果税种、税率不变，一定时期内上交的税金总额会大幅提高；在定量退税和补贴政策下，退税和补贴则表现为相对减少，企业的实际税负则绝对增加。事实上，中央财政退税和亏损补贴已经与煤炭企业运营情况、缴纳增值税多少脱钩。旨在降低煤炭企业税负水平的调整性中央财政政策已失去其特有功能。

2. 对国阅字〔1994〕71号文件执行上有误

题为《关于研究煤炭工业经济运行有关问题的会议纪要》（国阅〔1994〕71 号）文件，是在我国煤炭企业生产已经出现严重问题的情况下下发的一个重要文件。如果我们能够正确理解该文件的精神实质，并在实践中加以体现，煤炭工业可能不会出现 1997 年的严峻局面。

文件指出："当前煤炭企业生产形势十分困难，许多矛盾必须引起大家重视，并共同协力帮助解决。煤炭工业是国民经济的基础产业，煤炭产品是工业的'粮食'，煤炭产业如果发生大问题，不仅会制约经济的发展，也会影响到社会的稳定。在煤炭产业处在特殊困难的情况下，需要国家采取多方面的、切实有效的措施帮助煤炭企业走出困境，以保证国民经济持续、快速、健康地发展。"无疑这一认识十分正确，并已被以后的事实所证明。文件还进一步明确：建立新的增值税机制，要以不增加国有重点煤炭企业的税负水平为原则，并明确保持稳定在3.35%的税负水平。这个原则，有质的方面规定，也有量的方面限定，执行起来并不难。而在实际执行过程中，逐步把税负水平“是否增加”演绎为“是否亏损”；把3.35%的相对水平演绎为绝对补贴数量，其执行结果肯定不会反映不同时空条件下煤炭企业的客观实际和国阅字〔1994〕71号文件要求。

3. 对煤炭企业的特殊性缺乏认识

煤炭工业不同于其他产业，主要表现在：

（1）资源约束强。煤炭资源不仅不可再生，而且在空间分布上有很强的区域性，储量的有限性，开采条件的差别性，在产品质量方面存在固定性差异。

（2）建设周期长、前期投入大。从探矿到建矿，需要一个较长的运作周期，而且资金投入很大，少则上千万元，多则数以亿元计。

（3）产品构成单一。煤炭产品不像其他工业品，产品构成不是以上游产品为主，而是自然造化物。

（4）维简投入大。煤炭生产所需的设备需不断更新和养护，辅助材料需不断地供应。

（5）安全性投入呈刚性。由于地构复杂多变，客观上使煤炭产业成为高风险产业，而且直接危及矿工的生命。因此，保障安全生产性的必要投入不会因经济形势的好坏而变化。

（6）对下游产业依存度高。煤炭生产大都远离消费区，首先，表现为对交通运输的依赖程度高；其次，受用煤产业发展状况影响大。

（7）企业办社会。矿区所在城市大都是因矿建市，城市管理、市政建设等办社会的职能成为煤炭企业想分离又难分离的辅业。

（8）直接关系国家能源安全。我国富煤少油，煤炭成为能源的主体，煤炭产业发展状况，直接关系国民经济发展状况和国家的能源安全。煤炭企业税收制度安排，必须要充分考虑上述因素，按煤炭经济发展的规律办事。不能不承认，1994年的税制改革对煤炭企业的特殊性考虑不够，是导致税制安排失误的重要原因。

四　解决问题的基本思路

煤炭企业税收问题的解决，要在科学发展观的指导下进行；要认真落实，全面贯彻《国务院关于促进煤炭工业健康发展的若干意见》；要对我国现行的煤炭企业税收制度重新做出安排。

1. 在科学发展观的指导下解决煤炭企业税收问题

煤炭企业税收问题的解决，必须要用科学发展观作为指导。用科学发展观指导解决煤炭企业税收问题，首先要树立一个科学的煤炭税收观。必须要从矿工、矿山、矿区、矿业的全面、协调和可持续发展的实际需要考虑问题；必须要考虑构建和谐社会问题，行业间要和谐，城乡间要和谐，人类与自然要和谐；在平均利润率没有形成的社会条件下，政府要通过公平税负解决收入分配公平问题，通过公平分配促进和谐。

2. 认真落实、全面贯彻《国务院关于促进煤炭工业健康发展的若干意见》

2005 年 6 月，国务院下发了《关于促进煤炭工业健康发展的若干意见》（简称《若干意见》）。该意见以邓小平理论和“三个代表”重要思想为指导，明确了我国煤炭工业健康发展的指导思想、目标和基本原则，并就如何构建与社会主义市场经济体制相适应的新型煤炭工业体系做了具体部署。《若干意见》是今后一个时期内指导我国煤炭工业改革与发展的纲领性文件。

《若干意见》指出了新型煤炭工业发展道路。指出要坚持依靠科技进步，走资源利用率高、安全有保障、经济效益好、环境污染少和可持续的煤炭工业发展道路。把煤矿安全生产始终放在各项工作的首位，以建设大型煤炭基地、培育大型煤炭企业和企业集团为主线，按照统筹煤炭工业与相关产业协调发展、统筹煤炭开发与生态环境协调发展、统筹矿山经济与区域经济协调发展的要求，构建与社会主义市场经济体制相适应的新型煤炭工业体系。

《若干意见》面对煤炭企业实际，提出要帮助企业解决困难，要逐步提高矿工的工资水平。解决困难的手段包括给予必要的资金和政策支持。在税收方面，要切实落实增值税定额返还和所得税返还政策；要改变资源税的计征方法；要加快增值税政策改革步伐。国务院提出的解决煤炭企业税收问题的总体思路为我们解决煤炭企业税收问题指明了方向。

3. 从根本上解决煤炭企业的税收问题，只能是重新进行科学的税制安排

应该承认，1994 年的税制改革在推动中国的煤炭企业走向市场方面发挥过一定的积极作用。然而，随着我国改革的不断深化，以及我国融入世界经济、参与经济全球化进程的不断加快，煤炭企业的税制安排越来越不适应国内外经济形势发展的需要。重新安排煤炭企业的税制已刻不容缓。

新的煤炭企业税制安排应与国际接轨。据国内有关部门和单位对国外，特别是对主要产煤国税制安排的调研，煤炭企业适用的税制基本上由两大类构成：特种税和普通税。前者主要包括权利金、资源超额利润税、矿业权出让金等，大致相当于我国的矿产资源补偿费、资源税；后者主要包括流转税、所得税等；大多数国家一般不对矿产品征收增值税。

我国煤炭企业税制安排，也可设特种税和普通税二大类。特种税只设一个税种——资源税，把目前收取的矿产资源补偿费并入资源税。新的资源税按矿产资源质量分为劣、中、优、特四档。为保护先进生产力，淘汰落后生产力，提高资源利用率，计征依据采用回采率系数调整法。普通税种主要安排流转税和所得税，不再安排增值税；同时取消已失去意义的中央财政“先征后返”和“亏损补贴”二项税收调整政策。这两种税种与一般工业没有大的区别，所不同的是：流转税的税基要重新确定。具体来说，对于煤炭企业内部自产自用产品，对于分工较细，并实行内部独立核算的大型煤炭企业内部的为煤炭生产服务的部门使用自产产品，对企业办社会的非生产用煤，属于法人项目下生产自用，不视同销售计税。计算流转税时，对煤炭运销环节发生的已税增费部分应足额扣除。

煤炭企业所得税应实行低档税率。目前，煤炭企业困难依然很多。随着国民经济的发展，煤炭需求总量不断增加，安全、环保、科技、自主创新性投入要进一步加大。鉴于此，煤炭企业所得税率应尽可能定得低些。具体确

定至少还应考虑三大因素：一是综合税率应不超过 1994 年税改前的 5.74%；二是企业留利应能保障接续发展需要；三是行业职工平均收入（工资、津贴和奖金）应不低于社会各行业的平均水平。

此外，企业提出的三个与税收有关的问题应给予考虑：一是一线矿工个人收入调节税问题。我们认为作为工作在高危岗位上的矿工，应享受“空姐”免征个人收入调节税的待遇。二是一时难以解决的企业办社会问题。我们认为在问题没有解决之前，经地方财政的科学预算，应采用企业抵缴税款形式解决经费问题。三是集团公司与改制控股或全资子公司合并纳税问题。对此问题，我们认为应作为专题另外研究解决。

B.18
“铁路建设基金”存在问题及解决思路（2003年3月）*

铁路建设基金专项调研组

摘　要： 本报告为煤炭企业委托北京博士之星投资顾问有限公司课题。报告以“铁路建设基金”为研究对象，通过查阅大量相关资料，实地考察，与煤炭企业和业务主管部门、研究部门座谈等方式，弄清楚了问题的由来和所在，了解到企业、地方政府、产业主管部门以及宏观经济政策研究人员的看法，提出了按我国加入世界贸易组织承诺，采取分步取消的政策建议。

关键词： 煤炭运销　铁路建设基金　WTO日程表法

自1991年实施“铁路建设基金”政策以来，已经有10余年的历史。该基金的建立，其历史性作用不容置疑。但在新的历史条件下，随着制度创新和政策变迁，存在的问题日益凸显，尤其在西部煤炭企业表现突出。有必要通过调查研究，搞清问题的由来，分析问题的所在，提出解决的办法。

为达到上述预期目的，在有关部门、地方政府和企业的大力支持下，成立了以中国社会科学院岳福斌教授为组长的“铁路建设基金专项调研组”。

---

* 课题组组长、主执笔人：岳福斌。主要成员：邢雷，时任中央财经大学讲师，中国社会科学院研究生院博士研究生，研究方向为投资学。崔涛，时任《中国煤炭报》新闻部主任，法学硕士，研究方向为煤炭开采与煤炭产业管理。2003年8月14日，《中国煤炭报》全文刊登；同日，中央电视台早间新闻栏目对这篇报告进行了报道。该研究报告已载入《中国煤炭报》主编的新中国成立60周年煤炭产业大事记。

调研组通过查阅大量相关资料，实地考察甘肃、内蒙古、山西、河南、山东等地区重点煤炭企业，与部分煤炭企业和业务主管部门、研究部门的同志进行座谈等方式，现已弄清楚问题的由来和所在；了解到企业、地方政府、行业主管部门，以及宏观经济政策研究人员的看法，初步形成了解决这一问题的政策思路。

一　问题的由来

“七五”期间，随着改革开放的不断深入，我国在改革与发展取得巨大成就的同时，多年累积的深层矛盾也开始暴露：社会总需求超过社会总供给，发生了严重的通货膨胀。在这一背景下，中共十三届五中全会决定用3年左右的时间进行治理整顿，采取了紧缩的财政政策和货币政策。

事实上，我国社会经济生活中的矛盾不仅有总量方面的，而且更为突出的是结构方面的，甚至有些行业不仅不能采取紧缩政策，反而应采取扩张政策，例如铁路运输业。调研数据显示，1988 年比 1984 年，我国的总货运量增长37%，平均每年增长8.2%，而铁路货运量仅增长16.8%，平均每年增长4.2%，大大低于同期工业平均每年增长17.8%的速度；当时的铁路货运装车满足率只有65%左右，“瓶颈”行业特征非常明显。所以，在“七五”规划中把包括铁路运输在内的交通运输放在优先发展的位置。

问题在这里发生了。一方面铁路运输要求优先发展，加大资金投入；另一方面是治理整顿，紧缩财政支出和紧缩银根。在这种情况下，有人提出通过调高铁路运价提取铁路建设基金的建议。经过反复讨论，这一建议被国务院采纳。

1991 年 2 月 25 日，铁道部发出第 484 号电称，“经国务院批准，自1991 年 3 月 1 日起调整铁路货物运价。对属调价范围的整车货物按每货物计费吨公里2.5厘，对按轴计费的自轮运转工具按每计费轴公里7厘的调价幅度单独计算调价部分的运费，在货票上单独填写，在收入报表上单独列报，作为铁路建设基金上缴铁道部。”在实际执行中，对属调价范围的整车货物按每车货物计费吨公里 3 厘收取。

1992 年 6 月 27 日，铁道部根据国发〔1992〕37 号文件精神，发出 39 号电报，通知自 1992 年 7 月 1 日起对经由铁路运输的货物增加征收铁路建设基金，用于铁路建设。公告称凡通过国家铁路正式营业线和运营临管线运输的货物，不分货物品类、运输种别、地区和部门，一律增加征收铁路建设基金每计费吨公里 0. 01 元，每轴公里 0. 03 元。同时明确，这次征收的铁路建设基金与 1991 年开征的铁路建设基金，在货票上要分行填写；在收入报表上分别列报，分别标明“基金 1”和“基金 2”。

1993 年 6 月 28 日国务院发出〔1993〕45 号文件，决定自 1993 年 7 月 1 日起，铁路货物运价除另有规定的以外，每吨公里提高一分五厘，并明确全部作为铁路建设基金。铁道部又具体明确将这次调收的铁路建设基金，与 1992 年 7 月征收的“基金 2”合计并收为 0. 025 元，习惯上称“新基金 2”。

1998 年 3 月 26 日，国家计委、铁道部联合发出通知〔计电（98）31 号〕，通知称：“为增加铁路建设投入，经国务院批准，自 4 月 1 日起适当提高铁路货物运输价格。其中，铁路建设基金由现行每吨公里 2. 8 分提高到 3. 3 分。”此标准一直维持到现在。

通过提高铁路运价提取铁路建设基金的政策实施以来，随着提取标准的不断提高，铁路运输量的不断增加，以及新建铁路不断投入营运，每年提取的基金总额不断提高。1991 年约 100 亿元，到 1995 年达到 360 亿元左右，2000 年达 383. 63 亿元，2001 年 400. 16 亿元，目前已达到 500 多亿元。有资料显示“八五”期间总共提取 1040 亿元。截至目前，初步计算总共计提有四千多个亿。其中，45% 左右是通过煤炭运输提取的。据调查，铁路建设基金主要用作：（1）归还铁路建设长期贷款本息；（2）用作担保发行铁路建设债券；（3）直接投入铁路建设。

我们认为，铁路建设基金的设立有它历史必然性，其历史性的作用不能低估。它对解决铁路建设投资不足、负债过重、行业亏损等问题功不可没，对整个国民经济“瓶颈”问题的解决起到一定的作用。

二 存在的问题

始于 1991 年的铁路建设基金已经走进了第 13 个年头。过去的 13 年，是不同寻常的 13 年。同 13 年前相比，情况已经发生了巨大变化，改革开放取得丰硕成果。正如江泽民同志在党的十六大报告中所概括的那样："社会主义市场经济体制初步建立。公有制经济进一步壮大，国有企业改革稳步推进，个体、私营等非公有制经济较快发展，市场体系建设全面展开，宏观调控体系不断完善，政府职能转变步伐加快。财税、金融、流通、住房和政府机构等改革继续深化。开放型经济迅速发展，商品和服务贸易，资本流动规模显著扩大。国家外汇储备大幅度增加。我国加入世界贸易组织，对外开放进入新阶段。"在新的历史条件下，我们应该用与时俱进的科学态度，重新评价铁路建设基金。

1. 与社会主义市场经济体制不相适应。

铁路建设基金是旧体制向新体制转轨阶段的产物，是"七五"期间国民经济出现严重问题时的应急措施。它的存续，与初步建立的社会主义市场经济新体制不相适应。按照市场经济的基本规则，铁路运输部门与货主之间所建立的是市场行为关系，双方应本着平等竞争，等价交换劳务的原则进行。作为货主，只要按双方契约规定支付运费就取得了铁路运输部门提供的服务，而不应再提交非价（尽管以运价形式出现）的其他费用，包括铁路建设基金。

铁路建设基金，从其用途上看，不论是铁道部门用作偿还长期贷款的本息，用作发行铁路债券抵押，还是直接用作投资，实际上都是以资本形式进入社会再生产过程之中，最终都是以一定的产权形式存在。铁路建设基金投入铁路建设，所形成的产权归铁道部门所有，终极产权归国家所有这似乎是毫无争议的。但事实上，在多种经济成分并存、产权多元化的市场经济条件下并不妥当。因为货主有公有、私有、国营、民营之分；即使是公有，也有省有、市有、县有之分。从多种经济成分提取的铁路建设基金，通过铁道部门投资形成一元产权，难以从道理上讲清楚，而且与政企分开、政府职能转变的总趋势相悖。

2. 与西部大开发政策相矛盾。

铁路建设基金是含在“运价”之中计提的。其计算公式是：吨公里运价 × 吨数 × 里程。我国煤炭运输的大体走向是西煤东运或北煤南运，约60% 通过铁路运输。煤炭货运大户主要集中在山西、内蒙古、陕西、贵州、宁夏、甘肃等西部地区和河南、黑龙江等落后地区和边远地区。众所周知，我国西部属于老、少、边、穷地区，从国家总体政策取向上看，是重点支持地区。国家一直采取了向西部倾斜的收入分配政策和投资政策，特别是西部大开发政策提出以来，更加大了向西部的投资和支持力度。据初步统计，全国平均煤炭的运输里程近 600 公里，而西北部的运输里程为 1200 公里，高出平均数一倍多。这意味着他们上交的铁路建设基金是全国平均数的 2 倍多。显然，在西部大开发之前制定并实施的铁路建设基金政策，同现行的西部大开发政策取向相矛盾。这一政策直接影响了西部经济的发展，加重了西部企业的负担；同时由于减少了地方税基，间接减少了西部地方财政收入。

3. 加剧了行业收入分配不公。

在调研过程中我们发现煤炭企业职工平均工资相对铁路、交通运输、电力等行业职工工资普遍偏低。例如，山西大同煤业集团 2002 年平均年工资只有 11400 元，这还比历史最高水平高出 792 元。据煤炭部门测算，如果煤炭产业职工工资达到铁路部门的工资水平，全行业每年将亏损 40 亿元；若达到电力部门的工资水平，每年将亏损 140 亿元！内蒙古自治区交通运输业职工工资与采掘业职工工资水平的不同走势也证明了这一点。（参见下图）

西部煤炭企业职工工资偏低与铁路建设基金的提取有直接关系。自铁路建设基金政策实施以来，在铁路运价从当初的每吨公里 0. 0194 元，提高到目前的近 0. 05 元的基础上，铁路建设基金也从当初的 0. 003 元提到 0. 033 元。而同期的物价指数在 1996 年见顶回落后一直在低位徘徊。据我们抽样调查的结果，中、西部重点煤炭企业每年被提取的铁路建设基金都超过了企业税后利润。

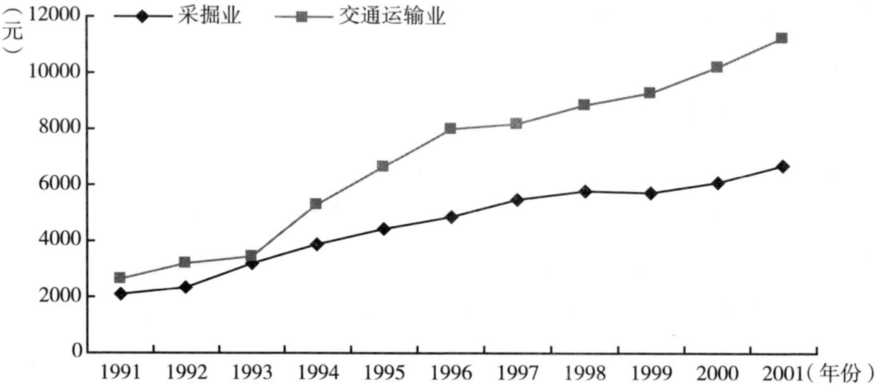

内蒙古自治区交通运输业职工工资与采掘业职工工资之比较

资料来源：课题组调研整理所得。

4. 影响到煤炭企业的安全生产。

近年来，煤矿安全事故不断，其中原因很多，如自然因素、管理因素、技术因素，但不能忽视经济的因素。调研中我们发现，一些重视安全性资金投入的煤矿，如甘肃华亭县煤矿、内蒙古伊泰煤矿，杜绝了安全事故的发生。反之，一些小煤窑，还有一些经营困难的国有煤矿，则是安全事故集中发生的单位。这两类企业有个共同特点是安全性资金投入不足。据调查，国有大矿仅通风设备投入就欠投 40 多亿元。有个企业的同志直截了当地说："钱都拿走了，没有钱进行安全设施投入，频频发生的煤矿事故与这一点有直接关系"。这个信号应能引起有关方面的重视。

5. 与 WTO 规则和我国的入世承诺相矛盾。

2001 年 12 月 11 日，中国正式加入了世界贸易组织（WTO）。加入 WTO 后，我们将更多地遵循国际惯例，逐步减少强调中国的例外。通过铁路运输加价的方式提取铁路建设基金做法，与我们入世承诺和 WTO 的规则相矛盾。入世后，我们将允许外国资本在我国建立合资企业，包括铁路运输企业；加入 3 年内，允许外资在铁路运输合资企业占大股；加入 6 年内，允许建立铁路运输外方独资公司。按照 WTO 的"反补贴原则"，不允许成员政府或任何公共机构向一个企业或产业、或一批企业或产业提供财政资助或任何形式的收入或价格的支持。铁路建设基金明显地违背了 WTO 的这一原则。如果我们不能采取有效措施加以回避，由此引来的贸易投诉是不可避免的，其经济制裁是残酷的。

6. 导致煤炭进口增加。

众所周知，我国煤炭储量丰富，品种齐全。中国连续多年为世界煤炭出口大国，2002 年煤炭产量近 14 亿吨，出口 8384 万吨，创汇 25.3 亿美元。由于国际市场状况较好，中国煤炭出口有望进一步增加，为国家增加更多的外汇。然而具有讽刺意味的是，作为世界煤炭出口大国，2002 年中国的煤炭进口却达到 1081 万吨，比上年增加 3 倍多，进口用汇 3.3 亿美元。进口煤炭的省份主要是上海、广东、浙江、福建等距离煤炭产地偏远的沿海地区。2003 年 1 月份，仅上海口岸就进口煤炭 18.5 万吨，价值 958 万美元，而去年一月份上海口岸并无煤炭进口。为什么煤炭出口大国却要从国外进口煤炭？最重要的因素是运输问题。我国西北部煤炭丰富，而南方缺少煤炭。但是，由于铁路建设基金的存在，使北煤南运比从国外进口还要贵！我国加入 WTO 后，承诺取消部分煤炭进口关税，进口煤炭价格还有进一步下降的空间。这将加剧我国这一矛盾：一方面是产煤大国，西部煤炭企业大量的煤炭运不出、卖不掉；另一方面是南方煤炭进口还要增长，还要用掉大量宝贵的外汇。这个问题应及早引起政府的警觉。

三　问题的解决

上述对铁路建设基金存在问题的分析，不论是从体制方面、理论方面、政策方面，还是从安全生产和加入 WTO 后所面临的新形势，都要求我们审时度势，采取果断措施，解决现行铁路建设基金存在问题。

在广泛征求有关方面意见的基础上，经过反复论证，初步形成解决这一问题的基本政策思路是停止实施现行铁路建设基金提取政策。

通过各种形式的调查结果表明，对停止实施现行铁路建设基金提取政策的支持率为 100%。大家共同认为：任何政策的制定及其正态效应的发挥都有特定背景。目前看，不仅“治理整顿”已成为历史，而且社会主义市场经济体制已经基本确立。加入 WTO 意味着我国对外开放进入新阶段。新体制、新阶段产生新要求。停止实施负态效应明显的现行铁路建设基金的提取政策是历史的必然选择。这样做，符合世界经济一体化的发展趋势，与党的十六大所确定的“三个代表”的重要思想相一致，符合西部大开发政策取向，是转变政府职能，减轻企业负担，促进经济发展，增加地方财政收入，缓解收入分配不公的具体措施。

在调研中有关部门的同志向我们提出一个很现实的问题：停止实施现行铁路建设基金提取政策他们也赞同，但是，已具有一定规模的铁路建设基金终止了供给来源，铁路投资的惯性需求及日后每年五、六百亿元的资金缺口怎么补？

这个问题引发了我们更深入的思考。我们认为首先应摸清到底缺口有多大？根据《铁路年鉴》提供的数据，每年提取的铁路建设基金直接用于铁路投资的45%左右。例如，1998 年铁道部基建规模为 502.11 亿元，其中动用铁路建设专项基金 229.2 亿元；1999 年规模为 487.42 亿元，动用专项基金 203 亿元；2000 年规模为 492.93 亿元，动用专项基金 179.04 亿元；2001 年规模为 511.27 亿元，动用专项基金 232.29 亿元。实际上，因停止实施现行的铁路建设基金政策可能造成的资金缺口在 200 亿～250 亿元。从目前情况看，只要解决了这个问题，停止实施现行铁路建设基金的障碍会得到有效排除。

为了从根本上解决铁路建设基金存在的问题，在调研中我们形成的基本思路是铁路建设基金证券化。这一思路首先主张完全停止实施现行铁路建设基金提取政策，同时充分考虑一旦已成一定规模的铁路建设基金终止了供给来源，铁路投资的惯性需求及资金缺口的弥补问题。

我们认为，中国式市场经济发展到今天，在市场体系建设全面展开，开放型经济迅速发展，资本流动规模显著扩大，特别是宏观调控体系不断完善的背景条件下，铁路建设基金证券化已经完全具备条件。

我们首先主张发行铁路建设专项国债。目前我国的国债负担率虽然超过了 GDP 的 10%，但仍在正常值范围内。我国金融机构人民币企业存款和居民储蓄存款余额都比较大。截至 2003 年 6 月末，金融机构人民币企业存款余额 6.7 万亿元，比上年末增加 6744 亿元，同比多增加 3728 亿元；居民储蓄存款余额 9.8 万亿元，比上年末增加 1 万亿元，同比多增加 2655 亿元。在目前，我国的投资方式仍然很有限，股票市场投资风险很大，在银行存款利率又比国债利率低的情况下，购买国债在很长的一段时间内仍然会是企业和居民的重要投资手段之一。在此情况下，今后若干年内分别增发一定数额的铁路建设专项国债应能承受。通过发债，每年增加 200 亿～250 亿元的铁路建设专项资金是可行的。铁路建设专项国债的发行，可以借鉴三峡建设债券的发行方式。

我们还主张发行国铁企业可转换债券。在市场经济条件下，铁路运输部门企业化是不可逆的发展方向，国铁股份制改革势在必行。鉴于此，借助资本市场，发行将来可转换成国铁股票的“国铁企业可转换债券”也是一种较佳的选择。考虑我国加入 WTO 所做的承诺，外资进入我国铁路运输业的日期已近，发行“国铁企业可转换债券”可面对国际和国内两个市场。

“铁路建设基金”尽管问题已经凸显，解决这一问题的政策思路也已清晰，但彻底解决这一问题还需要一定的时间。毕竟，这个问题，已经存续 13 年之久，打破已形成的利益格局也不是一件简单的事，还有一些具体的工作要去做。因此，也可以采取过渡性措施。具体思路是：

（1）用“WTO 日程表法”逐步取消铁路建设基金。所谓 WTO 日程表法是指按我国加入世界贸易组织的承诺，对铁路建设基金采取分步取消的方法，即在 2004 年底之前，取消铁路建设基金 50%，降到每吨公里 0.0175 元；剩余部分逐步取消，到 2007 年底前，全部取消铁路建设基金。

（2）改变现行的价内计提法为价外平均计提法。具体思路是把 200 亿～250 亿元资金缺口平均分摊到通过铁路运输的总吨数之中，像机场建设费那样不分距离远近一律在价外计提。通过铁路运输的总吨数，以上一年的实际吨数来确定，下一年初再按实际发生数进行调整。初步计算每吨计提 15 元可解决此问题；待铁路建设基金证券化方案实施后停止计提。

B.19
附录：积极稳妥降低煤炭实体经济企业成本中央及部委文件

国务院关于印发降低实体经济企业成本工作方案的通知

国发〔2016〕48号

各省、自治区、直辖市人民政府，国务院各部委、各直属机构：

现将《降低实体经济企业成本工作方案》印发给你们，请认真贯彻执行。

国务院

2016年8月8日

降低实体经济企业成本工作方案

开展降低实体经济企业成本工作，是党中央、国务院为有效缓解实体经济企业困难、助推企业转型升级作出的重要决策部署，对有效应对当前经济下行压力、增强经济可持续发展能力具有重要意义。为切实抓好各项工作任务的组织落实，确保取得成效，特制定本方案。

一 总体要求

（一）指导思想。全面贯彻党的十八大及十八届三中、四中、五中全会精神和习近平总书记系列重要讲话精神，落实党中央、国务院决策部署，按照“五位一体”总体布局和“四个全面”战略布局，牢固树立和贯彻落实创新、协调、绿色、开放、共享的发展理念，推进供给侧结构性改革，采取针对性、系统性措施，有效降低实体经济企业成本，优化企业发展环境，助推企业转型升级，进一步提升产业竞争力，增强经济持续稳定增长动力。

（二）目标任务。经过1～2年努力，降低实体经济企业成本工作取得初步成效，3年左右使实体经济企业综合成本合理下降，盈利能力较为明显增强。一是税费负担合理降低。全面推开营改增试点，年减税额5000亿元以上。清理规范涉企政府性基金和行政事业性收费。二是融资成本有效降低。企业贷款、发债利息负担水平逐步降低，融资中间环节费用占企业融资成本比重合理降低。三是制度性交易成本明显降低。简政放权、放管结合、优化服务改革综合措施进一步落实，营商环境进一步改善，为企业设立和生产经营创造便利条件，行政审批前置中介服务事项大幅压缩，政府和社会中介机构服务能力显著增强。四是人工成本上涨得到合理控制。工资水平保持合理增长，企业“五险一金”缴费占工资总额的比例合理降低。五是能源成本进一步降低。企业用电、用气定价机制市场化程度明显提升，工商业用电和工业用气价格合理降低。六是物流成本较大幅度降低。社会物流总费用占社会物流总额的比重由目前的4.9%降低0.5个百分点左右，工商业企业物流费用率由8.3%降低1个百分点左右。

（三）主要原则。坚持全面系统推进和抓住关键环节相结合。妥善处理政府和市场、中央和地方的关系，调动各方面积极性，全面推进降成本工作。突出问题导向，创新工作思路和方法，针对造成实体经济企业成本居高不下的关键因素，制定可操作、可落地、可检查的系统性政策措施。

坚持解决当前问题与着眼长远发展相结合。坚持标本兼治、远近结合、综合施策，一方面及时出台有针对性的政策措施，缓解当前的突出矛盾和问题；另一方面通过深化改革，营造良好发展环境，逐步解决造成实体经济企业成本过高的体制机制问题。

坚持支持企业发展与实现优胜劣汰相结合。突出政策措施的针对性和差别化，既要有效降低实体经济企业成本，加快转型升级步伐，又要充分尊重市场经济规律，加快落后产能退出，提升经济可持续发展能力。

坚持降低外部成本与企业内部挖潜相结合。在加强制度设计、优化政策环境、发挥好金融系统支持作用，有效降低外部成本的同时，引导实体经济企业采取提升生产效率、提高管理水平、加快技术创新等挖潜增效措施，降低企业内部成本。

坚持降低企业成本与提高供给质量相结合。以增加有效供给、提高供给质量为前提，发挥好骨干管理人员、技术人员、广大员工的关键作用，加强质量管理，增强创新能力，进一步增加产品和服务供给，增强产业竞争力。

二　合理降低企业税费负担

（四）全面推开营改增试点，确保所有行业税负只减不增。将营改增试点范围扩大到建筑业、房地产业、金融业、生活服务业，并将所有企业新增不动产所含增值税纳入抵扣范围。（牵头单位：财政部，参加单位：全面推开营改增试点部际联席会议成员单位）

（五）落实好研发费用加计扣除政策，修订完善节能环保专用设备税收优惠目录。加强协调配合，落实好研发费用加计扣除政策。研究将新材料、关键零部件纳入首批次应用保险保费补偿机制实施范围。修订完善《环境保护专用设备企业所得税优惠目录》和《节能节水专用设备企业所得税优惠目录》。（牵头单位：财政部、工业和信息化部，参加单位：税务总局、国家发展改革委、环境保护部、保监会）

（六）扩大行政事业性收费免征范围，清理规范涉企收费。将国内植物检疫费、社会公用计量标准证书费等 18 项行政事业性收费的免征范围从小微企业扩大到所有企业和个人。全面实施涉企收费目录清单管理，将涉企行政事业性收费、政府性基金、政府定价或指导价经营服务性收费和行政审批前置中介服务收费等项目清单，在地方政府及国务院各部门网站常态化公示。进一步清理各类电子政务平台的服务收费，严禁依托电子政务平台捆绑服务并收费。查处和清理各种与行政职能挂钩且无法定依据的中介服务收费。加强涉企收费监督管理，畅通企业举报渠道，完善查处机制，制止乱摊派、乱收费等违规行为，坚决取缔违规收费项目。（牵头单位：财政部、国家发展改革委、工业和信息化部，参加单位：国务院国资委、税务总局）

（七）取消减免一批政府性基金，扩大小微企业免征范围。取消大工业用户燃气燃油加工费等地方违规设立的政府性基金。落实好已明确的减免政府性基金等政策，将新菜地开发建设基金、育林基金征收标准降为零，停征价格调节基金，整合归并水库移民扶持基金等 7 项政府性基金；将教育费附加、地方教育附加、水利建设基金免征范围由月销售额或营业额不超过 3 万元的缴纳义务人扩大到月销售额或营业额不超过 10 万元的缴纳义务人。（牵头单位：财政部、国家发展改革委，参加单位：国土资源部、水利部、农业部、税务总局、国家林业局）

三　有效降低企业融资成本

（八）保持流动性合理充裕，营造适宜的货币金融环境。通过差别准备金率、再贷款、再贴现等政策引导银行业金融机构加大对小微企业、“三农”等薄弱环节和重点领域的信贷支持力度。发挥开发性、政策性金融作用，为基础设施建设和重要战略性新兴产业发展提供长期低成本资金。（牵头单位：人民银行、国家发展改革委、财政部，参加单位：工业和信息化部、农业部、银监会）

（九）降低融资中间环节费用，加大融资担保力度。完善信贷资金向实体经济融通机制，降低贷款中间环节费用，严禁“以贷转存”、“存贷挂钩”等变相提高利率行为。引导金融机构针对不同企业合理定价。督促银行业金融机构依法合规收费，制止不规范收费行为。发展政府支持的融资担保机构，允许有条件的地方设立政府性担保基金，探索运用资本注入、再担保、风险补偿等措施，提高融资担保机构为战略性新兴产业、小微企业、“三农”服务积极性。（牵头单位：银监会、人民银行、国家发展改革委、财政部，参加单位：工业和信息化部）

（十）完善商业银行考核体系和监管指标，加大不良资产处置力度。综合考虑盈利能力、经营增长、资产质量、资本充足率等方面的考核因素，适当提高风险容忍度，落实小微企业贷款风险容忍度要求。完善信贷人员尽职免责政策。支持和督促商业银行补充资本，按市场化方式及时核销不良贷款，做到应核尽核，增强对实体经济的信贷资金投放能力。适当调整不良资产转让方式、范围、组包项目及户数方面的规定，逐步增强地方资产管理公司处置不良资产的能力，完善不良资产转让政策，提高不良资产转让的效率和灵活性。支持有发展潜力的实体经济企业之间债权转股权。（牵头单位：银监会、人民银行、国家发展改革委、财政部、税务总局，参加单位：国务院国资委）

（十一）稳妥推进民营银行设立，发展中小金融机构。推进已批准民营银行的筹建工作，引导其积极开展业务；稳妥推进民营银行发展，成熟一家、设立一家。加快发展金融租赁公司、融资租赁公司、村镇银行等各类机构。（牵头单位：银监会、商务部，参加单位：人民银行）

（十二）大力发展股权融资，合理扩大债券市场规模。完善证券交易所市场股权融资功能，规范全国中小企业股份转让系统（“新三板”）发展，规范发展区域性股权市场和私募股权投资基金。改革完善公司信用类债券发行管理制度，合理扩大债券发行规模，提高直接融资比例。在投资者分类趋同的原则下，分别统一公司信用类债券市场发行准入标准和审核规则。加快债券产品创新，发展股债结合品种，研究发展高风险高收益企业债、项目收益债、永续债、专项企业债、资产支持证券等。加大信息披露力度，规范债券发行企业信息披露行为，提高市场透明度。加强信用评级制度建设，强化市场化约束机制，积极稳妥推进债券市场开放。（牵头单位：证监会、人民

银行、国家发展改革委，参加单位：财政部）

（十三）引导企业利用境外低成本资金，提高企业跨境贸易本币结算比例。推进企业发行外债登记制度改革，扩大全口径跨境融资宏观审慎管理试点范围，进一步简化程序，合理扩大企业发行外债规模，放宽资金回流和结汇限制。在合理调控外债规模、促进结构优化和有效防范风险的前提下，鼓励资信状况良好、偿债能力强的企业赴境外发行本外币债券。扩大人民币跨境使用，引导商业银行改善金融服务，提高企业在跨境贸易中使用本币结算的比例，降低汇兑成本和汇率波动影响。（牵头单位：国家发展改革委、人民银行、国家外汇局）

四　着力降低制度性交易成本

（十四）打破地域分割和行业垄断，加强公平竞争市场环境建设。清理废除地方自行制定的影响统一市场形成的限制性规定，加快放开垄断行业竞争性环节。开展市场准入负面清单制度试点，从 2018 年起正式实行全国统一的市场准入负面清单制度。对连锁企业要求设立非企业法人门店和配送中心的，所在地政府及有关部门不得以任何形式设置障碍。组织实施公平竞争审查制度，从源头上防止排除和限制市场竞争的行为。健全竞争政策，完善市场竞争规则，加强反垄断和反不正当竞争执法。强化价格检查，优化市场环境，健全经营者自主定价领域的市场规则。（牵头单位：国家发展改革委、商务部、工商总局，参加单位：工业和信息化部、国务院国资委、国家能源局）

（十五）深化“放管服”改革，为企业创造更好的营商环境。简政放权、放管结合、优化服务同步推进，提高政府公共服务能力和水平，为企业提供优质公共服务和公共产品。推进行政审批制度和监管制度改革，优化行政审批流程，重点围绕生产经营领域取消和下放行政审批事项，合并具有相同或相似管理对象、管理事项的证照资质，实行联合审批。大幅压减各类行政审批前置中介服务事项，无法律法规依据的一律取消。进一步优化企业投资项目相关审批程序，利用好投资项目在线审批监管平台，落实平台建设中的识别代码和个性化审批监管要求。保障各类市场主体在投资核准、政府扶持、参与政府投资项目等方面享受同等待遇。对民间投资进入自然资源开发、环境保护、能源、交通、市政公用事业等领域，除法律法规有明确规定的外，取消最低注册资本、股东结构、股份比例等限制。简化外商投资企业设立程序。研究推广对符合条件且不需要新增建设用地的技术改造项目实行承诺备案管理。规范涉企行政检查行为，落实“双随机”抽查机制，建立随机抽查事项清单。（牵头单位：国家发展改革委、工业和信息化部、国土资源部、商务部、海关总署、税务总局、工商总局、质检总局，参加单位：环境保护部、住房城乡建设部、交通运输部、国务院国资委、国家能源局）

（十六）加快社会信用体系建设，加强知识产权保护。利用好全国信用信息共享平台及企业信用信息公示系统，加强信用信息归集、共享、公开和使用。开展守信联合激励和失信联合惩戒，在行政管理、公共服务、市场交易和投融资等领域对守信企业实施优惠便利措施，对失信企业依法严格限制和约束。将注册登记、行政审批、行业主管部门作出的行政许可和行政处罚等信息归集到相应企业名下，依法予以公示。加强知识产权保护，加大对专利、注册商标、商业秘密等方面知识产权侵权假冒行为的打击力度，降低企业维权成本。（牵头单位：国家发展改革委、人民银行、工商总局、国家知识产权局，参加单位：工业和信息化部、商务部、海关总署、税务总局、质检总局、银监会等）

（十七）提升贸易便利化水平，合理降低服务收费标准。全面推广国际贸易“单一窗口”，推进口岸管理相关部门信息互换、监管互认、执法互助，对信用记录良好的企业降低出口商品查验率，降低企业货物的通关成本。整合建立统一的公共资源交易平台体系，依法确定收费范围，规范服务收费行为，合理降低服务收费标准。积极稳妥推动行业协会商会与行政机关脱钩，厘清行业协会商会与行政机关职能边界，清理行业协会商会违法违规强制企业付费参加考核评比、表彰、赞助捐赠等项目。（牵头单位：海关总署、质检总局、国家发展改革委、民政部，参加单位：工业和信息化部、人力资源社会保障部、财政部、国土资源部、环境保护部、住房城乡建设部、国务院国资委、国家林业局）

（十八）加快剥离国有企业办社会职能和解决历史遗留问题，减轻企业负担。建立政府和国有企业合理分担成本的机制，坚持分类指导、分步实施，多渠道筹措资金，加快剥离国有企业办社会职能。全面推进国有企业职工家属区“三供一业”分离移交，剥离企业办医疗、教育等公共服务机构，对国有企业退休人员实行社会化管理，解决好厂办大集体等国有企业历史遗留问题。（牵头单位：国务院国资委、财政部、人力资源社会保障部）

五　合理降低企业人工成本

（十九）降低企业社保缴费比例，采取综合措施补充资金缺口。从2016年5月1日起，对企业职工基本养老保险单位缴费比例超过20%的省份，将单位缴费比例降至20%，单位缴费比例为20%且2015年底企业职工基本养老保险基金累计结余可支付月数超过9个月的省份，可以阶段性将单位缴费比例降低至19%；将失业保险总费率阶段性降至1%～1.5%，其中个人费率不超过0.5%。以上两项社保费率降低期限暂按两年执行，具体方案由各省（区、市）确定。综合采取实施渐进式延迟退休年龄、开展基金投资运营和划转部分国有资本充实社会保障基金，以及支持各地通过拍卖、出租政府公共资源资产等方式筹集资金，为降低企业社保缴费比例创造条件。（牵头单位：人力资源社会保障部、财政部、国务院国资委）

（二十）完善住房公积金制度，规范和阶段性适当降低企业住房公积金缴存比例。对住房公积金缴存比例高于12%的一律予以规范调整，不得超过12%。从2016年5月1日起两年内，由各省（区、市）结合实际，阶段性适当降低住房公积金缴存比例。生产经营困难企业除可降低缴存比例外，还可依法申请缓缴住房公积金，待效益好转后再提高缴存比例或恢复缴存并

补缴缓缴的住房公积金。（牵头单位：住房城乡建设部，参加单位：国家发展改革委、财政部、人民银行）

（二十一）完善最低工资调整机制，健全劳动力市场体系。统筹兼顾企业承受能力和保障劳动者最低劳动报酬权益，指导各地合理确定最低工资标准调整幅度和调整频率。推进户籍制度改革，实现居住证制度全覆盖，将外来务工人员纳入当地教育、基本医疗卫生等公共服务覆盖范围，降低劳动力自由流动成本，加快形成统一开放、竞争有序的劳动力市场体系。（牵头单位：人力资源社会保障部、国家发展改革委、公安部、财政部）

六　进一步降低企业用能用地成本

（二十二）加快推进能源领域改革，放开竞争性环节价格。加快推进电力、石油、天然气等领域市场化改革。完善光伏、风电等新能源发电并网机制。2017 年基本放开竞争性领域和环节价格管制，形成充分竞争的机制，使能源价格充分反映市场供求变化，提高价格灵活性。（牵头单位：国家发展改革委，参加单位：国家能源局）

（二十三）加快推进电力体制改革，合理降低企业用电成本。加快实施输配电价改革试点。积极开展电力直接交易，放宽参与范围，有序缩减发用电计划，扩大市场化交易电量的比例。对未参与直接交易和竞价交易的上网火力发电量，以及重要公用事业和公益性服务等用电，继续实施好煤电价格联动机制，合理调整一般工商业企业用电价格。简化企业用户电力增容、减容、暂停、变更等办理手续，缩短办理时限。（牵头单位：国家发展改革委、国家能源局，参加单位：工业和信息化部）

（二十四）完善土地供应制度，降低企业用地成本。积极推进工业用地长期租赁、先租后让、租让结合供应，工业用地的使用者可在规定期限内按合同约定分期缴纳土地出让价款，降低工业企业用地成本。保障物流业用地供应，科学合理确定物流用地容积率。（牵头单位：国土资源部，参加单位：财政部）

七　较大幅度降低企业物流成本

（二十五）改善物流业发展环境，大力发展运输新业态。健全现代物流标准体系，强化物流标准实施，推动物流业与制造业等产业联动发展。完善城市物流配送体系，优化资源配置，提高物流效率。推广多式联运，加快构建国家交通运输物流公共信息平台，推进跨部门、跨区域、跨国界、跨运输方式物流相关信息互联共享，鼓励企业间运力资源共享，提高运输车辆实载率。大力发展多式联运甩挂、企业联盟甩挂、干线运输和城市配送衔接甩挂等运输模式。推动无车承运人业务加快发展。（牵头单位：国家发展改革委、交通运输部，参加单位：质检总局）

（二十六）合理确定公路运输收费标准，规范公路收费管理和监督执法。尽快修订《收费公路管理条例》，科学合理确定公路收费标准，逐步有序取消政府还贷二级公路收费。坚决查处高速公路车辆救援服务中的各种乱收费行为，规范车辆超限处罚标准，减少各类执法中的自由裁量权，坚决杜绝乱罚款、“以罚代管”等行为。（牵头单位：交通运输部、财政部、国家发展改革委、公安部）

（二十七）规范机场铁路港口收费项目，清理不合理服务收费。全面清理机场、铁路、港口码头经营性收费项目，除法规规章规定的项目外，禁止指定经营、强制服务、强行收费行为，清理强制对进出港（场）企业收取的不合理费用和地方政府设立的不合理涉及铁路收费。（牵头单位：民航局、铁路总公司、交通运输部、国家发展改革委）

八　提高企业资金周转效率

（二十八）推进实体经济经营性资产证券化，开展投贷联动试点支持科技创新创业企业。鼓励实体经济企业将符合条件的经营性资产证券化，或通过金融租赁、融资租赁方式盘活存量资源。选取部分符合条件的银行业金融机构和地区，在依法合规、风险可控的前提下，对科技创新创业企业开展投贷联动业务试点，为科技创新创业企业提供合理的融资结构和持续的资金支持。（牵头单位：人民银行、银监会、证监会、商务部，参加单位：工业和信息化部）

（二十九）支持重点企业资金周转，多方筹资清偿拖欠工程款。鼓励地方政府加强协调，支持重点企业筹集周转资金，防范企业资金链断裂风险传导。地方政府统筹置换债券资金在内的预算资金，按照相关规定妥善偿还经清理核实属于地方政府债务的拖欠工程款；通过出让资产等方式获得的增量资金，优先用于清偿政府投资项目拖欠工程款。（牵头单位：国家发展改革委、财政部、人民银行、银监会，参加单位：住房城乡建设部）

（三十）清理规范工程建设领域保证金，减少资金占用。摸清目前建筑业所需缴纳各种保证金现状，研究制定依法依规开展清理工作的意见，按照既有利于减轻企业负担、又能形成新约束机制的原则制定切实可行的政策措施。（牵头单位：住房城乡建设部、财政部、国家发展改革委、人力资源社会保障部、国务院法制办）

（三十一）加强资金清欠，化解企业债务链风险。鼓励企业加强往来款项管理，引导企业加快付款，减轻全社会债务负担。发挥财务公司在提高资金使用效率方面的作用，加快产业链企业间资金周转，推进财务公司延伸产业链金融服务试点。对债务规模较大且有三家以上债权银行的客户，协调各债权银行成立债权人委员会，避免因单家机构处置不当引发新的风险。（牵头单位：银监会、人民银行，参加单位：工业和信息化部、财政部、国务院国资委）

九　鼓励引导企业内部挖潜

（三十二）引导企业管理创新和精益生产，利用信息技术手段降低成本。鼓励企业充分利用新一代信息技术等手段，实现内部管理升级，创新营销模式，提高效益水平。大力发展智能制造和智慧流通，提高产品的成品率、优质品率和精准营销匹配率。加快推进绿色制造，大幅降低资源能源消耗，实现降本增效。推进小批量、多批次、低库存、少环节的柔性化生产和

作业成本法应用，提高企业供应链管理水平。（牵头单位：工业和信息化部、国家发展改革委、商务部）

（三十三）加强先进技术推广，鼓励企业加强目标成本管理。完善鼓励和支持企业转型和技术创新的政策，支持推广可有效降低企业成本的各种技术，促使企业持续提高生产效率。引导企业加强目标成本管理，对生产经营全过程和各环节耗费实施严格的全面控制，制定相应降成本目标。（牵头单位：国家发展改革委、工业和信息化部、国务院国资委）

十　落实降成本工作配套措施

（三十四）推进体制机制改革。进一步推进简政放权、放管结合、优化服务改革，积极稳妥推进国企改革和企业兼并重组，有序推进财税、金融等领域体制机制改革，加快推进资源要素市场化改革，降低供给成本、提高供给效率，形成有利于企业降低成本和健康发展的制度环境。

（三十五）支持创新活动。加快实施创新驱动发展战略，深入推进大众创业、万众创新，加强科技创新、管理创新、机制创新、营销创新和商业模式创新。发展新兴产业，加大对企业创新活动的支持，提高创新资源产出率和全要素生产率。

（三十六）发挥“互联网＋”作用。充分运用互联网、物联网、云计算等新一代信息技术，改进生产经营模式。通过“互联网＋”协同制造，提升企业运营效率，降低运营成本。通过“互联网＋”高效物流，提升运输效率，降低流通成本。通过“互联网＋”政务服务，实现部门间数据共享，提高服务效率，降低交易成本。支持企业利用电子商务拓展市场、降低生产经营成本。

（三十七）利用两个市场。加快实施自由贸易区战略，推进双边和多边贸易投资谈判，促进贸易投资便利化。结合实施“一带一路”战略，加大支持企业“走出去”力度，鼓励企业充分利用国际国内两个市场、两种资源，提高资源利用效率，降低原材料成本。

（三十八）改进企业管理。完善现代企业制度，优化运营模式，培育企业家精神和工匠精神，发挥好广大企业职工的作用，激励挖潜增效。鼓励企业与国际先进企业对标，加强企业标准化建设，推进企业研发设计、物流、采购、安全生产、销售服务等管理标准化，提高运行效率。

（三十九）降低监管成本。加强反垄断、反不正当竞争、知识产权保护、质量安全监督等市场监管；充分运用大数据手段，加强对市场主体的监管，提高监管效率。整合优化执法资源，有效避免多层多头重复执法。

（四十）改善公共服务。加强政府公共服务平台建设，扩大覆盖面，延伸服务终端，优化服务流程，提升服务效能。加强标准体系建设，开展强制性标准整合精简，加快制定公益类推荐性标准和满足市场、创新需要的团体标准，降低市场推广应用成本。推广政府购买服务方式，吸引社会资本参与提供公共服务。

（四十一）优化产业布局。加强规划引导，综合考虑资源、市场等因素，加快经济结构调整，优化产业布局。加大对国家级新区、开发区等功能性平台建设支持力度，加强公共基础设施和服务平台建设，完善产业链、物流链，提高产业发展的配套、协作和集约化水平。

（四十二）分行业降本增效。增强降成本工作的针对性，根据行业特点，研究制定具体政策措施，加快实施转型升级降本增效专项行动，有序推出并切实落实煤炭、石化、钢铁、有色金属、建材、机械、汽车、电子信息、消费品、物流等行业的转型升级降本增效方案。

十一　建立健全降成本工作推进机制

（四十三）加强组织领导和工作协调。由有关部门建立降低实体经济企业成本工作协调机制，加强综合协调，统筹推进各项工作，跟踪督促落实。省级人民政府要建立完善降低实体经济企业成本工作推进机制。有关部门和地方政府要加强工作指导，形成降低实体经济企业成本的长效机制，重点是建立健全常态化的组织协调和督促落实工作机制；建立效果评估和统计监测机制；建立根据形势变化动态调整政策措施机制。

（四十四）加强对落实情况的督促检查。有关部门、地方人民政府是本领域、本地区降低实体经济企业成本工作的第一责任主体。各部门、各地区要按照党中央、国务院决策部署，根据本方案抓紧制定实施细则。加强专项督查，推动各项政策措施落实，并根据实际情况不断充实完善政策措施。适时将降低实体经济企业成本转为常态化工作，加强企业运行情况动态监测和常态化监督检查。

（四十五）适时评估总结和推广经验。各部门、各地区要在2017年3月底前进行一次政策落实情况及效果评估，积极推广效果良好的政策和做法，研究解决出现的问题，相应及时调整政策；从2017年起，每年年中报送一次政策落实情况。根据工作进展，适时进行阶段总结和协调，对后期常态化工作提出要求；在阶段性完成降低实体经济企业成本工作任务后，组织进行全面工作总结，完善推进降成本工作的长效机制。

关于做好2017年降成本重点工作的通知

发改运行〔2017〕1139号

公安部、民政部、人力资源社会保障部、国土资源部、环境保护部、住房城乡建设部、交通运输部、水利部、农业部、商务部、国资委、海关总署、税务总局、工商总局、质检总局、统计局、林业局、知识产权局、法制办、国务院审改办、银监会、证监会、能源局、民航局、外汇局、铁路总公司办公厅（综合司），各省、自治区、直辖市、新疆生产建设兵团、计划单列市、副省级省会城市发展改革委、经信委（工信委、工信厅）、财政厅（局），人民银行上海总部、各分行、营业管理部、各省会（首府）城市中心支行、各副省级城市中心支行：

在党中央、国务院坚强领导下，2016年降低实体经济企业成本工作取得了积极成效。为贯彻中央经济工作会议和中央财经领导小组第十五次会议精神，落实好《政府工作报告》提出的各项降成本重点任务，按照《降低实体经济企业成本工作方案》（国发〔2016〕48号），降低实体经济企业成本部际联席会议2017年将组织做好8个方面、25项重点工作。

一　2017年降成本目标任务和总体要求

今年降成本的主要目标是进一步减税降费，继续适当降低“五险一金”等人工成本；进一步深化改革，完善政策，降低制度性交易成本，降低用能、物流成本。

在降成本工作中要统筹兼顾，突出重点，坚持全面系统推进与抓住关键环节相结合，坚持做好顶层设计与分类实施相结合，坚持解决当前问题与着眼长远发展相结合，坚持降低显性成本与降低隐性成本相结合，坚持降低外部成本与企业内部挖潜相结合。充分调动各方面积极性，增强工作针对性，确保各项政策措施得到落实。

二　降低税费负担

（一）落实和完善全面推开营改增试点政策。简化增值税税率结构，由四档税率简并至三档，营造简洁透明、更加公平的税收环境，进一步减轻企业税收负担。规范优化征管服务措施，深入重点行业开展政策辅导，帮助企业用好用足增值税抵扣机制。

（二）进一步减轻企业税收负担。扩大小型微利企业享受减半征收所得税优惠的范围，年应纳税所得额上限由30万元提高到50万元。落实好研发费用加计扣除政策，规范优化部门间协同工作机制，科技型中小企业研发费用加计扣除比例由50%提高到75%。改进和优化税收征管、纳税服务，提高办税便利程度。

（三）清理规范政府性基金和行政事业性收费。全面清理规范政府性基金，取消城市公用事业附加等基金，授权地方政府自主减免部分基金。取消或停征中央涉企行政事业性收费35项，收费项目再减少一半以上，保留的项目尽可能降低收费标准。各地要结合本地区实际削减涉企行政事业性收费。

（四）大幅减少涉企经营服务性收费。减少政府定价的涉企经营性收费。清理取消行政审批中介服务违规收费，组织专项清理行动，发布行政审批前置中介服务事项目录清单；放宽中介服务机构准入条件，严禁利用限额管理等方式控制中介服务机构数量，严禁通过分解收费项目、扩大收费范围、减少服务内容等变相提高收费标准。推动合理降低金融等领域涉企经营性收费，认真执行《商业银行收费行为执法指南》，深入清理规范进出口、检验检疫检测、人才流动、电子政务平台、铁路货运等领域和环节涉企经营服务性收费。放开具备竞争条件的涉企经营服务政府定价，降低部分保留项目的收费标准。

（五）加强收费监督检查。各类收费清单全部公开，严格按照目录清单执行。加强市场调节类经营服务性收费监管，取消不合理的收费项目，降低收费偏高、盈利较多项目的收费标准。重点对电子政务平台、进出口环节、高速公路车辆救援服务、涉农收费等开展收费检查，严厉打击各类乱收费行为。

三　降低融资成本

（六）加大金融对实体经济的支持力度。促进金融机构突出主业，增强服务实体经济能力，防止脱实向虚。在风险可控、商业可持续的前提下，鼓励有条件的金融机构开展应收账款融资、动产融资、银税合作、资产证券化等合理金融创新，支持实体经济发展。缓解中小微企业融资难、融资贵。鼓励大中型商业银行设立普惠金融事业部，国有大型银行要率先做到，实行差别化考核评价办法和支持政策；督促商业银行落实有关小微企业授信尽职免责的监管政策，制定内部制度办法；鼓励大型银行在有效防控风险的前提下，赋予县支行合理的信贷业务权限；规范发展互联网金融，鼓励银行业金融机构在防范风险、审慎经营的前提下，利用互联网、大数据技术，提升客户信息采集与分析能力，创新小微企业金融产品，探索发放信用贷款。鼓励有条件的地区推动社会资本按市场化方式建立产业投资基金。发挥好政策性开发性金融作用，强化农村信用社服务“三农”功能，积极培育发展村镇银行。

完善不良贷款处置的市场主体准入、组包项目等方面的政策。拓宽保险资金支持实体经济渠道。坚持有扶有控的信贷政策，对于基础较好、暂时遇到困难的骨干企业，继续满足其合理融资需求。合理界定破产企业国有股东责任。

（七）深化多层次资本市场改革扩大直接融资比例。完善主板市场基础性制度，积极发展创业板、新三板，规范发展区域性股权市场。完善新三板分层管理，推动融资制度规则创新，完善摘牌制度，修订《股票转让细则》。加快推动优先股和资产证券化业务发展。继续扩大债券发行规模，推动债券市场对外开放，扩大创新创业债试点规模。

（八）发挥政府投资的担保机构作用。指导地方政府完善对其投资、管理的融资担保机构的考核政策，推动政府投资的融资担保机构和再担保机构开展担保业务。对小微企业融资担保业务，鼓励有条件的地区尝试由担保机构、再担保机构、银行等方面按一定比例分担代偿责任，推进新型“政银担”合作机制。推动全国农业信贷担保体系尽快转入实质性运营。建立中小微企业贷款、融资担保风险补偿机制。

四　降低制度性交易成本

（九）深化简政放权改革。全面实行清单管理制度，制定国务院部门权力和责任清单，扩大市场准入负面清单试点，减少政府的自由裁量权，增加市场的自主选择权。增强审批权限下放的部门间协调，凡可同步下放的务必同步下放，鼓励有条件的地区开展相对集中行政许可权改革试点，推广联审联办机制。出台《中央预算内投资审批制度改革方案》，完善《外商投资项目核准和备案管理办法》，简化备案管理审批流程，组织推行工程建设项目多评合一、多审合一、多图联审、联合验收等新模式。清理取消一批生产和服务许可证，适时启动《工业产品生产许可证管理条例》修订工作。进一步梳理各地现行定价项目，最大限度缩减政府定价范围。进一步深化商事制度改革，实行“多证合一”，扩大“证照分离”改革试点，推进企业登记全程电子化和电子营业执照。加快企业注册便利化改革，积极尝试企业简易注销登记。

（十）完善事中事后监管制度。实现“双随机、一公开”监管全覆盖，推行“双告知”、“双反馈”，推进多部门综合行政执法检查，实现“一次抽查、全面体检、综合会诊”。建立市场监督监管工作会商机制，整合监管力量，提升监管效率。合理降低检验检测收费，推动产品检验检测结果和产品认证实现互认。积极运用大数据、云计算、物联网等信息化手段，探索实行“互联网+监管”模式，提高监管效能。推进社会信用体系建设，充分发挥全国信用信息共享平台及企业信用信息公示系统作用，实行守信联合激励和失信联合惩戒，建立中介组织不良行为记录和黑名单。对新产业、新业态、新模式，积极探索科学审慎监管。做好行业协会商会与行政机关脱钩工作，贯彻落实好《行业协会商会综合监管办法（试行）》。

（十一）优化政府服务。加快国务院部门和地方政府信息系统互联互通，形成全国统一政务服务平台。加快实施“互联网+政务服务”，大力推进服务事项网上办理，优化网上服务流程，推行网上并联审批和线上注册登记。有条件的地区应着力实现省级行政审批事项和公共服务事项一厅办公。制定《压缩货物通关时间的措施（试行）》，推进全国通关一体化，继续深化国际海关合作，扩大“一带一路”海关合作机制范围，推进国际海关间“经认证的经营者（AEO）”互认合作。

（十二）加强公平竞争市场环境建设。坚持权利平等、机会平等、规则平等，进一步放宽非公有制经济市场准入。凡法律法规未明确禁入的行业和领域，都要允许各类市场主体平等进入；凡向外资开放的行业和领域，都要向民间资本开放；凡影响市场公平竞争的不合理行为，都要坚决制止。扩大市场准入负面清单制度改革试点范围，修订《市场准入负面清单草案（试点版）》，进一步压缩清单内容和条目。全面实施公平竞争审查制度。推动完善统一开放、竞争有序的市场体系，持续开展全国市场秩序监测评价工作。严格治理违法违规、不达标、不合格的经营行为。健全反垄断法律规则体系，加强反垄断和反不正当竞争执法，积极查处垄断协议和滥用市场支配地位行为，依法开展经营者集中反垄断审查，依法制止滥用行政权力排除、限制竞争行为，推动统一市场长效机制建设。

五 降低人工成本

（十三）继续适当降低“五险一金”有关缴费比例。稳步推动养老保险制度改革。允许失业保险总费率为1.5%的省（区、市）将总费率阶段性降至1%。阶段性适当降低企业住房公积金缴存比例。

（十四）降低劳动力流动成本。完善户口迁移政策，推动各地出台户口迁移政策和配套措施，加快出台居住证制度实施办法，严格控制积分落户政策适用范围。提高劳动力市场灵活性。组织技工院校和企业开展新型学徒制试点，符合税法规定条件的企业培训费用允许税前扣除。

六 降低用能用地成本

（十五）合理降低用电用气成本。继续推进电力直接交易，完善交易机制，有序放开跨省跨区送受电计划。公布除西藏外全部省级电网输配电价，基本实现省级电网输配电价改革全覆盖，推进建立与输配电价改革相适应的成本归集核算制度及办法，指导地方制定地方电网和新增配电网价格。进一步研究完善两部制电价制度，规范容量电费计费方式。以增量配电设施为基本单元组织一批项目，吸引社会资本投入，开展增量配电业务试点。督促各地出台并落实加强地方天然气输配价格监管措施。

（十六）落实产业用地政策。落实好《产业用地政策实施工作指引》。鼓励采取长期租赁、先租后让、租让结合等灵活方式，鼓励盘活存量用地和闲置地、荒废地，更好地满足制造业发展合理用地需要。实行工业用地弹性年期出让制度。

七 降低物流成本

（十七）加强物流薄弱环节和重点领域基础设施建设。完善基础设施网络节点布局，陆续启动实施交通物流融合发展第一批重点项目。加快形成贯通内外的国家物流网络主骨架。统筹枢纽节点建设，支持具备多式联运、干支衔接、口岸服务等功能的枢纽项目。畅通集疏运系统，加强对主要港口、重点物流园区疏港铁路和集散公路建设，破解“最后一公里”瓶颈制约，加强城乡物流配送网络节点建设。

（十八）推进发展物流新业态和集装箱运输。推动物流业和制造业深度融合发展，降低制造企业物流成本。推进多式联运示范工程建设，组织开展多式联运第二批试点；充分发挥铁路运输优势，大力发展铁路集装箱运输，推动发展成组化运输和甩挂运输。鼓励铁水联运、空陆联运、铁路驮背运输等模式发展。

（十九）加强物流标准制定等基础性工作。完善物流业相关基础设施、服务规范、技术装备、信息交换接口等方面标准规范，建立与国际标准接轨的集装箱多式联运标准体系，推进内陆集装箱发展，健全无车承运人相关法规制度和标准规范。推广 1200mm × 1000mm 标准托盘和 600mm × 400mm 包装基础模数，从商贸领域向制造业领域延伸，促进上下游设施设备的标准化，支持标准装载单元器具循环使用。

（二十）发展“互联网 +”高效物流。支持基于大数据的运输配载、跟踪监测、库存监控等第三方物流信息平台创新发展，实现跨部门、跨企业的物流管理、作业与服务信息的共享，加快建设国家物流大数据中心。

（二十一）降低物流用地成本。继续执行物流企业大宗商品仓储设施用地城镇土地使用税优惠政策，对物流企业自有大宗商品仓储设施用地减按所属土地等级适用税额标准的 50% 计征城镇土地使用税。

八　提高资金周转效率

（二十二）清理地方政府对企业的资金拖欠。按照相关要求妥善偿还地方政府拖欠的工程款。改进国企招投标、政府采购方式，合理降低企业经营期限、注册资金等资质要求。

（二十三）清理规范各类保证金。规范工程建设领域保留的投标、履约、工程质量、农民工工资四类保证金的管理。推进加工贸易银行保证金台账制度改革。建立保证金清单制度。

九　引导企业内部挖潜

（二十四）鼓励企业降低采购成本。在能源原材料等的采购和招标中，鼓励企业利用好国际国内两个市场、两种资源，通过集中采购、长期合同等方式，降低采购成本。

（二十五）降低企业运营成本。组织开展企业管理创新、优秀成果示范推广活动，加强经验交流。支持企业加强目标成本管理，开展重点行业成本压控专项工作，大力压降“两金”占用。引导企业通过技术改造和内部挖潜，降低能耗物耗水平和各类费用。

加强降成本政策措施宣传解读，利用好互联网新媒体等宣传渠道，并通过各级政府政务信息网、各部门门户网站等加强推广。在各部门、各地区政务公开基础上，汇总整理降成本相关政策和各类清单进行集中公开。加强对大、中、小型企业和各类所有制企业成本情况调查研究，充分听取企业意见建议，不断完善相关政策。通过国家有关部门督促检查和地方自行督查相结合的方式，推进降成本政策落实。

请各单位认真做好相关重点工作。

特此通知。

国家发展改革委

工业和信息化部

财政部

人　民　银　行

2017 年 6 月 16 日

关于做好2018年降成本重点工作的通知

发改运行〔2018〕634号

公安部、民政部、司法部、人力资源社会保障部、自然资源部、生态环境部、住房城乡建设部、交通运输部、水利部、农业农村部、商务部、国资委、海关总署、税务总局、市场监督管理总局、统计局、银行保险监督管理委员会、证监会、能源局、林业和草原局、民航局、外汇局、知识产权局、全国总工会、残疾人联合会、铁路总公司办公厅（办公室、综合司），各省、自治区、直辖市、计划单列市、副省级省会城市、新疆生产建设兵团发展改革委、经信委（工信委、工信厅）、财政厅（局）、物价局，人民银行上海总部、各分行、营业管理部、各省会（首府）城市中心支行、各副省级城市中心支行：

在党中央、国务院坚强领导下，经过各方共同努力，两年来降低实体经济企业成本工作取得显著成效，年度目标任务顺利完成。党的十九大报告指出，必须坚持质量第一、效益优先，以供给侧结构性改革为主线，推动经济发展质量变革、效率变革、动力变革，提高全要素生产率。为不断增强我国经济的创新力和竞争力，切实提高供给体系质量，显著增强我国经济质量优势，按照中央经济工作会议和《降低实体经济企业成本工作方案》（国发〔2016〕48号）要求，结合近两年工作实践，降低实体经济企业成本工作部际联席会议2018年将重点组织落实好9个方面30项任务。

一　2018年降成本目标任务和总体要求

深入学习贯彻习近平新时代中国特色社会主义思想和党的十九大精神，坚持稳中求进工作总基调，深化供给侧结构性改革，持续推进降成本工作，确保完成国发〔2016〕48号文件提出的3年左右使实体经济企业综合成本合理下降，盈利能力较为明显增强的目标任务。

在降成本工作中，更加注重中长期目标确立和长效机制建设，把降成本与产业转型升级、提升持续发展能力结合起来，以提高实体经济供给体系质量为重点，持续增强我国经济质量优势。坚持统筹谋划、分类实施，坚持远近结合、标本兼治，坚持外部减负、内部挖潜，坚持上下联动、互相借鉴。在降低制度性交易成本、税费成本和要素成本上协同发力，降低企业负担。

二　持续降低税费负担

（一）通过结构性减税支持实体经济发展。统筹推进增值税改革，优化调整增值税税率，落实支持创业创新的税收优惠政策，落实对中小微企业、科技型企业的税收优惠政策，下调部分产品进口关税。

（二）提高纳税便利程度。尽快推出分行业扩大小规模纳税人自行开具增值税专用发票试点范围等具体改革措施；研究推出改进税收优惠备案方式、简并优化申报表、建立信用积分制度等具体改革措施。规范办税程序，推进纳税服务一体化。推进异地纳税便利化，实施“互联网 + 税务”行动计划，推行全国统一规范的电子税务局，加快实现电子与实体服务同质化，营造良好税收环境。

（三）归并减免政府性基金和合理降低行政事业性收费。修订《行政事业性收费标准管理暂行办法》。对行政事业性收费情况进行梳理，降低偏高的收费标准。落实排污交易改革思路。

（四）进一步清理规范经营服务性收费。降低电信资费，督促基础电信企业进一步落实取消手机国内长途和漫游费等降费措施，进一步降低流量资费、中小企业专线标准资费和国际港澳台漫游资费。取消、降低部分服务性收费和相关行业协会商会收费。

（五）依法查处各类涉企违法违规收费。检查涉企收费目录清单落实情况，确保收费目录清单执行到位。重点查处电子政务平台、行政审批中介服务、行业协会等领域违规收费行为。严格落实中央和地方已印发的关于行政审批中介服务事项清理规范的文件，梳理重点部门行政审批前置中介服务及相关政策法规依据，应当由行政机关委托中介机构并付费的，督促有关部门及时整改。继续深化行业协会商会与行政机关脱钩改革，规范行业协会商会收费，着力消除利用行政影响力收费现象。

（六）深化收费目录清单制管理。建立公布《政府定价的经营服务性收费目录清单》，建立目录清单动态调整机制，根据形势发展变化及时调整。凡具备竞争条件的经营服务性收费项目一律放开，不具备放开条件的均列入收费目录清单，严格监管。

三　合理降低融资成本

（七）加强和改进对制造业的金融支持和服务。鼓励金融机构坚持区别对待、有扶有控原则，不断优化金融支持方向和结构，在风险可控、商业可持续原则下，着力加强对制造业科技创新和技术改造升级的中长期金融支持，合理安排融资利率、授信期限和还款方式。引导金融机构积极开发符合企业资金需求特点的流动资金贷款产品，鼓励有条件的依法合规开展“应收账款融资”及“年审制”等合理金融创新。

（八）发展普惠金融支持小微企业发展。落实好对普惠金融领域贷款达到一定标准的金融机构的定向降准政策，持续推进中小微企业信用体系建设，积极运用信贷政策支持再贷款、再贴现等工具，引导金融机构加大对小微企业的支持力度。积极稳妥推进村镇银行培育发展，督促村镇银行全面提升支农支小服务能力和水平。深化“银税互动”和“银税合作”，有效解决银企信息不对称难题，降低银行风险管控成本。

（九）发展融资担保支持小微企业发展。推动融资担保机构回归服务小微和“三农”本源、专注融资担保主业。尽快设立国家融资担保基金，支持地方政府性担保机构发展，改善小微企业融资环境。推动省级农业信贷担保机构向市县延伸。

（十）提升金融对实体经济的服务能力。继续推进多层次资本市场建设，提高直接融资比重。积极支持符合条件的企业通过资本市场进行股权融资。进一步简化中小企业股份转让许可，完善融资制度安排，创新融资品种和服务。继续推动债券市场创新发展，增强服务实体经济能力。进一步完善和细化全口径跨境融资宏观审慎管理政策，在有效防范外债风险的前提下，继续拓宽境内企业融资渠道。不断优化和完善人民币跨境业务政策，引导企业在对外贸易及相关投融资活动中使用人民币进行计价结算。

四　着力降低制度性交易成本

（十一）营造公平竞争市场环境。全面实施公平竞争审查制度，打破行政垄断、地区分割，维护全国统一市场。加大对公用事业、网络型行业等领域的反垄断执法力度。全面实施“双随机、一公开”监管，完善监督检查工作机制，推动跨部门联合检查。强化企业公共信用监管的作用，进一步完善企业经营异常名录和严重违法失信企业名单管理，推动部门间企业公共信用信息共享和失信联合惩戒。推进检验检测结果互认，采信第三方认证结果，提升监管效率。推动认证国际合作，推进“一审多证”，减轻企业负担。

（十二）在全国推开“证照分离”改革，全面规范“多证合一”改革。抓好“证照分离”改革提速，推动“照后减证”，着力解决准入不准营的问题，大幅缩短商标注册周期。建立国家层面统一的“多证合一”整合目录，推进全国范围内“多证合一”改革模式的规范统一。鼓励有条件的地区开展减证便民行动，全面清理各级政府机关及所属事业单位在行使行政职权和提供公共服务时要求行政相对人提供的证明材料。

（十三）进一步压缩企业开办时间。通过大力推进企业登记全程电子化和电子营业执照应用、加快企业名称登记管理改革等多项措施，着力提升企业登记注册便利度。选择北上广深作为重点地区，落实地方政府主体责任，狠抓具体部门和工作环节，大幅压缩企业开办时间，争取 2018 年年底前在北上广深率先实现企业开办时间（包括工商登记事项办理、刻制印章、申领发票）不超过8.5天。及时总结推广先进经验，缩小与国际先进水平的差距。研究开展取消新设企业开立基本存款账户许可事项试点。加强信息共享和业务协同，探索实践更加简化、便捷的市场准入退出机制。

（十四）持续优化营商环境。与国际营商环境先进水平进行对标，建立完善开办企业时间统计通报制度。鼓励有条件的地区开展营商环境对标提升行动，查找存在问题和差距，持续改进。

（十五）推进“互联网+政府服务”。鼓励有条件的地区在现有省级电子政务服务平台的基础上，不断丰富完善服务事项网上办理功能，加快政府信息系统互联互通，打破信息孤岛，实现数据共享，变串联审批为并联审批；推进“最多跑一次”改革、“不见面”审批服务。

（十六）简化企业投资项目审批程序。鼓励有条件的地区对非核准类项目实施企业投资项目承诺制试点，加快项目报建手续办理；探索通过强化“区域能评、环评+区块能耗、环境标准”机制，推动简化项目能评、环评工作内容，避免重复评价，精简审批程序。

（十七）进一步压减工业产品生产许可。除涉及安全、环保事项外，凡是技术工艺成熟、通过市场机制和事中事后监管能保证质量安全的产品，一律推动取消生产许可；对与消费者生活密切相关、通过认证能保障产品质量安全的，一律推动转为认证，加强事中事后监管。确需保留的，严格实行目录清单管理，简化审批程序。

五　延续“五险一金”缴存比例等政策降低人工成本

（十八）保持政策连续性降低人工成本。加快落实《划转部分国有资本充实社保基金实施方案》。延长阶段性降低住房公积金缴存比例、企业职工基本养老保险单位缴费比例和失业保险费率实施期限；保持工伤保险行业基准费率不变，阶段性对符合条件省份的费率进行下调。完善城镇职工基本养老保险和城乡居民基本养老保险制度，建立企业职工基本养老保险基金中央调剂制度。修订《失业保险条例》，扩大失业保险基金支出范围。

（十九）完善残疾人就业保障金和工会会费缴纳政策。研究修改《残疾人就业条例》，调整完善残疾人就业保障金政策。研究工会经费收缴使用的科学性、合理性。

（二十）实施技能人才培训福利计划。鼓励有条件的地方通过政府购买服务等方式，支持职业院校、企业和社会培训机构开展职业技能培训。按规定落实职业培训和职业技能鉴定补贴政策，为产业转型升级、经济结构调整提供技能人才支撑。

六 有效降低用能用地成本

（二十一）合理降低用能成本。深化电力、天然气价格改革。继续开展电力市场化交易，制订完善电力市场化交易细则，推进建立有利于促进公平竞争、交易电量和交易比例大幅提升的市场结构及市场体系，更好地发挥市场在资源配置中的决定性作用。持续深入推进输配电价格改革，开展区域电网输电价格和跨省跨区专项输电工程输电价格的成本监审和价格审核。通过清理规范电网环节收费，临时性降低输配电价、扩大跨省区电力交易规模以及降低政府性基金等措施，一般工商业电价平均降低10%。支持有条件的企业自建分布式能源，支持新能源发电与用能企业就近就地进行交易。指导地方加强省内天然气管道运输和配气价格监管。

（二十二）降低企业用地综合成本。指导地方研究出台长期租赁、先租后让、租让结合等方式供应土地的实施细则，加快政策落地。对省（区、市）层面统筹推进的重大项目，优先保障用地计划，加快用地审查报批，提高用地配置效率。

（二十三）积极推进不动产登记制度改革。通过优化工作流程、增设服务窗口、增加办事人员、创新信息化服务举措等方式，进一步精简办事环节、压缩抵押登记等办理时限。健全信息互通共享机制，大力推行不动产登记、交易“一窗受理、并联办理”，提高不动产登记效率和便利化程度。

七　加快降低物流成本

（二十四）规范公路、港口和车辆检审收费。加快推进《收费公路管理条例》修订，深化收费公路制度改革，降低过路过桥费用。进一步规范公路治超执法，督促指导各地落实《关于治理车辆超载超限联合执法常态化制度化工作的实施意见（试行）》。落实货运车辆年检年审依法合并工作。推行高速公路通行费增值税电子普通发票开具工作。稳步扩大高速公路分时段差异化收费试点。加强价格行政执法，规范市场自主定价的港口经营服务性收费行为，推动港口企业调减港口作业包干费收费标准。

（二十五）通过多种途径优化运输方式。大力发展先进运输组织方式，充分发挥各种运输方式比较优势，提高运输组织效率。深化铁路改革，提升运输效率和服务水平，发展集装箱等成组化运输，发挥铁路在多式联运中的突出作用，积极提升铁路货运比例。支持无车承运人等“互联网＋”物流新业态发展，促进物流资源合理配置，降低货车空驶率，提高物流运作效率。加快修订《道路运输条例》，完善相关法规制度，推动无车承运人有序健康发展。推进物流配送网络建设，实施城乡高效配送专项行动。加大物流标准化推广力度，完善托盘、周转筐、包装、集装箱等相关物流设施设备标准。开展物流降本增效综合改革试点，进一步破除制约物流降本增效和创新发展的体制机制障碍。

（二十六）支持重要节点物流基础设施建设。加强物流规划和用地管理，将物流用地纳入土地利用总体规划、城市总体规划，并在城乡规划中综合考虑物流发展用地，统筹安排物流及配套设施用地选址和布局。充分利用存量物流用地资源，提高闲置土地资源利用效率，合理增加物流设施用地。研究开展供应链创新与应用试点，积极推进供应链平台建设工作。

八 提高资金周转效率

（二十七）继续清理规范涉企保证金。修订农民工工资保证金管理办法，落实差异化缴存措施。推广银行保函替代现金形式保证金。

九 激励企业内部挖潜

（二十八）支持引导企业降本增效。支持企业围绕智能化、绿色化等方向进行技术升级改造，瞄准国际标杆，全面提高产品技术、工艺装备、能效环保、质量效益和安全水平。鼓励有条件的地区通过事后奖补等手段，支持企业技术研发创新和升级改造。引导企业重视供应链管理和精细化物流管理，降低能源原材料采购成本。鼓励地方有关部门和行业协会总结内部挖潜、降本增效工作成效显著的典型企业做法，梳理企业提升内部管理、降低能耗物耗和各项费用等方面的有效途径，引导其他企业对标挖潜、降本增效。

十 加强长效机制建设

（二十九）深入推进降成本长效机制建设。不断完善降成本工作推进体系和工作机制，充分发挥相关领导小组、协调机制的作用，加强部门之间、部门地区之间的相互配合、信息沟通、协调会商，协同推进降成本工作。建立台账制度，将任务逐项分解落实，逐条明确相关要求。建立动态跟踪制度，加强统筹协调，密切跟踪配套政策制定情况、重点任务进展完成情况，及时解决政策推进中的困难和问题。

（三十）加强政策宣传和经验推广。充分利用各种宣传渠道和手段，加大降成本政策宣传力度，向企业传达解读各项优惠、扶持政策，为企业享受政策红利创造条件。有关部门和各地应充分听取企业意见，强化对企业反映问题的反馈和及时处置。降低实体经济企业成本工作部际联席会议将加强对各地好的经验、做法和案例的梳理，加强宣传和推广。

同时，按照国发〔2016〕48 号文件要求，组织做好降成本总结评估工作，切实解决评估中发现的问题，确保降成本目标任务圆满完成。

请各单位认真做好相关重点工作。

国家发展改革委
工业和信息化部
财政部
人　民　银　行
2018 年 4 月 28 日

B.20
参考文献

1. 中共中央马克思恩格斯列宁斯大林著作编译局：《马克思恩格斯全集》，人民出版社，1985。
2. 毛泽东：《毛泽东选集》，人民出版社，1991。
3. 中共中央文献编辑委员会：《邓小平文选（全三卷）》，人民出版社，1995。
4. 江泽民：《对中国能源问题的思考》，《上海交通大学学报》2008 年第 3 期。
5. 胡锦涛：《在中国共产党第十八次全国代表大会上的报告》，2012 年 11 月 8 日。
6. 中共中央文献研究室：《习近平关于社会主义经济建设论述摘编》，中央文献出版社，2017。
7. 习近平：《在省部级主要领导干部学习贯彻党的十八届五中全会精神专题研讨班上的讲话》，2016 年 1 月 18 日。
8. 习近平：《在哲学社会科学工作座谈会上的讲话》，2016 年 5 月 17 日。
9. 习近平：《在中央经济工作会议上的讲话》，2016 年 12 月 14 日至 16 日。
10. 习近平：《在中国共产党第十九次全国代表大会上的报告》，2017 年 10 月 17 日。
11. 习近平：《在中央经济工作会议上的讲话》，2017 年 12 月 18 日至 20 日。
12. 李克强：《在中央经济工作会议上的讲话》，2016 年 12 月 14 日至 16 日。
13. 李克强：《2017 年国务院政府工作报告》，2017 年 3 月 5 日。
14. 李克强：《在中央经济工作会议上的讲话》，2017 年 12 月 18 日至 20 日。
15. 李克强：《2018 年国务院政府工作报告》，2018 年 3 月 5 日。
16. 《煤炭工业企业会计成本管理办法》（能源经〔1991〕29 号），1991 年

3 月 12 日。
17. 《国务院关于煤炭工业健康发展的若干意见》（国发〔2005〕18 号），2005 年 6 月 7 日。
18. 《煤炭产业政策》（国家发展和改革委员会公告 2007 年第 80 号）2007 年 11 月。
19. 《国务院关于煤炭行业化解过剩产能实现脱困发展的意见》（国发〔2016〕7 号），2016 年 2 月 1 日。
20. 《国务院关于印发降低实体经济企业成本工作方案的通知》（国发〔2016〕48 号），2016 年 8 月 8 日。
21. 《财政部关于印发企业产品成本核算制度——煤炭行业的通知》（财会〔2016〕21 号），2016 年 9 月 30 日。
22. 《国家发展改革委、工业和信息化部、财政部、人民银行关于做好 2017 年降成本重点工作的通知》（发改运行〔2017〕1139 号），2017 年 6 月 16 日。
23. 《国家发展改革委、工业和信息化部、财政部、人民银行关于做好 2018 年降成本重点工作的通知》（发改运行〔2018〕634 号），2018 年 4 月 28 日。
24. 岳福斌：《政治经济学原理》，中国财政经济出版社，1992。
25. 胡培兆：《论有效供给》，《经济学家》1993 年第 3 期。
26. 岳福斌：《制度创新：中国式市场经济大思路》，中国物价出版社，1995。
27. 中国煤炭志编纂委员会：《中国煤炭志综合卷》，煤炭工业出版社，1999。
28. 吴吟，《关于我国能源管理体制的思考》，《中国能源》2002 年第 10 期。
29. 濮洪九等：《中国电力与煤炭》，煤炭工业出版社，2004。
30. 邹东涛、岳福斌：《资本论与中国》，中国经济出版社，2004。
31. 岳福斌：《马克思的产权理论及其对实践的指导意义》，《中国社会科学院研究生院学报》2006 年第 2 期。
32. 岳福斌：《煤炭企业税收存在问题及解决思路》，《宏观经济研究》2006

年第 5 期。

33. 赵学增：《马克思的廉价政府理论》，《中国社会科学院研究生院学报》2006 年第 11 期。
34. 岳福斌：《现代产权制度研究》，中央编译出版社，2007。
35. 《新中国煤炭工业》编辑委员会：《新中国煤炭工业》，海洋出版社，2007。
36. 岳福斌：《煤炭成本构成存在的问题及解决思路》，《宏观经济研究》2007 年第 3 期。
37. 濮洪九等：《完善煤炭成本核算框架研究报告》，《中国煤炭经济研究（2005 ~ 2008）（上册）》，2009 年 9 月。
38. 国家煤矿安全监察局：《中国煤炭工业发展概要》，煤炭工业出版社，2010。
39. 夏鑫、黄静、梁星：《成本会计学》，清华大学出版社；北京交通大学出版社，2010。
40. 赵海龙：《煤炭企业成本构成及其控制问题研究》，华中科技大学博士学位论文，2010。
41. 商务印书馆：《辞源》，2010。
42. 岳福斌：《马克思成本构成理论及其在煤炭产业的实践要求》，《中国煤炭报》2011 年 9 月 26 日。
43. 岳福斌：《公共政策学讲义》（2006 ~ 2012），中国社会科学院研究生院。
44. 岳福斌：《产业经济学讲义》（2008 ~ 2012），中国社会科学院研究生院。
45. 岳福斌主编《中国煤炭工业发展报告（2011 ~ 2015）》，社会科学文献出版社，2012。
46. 中国煤炭经济研究院：《加快推进我国煤炭税费制度综合改革》，2013 年 2 月。
47. 岳福斌、崔涛：《中国煤炭工业发展报告（2013）：完善煤炭产业政策》，社会科学文献出版社，2013。
48. 岳福斌主编《中国煤炭工业发展报告（2015）：煤炭产能新常态与落后产能退出新机制》，社会科学文献出版社，2015。

49. 《人民日报》社经济社会部：《七问供给侧结构性改革：权威人士谈当前经济怎么看怎么干》，人民出版社，2016 年 1 月。
50. 龚雯、许志峰、王珂：《权威人士再论当前经济：供给侧结构性改革引领新常态》，《人民日报》，2016 年 1 月 4 日。
51. 吴敬琏等：《供给侧改革》，中国文史出版社，2016。
52. 岳福斌主编《中国煤炭工业发展报告（2016）：煤炭产业脱困发展与供给侧结构性改革》，社会科学文献出版社，2016。
53. 朱朦：《煤炭企业完全成本管理控制研究》，中国矿业大学（北京）博士学位论文，2016。
54. 吴群等：《供给侧改革中企业降成本的现实意义与路径选择》，《现代经济探讨》2016 年第 6 期。
55. 赵治纲：《“降成本”现状、成因与对策建议》，《财政科学》2016 年第 6 期。
56. 段鸿济等：《“降成本”的政治经济学含义及其政策指向》，《南方金融》2016 年第 8 期。
57. 欧阳觅剑：《降成本不能“头痛医头”》，《21 世纪经济报道》2016 年 8 月 24 日。
58. 张杰等：《供给侧结构性改革中“降成本”的战略内涵与具体途径》，《经济体制改革》2016 年第 9 期。
59. 《中国成本研究会 2016 年年会暨“降成本与中国成本研究会的历史使命”》，社会科学院专刊 2016 年 10 月 15 日。
60. 白彦峰：《降成本是“天然的改革派”》，《中国财经报》2016 年 11 月 8 日。
61. 张航燕：《实体经济“降成本”的问题与对策研究》，《价格理论与实践》2016 年第 11 期。
62. 中国财政科学研究院课题组：《“降成本”需统筹考虑》，《政府经营》2016 年第 11 期。
63. 王乐锦等：《供给侧改革之降成本：政策含义与企业转型发展》，《财务与会计》2016 年第 11 期。
64. 吴晓华:《“降成本”是供给侧结构性改革的核心》,《中国经济导报》2016 年 12 月 10 日。
65. 李佳鹏:《降成本要做足做好“减法”》,《经济参考报》2016 年 12 月 29 日。
66. 中国财政科学研究院“降成本”课题组:《降成本:我们的调查与看法》,中国财政经济出版社,2016。
67. 中国财政科学研究院“降成本”课题组:《降成本:2017 年的调查与分析》,中国财政经济出版社,2017。
68. 高培勇:《降成本与供给侧结构性改革》,中国社会科学出版社,2017。
69. 王俊岭:《“三去一降一补”谋关键突破》,《理论参考》2017 年第 1 期。
70. 高培勇:《降成本:天然的供给侧结构性改革行动》,《国际税收》2017 年第 1 期。
71. 吴晓华:《降低实体经济企业成本面临七大结构性矛盾》,《中国经贸导刊》2017 年第 7 期。
72. 国家发展改革委宏观经济研究院课题组:《降低实体经济企业成本研究》,《宏观经济研究》2017 年第 7 期。
73. 易信:《降低实体经济企业成本的成效、问题和建议》,《宏观经济管理》2017 年第 9 期。
74. 国家统计局:《中国统计年鉴 -2017》,中国统计出版社,2017。
75. 沈坤荣:《以供给侧结构性改革夯实中国经济增长基础》,《求是》2017 年第 10 期。
76. 赵亚微:《我国“降成本”面临的困境与风险》,《湖南科技学院学报》2017 年第 11 期。
77. 国家发改委经济运行调节局:《钢铁煤炭行业去产能攻坚成效显著》,《财经界》2017 年第 11 期。
78. 岳福斌主编《中国煤炭工业发展报告(2017):积极稳妥降低煤炭企业杠杆率》,社会科学文献出版社,2017。

79. 林木西等:《我国实体经济税费成本现状及财政政策建议》,《财政与实体经济》2017 年第 5 期。

80. 张强等:《降成本:内在逻辑与战略举措》,《北京工商大学学报》(社会科学版)2018 年第 1 期。

81. 中国煤炭经济 30 人论坛秘书处:《中国煤炭经济 30 人论坛(CCEF - 30)快报》(第二十二期),2018 年 7 月。

82. 亨利·西奇威克:《政治经济学原理》(Henry Sidgrwick, 1887)。

83. 凯恩斯:《就业利息和货币通论》,商务印书馆,1963。

84. 曼昆:《经济学原理(原书第 3 版)》,机械工业出版社,2005。

85. 保罗·克雷·罗伯茨(Roberts. P. C.):《供应学派革命:华盛顿决策内幕》,上海人民出版社,2011。

86. 〔法〕热叙阿等:《经济学词典》,李玉平等译,社会科学文献出版社,2012。

87. Committee on Cost Concepts and Standards. Report of the Committee on Cost Concepts and Standards. The Accounting Review, 1952.

88. John Innes, Falconer Mitchell, Donald Sinclair. Activity-based Costing in the U. K. 's Largest Companies: A Comparison of 1994 and 1999 Survey Results. Management Accounting Research, 2000, 11 (3): 349 - 362.

89. Ronald W. Hilton. Managerial Accounting. McGraw-Hill/lrwin, 2006 (7)。

90. IEA coal information 2016, International Energy Agency.

91. World Energy Outlook 2017, International Energy Agency, 2017.

92. Ahmad M I, Wang G, Hasan M, et al. Financial Leverage Hits Corporate Performance [M] // Advances in Applied Economic Research. 2017.

93. BP Statistical Review of World Energy (2003 - 2017), Beyond Petroleum.

Abstract

This Blue Book was compiled by the China Blue Book of Coal Industry Compilation Committee, established and headed by the China Institute of Coal Economics Research of China University of Mining and Technology (Beijing). It is the tenth volume of the Blue Book of Coal Industry.

This Blue Book consists of a general report, several empirical reports, related research reports and an appendix. The preface, written by Wu Yin, Vice Chairman of the China Energy Research Association and the Former Deputy Director of the National Energy Administration, introduces the research background, significance, writing process, main contents, outstanding characteristics and scope of application. The general report, written by the research group from the China Institute of Coal Economics Research, starts with the basic knowledge of cost, followed by the inherent mechanism, objective necessity of cost reduction, the policy implication and task target of supply-side structural reform. Based on data obtained from China's coal industry cost survey questionnaires in 2018, the general report makes the statistical analysis and points out the vital crux of high cost in coal enterprises in China by taking per ton coal cost research. It puts forward some ideas and suggestions regarding achieving the task target of supply-side structural reform. The empirical reports are accomplished by Department (bureau) of major coal production provinces and large coal enterprises. By making a comprehensive analysis of the current situation of cost reduction in local major coal enterprises, the Coal Industry Bureau of Shandong Province and Shanxi Province give some suggestions on the problems and difficulties reflected by enterprises. The research groups of partner enterprises introduce the current situation of cost, cost reduction measures, achievements, difficulties and put forward some ideas, condition requirements as well as policies needed for cost reduction. For a better understanding of the government policies regarding reducing enterprise cost, the book's appendix includes the Document NO. 48 [2016] of the State Council of the People's Republic of China and other documents issued by the relevant ministries and commissions.

This Blue Book combines knowledge, theory, practice and policy all in one like the previous ones. It is explicitly focused on solving the key problems in the development of coal industry and distinguishes itself by taking Marx's Theory as its theoretical guidance. It also places a special emphasis on the new development concept put forward by the Party Central Committee with Xi Jinping as the core. It highlights the basic requirements for the high quality development of the coal industry. This book provides detailed and accurate data, advanced research methods, rich contents and distinctive views and it has great reference value for policy making, implementation, estimation and improvement in regarding to reduce institutional and policy costs, as well as for universities, research institutes and coal enterprises.

Keywords: China's coal industry; Supply-side structural reform; Cost reduction

Contents

Ⅰ General Report

Abstract: The general report takes the cost reduction for research objects, starts with the basic knowledge of cost, followed by discussing the meaning of cost reduction and describing the policy implication and task target of supply-side structural reform. Based on data obtained from China's coal industry cost survey questionnaires in 2018, the report analyses the current problems, summarizes implementation status of the Document NO. 48 (2016) of the State Council of the People's Republic of China and puts forward some ideas and suggestions for cost reduction.

Keywords: China's Coal Industry; Supply-side structural reform; Cost reduction

Ⅱ Empirical Reports

Abstract: By analyzing the cost situation of the five major coal groups in

Shanxi province comprehensively, this report points out the existing problems such as high labor cost and introduces the relevant measures to reduce cost, it's nessessary to strengthen self-construction to reduce coal enterprises' cost. At the same time, it suggests the government increase policy support for cost reduction.

Keywords: Shanxi state-owned major coal enterprises; supply-side structural reforms; cost reduction

B. 3 Research Report on Cost Reduction of the Coal Enterprise under the Background of Supply-side Structural Reform

Shandong Coal Industry Bureau / 106

Abstract: Reducing the cost of the entity economy enterprises is one of the five key tasks of the supply-side structural reform. According to a comprehensive cost analysis of Shandong Energy Group and Yankuang Group, it is concluded that labor cost, material cost, repair cost, safety cost, and local fees are declining, while depreciation, ground collapse compensation, mining rights amortization, income tax, Value-added tax and resource tax are on the rise. The electricity fees and maintenance fees maintain stable. Some suggestions in the fields of the process of cost reduction and difficult problems faced are made for the local enterprises, such as supporting the merger and reorganization of coal enterprises.

Keywords: Shandong coal enterprises; supply-side structural reform; cost reduction

B. 4 Accelerating to Develop a World-Class Energy Group with Global Competitiveness by Launching Supply-Side Structural Reform and Promoting High-Quality Development

China Energy Group / 114

Abstract: In order to carry out the strategic deployment on the supply-side structural reform brought forward by the Party Central Committee and the State Council, China Energy Group thoroughly studies and implements Xi Jinping Thought on Socialism with Chinese Characteristics for a New Era and the spirit of the 19th National Congress of the CCP since the establishment. It has played a key leading role in fully implementing and promoting the five priority tasks like cutting overcapacity, reducing excess inventory, deleveraging, lowering costs and strengthening points of weakness. The group has put great efforts to become a world-class energy group with global competitiveness by promoting the work of *reducing costs and increasing efficiency*, changing development concept, highlighting the quality, improving its efficiency and giving full play to superiority of coal-power integration.

Keywords: China Energy Group; Supply-side Structural Reform; Cost Reduction

Abstract: Based on the reality of development of Shanxi Coal and Chemical Industry Group, this report analyses the cost problems which restrict the strategic target achieving and the high quality development. In the process of deepening the supply-side structural reform, the Group solves the cost problems actively by vigorously implementing the strategic of cost management. It also proposes some suggestions on the issues of transforming a level of world-class energy materials enterprise with international competitive, such as reducing the tax burden.

Keywords: Shanxi Coal and Chemical Industry Group; Supply-Side Structural Reform; Cost Reduction; Strategic Cost Management

B. 6 Striving to be a Leader in the Energy Revolution by Seizing the Opportunity to Reduce Cost and Improve Efficiency

Datong Coal Mine Group / 136

Abstract: This report introduces the situation of Datong Coal Mine Group to implement the policy of the Party Central Committee and the State Council to reduce the cost of entity economy enterprises. It also reports that how they seize the opportunity of policy to reduce the external cost and develop internal potential to increase efficiency at the same time. Furthermore, some suggestions are proposed on completing cost reduction task in the supply-side structural reform, such as reducing financing costs.

Keywords: Datong Coal Mine Group; Supply-side structural reform; Cost Reduction

B. 7 Reducing the Coal Cost Comprehensively by Innovation and Multiple Measures

Shanxi Coking Coal Group / 146

Abstract: This report objectively introduces the changes in coal cost of Shanxi Coking Coal Group in the past decade, analyses the causes of high cost at present, clarifies the ideas and path to cost reduction like creative thinking, joint efforts, job-transfer shunt, keep forging ahead actively, and puts forward relevant policy suggestions, such as further decreasing tax burden, financial cost, railage.

Keywords: Shanxi Coking Coal Group; Cost Reduction; " One optimization and three minus"

B. 8　Supply Side Structural Reforms to Reduce Costs Report

Yangquan Coal Group / 155

Abstract: The report briefly introduces the basic situation of Yangmei Group, analyzes the main reasons for the excessive increase of coal comprehensive cost, and presents some solutions and policy recommendations: rationally reduce the cost of taxes and fees; release market liquidity and broaden the financing channels of enterprises; promote the clearing work of zombie enterprises; speed up project approval and continue to develop advanced production capacity; introduce and improve supporting policies, and promote the transfer of "three for one industry".

Keywords: Yangquan Coal Industry; Supply side structural reform; Cost reduction

B. 9　A New Sustainable Development Road with Excellence, High Quality and Good Efficiency to Industry Development

Shanxi Lu'an Group / 166

Abstract: This report objectively introduces the current situation of coal cost of Lu'anGroup, and adopts multiple measures to reduce costs and increase efficiency. It analyzes the key factors that restrict the total cost of enterprises; reduces the burden of taxes and fees of coal enterprises, and alleviates the pressure of financing costs, reduce the logistics costs of coal enterprises, speed up the process of de-capacity, dispose zombie enterprises, and separate social functions of enterprises, and put forward general cost management ideas and some suggestions.

Keywords: Shanxi Lu'an Group; cost reduction; "general cost management"

B. 10 Research on Cost Reduction of Yankuang Group under the Background of Supply-side Structural Reform

Yankuang Group / 180

Abstract: This report objectively introduces the cost situation of Yankuang Group, analyzes the internal and external factors that drive up the cost of the enterprise, and emphasizes that the cost reduction depends on the joint efforts of the enterprise and the government, and puts forward suggestions for reducing the cost of government in institutional and policy. It is proposed to speed up the adjustment of coal-related taxes and fees, reduce financing costs, reduce environmental protection costs, coordinate the transfer of " three-in-one-one industry", properly dispose of coal-fired villages, and carefully promote the clean-up of mining rights in protected areas and so on.

Keywords: Yankuang Group; supply side structural reform; cost reduction

B. 11 More Measures, Both Internal and Externalto Effectively Reduce the Comprehensive Cost of Coal Enterprises

Henan Energy Chemical Group / 204

Abstract: This report objectively introduces the basic situation of comprehensive cost of enterprises, analyzes the reasons why costs are pushed up, combines the actual cost reduction of supply-side structural reforms, it figures out that, on one hand, cost reduction needs to strengthen management and upgrade operational quality and efficiency continuously by the enterprise itself; on the other hand, the government needs to combine the characteristics of the industry and actively introduce targeted assistance policies.

Keywords: Henan Energy Group; supply-side structural reform; cost reduction

B. 12 Actively Promote Supply-side Structural Reformand Reduce Costs and Improve Efficiency to Promote High Quality Development

Inner Mongolia Yitai Group / 216

Abstract: This report objectively introduces the comprehensive cost of enterprises, analyzes the subjective and objective reasons for the formation of high costs, summarizes the measures to reduce costs, the achievement and the existing problems, and puts forward policy suggestions for reducing the cost of coal economy enterprises steadily. Adjust corporate taxes and fees, increase financial support, strengthen policy implementation, let policies fall, and realize policy recommendations for reducing burdens, improving vitality and competitiveness.

Keywords: Yitai Group; supply side structural reform; cost reduction

B. 13 Increase Policy Support to Reduce Business Costs and Realize the Stable and Healthy Development of the Coal Industry

Sichuan Coal Industry Group / 226

Abstract: Based on the analysis of the assets and liabilities and cost-benefit of the Sichuan Coal Group, this report points out the reasons for the high cost of coal and introduces the measures to reduce costs and the achievement. In order to promote the healthy development of the coal industry, it is recommended to comprehensively clean up and support the floating debts after the withdrawal of production capacity, government funding and other supporting policies; reduce financing costs, taxation and social burden, standardize and simplify the deposit of "five insurance and one gold" for enterprise employees, and reduce Employment costs; encourage innovation to reduce costs in policy.

Keywords: Chuanmei Group; cost reduction; enterprise transformation

Ⅲ Related Research Report

Abstract: This report is for the competent authorities to assign topics. The report takes the development of China's coal-to-liquids industry as the research object, and emphasizes the major strategic significance of China's development of the coal-to-liquids industry. It believes that it is protecting the national energy security, achieving clean and efficient use of coal, and promoting social and economic development and promotion in the western region, especially in ethnic areas. China's oil quality and production of special fuel oil, and promote the transformation and upgrading of the coal industry have played a major role; in response to the difficulties faced by the coal-to-liquids industry, the report recommends that the strategic position of coal-to-liquids should be strengthened and necessary policy support be given, and the urgent task is to reduce the consumption tax on coal-to-liquids.

Keywords: coal industry; coal-to-liquids; consumption tax

Abstract: This report is for the competent authorities to assign topics. The report is based on the research object of the China Coal Tax and Fee System Reform Commission. Through extensive investigation and research, normative analysis and empirical analysis, it is considered that China's coal tax and fee system has achieved remarkable achievements, but there are still excessive tax burdens, various fees and charges, a series of problems such as serious tax "fee", these problems have seriously affected the health, stability and sustainable development of the coal industry and the entire national economy; we must profoundly understand the spirit of the National Energy Administration, accelerate the comprehensive reform of the coal tax and fee system, and establish and improve the legal system. A new tax and fee system that is consistent with the strategic position of the coal industry in the national economy and that is compatible with the market economy system.

Keywords: coal industry; tax and fee system; Clearance tax

Abstract: Based on Marx's cost structure theory, this paper expounds the requirements of scientific cost structure, points out the problems, causes and hazards of coal cost structure, and puts forward the idea of rationalizing coal cost structure: strengthen learning, unified understanding and deepening Reform, bold innovation; in-depth research and improvement of industrial policies; accelerate market construction, strive to form a social average profit rate; set up specialized agencies to strengthen government regulation.

Keywords: coal; cost composition; industrial policy

Abstract: This report takes the coal industry tax revenue for research objects, by the approaches of special investigation, points out the problems existing in the taxation of coal enterprises, figures out the origin and harm of the problem, puts forword basic thinking. It suggests implementing *suggestions on promoting the steady development of coal industry*, solving the problem fundamentally through tax reform innovation.

Keywords: coal enterprises; Scientific development; Tax Reform

B. 18 Existing Problems and Solutions of Railway Construction Fund (March, 2003)

Abstract: This report takes the railway construction fund for research objects, by the approaches of consulting data, fieldwork, having an informal discussion with enterprises, department in charge and research departments, figures out the origin of the problem, understands the views of enterprises, local governments, department in charge and macroeconomic policy researchers, puts forword policy recommendations.

Keywords: Coal transportation; Railway construction fund; WTO Schedule

皮书起源

“皮书”起源于十七、十八世纪的英国，主要指官方或社会组织正式发表的重要文件或报告，多以“白皮书”命名。在中国，“皮书”这一概念被社会广泛接受，并被成功运作、发展成为一种全新的出版形态，则源于中国社会科学院社会科学文献出版社。

皮书定义

皮书是对中国与世界发展状况和热点问题进行年度监测，以专业的角度、专家的视野和实证研究方法，针对某一领域或区域现状与发展态势展开分析和预测，具备原创性、实证性、专业性、连续性、前沿性、时效性等特点的公开出版物，由一系列权威研究报告组成。

皮书作者

皮书系列的作者以中国社会科学院、著名高校、地方社会科学院的研究人员为主，多为国内一流研究机构的权威专家学者，他们的看法和观点代表了学界对中国与世界的现实和未来最高水平的解读与分析。

皮书荣誉

皮书系列已成为社会科学文献出版社的著名图书品牌和中国社会科学院的知名学术品牌。2016 年，皮书系列正式列入“十三五”国家重点出版规划项目；2013~2018 年，重点皮书列入中国社会科学院承担的国家哲学社会科学创新工程项目；2018 年，59 种院外皮书使用“中国社会科学院创新工程学术出版项目”标识。

中国皮书网

（网址：www.pishu.cn）

发布皮书研创资讯，传播皮书精彩内容

引领皮书出版潮流，打造皮书服务平台

栏目设置

关于皮书：何谓皮书、皮书分类、皮书大事记、皮书荣誉、
皮书出版第一人、皮书编辑部

最新资讯：通知公告、新闻动态、媒体聚焦、网站专题、视频直播、下载专区

皮书研创：皮书规范、皮书选题、皮书出版、皮书研究、研创团队

皮书评奖评价：指标体系、皮书评价、皮书评奖

互动专区：皮书说、社科数托邦、皮书微博、留言板

所获荣誉

2008 年、2011 年，中国皮书网均在全国新闻出版业网站荣誉评选中获得“最具商业价值网站”称号；

2012 年,获得“出版业网站百强”称号。

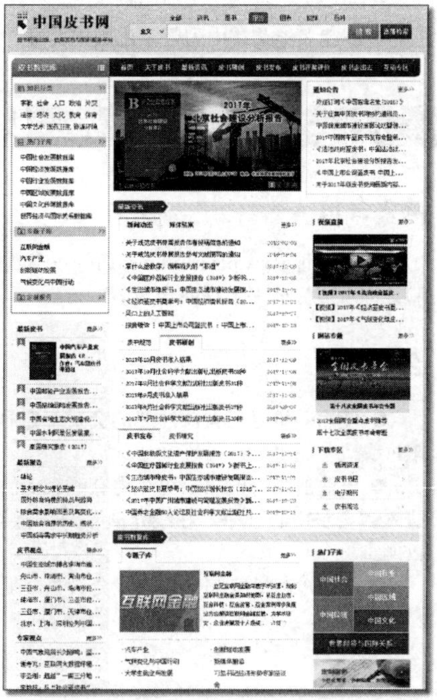

网库合一

2014 年，中国皮书网与皮书数据库端口合一，实现资源共享。

S 基本子库
SUB DATABASE

中国社会发展数据库（下设 12 个子库）

全面整合国内外中国社会发展研究成果，汇聚独家统计数据、深度分析报告，涉及社会、人口、政治、教育、法律等 12 个领域，为了解中国社会发展动态、跟踪社会核心热点、分析社会发展趋势提供一站式资源搜索和数据分析与挖掘服务。

中国经济发展数据库（下设 12 个子库）

基于"皮书系列"中涉及中国经济发展的研究资料构建，内容涵盖宏观经济、农业经济、工业经济、产业经济等 12 个重点经济领域，为实时掌控经济运行态势、把握经济发展规律、洞察经济形势、进行经济决策提供参考和依据。

中国行业发展数据库（下设 17 个子库）

以中国国民经济行业分类为依据，覆盖金融业、旅游、医疗卫生、交通运输、能源矿产等 100 多个行业，跟踪分析国民经济相关行业市场运行状况和政策导向，汇集行业发展前沿资讯，为投资、从业及各种经济决策提供理论基础和实践指导。

中国区域发展数据库（下设 6 个子库）

对中国特定区域内的经济、社会、文化等领域现状与发展情况进行深度分析和预测，研究层级至县及县以下行政区，涉及地区、区域经济体、城市、农村等不同维度。为地方经济社会宏观态势研究、发展经验研究、案例分析提供数据服务。

中国文化传媒数据库（下设 18 个子库）

汇聚文化传媒领域专家观点、热点资讯，梳理国内外中国文化发展相关学术研究成果、一手统计数据，涵盖文化产业、新闻传播、电影娱乐、文学艺术、群众文化等 18 个重点研究领域。为文化传媒研究提供相关数据、研究报告和综合分析服务。

世界经济与国际关系数据库（下设 6 个子库）

立足"皮书系列"世界经济、国际关系相关学术资源，整合世界经济、国际政治、世界文化与科技、全球性问题、国际组织与国际法、区域研究 6 大领域研究成果，为世界经济与国际关系研究提供全方位数据分析，为决策和形势研判提供参考。